言語生活の拡張を志向する説明的文章学習指導

―「わからないから読む」行為を支えるカリキュラム設計―

舟橋 秀晃　FUNAHASHI, Hideaki

溪水社

まえがき ——解題——

1　本書の成立

　本書は2018（平成30）年1月24日，広島大学大学院教育学研究科に提出した学位論文「言語生活の拡張を志向する説明的文章学習指導の研究——中学校カリキュラムの検討を中心として——」を公刊するべく，当該論文に部分的な修正と補足を加えたものである。その際，書名を『**言語生活の拡張を志向する説明的文章学習指導——「わからないから読む」行為を支えるカリキュラム設計——**』と改め，まえがき，あとがき，索引を付した。公刊にあたっては，独立行政法人日本学術振興会　平成31年度（2019年度）科学研究費助成事業（科学研究費補助金）研究成果公開促進費（学術図書）の交付を受けた（採択課題番号19HP5203）。

　著者は，滋賀大学教育学部から同大学院教育学研究科修士課程へ進み，修了後20年間に滋賀県内三つの公立中学校で教諭として勤務した。その間，民主制社会の維持と発展に不可欠な，議論のできる市民を育てることをめざし，説明的文章学習指導の実践研究と理論研究に一貫して取り組んできた。当該の学位論文は，その一連の研究成果に全面的に加筆し，ユーリア・エンゲストローム（Yrjö Engeström）の拡張的学習理論を援用することで再構築して，小学校と高等学校との橋渡し期にある中学校段階での学習のありように特に着目した説明的文章学習指導のカリキュラム論として新たに展開し直したものである。

2　本書の趣旨

　詳しくは**序章**と**終章**をお読みいただきたいが，その趣旨は，概ね次のとおりである。

　説明的文章分野の学習論においては今日まで，理科や社会科等とは異なる教科・国語科における説明的文章学習としての「自律性」（渋谷孝，

i

1980）が追究されてきた。しかし，エンゲストロームの拡張的学習理論の立場からは，この追究はかえって学校学習を外部世界から隔絶する「カプセル化」を招くものとして，批判的にも捉え直されることになる。

　説明的文章学習の教科書教材は，原典の尊重が確立した文学作品とは異なり，リライトや書き下ろしなどで教材専用の文章を新たに用意する場合がほとんどである。それらの教科書教材は，市井の数多の説明的文章と比べると，説明文，論説，評論という一部のジャンルが多く，しかも筆者以外の編集者による推敲も相当加えられる実態にある。この点で，説明的文章学習は「カプセル化」がより引き起こされやすい状態にあると言える。とはいえ，学習を生活に開こうとしても，多種多様な市井の説明的文章を，単に教室に持ち込むだけでは，言語認識の深まりをもたらす学習指導の系統性を確保することが困難である。リライト，書き下ろし，推敲はその確保のためにこそ行われているのである。

　本書ではこのような問題状況下に見出される①**読解指導のメディア・リテラシーへの接続**，②**中学校段階の系統性の明確化**，③**論理の捉え方の混乱整理**，の三つの課題を取り上げ，著者のこれまでの研究を整理統合し補って課題の解明を進めた。また，特に課題の多い中学校段階においては，学習者の言語生活の拡張を志向する説明的文章学習のカリキュラムの骨格とそれに基づく具体案を提示し，実験授業でその有効性を確認した。

3　拡張的学習理論の特徴

　さて，「拡張的学習理論」とは何なのか。それを最も端的に伝えることばが，エンゲストロームの近刊『拡張的学習の挑戦と可能性』（山住勝広監訳，新曜社，2018）の副題名「いまだここにないものを学ぶ」であろう。

　私たち人間の学習は，既知の教養や望ましい行動など既にあるものの転移や獲得に留まらず，まだ現実のものではない未知の何かの獲得に対しても行われる。例えば，研究者や教員が定期的に集まっては交流し，議論し，わからないことを質問し合ってヒントをつかみ，考えを練り，調査や分析や開発を進め，今度は文章にまとめて学会誌や機関誌等に投稿し，査

読や批評を受ける。これは学会あるいは研究協議会と呼ばれるものである。これに似たカンファレンス，ミーティング，商談会などの例は，数人程度の小さなものから数千人規模のものまで，多様な形態をとりながら様々な職種，業種で日常的に見出される。

　人間はこのようにして，「わからないもの同士の集団」をつくって「いまだここにないものを学ぶ」営みを繰り返す。その中で，職場や地域の内外で，立場や思想，時には言語や国境をも乗り越え，互いに自己の領域を越境して交流し合い，未知のものを既知のものへと変え，新たな考えや物質を生み出して，矛盾や困難を集団的に乗り越えていく活動をするのである。拡張的学習理論は，この営みを学習概念の中心に捉えるものである。

　要するにエンゲストロームの学習観は，ヴィゴツキーの最近接領域概念を再定位することによって，従来のような人々の**能力の垂直的な拡大深化**に加え，交流と越境による人々の**認識の水平的な拡張適用**までも，学習の概念の範疇に収め，捉えているのである。

　従来の教養主義的学習観（教養の転移）や行動主義的学習観（行動の獲得）だけでは捉えられない，このような，いかにも人間らしいダイナミックな営みの意義やプロセスは，社会的構成主義に基づく拡張的学習理論ならば，学習という概念のうちに取り込んで明確に説明することができる。それが，拡張的学習理論のもつ最も大きな特徴である。

4　学習観の刷新を ――授業で「読む」ことの意味――

　しかしながら，この理論は，学習を学校教育に限定せず成人教育学の枠組みから広く捉え，人類の進歩までを見据える点で，非常に広汎なものである。そのような大きな理論の援用を，今なにゆえ国語科という一教科の，しかも説明的文章学習という領域の中で論じる必要があるのか。それは，次の問題の解決に有効だと考えられるからである。

　これまで著者が目にした中学校現場における説明的文章学習では，大村はま氏を初めとする優れた実践研究の蓄積がある一方で，「子どもにとって文章の内容は小難しく一読では『わからない』のだから，『わからせ

る』ために教員が文章の外から発問，指示，説明で陰に陽に情報を与えるのがよいだろう」という，善意を起点として教員個々が経験的に形成した素朴な信念に基づく実践が，数多く繰り返されていた。またこの実践に対し，生徒らは「文章の意味が『わからない』から『つまらない』，『面白くない』，『読みたくない』」といったような反応を強く示していた。

　これらの事象は，教員個々の形成してきた信念の中に顕在あるいは潜在する，教養主義的で行動主義的な学習観に由来しているように思われる。例えば，「わからせる」という半ば強引な発想は，教養という知識を転移すれば学習が成立すると見なしてしまう教養主義的学習観から生じるのではないか。また，「わからせれば読んだことになる」という淡くも脆い期待は，何かの行動の変化や習得が見られれば何かが理解できたと見なしてしまう行動主義的学習観から生じるのではないか。いずれにしても，学習とは「学習者の外側から学習者の内側へ教養や行動をインプットするものである」という考えに，教員がいつの間にか支配されていて，学習者の読む行為を学習者自身がどのように形づくっていくかという構成主義や，それを教室でみんなと行うことの意義を問う社会性に関する視点を，授業づくりにおいて欠いてしまっているように思われる。

　説明的文章は本来，それ自体を読むことが目的となる文学とは違い，何かの用事があって読まれるものである。そして，その用事に強く動機づけられ「わからない，わからない」とうなりつつも，何度も読み返して周囲の人に「ここがわからないけれど，どういう意味？」「ここが納得できないけれど，あなたはどう思う？」と聞くなどし，ねばり強く文章に挑む，言わば**「わからないからこそ集団で読む」**ものであろう。

　ただし，小学校の説明文教材，なかでも低学年のそれは，一旦身につけた話しことばとしての一次的な母語を二次的な書き言葉に高めていくのに資する教材としての使命を帯び，非常に「わかりやすく」書かれている。その一方，高等学校の評論教材では哲学的で深遠な内容を含み，一読では「わかりづらい」ものばかりであって，両者の差は著しい。この両者を橋渡しする中学校段階においては，どのようにして前者の学習から後者の学

習への移行を果たしていけばよいのであろうか。こうした問題はこれまでのところ，まだ充分には論じられていない。

5　拡張的学習理論がもたらすヒント

　この問題に対しては，社会的構成主義に立ち「いまだここにないもの」を集団で学ぶことを重視するエンゲストロームの拡張的学習理論を援用することで，その多くが解決されよう。まず，説明的文章を読む学習の本質的意義を「わからないからこそ集団で読む」行為に見出せることが，理論的に定位される。次に，成人教育学の立場から，教室での学習と学習者の言語生活との一層の関係を図ることが意識化される。そして，説明的文章の教科書教材のもつ，小学校段階では学習者の認識の，主に垂直的な発達を支えるが，中学校段階以降は学習者の認識の水平的な拡張を支える側面が強まる，という特徴が明確になる。さらには，「わからないからこそ集団で読む」学習のプロセスが理論的に説明される。なお，学習のプロセスを説明する中で，エンゲストロームが比喩的に名付けて用いた**「胚細胞」**という独特の概念は，「わからないからこそ集団で読む」学習づくりにとって決定的に重要なアイディアとなろう。

6　本書の意義

　詳しくは**序章**の通りであるが，本書に記した研究の意義は，説明的文章学習指導における問題状況を改善するカリキュラムモデルの提案，とりわけ学校現場における日々の実践に具体的な手がかりを与えるところにある。

　加えて本研究の意義は，社会的構成主義学習理論を説明的文章学習指導の分野に適用する際の理論整理を，これまでの説明的文章学習指導研究の経緯や到達点を踏まえて行っているところにも見出せる。

　具体的には，次の3点にまとめられる。

①単元学習の方法論には必ずしも依らず，教科書教材を中心的に用いる方法に依っても，説明的文章学習指導において学習者の言語生活

を拡張できることを，一つのカリキュラム・モデルとして示した。
　②エンゲストロームの「拡張的学習」や「探究的学習」の理論を国語科における学習構成理論として展開した。
　③教育心理学に「スキーマ」の概念を求めるのではなく，社会的構成主義学習理論に「社会的文脈」の概念を求めることで，読解指導の充実が読書指導の活性化にはつながっていない現況に抗い，読解指導と読書指導との連関を促進する理論的枠組みを提示した。

　なお，「社会的文脈」概念の導入は，秋田喜三郎が「筆者想定法」として提唱し，説明的文章学習指導の分野で例えば西郷竹彦，小田迪夫，森田信義らによって追究されてきた筆者の論法やレトリックひいては認識の独自性を評価する読みの実践理論と，メディア・リテラシーやクリティカル・リーディングの理論や実践とを，社会的構成主義のもとで架橋するものともなり得るであろう。

　本書に対し，多くの厳しいご批正を皆様からぜひとも賜りたい。

目次

まえがき ——解題—— ……………………………………………… i

序章
研究の目的と方法

第1節　研究の目的 ………………………………………………… 2
第2節　研究の方法 ………………………………………………… 8
第3節　研究の意義 ………………………………………………… 10

第1章
先行研究の検討

第1節　国語科カリキュラム研究の主要な動向と課題 …………… 14
　第1項　教育と学習のカリキュラムの相互関係と国語科の位置　14
　第2項　国語科カリキュラム検討の3観点から見る戦後の動向　20
　第3項　国語科カリキュラム研究の現在の到達点と課題　23

第2節　国語科説明的文章学習指導における論理観の整理と課題
　　　　——筆者・読者それぞれの論理に着目して—— ………… 28
　第1項　論理観をめぐる混乱　28
　第2項　整理の対象とする先行研究の範囲　31
　第3項　論理観整理の枠組みとあるべき論理観　31
　第4項　論理観の整理と検討　34
　　　1　筆者の論理を偏重するもの／2　読者の論理を偏重するもの／3　筆者の論理中の「表現の論理」と「認識の論理」との関係を見誤っているもの

vii

第 5 項　論理観の整理から見出せる課題　42

第 3 節　小中学校国語科「読むこと」教科書外教材の
　　　　　位置の変遷と議論
　　　　　――よき典型から練習素材への
　　　　　　　教材概念拡張の動きと異論――……………………… 44

第 1 項　教科書教材重視の経緯への着目　44
第 2 項　検討の対象とする先行研究の範囲　46
第 3 項　小中学校学習指導要領に見られる教材の記述の変遷　47
　1　1947（昭和22）年版試案の場合／2　1951（昭和26）年版試案の場合／3　1958（昭和33）年版の場合／4　1968-69（昭和43-44）年版の場合／5　1977（昭和52）年版の場合／6　1989（平成元）年版の場合／7　1998（平成10）年版の場合／8　2008（平成20）年版の場合
第 4 項　教科書教材と教科書外教材をめぐるこれまでの
　　　　　主要な論点　58
　1　各教員の力量が及ぶか／2　多読か精読のどちらを重視するか／3　文章以外が教材になり得るか／4　誤りや問題をどの程度取り除き，系統性にどの程度配慮するか
第 5 項　国語科「読むこと」教材をめぐる議論から見出せる課題　61

第 4 節　国語科説明的文章学習指導における
　　　　　諸課題の整理と課題の再設定 …………………………… 63

第 2 章
言語生活の拡張を志向する説明的文章の読みの能力とその系統

第 1 節　社会的文脈を扱う理論の必要性と課題
　　　　　――トゥールミン・モデルの限界を超えるために―― ……… 70

第 1 項　トゥールミン・モデル導入の有効性と限界　70

第2項　社会的構成主義において強調される説明的文章の
　　　　　　読みの側面　73
　　　第3項　論理観整理の枠組みから規定される説明的文章の
　　　　　　読みの能力　76

第2節　エンゲストロームの拡張的学習理論の検討
　　　　──内容・形式両立のための
　　　　　　　水平・垂直2方向での捉え直し── ………………… 84

　　　第1項　エンゲストローム「拡張的学習」の概要　84
　　　第2項　エンゲストローム「探究的学習」の概要　90
　　　第3項　ヴィゴツキー理論の解釈に向けられた批判と
　　　　　　本研究の立場　96

第3節　社会的文脈を扱う理論の国語科説明的文章学習
　　　　との対応 ……………………………………………………… 98

　　　第1項　社会的構成主義に立つこと自体に由来する意義　98
　　　第2項　エンゲストローム「拡張的学習」の意義　99
　　　第3項　エンゲストローム「探究的学習」の意義　101
　　　　　1　学習者／2　対象／3　知識，道具／4　動機づけ／5　そ
　　　　の他──垂直と水平──

第4節　読みの能力の垂直次元と水平次元における
　　　　系統性の検討
　　　　　──「個人の認識論」と「間テクスト性」を踏まえて── … 106

　　　第1項　「個人の認識論」から得られる示唆　106
　　　第2項　読みの能力の垂直系統の概念規定　110
　　　第3項　「間テクスト性」の議論から得られる示唆　111
　　　第4項　読みの能力の水平系統の概念規定　113

第3章
小中学校国語教科書教材の系統性と補助教材との関係

第1節　説明的文章の教科書教材分析に関する先行研究概観
　　　　――教科書と言語生活をつなぐ
　　　　　　非形式論理学的知識への着目―― …………………… 124

第1項　非形式論理学的な論理性を観点とする教科書教材分析の意義
　　　　――説明書き・修辞性・典型性・カプセル化との関係――　124
第2項　教科書教材の教材性に関する分析研究の動向　130

第2節　先行研究から小学校教科書教材に見出される系統性
　　　　――論理的思考の発達と社会的文脈からの距離―― ………… 133

第3節　分析から中学校教科書教材に見出される系統性 …… 141

第1項　先行研究との関係　141
第2項　第1学年の場合
　　　　――事実ならびに主張の質とその変化――　146
　　　1　光村図書の場合／2　東京書籍の場合／3　「事実」の種類とその順序
第3項　第2学年の場合
　　　　――理由づけの質とその変化――　154
　　　1　光村図書の場合／2　東京書籍の場合／3　「理由づけ」の種類とその順序／4　「理由づけ」の構造とその順序
第4項　第3学年の場合
　　　　――主張の質と社会的文脈への接近――　161
　　　1「主張」と社会的文脈との関係／2　光村図書の場合／3　東京書籍の場合／4　「主張」の種類とその順序／5　「主張」と社会的文脈の間の距離

第4節　教科書教材の実態と垂直・水平系統性仮説との対応 … 167

　第1項　主教材の実態にみる系統性
　　　　　――事実から価値への移行――　167
　第2項　補助教材の果たす役割と教科書外教材に求める役割
　　　　　――国語科学習の日常への適用という観点から――　168

第4章
言語生活の拡張を志向する説明的文章学習活動の構造

第1節　拡張の観点から見た小中学校説明的文章学習活動の類型
　　　　――社会的文脈への接続の方途としての
　　　　　読解指導と読書指導との連関の可能性―― ………… 174

　第1項　教科書教材に他の教材を組み合わせて読む
　　　　学習活動への着目　174
　第2項　検討の対象とする先行実践の範囲と検討の観点　179
　　　　　1　期間／2　対象／3　観点
　第3項　各要素を含む先行実践とその学習活動の類型の整理　182
　　　　　1　概況／2　A［内容］の要素を含む実践例／3　B［形式］の要素を含む実践例／4　C［論理］の要素を含む実践例／5　D［情報］の要素を含む実践例／6　E［表現］の要素を含む実践例
　第4項　学年段階ごとの単元編成傾向から得られる示唆　191
　　　　　1　小学校低・中学年――言語素材の区別――／2　小学校高学年・中学校――構成と論理の区別――
　第5項　存在が予見された事例と実際との照合から得られる示唆　194

第2節　個人の文脈と社会的文脈とを相補的に扱う
　　　　学習活動の類型 ……………………………………………… 197

第1項　「自らのテクスト表現過程」を先行させる実践例（1）
　　　──これまでの自分の読み方を問う導入──　197
　　　1　両実践の位置／2　本実践の構想／3　単元名・対象・授業担当者・時期／4　教材／5　単元目標／6　学習指導計画［5時間］／7　学習の様子から［2年C組の場合］
第2項　「自らのテクスト表現過程」を先行させる実践例（2）
　　　──これから自分が読む意義や価値を問う導入──　208
　　　1　本実践の構想／2　単元名・対象・授業担当者・時期／3　教材／4　単元目標／5　学習指導計画［4時間］／6　学習の様子から［3年A組の場合］
第3項　読書個体史上の位置を自覚する〈仮想的状況〉設定の可能性
　　　──状況論的アプローチからの「実の場」概念の再解釈と拡張──　213
　　　1　両実践開発の当初の目的と「実の場」概念との関係／2　両実践の開発に至る経緯──対照的事例の存在──／3　対照的事例の概要／4　対照的事例との比較から浮上する特徴──「実の場」概念を拡張する〈仮想的状況〉──／5　国語科における状況論的アプローチと〈仮想的状況〉との関係／6　「自らのテクスト表現過程」を先行させる学習活動の類型

第3節　社会的文脈を教材文のみから想起させる方法としての〈書かれなかったこと〉吟味の可能性
　　　──情報科での実践例を踏まえて──　228

第1項　社会的文脈を教材文から想起させる必要性　228
第2項　実践「論理的に理解しよう」（情報科）の概要　232
　　　1　「情報科」設置の経緯／2　対象・時期／3　各時の目標／4　学習指導過程（著者担当分，第5～8時の場合）／5　学習の様子から
第3項　本実践から国語科に得られる示唆　242
　　　1　「言われなかったこと」をも吟味する指導が有効であること／2　生徒の抽象的思考（形式操作）の実態に沿う教材開発が必要であること
第4項　国語科に得られる示唆と説明的文章学習活動との対応　245

第4節　垂直・水平2方向での系統的な学習活動の
　　　　展望と課題 246

第5章
言語生活の拡張を志向する
説明的文章学習指導の国語科カリキュラム

第1節　言語生活の拡張を志向するカリキュラム理論の
　　　　整理 254

　第1項　能力の発達の系統　254

　　1　「説明的文章を読む」という行為の規定／2　「説明的文章を読む」行為に必要な能力（読みの能力）／3　読みの能力①・②の発達と垂直次元・水平次元の方向性との関係／4　読みの能力の発達段階

　第2項　教材と学習活動の系統的配置　258

　　1　学習活動を教科書教材と教科書外教材とで構成する有効性／2　「作業仮説」としての教材に求める「典型性」とそれ以外の要素／3　国語教科書教材の主教材に内包されている系統性／4　中学校国語科における補助教材の必要性とその系統／5　学習活動構造の基本設計──個人の文脈と社会的文脈との相補的学習活動──／6　社会的文脈を学習者に意識させ学習者のコンフリクトを引き出す〈仮想的状況〉／7　複数教材の組み合わせに依らず社会的文脈を学習者に意識させるMECE手法

　第3項　説明的文章学習指導の中学校カリキュラム・モデル　265

　　1　カリキュラムの骨格／2　中学校段階のカリキュラム・モデル（試案）

第2節　カリキュラムの観点から見た
　　　　説明的文章学習指導実践個体史の検討 273

　第1項　実践前半期における個体史
　　　　──論理をたどらせる指導からトゥールミン・モデルの導入へ──　273

1　対象と記述方法／2　第1期（1～5年目）における実践開発の文脈／3　第2期（6～11年目）における実践開発の文脈／4　前半期の総括

　第2項　実践後半期における個体史
　　　――トゥールミン・モデルの指導から社会的文脈の重視へ――　294

　　　1　後半期当初の課題／2　第3期前半（12～16年目）における実践開発の文脈／3　第3期後半（16～20年目）における実践開発の文脈／4　後半期の総括

　第3項　カリキュラム理論と個体史との照合　305

　　　1　個体史における「実施したカリキュラム」／2　カリキュラム理論から説明される「実施したカリキュラム」の問題点／3　「実施したカリキュラム」に見出される実践上の課題

第3節　課題解決のための実験授業とその検討　310

　第1項　授業仮説の設定　310

　第2項　実験授業の単元設計　311

　　　1　条件――協力校と対象学級――／2　前提――実施時期と主たる教科書教材――／3　主たる教科書教材に組み合わせる教科書外教材の選定／4　使用する2教材の構造／5　〈状況〉の設定／6　学習活動の構想／7　学習指導計画（計6時間前後）／8　学習指導後の調査

　第3項　実施した実験授業の概要　324

　　　1　単元名／2　学習指導過程／3　調査

　第4項　授業仮説の検証とカリキュラム・モデルとの照合　329

　　　1　仮説Ⅰの検証／2　仮説Ⅱの検証／3　仮説Ⅲの検証／4　カリキュラム・モデルとの照合

終章
研究の総括と展望

第1節　研究成果の総括　348

第 2 節　今後の展望 ……………………………………………… 359
　　1　読解指導からメディア・リテラシーへの接続に課題があること（①）について／2　説明的文章教材の論理の捉え方に関し混乱が続いてきたこと（③）について／3　中学校段階での系統性になお不明確な部分があること（②）について

あとがき ──謝辞── …………………………………………… 369

巻末注 ……………………………………………………………… 373

参考文献 …………………………………………………………… 391

索引 ………………………………………………………………… 405

言語生活の拡張を志向する説明的文章学習指導
―― 「わからないから読む」行為を支えるカリキュラム設計 ――

序章
研究の目的と方法

第1節　研究の目的

　関連諸科学の進展に伴い社会的構成主義が学習理論の近年の主流となるにつれ，学びに真正性が必要だと提唱されるようになった。それとともに，山住勝広（2008）[1]によれば教師の仕事が「教科ごとに細分化されたカリキュラムや教材のパッケージ，その手引き書，スモールステップの段階的授業，標準テストによる学習結果の技術的コントロールなどによって，強く限定されている」（p.31）という学校学習に対しては，学校文化の枠（「カプセル」）を外した環境の中で活動的に学ぶ，図0-1・図0-2などで表される「拡張的学習」（Y.エンゲストローム，1999）[2]を学習プロセスの中に「第三次学習」（Y.エンゲストローム，2010）[3]として組み込むことで，「生徒と教師が学校教育という実践を批判的に分析し，自分たちの実践を変え」る「深層レベルの学習」への移行（エンゲストローム，1999，p.23）を図ることが，成人教育学の知見から提起されてきてもいる。

　学習理論の進展が大きくはこのような方向性を帯びていく中，国語科に

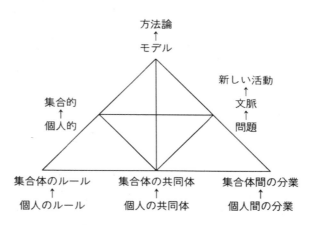

図0-1　学習活動の構造
（エンゲストローム，1999，p.144）

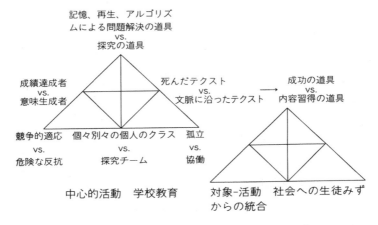

図 0-2　学校教育の活動における第一の矛盾
（エンゲストローム，1999，p. 112）

おける読む能力についても教科書教材のみに通用するスキルとしてでなく，現在や将来の学習者の言語生活に適用する際の手続きや条件を伴った「理解方略」（間瀬茂夫，2013)[4]として活用可能な状態で習得されることがめざされ始めている。読解力を「効果的に社会に参加するために」（p. 2）必要な能力だと定義するPISA（OECD生徒の学習到達度調査）の提案[5]や，我が国の国語教育におけるメディア・リテラシー導入をめぐる2000年代以降の議論も，こうした流れに沿うものである。しかしながらエンゲストロームは学習者をPISAよりもさらに一層積極的に，文化を受容し社会に参加するだけでなく，文化を実践し創造する能動的な存在として位置づけている。それは，エンゲストローム（2010）による「拡張的学習」のプロセスの説明に「既存の文化の内化が明確に背景に退き，他方で，新しい文化実践の外化が前景化する」（p. 23）と記されている点に，よく表れている。

　さて，国語教育においては言語生活や社会参加を重んじる理論と実践の系譜が以前からあった。戦後期の早い時点で，すでに西尾実氏や倉澤栄吉

第1節　研究の目的

氏が言語生活の向上につながる国語科授業のあり方を説いていた。また大村はま氏は「実の場」を重んじ教室の学習を言語生活へ積極的につないでいく単元学習の実践を拓いていった。大村はま（1996）[6]は学習者を「新しい時代をつくる人」「未来をつくる人」と位置づけ，実践群全体を通して学習者の社会参加や文化創造を強く志向した点で，エンゲストロームにも通底するものがある。また説明的文章学習指導の分野において社会参加や文化創造を志向した実践としては，大村氏の他にも調べ学習を支える情報読みや，ノンフィクション作品も対象に含む読書指導などの系譜がある。ただし，学習指導要領に説明的文章教材が位置づけられた1958（昭和33）年版学習指導要領以降続いてきた議論は，学習者の日々の言語生活に着目するよりは，井上裕一（1998）[7]に概観されているように「説明的文章で何を教えるべきか」のほうに関心が集まる傾向があった。これを渋谷孝（1980）[8]は「説明的文章の自律性」の問題として捉えるが，エンゲストロームの拡張的学習理論からすれば，これは学習が学校文化の枠の中に閉じこもる，学校学習の「カプセル」化の問題として批判的に捉え直されることになる。

　もちろん，社会科や理科でない国語科学習独自の「説明的文章の自律性」を見出そうとするこの議論の蓄積がなければ，戦前の実用的読み物とは一線を画し新たに位置を得た分野としての説明的文章の確立はなかったはずである。とはいえ今日，社会的構成主義を是とし，OECDのPISA調査のように読解力（読解リテラシー）を「効果的に社会に参加するために」必要な力だと捉えるのであれば，教科書教材をまず起点に据え，次いで「何を教えるべきか」を論じる方向で議論するよりは，まず国語科で何の力を育てたいかを示し，次いでその力を育てるにはどのような種類の教材と言語活動が適するかを検討するという方向から議論するのが，より本質的である。また昨今は情報化社会の高度な進展により，マスメディアのみならずソーシャルメディアの問題も急速に浮上してきた。学習者がスマートフォンを常時携帯し，広汎で膨大な情報の中から読みたいものだけを読み，知りたいことだけを知り，つながりたい人とだけ連絡を取る限定的で

恣意的な言語生活へと内向化する傾向がかえって強まってしまったのである。この状況下では，学校学習の「カプセル」化と学習者の言語生活の内向化を打破し，社会参加の方向へ向かって学習者の言語生活を「拡張」することこそ，彼らの言語生活向上にとって喫緊の課題である。

そのような観点から重視したいのは，国語科説明的文章学習指導における非形式論理学的知識である。説明的文章学習指導においては，学習者が非形式論理学的知識を生かして教材文の論理構造を捉えられれば学習者自身が意見や疑問をもちやすくなる。また，眼前の文章だけでは学習者が意見や疑問をもちづらい場合，周辺の関連文献に判断材料を求めるときに，学習者が当該の文章とそれら周辺の関連文献との間の論理構造の共通点と相違点を捉えられれば，自身の読書行為を主体的に行いやすくなり，ひいては議論を通した学習者の社会参加と文化創造まで射程に入ってくるであろう。

学習者が非形式論理学的知識をもつことの意義はまた，次のようにも説明できる。すなわち，日常生活の場では種々雑多な文種・文型・内容の文章が溢れていて，必ずしも教科書教材のように序論―本論―結論と順を追って論理を展開するような洗練された文章ばかりではないのであるから，学習者が学校学習を日常の言語生活の場に拡張して適用できるようにするのであれば，論理の文章上での展開の様子を捉えるより，先に論証の構造を支える要素と構造の堅固さを捉えることに学習の力点を置くほうが効果的である。その際，非形式論理学的知識は，論理の構造を捉えるための観点となり得るのである。

その非論理学的知識としては，主にトゥールミン・モデルの活用が国語科学習で普及しつつある。このモデルはスティーブン・トゥールミン（2011）自身の説明[9]によれば，日常の議論を捉えるために「法学的アナロジーを念頭におきつつ」提唱されたものである（p. 12）。それが国語科で実用性を発揮するのは，そのモデルが「主張（Claim）」「事実（Data）」「理由づけ（Warrant）」「裏づけ（Backing）」「限定（Qualifiers）」「反証（Rebuttal）」の基本6要素から議論の強さを分析的に捉えるものであって，文章・談話

第1節　研究の目的

（あるいは文字言語・音声言語）の種別やその展開の順序にとらわれずに，学習者が相手の主張を把握し議論に参加することを容易にするからである。なお，小中学校の国語科学習では井上尚美（1977）の紹介以降[10]，6要素のうち特に「主張」「事実」「理由づけ」の主要3要素の三者関係に絞って扱う実践が大多数である。この三者関係は俗に「三角ロジック」とも呼ばれることがある。またこれに対し，残る3要素の必要性や位置づけを改めて検討する渡部洋一郎（2016）[11]の研究も見られる。

　ところが，中学校での国語科学習の実態について，現状では次の指摘がある。中央教育審議会（中教審）教育課程部会（2016）によれば「伝えたい内容や自分の考えについて根拠を明確にして書いたり話したりすることや，複数の資料から適切な情報を得てそれらを比較したり関連付けたりすること，文章を読んで根拠の明確さや論理の展開，表現の仕方等について評価することなどに課題があることが明らかになっている」（p. 1）[12]というのである。

　この課題の背景には論理観の混乱がある。その混乱は，学習指導要領を一つの背景として，実践者間に広く見られる。

　まず，実践者のもつ論理観に関して述べると，論証の構造としての論理とその文章上での線状展開とを同一視する混乱が広くあることが明らかになっている。とりわけ説明的文章の分野には，間瀬茂夫（2011）[13]の言う「ある種の混同をともなった『論理』のとらえ方の広がり」（p. 76）が以前からあり，松本修（2013）[14]の指摘によれば，説明文教材論の隘路として「伝統的に論理と構成を混同する誤りが放置されてきた」（p. 170）状態にあったという。また幸坂健太郎（2012）[15]は，舟橋秀晃（2000）が実践報告をレビューし多くの実践者間で筆者の著す文章の論理と読者の論理的思考との混同が見られると指摘した[16]ことを引いて，それ以降10年間の論考を改めてレビューし，「10年間を経た現段階でも，舟橋による批判的吟味・自己意見構築に関する指摘は有効である」（p. 47）と評した。要するに，頭括型，尾括型，双括型などの文章上での線状展開を捉えただけでは，立体図形の展開図同様，同一構造でも複数種での展開が可能な論証構

造自体を捉えたことにはならず，筆者の説明の展開の筋道にただ寄り添うだけに留まるならば，読者である学習者が筆者とは別個に自分自身の考えをもちつつ関連文献も併せ読んで眼前の文章の論理性を吟味する読書行為は，引き起こされにくくなってしまう。さりながら，学習者は国語科の多くの授業で，文章の展開を追うことができればすなわち論理を捉え論理的に読めたと，単純に見なされてきたのである。この混乱は整理されるべきである。

次に，学習指導要領に関して述べると，小中学校の「読むこと」で直接「論理」について記されている指導事項は，2017（平成29）年版の場合でも中学校第3学年のア「文章の種類を踏まえて，論理や物語の展開の仕方などを捉えること。」とウ「文章の構成や論理の展開，表現の仕方について評価すること。」以外にはない。またこの「論理の展開」という語を，少なからぬ市井の解説書や教科書指導用参考資料では「論理展開」と称している。そこでは，構造体としての論理の吟味と，その構造体を文章上に線状展開する際の分かりやすさや明解さの吟味が区別されずに扱われ，その中3に至るまでの系統性も明示的ではない。無論，学習指導要領の大綱性には実践者の創造性を保障してきた側面もあり，著者は現状以上の指導事項の増加や細分化を望まない。ただし，実践者各自がカリキュラム設計を行い学習指導要領を乗り越えるには，学習者が文章の展開をたどって論証の構造を捉え，その構造に吟味を加え学習者自身の意見をもてるような読みの能力を育てるのに有効な，論理観の混同を排し能力育成の系統性を説明できる実践理論が必要になる。なお，2017（平成29）年版学習指導要領では小中学校国語の〔知識及び技能〕に「情報の扱い方に関する事項」の指導事項が新設され，各領域を横断して「原因と結果」「意見と根拠」「具体と抽象」などの相互関係について，理解を図ることが明記された。これを以て学習指導要領における「論理」観やその系統性が以前より明確にはなったが，それにしても実践理論の必要性に変わりはなかろう。

著者は滋賀県下公立中学校に国語科教諭として20年勤務する間にこれらの実践者のもつ論理観に関する問題や，教科書教材による学校学習で得た

知識を言語生活における他の説明的文章にあまり適用できない生徒の実態に日々直面し，反省的実践家を志して実践の理論化と理論の実践化を図ってきたが，その途上で中学校現場から離れることになった。本研究は，これまでに進めてきた研究を整理統合し補うことによってこれら一連の問題を解明し，特に課題のある中学校段階において，国語科説明的文章学習指導の分野で論理的に読む能力を育成するためのカリキュラムを，具体的に提案しようとするものである。

第2節　研究の方法

　本研究は前項の目的のもと，中学校現場で日々直面してきた課題について先行研究を踏まえて問題の所在を示し，説明理論の導入と実験授業の実施によって一つのカリキュラム・モデルを提案することで，その問題の解決を図る。

　その際導入する説明理論については，学習観の基礎に社会的構成主義に基づくエンゲストロームの拡張的学習理論を据え，学習者の能力とその発達の系統に関しては野村亮太・丸野俊一（2012）によるクーンの「個人の認識論」の知見を援用し，学校学習の社会的文脈への接続に関しては「間テクスト性」に関する議論を参照する。これによって教室の中，教科書教材の中に閉じた読みの授業を教科書教材の外へ拡張し，以て学習者の社会参加と文化創造への道を拓く方途と道筋を探るとともに，自実践の到達点を述べる。

　これらの方法を章ごとに手順として示すと，次のようになる。

　第1章では，言語生活の拡張を志向する説明的文章の読みの国語科カリキュラムを設計するにあたり，先行研究の主要な動向と課題を把握し検討する。まず国語教育におけるカリキュラム研究の全体状況を確認する（**第1節**）。次に説明的文章の能力論の問題状況（**第2節**），読むことの教材論における問題状況（**第3節**）を捉える。そして諸課題を整理し課題を再設定する（**第4節**）。

第2章では，言語生活の拡張を志向する説明的文章の読みに必要な能力の発達の道筋を，どのように捉えるべきかを検討する。まず説明的文章教材の読みの能力を，単に文字や語句の意味が分かるといった程度に留めず積極的に，〈説明的文章の意味と意義・価値を理解し自分の考えをもつ能動的な読書行為〉であると規定する（第1節）。次いで，エンゲストロームの拡張的学習理論から系統性を垂直次元と水平次元の2方向で捉える示唆を得て，説明的文章学習との対応を検討する（第2・3節）。そして，垂直次元では「個人の認識論」，水平次元では「間テクスト性」を援用して系統の各段階を設定する（第4節）。

　第3章では，小中学校国語教科書に掲載されている説明的文章教材が内包している系統性を分析することを通して，第2章で設定した垂直次元と水平次元の系統性と対応する要素が既存の教科書教材にも存在することを確認する。その上で，特に中学校段階において学習による言語生活の拡張を図るのに，主教材としての教科書教材以外にどのような教材を追加し得るのか，その可能性を探る。はじめに教科書教材分析の先行研究を概観する（第1節）。次に近年の国語科教科書の説明的文章教材について，小学校教材の系統性を先行研究結果から見出す（第2節）。また，中学校教材の系統性を独自に分析する（第3節）。その上で，中学校における国語教科書教材と併せて必要な教科書外教材の種別・配列のモデルを例示する（第4節）。

　第4章では，国語教科書の外へ説明的文章の読みを拡張する学習活動はどのような構造をもち得るかを検討する。まず，拡張しやすい効果的な策である「教科書教材に他の教材を組み合わせて読む学習活動に取り組んだ小中学校の実践」について，これまでの実践を収集し観察して学習活動の類型を見出す（第1節）。次に，文章の外の社会的文脈から文章を分からせるのでなく，学習者各々の個人の文脈に立脚した学習活動を生む策としての，〈仮想的状況〉を設定することと〈書かれなかったこと〉をも吟味させることの有効性を述べる（第2・3節）。最後に，本章を通して論じた学習活動のあり方を，垂直・水平2方向での系統性を踏まえ，概括して述

べる（第4節）。

第5章では、前章までの各章を総合し、言語生活の拡張を志向する説明的文章の読みの中学校国語科カリキュラムを設計する。まず、前章までの各章を再整理し、読みの拡張を志向する説明的文章学習指導のカリキュラム理論とそれに基づく中学校カリキュラム・モデルをまとめて示す（第1節）。次に、カリキュラムの観点から著者自身の学習指導実践個体史を検討する（第2節）。そして第1節のカリキュラム理論に基づき、個体史上課題の残っている中学校第2学年について単元計画を立て、実施と検討を経て、小中学校9年間のカリキュラム設計の一つのあるべき姿を具体的に示す（第3節）。

終章では、以上の考察を踏まえた研究の成果と、今後の展望を述べる。

第3節　研究の意義

本研究の第一義は、説明的文章の学習指導における現況の国語教育実践の問題点を改善するカリキュラムモデルを提案することにあって、特に中学校段階における日々の実践に資する能力観、教材観、学習活動のあり方やその系統を提示し、以て学校現場における日々の実践に具体的な手がかりを与えるものである。

加えて本研究は、国語教育研究上の意義も有している。それは特に、学習理論の近年の主流となっている社会的構成主義学習理論について、それを国語科説明的文章学習指導の分野に適用する際の理論整理を、これまでの説明的文章学習指導研究の経緯や到達点を踏まえて行っているところにある。具体的に言えば次の3点が挙げられる。

一つ目は、単元学習の方法論には必ずしも依らず、教科書教材を中心的に用いる方法に依っても、説明的文章学習指導において学習者の言語生活を拡張できることを、一つのカリキュラム・モデルとして示した点である。単元学習は元来、言語生活に根ざした学習活動を展開するものであり、その活動を通して言語能力も言語生活に根ざしたものを形成していこ

うとするところに，その利点があった。ならば論理も，生活に根ざしたものとして学習される必要がある。本研究はその方法論とその理論的枠組みを示すことで，教科書教材を用いて行う普段の授業において，教科書教材の系統性を生かし系統指導を保障しながら単元学習の目指す地平へ比較的容易に到達できる方途を示し得た。

二つ目は，エンゲストロームの「拡張的学習」や「探究的学習」の理論を国語科における学習構成理論として展開した点である。ヴィゴツキーの理論の再解釈のうえで構築されたエンゲストロームの理論は，我が国ではこれまで主に「総合的な学習の時間」や社会科などでは導入の先例[17]があるが，これをいかに各教科学習で展開させるかというところに現在の課題があり，本研究はそれを国語科において展開し得た。

また三つ目は，教育心理学に「スキーマ」の概念を求めるよりは，社会的構成主義学習理論に「社会的文脈」の概念を求めることで，読解指導の充実が読書指導の活性化にはつながっていない現況に抗い，読解指導と読書指導との連関を促進する理論的枠組みを提示した点である。私たちは本来，分からないから学ぶのであり，分からないから読むのである。そして読めば読むほど，これまで分かったと思っていたことでも思考が精緻になるにつれ再び分からない状態に向かい，それゆえにもっと分かりたい，もっと読みたいとも思うようになるものである。そのような学びや読書の本来的な営みは，できたことを以て理解したと見なす旧来の行動主義的学習理論，また，知らないことが「スキーマ」の不足と結びつけられる教育心理学だけでは必ずしも説明しきれるものではなかった。しかし，社会的相互作用を重視し「社会的文脈」を重視する社会的構成主義学習理論ならばその説明が可能になる。そして，この学習理論に基づいて読解指導のあり方を論ずることによって，読書指導の活性化もその射程に入ってくるのである。

なお，中学校以降の説明的文章の教科書教材では，学年を追うごとに事物の仕組みや成り立ちの説明から事物の意義や価値の説明に筆者の主張の力点が移っていく。その際，当該文章のもつ意義や価値の理解には筆者が

第3節　研究の意義

執筆に及ぶまでの周囲の言説状況の想定がその一助となり得るであろう。さすれば，この「社会的文脈」概念の導入は，秋田喜三郎が「筆者想定法」として提唱し説明的文章学習指導の分野で例えば西郷竹彦，小田迪夫，森田信義らによって追究されてきた筆者の論法やレトリックひいては認識の独自性を評価する読みの実践理論と，メディア・リテラシーやクリティカル・リーディングの理論や実践とを，社会的構成主義のもとで架橋するものにもなるであろう。

第1章
先行研究の検討

　本章では，言語生活の拡張を志向する説明的文章の読みの国語科カリキュラムを設計するにあたり，先行研究の主要な動向と課題を把握し検討する。まず国語教育におけるカリキュラム研究の全体状況を確認する（第1節）。次に説明的文章の能力論の問題状況（第2節），読むことの教材論における問題状況（第3節）を捉える。そして諸課題を整理し課題を再設定する（第4節）。

第1節　国語科カリキュラム研究の主要な動向と課題[1)]

第1項　教育と学習のカリキュラムの相互関係と国語科の位置

　本節では，国語教育におけるカリキュラム研究の主要な動向，および説明的文章学習指導におけるカリキュラム研究が占める位置とその課題を捉える。本項ではまずそれに先立ち，日本におけるカリキュラム全般をめぐる近年の思潮を概観し，いわゆる「教育のカリキュラム」と「学習のカリキュラム」との関係を整理することを通して，国語科の置かれている現状を確認する。

　用語としてのカリキュラムは，柴田義松（2000）[2)]によれば，その語源は「競走馬とか競走路のコース」に由来し，もとは「人生の来歴」という意味の語であったが，16世紀頃からは「転じて学校で教えられる教科目やその内容および時間配当など，学校の教育計画を意味する教育用語」（p. 5）として使われるようになったという。

　しかし田中耕治（2005）[3)]は，日本では法的拘束力のあるナショナル・カリキュラムの制度が長く続いたためカリキュラムの研究は活発でなかったこと，また「カリキュラム」と「教育課程」という，本来は原語と翻訳語の関係にある2語が，前者は研究的用語，後者は公式用語として使い分けられてきたことを指摘した。

　このことを一つの背景とし，近年の教育学研究においては松下佳代（2000）[4)]が指摘するように，「教育のカリキュラム」とは区別して学校外での学びも含めた「学習のカリキュラム」概念を位置づける動きがある。「学習のカリキュラム」とは要するに，個々の学習者の学びの履歴である。これを，学校学習の枠を超えて総体として捉えることには非常な困難を伴うが，社会的構成主義学習理論を礎とする際には欠かせない基本的な考え方である。その考え方があってこそ，学校学習が学校内から社会へ拡

張され，個々の学習者を社会参加ひいては文化創造の高みへといざなうものになり得るのである。

　日本で見られるこのような動きは世界的な動向の反映でもあるが，この動きには異論も提起されている。例えば田中博之（2013）[5]は，国際教育到達度評価協会（IEA）の3分類「意図したカリキュラム（国家または教育制度レベルで決定された教育内容）」，「実施したカリキュラム（教師が児童生徒に与える教育内容）」，「達成したカリキュラム（児童生徒が学校で学んだ教育内容）」を取り上げて，次のように批判した。

　　この中で二つ目は，本来的には「カリキュラムの実施状況」や「カリキュラムの実践結果」と呼ぶべきであり，三つ目は，「カリキュラムの実施により児童生徒が習得した知識・技能・態度」と呼ぶべきである。（中略）教師が実演したり児童生徒が習得したりしたものはもはやカリキュラムという実態をもつものではないにもかかわらず，メタファーだけでカリキュラムという用語を使い続けることは，概念の混乱を招くだけである。
　　逆にいえば，カリキュラムの編成，カリキュラムの実施状況調査，カリキュラム評価によるカリキュラムの修正と改善として，カリキュラム（計画されたもの）にどのような加工や作業を加えていけば，より豊かで確かな教育実践が生み出されるのかについて議論するほうが，論理矛盾なくより生産的である。

　田中博之（2013）は何もカリキュラムの修正と改善，またそのための学習者の実態把握の徹底自体まで否定しているのではない。用語としてのカリキュラムが本来もつ「計画されたもの」としての意味から逸脱して濫用することのみを戒めているのである。
　そもそも，用語としてのカリキュラムは教育課程と決して同義ではない。それは，例えば「隠れたカリキュラム」を「隠れた教育課程」とは決して言い換えられないことからだけでも明白である。両者を比較すれば，

教育課程という用語が文部科学省（2008）[6]の言う「学校において編成する」「学校の教育計画」（pp. 10-11）すなわち意図的に計画された明示的な文書を指すのに対して、カリキュラムという用語は、無意図的に計画に紛れ込む不文律までも自ずと関心の対象に含むからである。しかしいずれにせよ、学びの履歴という意味までは、そこには本来含まれていない。

　「カリキュラム」の語が無意図的な不文律までも関心の対象に含むことを以てすれば、「教育のカリキュラム」と区別して「学習のカリキュラム」概念を位置づける動きが起こるのも首肯できる。ただしカリキュラムとは、文書の有無や自覚的な意図の有無を問わず、あくまでも田中博之（2013）の言うように「計画」を指すものである点からは逸脱しないよう留意したい。そして、本研究の関心はあくまでも、国語科説明的文章学習指導の計画としての「教育のカリキュラム」の設計改善にある。

　したがって、本研究においては特定の学習者の個体史を追って個別の「学習のカリキュラム」を記述することまではしない。しかしながら、著者が指導者としての個体史を通して形成してきた「教育カリキュラム」について、学習者の実態と残された課題を踏まえ、従来以上に学習者の発達の道筋を捉え、より多くの者の発達を促進する実効的なカリキュラムの設計をめざすという意味においては、学習者の「学習のカリキュラム」にも極力関心を払おうとするものである。

　ではここで、学習者の発達は従来どのように捉えられてきたかを、確認しておきたい。

　学習者の発達の一般的な道筋の説明としては、これまでのところ、児童期以降を大きく具体的操作期と形式的操作期の2区分によって捉えるピアジェの発達段階論が、最もよく知られている[7]。例えば、小学校中学年で学力の個人差が拡大する「9歳の壁」と呼ばれる現象の要因も、従来はピアジェの発達段階論の理解を踏まえて説明されてきた[8]。これによれば、小学校中学年の国語の授業には、ことばの内容や意味を別のことばで説明する「ことばのことば化」が多く含まれると捉えられる。

　ところが、近年は脳科学研究の進展が著しく、新たな知見も多く得られ

ている。カリキュラム研究者の安彦忠彦氏はその脳科学の知見を参照し，人間の興味・関心の重要性を強調する「興味・要求の中心の移行による発達段階論」を新たに提唱した。安彦忠彦（2006）[9]は，小学校から高校までのカリキュラムを「生活能力課程」「基礎的学力課程（基礎，基本）」「発展的学力課程」の3層4段階（図1-1）に区分して示し，次のような説明を加えている（pp.106-107）。

> 人間はその発達の段階ごとに，発達させるべき能力を身につけようとの強い興味・関心が個人の内部から，生物としての個体の「必要・要求 needs」として生まれる。（略）生後から3歳ぐらいまでは「運動技能」や「感覚」の習得に興味の主たる対象があるが，5歳頃からは「言語や数などの知的技能」に強い興味をもつとともに，外界への素朴な直感的認識としてのセンス，とくに「人間（道徳）感覚」「自然感覚」「社会感覚」といった「基礎感覚」の定着に主たる関心が移る。そしてさらに9歳頃からは，「理屈」や「論理」に強い関心をもつようになり，それまで適当な説明でも済んでいたのが，厳密な説明を求めて大人と論争するようになり，またそれを楽しむように興味の

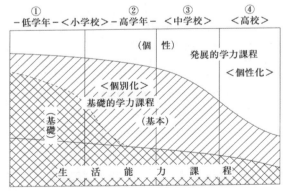

図1-1　新発達段階論によるカリキュラムの3層4段階論
　　　　安彦忠彦（2006, p.107）

中心が移行する，というものである。

　さらに11歳前後からは，心理学的には「思春期」に入り，興味の中心は「自分」というものの内部・内面に向けられる。そして14，15歳までは「自分を探る」こと，自分がどんな仕事に向いているかを探ることに精力を割く。しかし，16歳頃からは「自分を伸ばす」，自分の個性を伸ばすことに重点が移行するとともに，人生観，社会観，歴史観といった「価値観」ないし「価値体系」の形成・確立に中心的な関心をもつようになり，ほぼ大人の世界に入って来ることとなる。

　無論，学習者の発達には実際のところ個人差が大きく認められる。それゆえに，学習者個々の「学習のカリキュラム」にも注目が集まるのである。とはいえ，教科間を越える大きな発達の道筋，学習者一般の発達の傾向としての全体的な「学習のカリキュラム」をよりつぶさに捉えるには，安彦（2006）の説くこの３層４段階説が一つの手がかりとなろう。ただし，この説によれば「興味・要求の中心」が比較的明確に移行していく小学校低学年から高学年までの段階が，ピアジェの論よりもカリキュラムとして捉えやすくはなるものの，興味の中心が学習者自身の内部・内面に向かう中学校期にいったいどのような変化が生じどのように発達していくのかについては，学習者内面の質的な移行であるだけに，一層捉えにくい問題になっていくこともよく分かる。

　そのような中学校においては，私立学校，あるいは公立の中等教育学校・中高一貫校等への進学を選択しない限り，現在の日本の教育課程下では昨今の選択履修幅縮小によって，学習者が受けたい「教育のカリキュラム」を自ら選ぶ余地が，もはやほとんどなくなった[10]。一方，高校以降では，自分の関心や自分の将来に合わせて学校自体やその教育課程，科目，授業を選択する形で，「教育のカリキュラム」を学習者自らが選べる余地がまだある。それが〈個性化〉，「発展的学力課程」たる所以だとも言える。したがって高校では，学習者個々の「学習のカリキュラム」のニーズに対し「教育のカリキュラム」がまだ幾分かは応えやすい制度になって

いると考えられなくもないが[11]，中学校では，学習者が「教育のカリキュラム」を選ぶ制度的機会が縮小される中，教育行政施策によるカリキュラム・マネジメントの強調により，全教科で学習の〈個別化〉への積極的対応が，専ら指導者側にのみ迫られる構図に変わってきている。しかもその〈個別化〉とは，**序章**に述べた今日の状況を踏まえるのであれば，ただ単に指導者の用意した学習内容や学習過程を学習者に選択させる程度の話ではなしに，学習者個々の「学習のカリキュラム」をより豊かにする「教育のカリキュラム」をつくること，すなわち，学習者自身の自己実現をめざし学習者個々が主体的に取り組める学習，かつ，それにより学習者個々が知識を個々の内に確かな概念として自ら構成していける学習をつくることを意味する，と解するべきであろう。指導者の責務は重大である。

　さて国語科は，そもそも母語を扱う言語教科であるという面で「基礎的学力課程」や「生活能力課程」の主軸を担っていると考えられる。ただしその国語科の「教育のカリキュラム」は，国語科が言語教科として内容教科と形式教科両方の側面を併せ持っているがゆえに，理科や社会科の如く，内容のまとまりの配列によって示すのでは不充分であろう。かといって，形式教科である数学科のように形式的操作の系統性を考慮しようにも，次項に述べるように，国語科にはその系統性に依然として不明確なところが多い。もとより，前述のように興味の中心が学習者自身の内部・内面に向かい，各学習者の興味の中心の内部・内面での個人差が激しく，段階性そのものさえ捉えにくいのが中学校という時期である。その中学校において，国語科では，いったい教科授業の中にどのような小段階を用意し，どのような系統で学習を仕組めば，学習者一人ひとりの個別の「学習のカリキュラム」をより豊かにする「教育のカリキュラム」を実現できるのであろうか。このことが今，カリキュラム研究上，国語科の一つの大きな課題として浮上しているとみられる。

第2項　国語科カリキュラム検討の3観点から見る戦後の動向

　それではこの大きな課題に対し，国語教育の分野におけるカリキュラム研究は，今日までどのような動きを見せてきたのであろうか。それを確認するために，まずカリキュラムを検討する際の観点を定める。
　安彦忠彦（1999）[12]によれば，カリキュラム評価の際にその評価対象となるのは，施設・設備，教職員集団，行政的決定過程といった外在的な要因を除いて学校内部の要素に絞るだけでも，教育内容，組織原理，履修原理，教材，配当日時数，指導形態，指導法・指導技術の7項目に上る。しかしこれらを整理すると，教育内容や組織原理や履修原理は，学習者のどのような能力をどこまで引き上げるべきかに関わること，また配当日時数や指導形態や指導法・指導技術は，どのような学習活動をどのように組み立てるべきかに関わることである。したがって外在的要因を除き学校内部の要素に絞るのであれば，カリキュラムを検討する観点は大きく能力面，教材面，学習活動面の三つにまとめることができる。
　さすれば，国語科のカリキュラムを検討することとは，要するに**学習者のどのような能力（言語能力）を，どのような構成の教材群（言語媒材）を通して，どのような構造の学習活動（言語活動）によって育てるのか**を検討するのと同じことになる。ならば，前項に引いた田中耕治（2005）は日本のカリキュラム研究が全般として不活発だったと記すが，能力面，教材面，学習活動面の三観点に関してであれば，国語科においては今日まで様々な議論が戦後一貫して活発に交わされてきた，とも言えるのではないか。そこでその立場から，国語教育におけるカリキュラム研究の戦後の主要な動向を，以下大まかに確認しておきたい。
　戦後まず論じられたのは能力面，すなわち国語科においてどのような能力を学習者に獲得させるべきかについてであった。戦後復興期にはアメリカ新教育の導入と普及が図られ，1950年代にはコア・カリキュラムや国語

単元学習の実践開発など，学習者の言語生活を見通して学校での学習を構想する様々な試みが行われた。これらは能力観も，扱う教材も，仕組まれる学習活動も，旧来の国語科とは大きく異なる点で画期的であった。しかしながら経験主義に基づくこれらの試みは，能力主義の論者からは「這い回る経験主義」と呼ばれ，教科としての系統性が見られない点や，学習者の能力を系統的に育成しているように見えない点について批判を受けた。また学習指導要領は，学習指導ガイド的性格であった試案期から法的拘束力をもつ大綱的なものに姿を一変させ，1958（昭和33）年版に能力主義の色彩を強く帯びて登場した。その後は輿水実の「基本的指導過程」論など学習指導要領に依拠して各学校での実践の共通化を強調する立場や，あるいは，例えば教育科学研究会，児童言語研究会，文芸教育研究協議会，科学的『読み』の授業研究会など各民間教育団体の立場から，それぞれに独自の理論と実践の体系に基づき教科内容の系統性が模索されていくこととなった。

　ところが1990年代に入ると，国際化や高度情報化の観点から，厳選された教科書教材を丁寧に読み込む学習だけでは足りず，多種多様な文章を読み広げ，個々の学習者が自分の考えをもつことを学習に加える必要性が説かれるようになった。それとともに，どのような能力をどのような教材で育てるか，また，どのような言語活動を言語経験として与えるかについても論じられるようになってきた。この動きは，国語単元学習の再認識へと向かっていった。そしてこの動きは，経験主義と能力主義の統合による，両者対立の克服への動きだと見ることもできる。

　そもそも国語単元学習とは，大村はまの先駆的実践群に見出せるように，学習者の今と将来の言語生活を見据え，言語経験として与える言語活動，学習者個々の能力，個々の能力の伸長にふさわしい教材を一体的に構想しカリキュラム化したものである。したがって国語単元学習というカリキュラムには，当初から言語活動が位置づいていたうえ学習者の言語生活への広がりも存在した。その価値が1990年代から再び認識されていった背景には，単元学習の価値を改めて説き，実践開発を推進した日本国語教育

学会（1992：2010）[13)14)]の，2組の刊行物の果たした役割が大きい。田近洵一（2013）[15)]はこの2組を，「国語学習を，言語生活の実の場における，生きた言語活動として設定する」ことと，「生きた言語活動を通して，母語の能力とそれを学ぶ力（自己学習力）を育て，ひいては［生きる力］を育てる」（p.21）ことの2点で単元学習の価値を掘り起こそうとしたものだと評している。

　序章でも触れた，読解力を「効果的に社会に参加するために」必要な能力だと定義するPISA（OECD生徒の学習到達度調査）の提案やメディア・リテラシー導入をめぐる2000年代以降の議論は，このような戦後の流れに続いて登場したものである。そして，PISAやその背景にある能力観や教材観の刷新をめぐる昨今の国際的議論は，日本においても，2007（平成19）年改正による学校教育法第30条第2項（「基礎的な知識及び技能を習得させるとともに，これらを活用して課題を解決するために必要な思考力，判断力，表現力その他の能力をはぐくみ，主体的に学習に取り組む態度を養うことに，特に意を用いなければならない」）の追加や，それを法的根拠とする2017（平成29）年版次期学習指導要領での国語科の内容と構造の示し方の変更にまで及び，目下，強い影響を国語科にも及ぼし続けている。

　そのような中で改訂された2008（平成20）年版学習指導要領は，解説に初めて「各学年の目標及び内容の系統表（小・中学校）」が掲載されたことに象徴されるように，従来よりも系統性を意識して作成され，「言語活動例」の例示も前の版より増やされ，どのような指導事項をどのような言語活動によってどのような道筋で指導すべきかを明示しようとする姿勢が見られた。しかし，それでも科学的『読み』の授業研究会（2010）[16)]や筑波大学附属小学校国語教育研究部（2016）[17)]など，特に「読むこと」領域の指導事項の系統性をめぐっては，教育現場での実践を通した不足の指摘や運用案の提言が相次いだ。今改めて，国語科で育てるべき能力とその道筋，国語科に必要な教材と学習活動とは何なのかが問い直されているのである。

　このように国語科を概観すると，戦後はまず能力面，次いで教材面から

議論がなされ，1990年代以降は単元学習の再評価により言語活動面，2000年代以降はPISAやメディア・リテラシーの影響を受け，能力・教材・学習活動全般の見直しと，教科としての系統指導の確立へと，問題意識が時々に応じて動きつつも活発な議論が積み上げられてきたように見受けられる。

次項では，まさに国語科の「教育のカリキュラム」をどのように描くのかという，この系統性の問題について，今日の国語教育学研究ではいったいどのようなアプローチでその解明に取り組んでいるのかを確認する。

第3項　国語科カリキュラム研究の現在の到達点と課題

「学習のカリキュラム」概念を位置づける教育学研究の進展を一つの背景として，全国大学国語教育学会では3回にわたって課題研究発表「国語科カリキュラムの再検討」が企画された。そして3回の企画「読み書きの将来と国語科教育の課題」（2013年10月），「話すこと・聞くことの将来と国語科教育の課題」（2014年5月），「言語文化の観点からみた国語科カリキュラム」（2014年11月）は，一つの冊子にまとめられ2016年に学会から刊行された[18]。この冊子には各回の登壇者計12名が，それぞれの専門研究の知見から挙げるカリキュラム検討への提言の視点が収められているが，なかでも国語科カリキュラム全般の枠組みを再考する提言としては，次のものが注目される。

まず山元隆春（2016）[19]は，読んで理解するということを，フレイレの言を引きつつ「『流されている情報を受け取るだけ』のことではなくて，常に本や情報を読み解かれるべきものとして捉えて，『自由を求める意識的な主体』となること」（p.8）だと述べ，アップルビーの言を踏まえて「『カリキュラム』を，けっして文化の伝統的な蓄積からの抜粋ではなくて，むしろ子どもたちの生きる文化と文化の伝統的な蓄積との『対話』であり，また，子どもたちの成長を支える『相互関連性』のそなわったものとしていま一度見つめ直す必要」があると説いた。その対話や相互関連性

のあり方について，河野順子（2016）[20]は一歩踏み込み，現在の「社会構成主義の学習観」では日本のこれまでの「系統学習に批判の矛先が向けられている」が，「二者択一的・二律背反的に捉えることは，けっして教育現場の抱える多くの問題を解決することにならないだろう」として，次のように述べた（p. 27）。

> 社会構成主義の基盤理論としてのヴィゴツキー理論の見直しによって，現在，子どもの水平的相互作用の重要性が指摘されている。しかし，教室における学びの状況の中で，彼の言う「発達の最近接領域」を作り出していくためには，こうした水平的アプローチだけでは不十分である。むしろ，教科内容（科学的概念）の習得をめざした垂直的アプローチと子どもの対話的相互関係を重視した水平的アプローチをどのように統合しながら，子どもの側からの学びをつくりあげていくのかという問題に迫らなければならない。

両氏は，社会的構成主義の各教科への導入を図る際に，学習者同士あるいは学習者と教材との相互関連性の重視を，これまでの国語科における系統的な学習と実際にどのように統合していくのかが課題となっていることを指摘している。

これに対しては，山元悦子（2016）[21]が話すこと・聞くことの領域において，その領域の特性に鑑み「編み上げ型カリキュラム」を提案している（p. 41）。そのカリキュラムでは「射程」として，三つの同心円の中心に「国語科学習」，その外側の円に「様々な場での学習スタイル」，最も外側の円に「学級生活」を置く。そして，「話す聞くコミュニケーション能力の指導」は「その時々に教室で立ち現れる事象に教師が向き合い，児童の話す聞く行為に働きかけていくことによってなされる指導」であるから，カリキュラム構想に当たっては「教室の出来事を捉え導いていく構えで学びを積み上げ」，その積み上げに沿いつつ「あらかじめ計画的に用意していた学習材や単元を時期を捉えてくさびのように打ち込んでいく」ことを

提案している。この「編み上げ型カリキュラム」に，河野（2016）の言う垂直的アプローチとしての系統学習と水平的アプローチとしての相互関連性とが統合された，一つの話すこと・聞くこと領域における具体像を見出すことができる。

　さて，この冊子以外の書籍や論文に現在の国語科カリキュラム研究の到達点を示すものを求めると，話すこと・聞くことの領域では若木常佳（2011）[22]や位藤紀美子ほか（2014）[23]，また高等学校全般では井上雅彦（2008）[24]，高等学校の読むことでは八田幸恵（2015）[25]のものを挙げることができる。

　若木氏は44の方略と12のスキーマを活用する場面を，準備期と第1～3期の各習得過程・構築過程に順に配置し，9年間の学びを計18の単元として示す「認知的側面を中心にした話す・聞く能力を育成するカリキュラム」を提案している。また位藤氏ほかの書では前掲の山元悦子氏が執筆を分担し，小学校の話合い学習指導のカリキュラムモデルを示している。このモデルでは小学校第2学年での「学級のコミュニケーション文化作り」「他教科・活動を通した指導／継続したおりおりの指導」が「国語科授業での指導」の単元・題材・教材と共に具体的に例示されている。若木氏の案には学習者の認知面の発達に即し，学年ではなく段階ごとに示す柔軟さがある点，山元悦子氏のモデルには国語科だけでなく他教科・活動や学級文化も含まれている点が特徴的である。これらに対し井上氏は，自身の1996～1997年の高等学校第2～3学年での各領域の先行実践をベースに，1998～2000年の3年間の学習指導計画とその実際について「計画されたカリキュラム」「実践されたカリキュラム」「経験されたカリキュラム」「制度化されたカリキュラム（学習指導要領）」の4側面から検討し，さらには教育実習に来た卒業生A子にインタビュー調査を行い，A子の学びの履歴をも示した。ここには，高校3年間の国語科における学習者の学びの総体を，広義のカリキュラム概念に則って多角的に捉える工夫が見られる。なお八田氏の研究は，アメリカにおける読みの教育目標論を参照しつつ高次の「読みの理解」を保障する「発問」・「問い」のあり方を考察し夏目漱石

「こころ」の実践に適用するという，渡邉久暢氏による高等学校での小説の読みのカリキュラムの，設計から実践に至る一連の過程を描出したものである。

一方，本研究の対象である説明的文章分野においては，近年では河野順子（2006）[26]，さらには，吉川芳則（2013）[27]，青山之典（2015）[28]，間瀬茂夫（2017）[29]，春木憂（2017）[30] と，カリキュラムに関わる研究成果の発表が続いている。

河野氏や吉川氏や間瀬氏は，カリキュラム論を前面に押し出してはいない。ただし河野氏や吉川氏は，学習者に必要な能力と発達段階，教材の特性，言語活動のあり方について，小学校低，中，高学年に分けて言及している。このうち河野氏は「メタ認知の内面化モデル」を設定し，〈他者〉との〈対話〉によって葛藤と知識の再構成を引き起こす学習のあり方を臨床的に示した。また吉川氏は説明的文章の学習が読みにおける内容と形式の乖離，画一的な学習活動に陥っていることに問題を見出し，その解決をめざして各授業者が「説明的文章教材の特性に応じた多様な学習活動を設定するための要素構成図」を考案し提示した。このような吉川氏の論の特徴は，発達段階に沿った統一的なカリキュラム・モデルを示すのではなしに，各教材の特性に応じて学校現場で各指導者がカリキュラム設計をする際の土台となる理論を提供したところにある。

これに対し間瀬氏は，説明的文章を読む学習領域でどのような学習過程で国語学力が形成されるのかを追究している。その中で学力モデル，中学校段階における推論的読みの発達と学習指導，中学校教材の系統性，中学校における協同的過程を通した推論的読みの形成過程の解明を進めた。その特徴は，小学校のものが多いカリキュラム研究にあって，中学校における能力，教材，学習活動に関するカリキュラム編成原理を実証的に示したところに見出せる。

青山氏は上述の3氏とは異なり，カリキュラム論を中心に据え，まず「論理的認識力」の概念を規定した。その上で学習指導要領を，要素積み上げ方式のカリキュラム構造であるとしてその問題点を指摘し，論理的認

識力を高めるための説明的文章の読みに関するスパイラルカリキュラムを示した。他方，春木氏はカリキュラムの語こそ全く用いていないものの，「論理的思考」を定義し，先行研究を整理した上で，小学校6年間の論理的思考の指導段階，論理的思考の必然性が意識される場，論理的思考を促す題材を論じた。2氏とも，小学校を対象とした研究である。

このような状況を見ると，小学校における国語科のカリキュラム研究やその基礎論の整備が一定程度進んできてはいるが，中学校における段階や系統性については，なお解明の余地があるように見受けられる。また，話すこと・聞くことの領域では既に見られる「垂直的アプローチ」と「水平的アプローチ」との統合による具体的なカリキュラムの提案が，読むことの説明的文章分野ではまだ登場していないことも分かる。

以上から，本節は次のようにまとめられる。

現代日本のカリキュラム研究は，「教育のカリキュラム」を教える側の内容配列等の都合だけでなく，従来以上に「学習のカリキュラム」にも関心を払って編成することを求めている。そして，それゆえに，各授業者が各学校で実際の各学習者を前にしてカリキュラム・マネジメントを行う意義も生じている。

次に，日本では法的拘束力のあるナショナル・カリキュラムの制度が長く続いたが，国語科においては常に能力論，教材論，学習活動論に関し，時々に重点を移しながらも，戦後一貫して議論が重ねられてきた。その帰結として現時点では，学習者の実態を踏まえ教科としての国語科の系統性を確立させることが，国語科カリキュラムの課題として浮上している。

そして，国語科カリキュラムの系統性は，山元隆春氏や河野氏が示唆し，山元悦子氏が小学校の話すこと・聞くことの領域で具体的に示したように，社会的構成主義学習観のもとで個々の学習者の「学習のカリキュラム」に留意を充分払いながら，「垂直的アプローチ」（論理的認識や論理的思考力の系統的深化）と「水平的アプローチ」（教室内にいる他者や筆者あるいは他の書物や市井の人々などとの対話による水平的相互作用の系統的拡大）

を統合する形での確立をめざす方向にあることが示唆される。

　今後の国語科カリキュラム研究では，この方向で，さらに模索を続けていくことが課題となろう。特に，既に一定程度進展のみられる小学校段階と比べると，中学校段階の国語科カリキュラムをいかに設計すべきかについては，興味の中心が学習者自身の内部・内面に向かう中学校期の学習者内面の質的な移行を捉えた上で，さらに検討されなくてはならない。また小学校・中学校いずれにしても，論理性とは本来，自分とは異なる他者の存在を認めて初めて，互いの了解のために必要になるものであるがゆえに，「垂直的アプローチ」と「水平的アプローチ」の統合された姿は，異なる他者の存在を本質的に必要とする論理性がその教材性の中核を占める説明的文章学習指導においてこそ，カリキュラムとして具体的に提示されるべきであるとも言える。

第2節　国語科説明的文章学習指導における論理観の整理と課題[31]
―― 筆者・読者それぞれの論理に着目して ――

第1項　論理観をめぐる混乱

　序章で言及したように，説明的文章学習指導の分野には，育てるべき能力としての論理観が定まっていないという，分野固有の問題がある。これまでの議論を見るところ，そこには一部に論理観の混乱も確認できる。そこで本節では，この分野における戦後以降2000年に入るまでの先行研究を概観した上で，筆者・読者それぞれの論理に着目して論理観を整理する基本的な枠組みを提示することによって，その混乱を解き，課題を解決する方向性を探る。

　2000年はPISA（OECD生徒の学習到達度調査）の初回が実施された年であり，読解力概念の議論から社会的構成主義の受容と検討へと，国語教育における理論研究と実践状況の様相が著しく変わり始める一つの転換点と

なった年である。論理観をめぐるこの分野での議論を概観し，その傾向から論理観を整理する基本的な枠組みを提示するには，2000年までを一つの区切りとするのが妥当であると考えられる。

　論理観の混乱はすなわち，能力観の混乱でもある。読むことにおける説明的文章教材の教材性は，文学作品と比較すれば，その論理性にこそ宿ると言っても過言ではない。そして論理観を整理することは，説明的文章学習指導のカリキュラム設計においては，まず何の能力を育てるべきであるのか，その能力の内容を明確に規定することでもある。

　さて，「論理」とは考えや文章の筋道という意味として従来は受け止められてきた。一般的にも，例えば『広辞苑』では第5版（1998）も第7版（2018）も，論理を「思考の形式・法則。また，思考の法則的なつながり。」「実際に行われている推理の仕方。論証のすじみち。」と記している。また国語科教育の分野においても，例えば間瀬茂夫（1997）[32]のインタビュー調査（p.32）では，調査対象の中学校現職教員8名とその職を希望する1名の大学院生，計9名のうち多くが，「説明的文章一般の『論理』とはどういうものか」という問いに「筋道立てて書かれている事柄」「何かを説明するときに，根拠なりをきちんと示して，筋道を立てていること」などと答えた。

　しかし，論理をそのようなものとしてのみ捉えるのでは不充分である。というのは，ある人の論理がその人の理屈（例えば「犯罪者の論理」という用例がこの場合に相当する）の域を超え，妥当な論証として他者に受け容れられるには，他者の検討に耐えられなくてはならないからである。その検討として，筋道立っているかどうかの確かめだけでなく，言葉と言葉との間にずれや矛盾や飛躍などがないかや，言葉と事実との間にずれや乖離がないかの確かめも行い，論理全体の妥当性を調べるのが，私たちの日常の営みであろう。要するに**「論理」とは筋道立っていて，かつ，言葉と言葉との関係においても，言葉と事実との関係においても，共に整合性のある状態**だというふうに捉えるべきなのである。

　このとき，論理の妥当性検討のあり方を問うことは，形式が真か偽かだ

第2節　国語科説明的文章学習指導における論理観の整理と課題

けを扱う形式論理学の範疇を出て,「日常言語の論理」の問題, すなわち自然言語を科学的厳密さによらず一般市民が日常生活程度のレベルで運用する際に見られる, 人間の思考特性やレトリックの影響をも論証構造と併せて扱う領域に属する問題に変わる。これは, 既に井上尚美 (1980)[33] や中村敦雄 (1993)[34] らが指摘してきたことである。井上氏は,「論理的思考」という言葉が国語教育では広い意味で使われることが多いことや, 形式論理学では概念の外延だけを問題にするが国語教育では意味内容 (内包) も無視できないことを指摘した (p. 10)。また中村氏は, 三段論法の限界を指摘した上で,「日常言語」では形式論理上の真偽だけでなく, 蓋然性 (どのくらい確かなのか) も点検する必要性を指摘した (pp. 49–55)。

以上を踏まえれば, 説明的文章学習指導においては, 読者が文章の筋道を追って筆者の**「論理を読む力」**を身につけるだけでなく, さらに, 読者自身が筆者の論理の妥当性を検討する, 言わば**「論理的に読む力」**をも身につける必要があるはずである。

では, 説明的文章学習指導の実践はこれまでその必要を満たしてきたのであろうか。このことに関し, 寺井正憲 (1998) が「従来の文章の論理を明らかにしながら要旨を理解するもの」が少なくなり, 調べ学習, 図鑑や事典や新聞や絵本づくり, 課題解決学習, 書き替えや作り変え, 複数教材, 説明文書き, ニュース番組や教養番組づくりなど,「多彩な授業実践が多くなった」と当時の実践状況を概観していた[35] ことに注目したい。

これらの実践を, 寺井 (1998) は「人間の成長において自己世界を新たに創造するものだ」と評価した。しかし「論理的に読む力」をも育成するという観点から見ると, 次の指摘もできる。すなわち, 学習者が自分で調べたことをもとに文章中の言葉と言葉との関係や言葉と事実との関係を検討するのであれば, これらの実践は有効だが, 学習者が興味や関心を文章の外に向け, 文章を検討しないのであれば,「論理的に読む力」どころか文章に沿って筆者の「論理を読む力」さえつかないおそれもあるのではないか。

以上の通り, 論理の捉え方にも, 説明的文章学習指導そのものにも不充

分な点が散見される。論理自体の捉え方が不充分では、指導にも不充分なところが当然生じる。もちろん、説明的文章学習指導には様々な立場があり、また時々の学習者の実態に合わせてねらいも様々であるものの、少なくとも基本的な論理観は立場やねらいを超えて共有されるべきである。そこで、諸論考における論理観を整理し、あるべき論理観を示したい。

第2項　整理の対象とする先行研究の範囲

　諸論考における論理観を整理するために、まず飛田多喜雄・野地潤家監修（1994a；1994b）[36)][37)]の全71論考（1959〜1989年）を対象に据える[38)]。
　この両巻の編集者は渋谷孝である。両巻は、氏を批判する論考も含め、戦後の国語教育文献における説明的文章に関する諸論考全体を見渡して広く文献を取り上げていて、問題状況を概観するには適している。
　ただし、この両巻は説明的文章に関する論考を集めたものであって、論理に関する論考を集めたものではなく、対象論考数が少ない点では妥当性を欠く。そこでそれを補うために、国語教育における戦後の主要雑誌に掲載された、「論理」の語を題名に含む282論考[39)]も対象とする。この方法を採ると、題名にはなくとも論理を考察対象に取り上げる論考が対象から除外されたり、説明的文章学習指導以外の論考が対象に混入したりする弊害はある。しかし、少なくとも題名に「論理」の語を含む以上は、論理についての何らかの見解や考察が期待できる。
　PISAを一つの契機として大きく様相が変わり始めた2000年を区切りとし、この二つの論考群を対象に据えることで、戦後からその時点までの国語教育文献における説明的文章に関する論理観の全体的な傾向を把握したい。なお、取り上げた二つの論考群には重複するものもある。

第3項　論理観整理の枠組みと あるべき論理観

　あるべき論理観を示す前に、論理観を整理するのに必要となる枠組みを

第2節　国語科説明的文章学習指導における論理観の整理と課題

まず設定したい。

これには，難波博孝（1998）[40]が示唆に富む。難波氏は「論理」のほか「思考」や「認識」の語が用いられている論考も含めて，「『論理・思考・認識』概念の混乱」があることを指摘し，この概念を「思考意識」と呼び，説明文を読む過程を「読み手の内部に起こっていること」「書き手の内部に起こっていること」「文章中にある関係」「文章に表現された『ものごと』の関係」，さらに読み手の内部を「テクスト読解過程」・「『思考意識』の推論過程」，書き手の内部を「『思考意識』」・「テクスト生産過程」に区分した（p.13）。

難波氏の指摘する通り，本節が対象とする論考だけを見ても「論理的思考」「論理形成」「論理構造」「論理構成」「論理的表現」「論理展開」など，論理の語の意味内容や用法に差異が見られる。今の例では，前二つは筆者や読者の思考過程，中二つは筆者の主張や思考や認識のありよう，後ろ二つは筆者の記した文章の読者への効果に関することである。

難波氏以前にも，論理の語には複数の意味があることを指摘する論考はあった。汐見稔幸（1989）は「存在の論理」（存在しているものの動きや存在しているもの同士の関係の一定のきまり），「思考の論理」（人間の思考の仕方，とくに推論の仕方の特性），「言語の論理」（先の二つの論理を示すための必然的に言語に科せられる条件または言語の内的なきまり。具体的な中身としては無矛盾性／表現の因果性と説得性／抽象的な判断〈命題〉と具体的，経験的世界との整合性）の三つ[41]，小田迪夫（1994）は「認識の論理」（対象を成り立たせている原理，法則，構造の認識），「表現の論理」（思考のすじみち）の二つを挙げた[42]。また井上一郎（1989）は「作者・作品・読者・指導の論理の統合」を主張した[43]。

これらの区分を踏まえれば，論理はまずそれを行う主体によって整理できる。その主体とは筆者と読者である。なお「指導の論理」とは授業者の意図であり，論理を読むことや論理的に読むこととは意味が異なるので，ここでは取り上げない。

ただし，論理を筆者のものと読者のものとに分けると，井上（1989）が

32

「作品の論理」と呼ぶ文章の論理を位置づけなくてよいのかが，問題として浮上する。

　説明的文章は，筆者の述べたい内容を過不足なく含んでいなくては用をなさない。ゆえに筆者の論理のうち読者に必要な部分は全て，文章の論理に反映しているはずである。もし必要な部分なのに反映しなかったり，不要な部分まで反映したりすれば，読者の理解の妨げになる。

　したがって，「文章の論理」をあえて位置づけなくとも，筆者の論理は文章の論理に表れると見なせる。ただし，筆者はまず対象を認識し次に読者を意識して文章化するので，文章に表された筆者の論理を検討するには，文章上の言葉と言葉との関係だけでなく，それを支える筆者の対象認識の確かさや深さ，つまり言葉と事実との関係にも着目すべきである。小田（1994）の挙げた「表現の論理」と「認識の論理」は，この点に着目した区分だと言える。

　一方，読者のほうは，筆者の論理を読んで言葉と言葉との関係を捉えつつ，同時に並行して文章の情報に自らの知識経験も加え独自に思考し，筆者と自分の思考を比較して事実と言葉との関係を検討し，自分の論理より優れているところは自己の論理に受け容れていくのである。この同時進行の二つの活動をとりあえず「筆者の『表現の論理』把握」「自身の『認識の論理』構築」と呼ぶ。

　なお，言葉と言葉，言葉と事実と述べると，ほかに事実と事実との関係もあってよさそうな印象を与える。しかし，論理は人間の認識や思考の結果示され，その認識や思考は言葉（または論理記号）を用いて行われ表記されるので，事実と事実との関係は，読者に必要ならば文章中では言葉と言葉との関係として必ず表されるはずである。ゆえに，難波（1998）の言う「文章に表現された『ものごと』の関係」や汐見（1989）の言う「存在の論理」は，筆者の論理の妥当性を考える際には無視して差し支えない。

　以上から，論理観を整理する枠組みとして，「認識の論理」・「表現の論理」から成る筆者の論理と，「筆者の『表現の論理』把握」・「自身の『認識の論理』構築」を同時に行う読者の論理とを設定する（図1-2を参照）。

第2節 国語科説明的文章学習指導における論理観の整理と課題

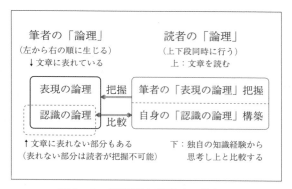

図1-2 論理観を整理する枠組み

この図1-2を踏まえれば、あるべき論理観とは次のようであると言える。すなわち、説明的文章学習指導において論理とは何かを考察しようとする際には、少なくとも**論理をその四つの側面から捉えること**、しかも、**それぞれの側面の意味や位置づけを明確にすること**が必要である。なお、四つの側面は相互に関連するので、原則として**四つとも同じ比重で捉える**べきである。その上でその時々のねらいにより指導の焦点がどれかの側面に当たることはあってよいが、ある側面のどれかに初めから捉え方が偏っていれば、指導も偏り、結果として文章を「論理的に読む力」が育たない。

これより図1-2の枠組みを使って諸論考の論理観を整理し、個々の問題に即してあるべき論理観を具体的に論じたい。

第4項 論理観の整理と検討

対象論考を整理するには、図に示した論理の4側面について、その相互関係を各論考がどのように捉えているかを見ていけばよいはずである。

ただし、先の難波、汐見、小田、井上の各氏の試みでは、「論理」の区分がこの枠組みと異なっていた。その異なりをまとめると、次の通りとなる。

井上（1989）は，筆者の論理と読者の論理の違いを意識できてはいる。しかし，筆者と読者それぞれの論理を細かく捉えていない一方，実際は筆者の論理と同じになる文章（「作品」）の論理を位置づけたり，他とは論理の意味の異なる「指導の論理」を持ち込んだりしている。

　汐見（1989）は，筆者の論理の妥当性を検討する際には無視できる「存在の論理」を挙げているほか，筆者と読者それぞれの論理の違いに触れていない。ただしこれは「提言　どうすれば論理的な思考力は育つか」というテーマの論考だからであり，触れないこと自体に特に問題はない。なお汐見の「思考の論理」「言語の論理」という用語については，氏自身の説明から，本稿で援用した小田（1994）の「認識の論理」「表現の論理」に対応していると考えられる。

　難波（1998）は筆者と読者に分け，さらにそれぞれを「テクスト生産過程」・「『思考意識』」，「テクスト読解過程」・「『思考意識』の推論過程」に分けている点では枠組みと重なる。しかしこの言葉に表れているように，難波（1998）は読者を，筆者の「思考意識」の「推論」のみを行う存在と位置づけているほか，筆者とは別に「文章中にある関係」と「文章に表現された『ものごと』の関係」を挙げている。本来，文章に示されないような筆者の論理は読者が把握しようがない。ただし，通常の読みと違って，筆者の考えを読者が文章外から確認する（筆者の他の文章に当たったり筆者に質問をしたりする）ことが可能な場合，筆者の考えと文章の内容とのずれを調べられるので，その場合に限っては筆者と文章それぞれの論理を区別する意味がある。

　小田（1994）は先に述べた通り，筆者の論理を，その特質から「認識の論理」「表現の論理」の二つに分けているが，読者の論理を取り上げていない。ただしこれは連載の目的から「表現」者側の思考活動を取り上げているためであり，取り上げないこと自体に特に問題はない。

　では，対象論考中，論理を図の枠組みに示した4側面から捉えられているものはあるのか。

　まず小田迪夫（1984）のほうに注目したい。小田（1984）では，読者の

第2節　国語科説明的文章学習指導における論理観の整理と課題

読みは「論理形成の読み」「論理吟味の読み」の二つによって説明されていた[44]。これは枠組みの図で言えば，前者は，筆者の「表現の論理」を把握しつつ読者自身の「認識の論理」を構築すること，後者は読者自身の「認識の論理」から筆者の「表現の論理」を吟味することだと言える。この小田（1984）は小田（1994）より10年遡るものであり，「表現の論理」「認識の論理」の語そのものこそ見られないものの，氏の基本的な論理観は揺らいでおらず，両論考から氏は論理を4側面から捉えていることが分かる。

　このほか次に挙げる各氏も，4側面に名称をつけるなどして取り上げているわけではないが，図1-2に示した枠組みと似た考えを示している。いずれも，筆者側の認識に対して読者側の認識，筆者側の文章に対して読者側の思考の存在を認め，それぞれが並び立っていると見た上で，読者には筆者の論理をただ把握するだけでなく，読者の論理をもって筆者の論理を検討することを求めている点で共通している。その論理観は，先の図に示した論理観の枠組みと軌を一にするものである。これに該当するのは，児童言語研究会（児言研）に属する諸氏[45]や，杉田知之（1989）[46]，鶴田清司（1990）[47]，植山俊宏（1990）[48]，米田猛（1990）[49]，森田信義（1996）[50]，阿部昇（1999）[51]の各氏である。

　なお，読むことのほか書くこと話すことなども含む全般的な指摘として，宇佐美寛（1992）[52]や高木まさき（1997）[53]は，自分とは異なる他者が存在するがゆえに論理が必要となり，他者の検討に耐え得ることが「論理的」であると述べている。これらの指摘も先の諸氏と同じく，読むことにおいては読者の論理を以て筆者の論理を検討する必要性を説いていると言える。

　これら以外の論考には，そのいくつかに問題点が含まれていて，その問題は次の3種に分けられる。それは1筆者の論理を偏重するもの，2読者の論理を偏重するもの，また3筆者の論理と読者の論理の両方を視野に入れてはいるが筆者の論理中の「表現の論理」と「認識の論理」の関係を見誤っているもの，である。

これら3種のどこに問題点があるのかを，以下に説明する。

1 筆者の論理を偏重するもの

　文法的文章論の立場に立つ諸氏[54]は，読者は読み誤りやすいものだから読者に筆者の論理を正確に把握させるべきだという主張をもっている。このため，読者自身の受け止め（感想，意見）を問うことはあっても，終末で感想を述べる程度であって，筆者の考えをどのように受け止め，どのように自分なりに考えればよいかということについては指導しない傾向がある。なお，文章論が文章の把握のみに陥る傾向については，既に小田迪夫（1979）[55]のほか，本節での対象文献外では寺井正憲（1997）[56]が指摘している。

　また，筆者の論理を筆者の「個性」と捉える河合正直（1984）[57]や相澤秀夫（1986）[58]は，読者に筆者の「個性」をいかに把握させるかをめざしている。このため，読者自身の受け止めを問うことはあっても，それは筆者の「個性」の特徴を探るためであって，筆者の考えをどのように受け止め，どのように自分なりに考えればよいかということについては文法的文章論の諸氏と同じく指導しない傾向がある。

　つまり，いずれの立場にも共通して，**筆者の論理を重んじているがゆえに，読者の論理を筆者の「表現の論理」把握の側面のみから捉えていて，読者自身の「認識の論理」構築の側面の指導を落とす傾向がある。**

　文法的文章論の諸氏が読者を読み誤りやすい存在と位置づけること自体に特に問題はない。確かに事実そのものの知識では読者は筆者にかなわない。また実験や調査で事実を一つ一つ確認することも読者には非現実的である。そこで，国語科授業で特に教科書教材を取り上げるとき，文章にある事実やその捉え方の記述を正しいものと見なし，それを前提に読みの授業を行いがちになる。特に低学年ともなれば，授業者は，読者がいかに文章から筆者の「表現の論理」を把握するかのほうに焦点を当てながら授業を行うことになる。そのこと自体は一概に否定できない。

　しかし，文法論的文章論の代表的存在である永野賢（1960）[59]は「人そ

れぞれの主観に負うところの多いいくつもの"正しい"論理が成り立つ」（p.2）と述べていた。もしこれに従うならば，読者が筆者の論理の妥当性を検討することは不要になってしまう。

　「論理的」に読める読者を育てるには，筆者の「表現の論理」把握に加え，読者自身の「認識の論理」構築を授業で取り上げるべきである。仮に事実そのものの正しさについては便宜的に筆者を信用するにしても，読者自身の知識や経験から，文章と違う事実が見つかる可能性はある。また，言葉と事実や言葉と言葉との関係に着目して論理の矛盾，過不足や破綻の検討をすることならば，実験や調査なしに読者でも行える。この点は，理科や社会科でない国語科独自の指導内容として，発達段階に応じ随時，授業化を考えるべき点である。井上一郎（1989）が示した事例は低学年でもそれが可能だと示しているほか，対象文献外では森田信義（1998）が論理と深く関わる低学年教材の例を挙げてもいる[60]。なお，言葉と事実との関係ならびに言葉と言葉との関係を検討するには，一般意味論の知見[61]や，非形式論理学の立場からの試み[62]が役に立つ。

　他方，筆者の論理を筆者の「個性」と捉えることについて，そのこと自体に問題がある。論理が各々の主義主張を乗り越えてより多くの他者に受け容れられること，言わば普遍性をめざすのに対して，「個性」はその人らしさを強調する，普遍性とは対極に向かう言葉であり，その尊重は，結果として他者による論理の検討を阻み，筆者だけにしか通じない論理をも許すことにつながる。したがって，筆者の論理は「個性」よりも他者の検討を必要とする「独創性」の観点から捉えるべきである。「独創性」は，その人独自の論理に妥当性と前例のない新しさがあると判断される場合にのみ用いられる語であり，その判断には他者による筆者の論理の検討が不可欠だからである。

2　読者の論理を偏重するもの

　筆者の論理を重んじる諸氏が，読者の論理を筆者の「表現の論理」把握の側面のみから捉え，読者自身の「認識の論理」構築の側面の指導を落と

す傾向があるのに対し，**読者の論理を重んじる諸氏は，読者自身の「認識の論理」構築の側面の指導はするが，それを筆者の「表現の論理」の把握とは無関係に進める傾向がある。**

　この例には可知悦子（1999）が該当する。可知氏は「点字を打ってみる体験がなければ，日常生活を見つめ認識を新たにしたり問題を持たせ思考を活発化させることは難しい」と述べ，生徒に点字体験を味わわせて議論させている[63]。確かにそこでは読者自身の「認識の論理」構築が進むだろうが，それが筆者の「表現の論理」とではなく，読者自身の体験（点字打ち）と関わって進むので，読者が筆者の「表現の論理」を把握することも，自身の「認識の論理」と筆者のそれとを比較検討することもない。

　対象論考中では可知氏の1例のみであったが，調べ学習はこれと同じ傾向に陥りやすい。いずれの場合も，読者自身の「認識の論理」と筆者のそれとを比較検討させ，学習者を筆者の論理の検討へと導くことが，学習過程に含まれるべきである。

3　筆者の論理中の「表現の論理」と「認識の論理」との関係を見誤っているもの

　筆者の論理に対して読者の論理があることを意識していれば，1や2の問題は起こりにくい。ただしそれでも，「論理的」な読み，すなわち読者による筆者の「表現の論理」把握と自身の「認識の論理」構築を充分に働かせた読みができなくなる場合はある。それは，筆者の論理中の「表現の論理」と「認識の論理」の関係を見誤るときである。実際に諸論考の中に含まれていた実例を挙げると，一つめに，論理を読むとは文章の論理展開の整合性を確かめることだと見なす場合，二つめに，論理を読むとは「説得」力を評価することだと見なす場合，三つめに，論理を読むとは文章をたどって筆者の思考過程をつかむことだと見なす場合，の三つのケースがあった。

　一つめの，論理を読むとは文章の論理展開の整合性を確かめることだと見なす場合の問題点は，この考えによれば言葉と言葉との関係は検討され

第2節　国語科説明的文章学習指導における論理観の整理と課題

ても，言葉と事実との関係は検討されないままになる点である。つまり，文章に表された筆者の論理中の「表現の論理」には整合性の観点から読者の検討が及ぶが，事実をどのように捉えたのか，それは実際の事実の姿とずれていないかという，**読者による筆者の「認識の論理」の検討の必要性までは意識されないのである**。

　大西忠治（1971）[64]，長畑龍介（1985）[65]，大河内義雄（1996）[66] などはこの例に該当する。大西（1971）は論理を「事実と事実との関係」だと狭く捉えていた。長畑（1985）は大西忠治（1981）[67] をよりどころとして「文と文の関係を明らかにすること」を「論理的」な読みとりと考えている。大河内（1996）は，問題，理由，答えの構成をもち，その三つが相互に整合性を保つ文章を「小学生に論理的に考える技術を教える教材」によいと述べている。3氏とも言葉と言葉の関係だけでなく，言葉と事実との関係にも着目すべきである。

　二つめの，論理を読むとは「説得」力を評価することだと見なす場合の問題点は，一つめの場合と同じく，この考えによれば，言葉と言葉との関係は検討されても，言葉と事実との関係は検討されないままになる点である。つまり，筆者の論理中の「表現の論理」には「説得」性の観点から読者の検討が及ぶが，実際には詭弁術や情に訴える方法など，論理に誤りがあっても「説得」力のある文章は存在するのであるから，その論が事実とずれていないか，事実をそのように捉えてよいのかという，**読者による筆者の「認識の論理」の検討の必要性もあるのに，それが意識されないのである**。岡本明人（1996）のような説明的文章を用いたディベートの授業[68] や，西郷竹彦らの文芸教育研究協議会（文芸研）の実践群はこの例に当たる。

　説明的文章を用いたディベートの授業の試みについては，そのこと自体，授業における文章検討の一手法として意義がある。ディベートにより，文章のもつ説得力の度合いを読者自身たちの議論の中で確かめられるからである。ただし，詭弁術や情に訴える方法などに対して事実に照らして反論することを指導しなければ，勝敗の判定，ひいては学習者の論理観

自体をもゆがめかねない。

　文芸研については,「国語科関連・系統指導表」を発表するなど,「子どもの認識力」育成,本節で言う読者の「認識の論理」構築の面に関心を寄せてはいる。ただし,西郷竹彦（1978）が「筆者が読者を相手どって自分の考え,言い分を説得的に述べていく,その順序や表現の仕方などにはらわれたさまざまな工夫の跡をたどってみようというわけです（同時にそのまずさや,偏り,誤りなどにも注意して）」[69]と主張しているように,「説得力」を重視するがために,実際には筆者による「表現の論理」の工夫を子どもに理解させることのほうに授業の重点を置き,筆者の「表現の論理」の中に表れている「認識の論理」を,読者の「認識の論理」を生かして検討することまではしない。このことは小田迪夫（1978）が既に指摘した[70]にも関わらず,植山俊宏（1998）が挙げていたように,教材「またとない天敵」の「致命的な論理の誤り」[71]に気づいていない実践報告がある[72]ところにもよく表れている。

　三つめの,論理を読むとは文章をたどって筆者の思考過程をつかむことだと見なす場合の問題点は,**「表現の論理」がそのまま筆者の思考過程であると誤解していることから,どの文章を教材にしても筆者の思考過程をつかませようと指導する**点である。高橋泰（1972）[73]や貴島淳太郎（1972）[74]の論考がこれに当たる。

　文章の展開やその順序は,筆者の読み手意識,つまり自分の考えをより分かりやすく読者に伝えるための筆者の配慮によって決まるものなので,それまでの筆者の思考過程と無関係に文章が展開することもあり,また文章展開が思考過程をそのまま反映することもある[75]。例えば解説,新聞の社説や論説などは論理関係に沿って展開し,観察記録などは時間順に展開し,実験や考察の過程の記録などは思考過程に沿って展開する。ゆえに「表現の論理」は,「認識の論理」が組み立てられた時間的順序を部分的にでも反映することもあれば,全く反映しないこともある[76]。したがって,どの文章,どの箇所においても一律に文章をたどって筆者の思考過程をつかむことは不可能である。つかむべきは,文章に至る筆者の思考過程

ではなく，その思考の帰結として筆者が何の事実を取り上げてどのような言葉で読者に説明しているかのほうであって，筆者の思考は，「表現の論理」とその中に表れた「認識の論理」として問題にされれば，それで充分である。

第5項　論理観の整理から見出せる課題

　以上に述べてきた通り，本節では諸論考における論理観を整理し，あるべき論理観を明らかにできた。要するに，説明的文章学習指導においては，論理を図1-2の枠組みに示した4側面から捉え，かつ各側面の意味や位置づけを明確にする必要がある。

　この考えに基づき対象論考を見た結果，国語科教育の分野において図の枠組みに沿って整理すると，適切な論理観をもつ論考の存在はいくつも確認できた。しかしながら，実践研究の段階ではそのような論考が必ずしも充分踏まえられていない状況にあることが判明した。そして**序章**でも触れたように幸坂健太郎（2012）[77]は，舟橋秀晃（2000）[78]が実践報告をレビューし多くの実践者間で筆者の著す文章の論理と読者の論理的思考との混同が見られると指摘したことを引いて，それ以降10年間の論考を改めてレビューし，「10年間を経た現段階でも，舟橋による批判的吟味・自己意見構築に関する指摘は有効である」（p. 47）と評した。つまり，この状況は現在も続いていることが，幸坂氏によって改めて確認されたのである。

　実践研究の論考に論理観を4側面から捉えていないものが多いのは，おそらく，授業の場面では大人の筆者の文章を子どもの読者が読む図式となり，いきおい読者が筆者の論理を把握し吸収する立場に追い込まれるからではないか。確かに知識の面ではかなわずとも，読者自身の「認識の論理」を働かせて言葉と言葉や言葉と事実との関係を検討することは可能であり，また日常生活の場ではそのような読みこそ必要なのであるから，読者にこの検討の練習をさせつつ読者自身の「認識の論理」構築の力を育成する方法の開発が望まれる。

第 1 章 先行研究の検討

　例えば，常に専門家の優れた文章を読ませるだけでなく，時には投書，広告，学習者たち自身の文章などを用いて筆者の誤った論理を読ませることにより，読者に論理の検討をさせやすくする方法が考えられる。また，優れた文章を読ませるにしても，同じテーマの複数教材，または同じ手法の複数教材を用意して比較させることにより，読者に論理の検討をさせやすくする方法もある。

　これらの方法の試みは既にあるので，どのような授業が効果的かを追究する必要がある。例えば，対象文献外にはなるが，前者には井上尚美（1998）[79]や中村敦雄（1993）[80]など，後者には竹長吉正編（1996a; 1996b; 1996c）[81]や河野順子（1996）[82]が，それに該当する。

　ただしこの方向をめざすと，特に前者の方法の場合，作文指導や討論の指導など，読むこと以外の領域と，より一層密接に関連をもつことになる。それゆえに，本節で示した論理観と他領域との関連を図れるような理論や方法が必要となる。おそらくトゥールミン・モデルは有力なツールだが，その使用には課題もあり，それに関しては別途検討を加える必要もあろう。

　なお，論理を取り出そうとするとき，基本的には話の筋道が対象となることから，ニュアンスは捨象される。しかし，平林一栄（1976）の指摘[83]のほかにも，例えば「現政権の方針には過半数もの人が賛成している」と言うのと「現政権の方針に賛成でない人は半数近くいる」と言うのとでは印象が変わるケースが存在することなども考慮すると，日常言語ではニュアンスの問題を含む「レトリック」の効果が，論理を補強したり論理に干渉したりして，論理を考える際には決して無視できないものであることが分かる。本節では言葉と事実との関係についても読者が吟味すべきであることを何度も説いてきたが，それを国語科の学習場面で実際に行うとすれば，社会科のようにフィールドへ出たり理科のように実験したりすることで事実の吟味から言葉による表現内容の理解と検討へ向かうアプローチを採るのではなく，国語科である以上は，レトリックやあるいは一般意味論で言う「言葉の魔術」等の知識を援用しつつ，あくまでも言葉の

側からその言葉と事実との関係を考えるアプローチを採ることになるであろう。そしてその際には，筋道として一旦取り出した論理を再び文脈に戻して考える作業が不可欠となろう。

この理解に立てば，社会科のフィールドや理科の実験に近い位置を占めるものが，国語科説明的文章学習指導においては「文脈」だとも言えそうである。ところが，図1-2の枠組みでは「文脈」の存在が記されておらず，論理と文脈との関係が非明示的である。したがって，この文脈と論理との関係については，教材や学習方法のあり方の追究に先立ち，育てるべき能力観を示す中でまず論じられなくてはなるまい。

最近，学習指導要領改訂の際の中教審の議論を契機に，一時期いわゆるアクティブ・ラーニングが小ブームを迎えた。だがそのブームは，アメリカ物理教育の成果に学ばないままでの受容に陥り，説明的文章学習指導においては，指導者が教材本文と文脈と論理との関係について無定見なまま，学習者を文脈の中へただ放り出すかのごとき授業が多く紛れ込む結果に終わった。教材本文と文脈と論理との関係を論じ，育てる能力観を規定することで，そのような授業の問題点と回避策に関しても具体的に言及できるようになろう。

第3節　小中学校国語科「読むこと」教科書外教材の位置の変遷と議論[84]
――よき典型から練習素材への教材概念拡張の動きと異論――

第1項　教科書教材重視の経緯への着目

本節では，小中学校国語科「読むこと」領域における教科書外教材の位置について，カリキュラムを規定する教育課程としての学習指導要領上の変遷を示す。またそれとともに，読むことの領域において教科書教材と教科書外から持ち込む教材の両方を使用することに関して，起こった議論と課題を捉える。

第 1 章　先行研究の検討

　さて、学校教育法第21条の教科書（教科用図書）使用義務規定、また小中学校教科書無償配布制度から、教科書教材は国語科教材の第一であることは間違いない。しかしながら、2008（平成20）年小中学校学習指導要領が**表1-7**（後に掲載）の通り、教科書外の教材使用も求めている点から、その点で教科書教材は教材の第一でしかない、とも言える。

　このことに関し、「これまでは、教科書教材中心の指導に傾きがちである。しかし、本来は、そうした限られた教材研究の範囲内にとどまるのではなく、自主的な教材づくり（教材開発）を行うことが教師の教材研究の中心となることが期待されている」（p.81）と塚田泰彦（2009）[85]が述べている。また「近年、国語科指導の分野においても、教科書を中心とした指導に対して『多様な言語材』を活かした国語科指導のあり方が盛んに議論されるようになっている」（p.239）と森田真吾（2014）[86]が述べている。

　ところが森田（2014）は、小学校教員252名へのアンケートから「国語教科書の内容を積極的に組み換えていこうとする『能動的な姿勢』がそれほど窺えない」（p.244）とも指摘する。また吉川芳則（2013）[87]は「授業においては、教科書にある教材を順次扱わざるを得ない状況が現実としてある」（p.24）と述べる。その一方で難波博孝（2014）[88]は教科書所収の説明的文章教材が、出典刊行時の読者や社会（難波によれば「言論の場」）から離れていること自体を問題視して教科書を「こわれたメディア」だと称し、教科書のあり方を問うている。

　もし教科書が「こわれたメディア」ならば、授業者は教科書外教材を使用すればよく、実際、独自教材による実践報告は戦後あまた存在する。それなのに、今日も各氏の指摘が相次ぐのは、裏返せば、日々の授業において「読むこと」教材を教科書教材のみに頼りすぎる実態が今日も散見される状況にあることを意味する。

　教科書外教材の使用を求める学習指導要領の記述は、現行版のみならず戦後の試案にも見られる。したがって、「自主的な教材づくり」「『多様な言語材』を活かした国語科指導」のためには、近年の議論を追うことに加え、学習指導要領の変遷をたどるとともに、過去の議論から教科書教材・

教科書外教材の位置づけをめぐる主要な論点を確認しておく必要があろう。このことを通して，「読むこと」教材のあり方について，検討を加えるべき方向性を示したい。

第2項　検討の対象とする先行研究の範囲

本研究の関心は説明的文章学習指導にあるが，学習指導要領上では「読むこと」あるいは「理解」領域の教材として説明的文章教材は文学教材と併せて扱われ，別立てにはなっていない。そこで本節では，説明的文章学習指導の改善を念頭に置きつつも，「読むこと」教材全般について検討する形を採りたい。

各年版学習指導要領での国語科「読むこと」における教科書教材・教科書外教材の位置づけに関する記述の変遷を確認するために，国立教育政策研究所「学習指導要領データベース」所収のテキストデータ（https://www.nier.go.jp/guideline/）を使用する。

また，学習指導要領の変遷と並行して国語教育界に教科書教材・教科書外教材をめぐって起こった議論を俯瞰し，これまでの主要な論点を確認するために，飛田多喜雄・野地潤家監修（1994c）第7巻（以下，便宜上「集成（7）」と略記）所収の全36論考を対象とする[89]。第7巻の編集者である中洌正堯は「本集成に収録した諸論考の筆者については，その年代において，それぞれの立場から斯道の発展に寄与した人物を，一方に片寄らず，広い視野で，多彩かつ公平に選定」（p. 4）し，「全国大学国語教育学会において二度の中間発表を行った」（p. 442）と明言している。したがって「集成（7）」を主要な論点の確認に使用することについて，概ね支障は生じないはずである。

なお，本節で考察対象とする学習指導要領は，2008（平成20）年版までとする。

第3項　小中学校学習指導要領に見られる教材の記述の変遷

　現行版以外では，小中間で項立て自体に違いがあり書きぶりも様々だが，学習指導要領上に教科書使用義務を規定する文言はなかった。また，1947（昭和22）年版試案から1968-69（昭和43-44）年版まで，多様な図書・辞書・参考資料・新聞等の使用を求める文言が入っていた。うち1951（昭和26）年版試案には教材候補の図書リストまで収められていた。その後，1977（昭和52）年版と1989（平成元）年版では授業に使用する教材種別の例示が消え，1998（平成10）年版以降は「言語活動例」の中で種別が再び例示されるようになった。

　ただし各版とも，読書指導の必要性は別に説かれている。それゆえこれら教材種別の例示は，授業に使う図書等の種別の例示であるとも解せる。しかし，検定に沿い学習指導要領に従って教科書自体が多様な文種を収めて以降，読書指導の面を除いては学習指導要領上，授業者は教科書さえ使用していれば事足りる状態になった。

1　1947（昭和22）年版試案の場合

　「読むこと」（当時は「読みかた」）の教材の種類については，次の（1）（2）の2箇所に言及がある。この試案では教科書教材は「材料」の「基準」を示したものだと位置づけて，「文章の模範」よりは「生徒の興味」を優先し，子どもの生活から各ジャンルを幅広く扱うよう求めていたことが，これらの箇所から確認できる。

（1）「第三章　小学校四，五，六学年の国語科学習指導」の「第三節　読みかた」

　「読みかた学習材料」を「（一）運動・競技に関するもの。」「（二）児童のための有名な文学作品。」「（三）児童を楽しませ，情感を豊かにするような神話・伝説。」「（四）美術・建築・音楽に関するもの。」など14群を列挙し，これらを表現の様式で「詩情表現」「思索・記録」「物語」「演劇一

般」に分類して、「国語教科書にかかげている各教材は、こうした意味の材料を集めて一つの基準を示したものと考えていい」と記している。
（2）「第四章 中学校国語科学習指導」の「第四節 読みかた」
　「九　中学生の読書興味」の箇所で「読むことによって読む力を養成しようとするものが読みかた教材であり、国語教科書である。わが国の国語教科書は、従来、国語の文章の模範を示すということが眼目で、生徒の興味ということは第二次的にしか考えなかったが、これは逆にしなければならない。読みかた教材は生徒に興味あることがらを書いたものでなければならない。たとえば、野球をしようとする者には、野球の規則とか試合の実況とかが、もっとも興味を引く事実であるから、そのことを書いたものならば読む意欲が起り、必要があるであろう」と述べ、中学生の生活における興味として「1　スポーツ・旅行・冒険。」「2　探険・自然の驚異・野獣・家畜。」など5点を挙げている。

2　1951（昭和26）年版試案の場合
　この試案では小・中学校国語科が一冊となっていた1947年版試案とは異なり、小学校と中学校・高等学校とで別冊子になり、章立ても内容も別になった。ただ双方とも教科書と教材については詳細な説明がある。経験主義の導入に伴い教科書観や教材観の変更が迫られることについて、さらなる説明が必要な状況にあったことが窺われる。
（1）小学校学習指導要領　国語科編（試案）
①「第一章　国語科の目標」の「第三節　国語科学習指導の一般目標は何か」
　第三節の中の「二　国語科学習指導の一般目標は何か」の「3」には、「これからの読むことでは、知識というほどのものでなくて、単に情報をうるための読みということも、考えられていなければならない。ごくわずかの材料を詳しく読むことも必要であるが、広く読んだり、たくさんの書物の中から、自分に必要な書物を早く見いだしたり、また、その書物の中から、自分の必要な項目を早くさがしだしたりするような技術も、大いに必要である。」とあり、いわゆる「情報読み」の指導の必要性に言及して

いる。

② 「第八章　国語科における資料」の「第一節　国語科における資料はどう考えたらよいか」

この箇所には次の通り，国語科で教科書外教材を使用する必要性が明記されている。

　　ことばの働きは多種多様にわたっているので，国語の学習指導では，わずかな一，二冊の教科書を深く読ませるだけではふじゅうぶんである。たとえば，語いの指導にしても，ことばのいいかえで済ませてしまったのでは，語いの正しい指導とはいえない。実物を表わす語いであれば，写真・絵・実物・模型・スライド・フィルムなどの利用のできる資料と結びつけた指導が，望ましいのはいうまでもない。
　　児童の自発的な学習活動を通じて，国語の学習効果をあげていくためには，これまでにも増してさまざまな資料を，多角的に利用していかなければならない。教科書・学習帳（ワーク・ブック）・辞書・事典・参考書，さまざまな読み物，新聞・雑誌・写真・絵・実物・模型・スライド・フィルム・レコード・放送など，いずれも国語学習指導に利用される有効な資料である。
　　国語学習指導の計画をたてるにあたっては，これらの資料の特色をじゅうぶんに調べて，多面的に活用するようにしなければならない。

③第八章の「第二節　資料と教科書の関係をどう考えたらよいか」

この節では「国語の教科書も資料の一種である」としながらも，教科書には「順序があり，発展のある論理的な体系をもっている。たとえば，提出する文字や，語いや，いいまわしの選び方に特別なくふうがしてあり，選ばれた文字や語いの提出の順序や，くり返しのしかたにも，それぞれ特別の用意がしてあるものである。また，他教科との関連や，学習の時期への考慮が払われており，あらゆる言語経験や言語活動を予想して，それぞれの教材に即した学習活動や練習への指示を明示しているものである。さ

第3節　小中学校国語科「読むこと」教科書外教材の位置の変遷と議論

らにまた，教科書は児童の興味の範囲や，その発達や，国語の学習の最低基準をも示している」ため，授業では「その編修の順序に従って学習させていくことが予想される」という説明が見られる。

④第八章の「第三節　資料はどのように利用したらよいか」

この節では，図書の利用のしかたを「一　教材として利用する」（教科書の教材の代り），「二　教科書の教材と関連させて利用する」（教科書の教材の補充），「三　調べる材料として利用する」，「四　発展的な読書活動の材料として利用する」，「五　自発的な読書活動の材料として利用する」の5点を挙げている。

そして，上に挙げた①～③の箇所で多様な資料を使うべきだとしつつも教科書教材の順序性も考慮するよう併せて求めている。また，この節の「一」には「児童の読解力の程度に応じて，教科書以外に教材を選択する場合に，数多い出版物に広く検討していくことは，実際的に困難である」という記述，また学習指導要領の末尾には「適当な教材を選択する目安を与える」目的で「第四節　国語科の使用に適した資料一覧表」に図書413点の例示も見られる。

（2）中学校高等学校　学習指導要領　国語科編（試案）

「第二章　中学校の国語科の計画」の「三　読むこと」で，教材については「今日，読むことはわれわれが目に触れるあらゆるもの，新聞・雑誌の類から，広告・掲示・ポスター・手紙など，およそ文字に表わされて目に触れるすべてのものを読んで，実生活上の用をたし，文化的生活に発展させていかなければならない。これからの国語教育では，これら多くの価値ある資料を，学習の中にとりこむようにしなければならない」としている。そして「読むことの学習は，内容を読み解くということにとどまらず，書物をどのようにして選ぶか，読んだことをいかに役だてるか，書物を扱う望ましい態度や習慣をどう伸ばすかなどの基本的な内容を持たなければならない」ため，「小学校で得た基本的な読書力をさらに伸ばして，書物や新聞・雑誌その他の正しい，効果的な利用，すばやい着実な読解の能力を高める必要がある」と述べ，さらに付表「資料としての図書一覧

表1-1　1958（昭和33）年版小学校学習指導要領「読むこと」指導事項

上段下段	(1)「次の事項について指導する。」に続く記述			
	(2)「次の各項目に掲げる活動を通して，上記の事項を指導する。」に続く記述			
	ア	イ	ウ	エ
小1	身のまわりの簡単な書き物を読む。	児童の日常生活に取材したものを読む。	知識や情報を与える簡単な文章を読む。	経験を広め心情を豊かにする童話，説話などのさまざまな文章を読む。
2	上に示す指導事項のほか，「本や雑誌の読み方がわかること」「学級文庫の利用のしかたがわかること」などについて指導することも望ましい。			
	身のまわりの書き物を読む。	児童の日常生活に取材したものを読む。	知識や情報を与える説明的な文章を読む。	経験を広め心情を豊かにする童話，説話，詩などを読む。
3	上に示す指導事項のほか，「学級文庫の利用のしかたがわかること」などについて指導することも望ましい。			
	児童の日常生活に取材したものを読む。	知識や情報を与える説明，解説などを読む。	経験を広め心情を豊かにする童話，物語，伝記，詩，脚本などを読む。	
4	上に示す指導事項のほか，「学校図書館の利用のしかたがわかること」などについて指導することも望ましい。			
	児童の日常生活に取材した日記または手紙，記録または報告などを読む。	知識や情報を与える説明，解説，報道などを読む。	経験を広め心情を豊かにする童話，物語，伝記，詩，脚本などを読む。	
5	上に示す指導事項のほか，「国語辞典などが使えること」などについて指導することも望ましい。			
	児童の日常生活に取材した日記または手紙，記録または報告，感想などを読む。	知識や情報を与える説明，解説，報道などを読む。	経験を広め心情を豊かにする物語，伝記，詩，脚本などを読む。	
6	（記載なし）			
	児童の日常生活に取材した日記または手紙，記録または報告，感想などを読む。	知識や情報を与える説明，解説，報道などを読む。	経験を広め心情を豊かにする物語，伝記，詩，脚本などを読む。	

第3節 小中学校国語科「読むこと」教科書外教材の位置の変遷と議論

表」に中高合わせて389点以上の図書，35人の作家作品群，21種の古典作品群，76点の辞典・参考書類を示している。この論法は前述の（1）④と同一である。

3 1958（昭和33）年版の場合
（1）小学校学習指導要領
　各学年で使用する教材の種別は，表1-1に示す通り，学年ごとに明確に掲げられた。ただし，教科書教材とそれ以外の教材の関係についての言及はない。

（2）中学校学習指導要領
　中学校でも小学校同様，教材の種別が学年ごとに明示されたが，表1-2の通り，示し方が若干異なる。
　なお，教科書教材とそれ以外の教材の関係への言及はないが，「第3 指導計画作成および学習指導の方針」には「3　読み物は，文学作品に片寄らないで，広く各種のものにわたるようにする」とは記してある。

4 1968-69（昭和43-44）年版の場合
（1）小学校学習指導要領
　教材の種別は，表1-3に示す通り，「言語活動」の例示という形で掲げられた。
　教科書教材とそれ以外の教材の関係への言及はないが，「第3　指導計画の作成と各学年にわたる内容の取り扱い」4（5）に「読むことの指導については，日常における児童の読書活動も活発に行なわれるようにするとともに，他の教科における読書の指導や学校図書館における指導との関連をも考えて行なうこと。また，児童の読む図書の選定に当たっては，国語科の目標を根底にして，人間形成のため幅広くかたよりのないようにすること。」と，前回中学校よりも詳細に書き込まれるようになった。

（2）中学校学習指導要領
　教材の種別は小学校とは異なり，「言語活動」ではなく「活動」とし

表1-2　1958（昭和33）年版中学校学習指導要領「読むこと」指導事項

上段	(2)「次の各項目に掲げる活動を通して，上記の事項を指導する。」に続く記述			
	ア	イ	ウ	エ
下段	(3)「指導にあたっては，」に続く記述			
中1	記録，報告などを読む。	説明，論説などを読む。	詩歌，随筆，物語，伝記，小説，脚本などを読む。	
	身近にある掲示，広告，中学校生徒向きの新聞，雑誌などを利用して，いろいろな文章に慣れさせることを考慮する。また，科学に関して書いた文章，民俗や祖先の生活に取材した文章，人生に対する希望や励ましなどを与える作品，人間の心情や自然の姿を身近に感じさせるような作品，古典をわかりやすく書きかえた文章，やさしい翻訳作品などを用いることを考慮する。			
2	記録，報告などを読む。	説明，論説などを読む。	詩歌，随筆，物語，伝記，小説，脚本などを読む。	
	新聞，雑誌などを利用したり，資料の抜粋をさせたり，感想を書かせたりすることを考慮する。また，科学に関して書いた文章，意見や主張を述べた文章，人生に対する希望や励ましなどを与える作品，自然や人生について書いた作品，古典に関心をもたせるように書いた文章，翻訳作品，格言，故事や成語，短くてやさしい文語文などを用いることを考慮する。			
3	記録，報告などを読む。	説明，論説，評論などを読む。	詩歌，随筆，物語，伝記，小説，脚本などを読む。	
	実用的な各種の文章に触れて，これらを読み取るようにさせることを考慮する。また，社会や科学などに関して書いた文章，意見や主張を述べた文章，人生に対する希望や励ましなどを与える作品，自然や人生について書いた作品，翻訳作品，現代語訳や注釈などをつけたり書き下したりして理解しやすくした古典などを用いることを考慮し，なお，わが国のことばや文学について考えさせる文章に触れさせることを考慮する。			

て，例示ではなく**表1-4**のような文言で指示された。うち下段の配慮事項に関しては**表1-2**の文言をある程度引き継いだように見える。なお，教科書教材とそれ以外の教材の関係についての説明はない。

　このほか「第3　指導計画の作成と各学年にわたる内容の取り扱い」の4で，読むことの教材については，（1）「生徒の必要と興味と能力を考慮して，適切にして価値のあるものを用い，かたよらないように」「その際，思考力を伸ばす，心情を豊かにする，表現力を養う，文化や風土を理

表1-3　1968（昭和43）年版小学校学習指導要領「内容の取り扱い」

	3　内容の取り扱い（1） 「内容のA，B，Cの各領域に示す事項の指導は，この学年にふさわしい，たとえば次のような言語活動を通して指導するものとする。」に続く記述		
小1	童話，説話，詩などを読む，	事がらをやさしく説明した文章を読む，	日常の生活に取材した文章を読むなど。
2	童話，説話，詩などを読む，	説明的な文章を読む，	日常の生活に取材した文章を読むなど。
3	物語，逸話や伝記，詩などを読む，	説明的な文章を読む，	日常の生活に取材した文章を読むなど。
4	物語，伝記，詩などを読む，	説明，報道などを読む，	日常の生活に取材した記録や報告を読むなど。
5	物語，伝記，詩などを読む，	説明，報道などを読む，	記録や報告を読むなど。
6	物語，伝記，詩などを読む，	説明，報道などを読む，	記録や報告を読むなど。

解する，国語の特質について理解するなどを観点として，生徒の発達段階に応じて選ぶように」，（2）「教材には，古典に関するものを含めること。なお，翻訳作品を含めることを考慮すること」，（3）「古典の指導については，古典に対する関心を深め，古典として価値のある古文と漢文を理解する基礎を養うようにすること。その教材としては，古典に関心をもたせるように書いた文章，短くてやさしい文語文や格言・故事成語，および基本的な古典を適宜用いるようにすること」云々の記述が見られる。

5　1977（昭和52）年版の場合

「理解」「表現」「言語事項」の構成に改められたこのときの学習指導要領では，教材の種別等の説明は省かれ，各現場の指導者に選定が委ねられた。小学校学習指導要領では第3の1（1）・（2）・（3）・（5），中学校学習指導要領では第3の1，3（1）・（2）に選定の基準が示された。引用は省略する。

表1-4　1969（昭和44）年版小学校学習指導要領「内容の取り扱い」

上段	2B（2）「次の活動を通して，上記（1）の事項を指導する。」に続く記述		
下段	3（3）「内容のBの（1）の指導に当たっては，次の事項の指導も配慮する必要がある。」に続く記述		
両段	ア	イ	ウ
中1	記録・報告，説明，報道などの文章を読む。	詩歌，随筆，物語・小説，伝記，戯曲などを読む。	
	読書に興味をもち，読み物に親しみ，楽しんで読むこと。	知識を求め思考力や心情を養うための読み物を，広い範囲の中から選んで読む態度を養うこと。	調べるために辞書，参考資料などを利用すること。
2	記録・報告，説明，報道などの文章を読む。	論説などの文章を読む。	詩歌，随筆，物語・小説，伝記，戯曲などを読む。
	読み物の内容を考えながら読み，全体を読み通す態度を養うこと。	文学作品や論説などの読み物をよく選んで，深く読む態度を身につけること。	目的に応じて辞書，参考資料，新聞などを利用すること。
3	記録・報告，説明，報道などの文章を読む。	論説・評論などの文章を読む。	詩歌，随筆，物語・小説，伝記，戯曲などを読む。
	文章の内容をよく読み取って適切な批判ができるようになること。	文学作品や論説などの読み物を読み，自然，人生，社会などに関する問題を考えていく態度を身につけること。	辞書，参考資料，新聞などの利用に慣れること。

6　1989（平成元）年版の場合

　指導内容の精選化が図られたこの改訂では，教材については，前回改訂での文言が概ね踏襲されている。

7　1998（平成10）年版の場合

　前回改訂版と同趣旨の文言が見られるほか，教材に関しては，新たに以下のことが書き込まれた。

（1）小学校学習指導要領

　表1-3の1968（昭和43）年版のあと一旦消えた文言が復活したが，例示された言語活動は表1-5の通りで，表1-3とは内容が異なるうえ，示

し方も2学年ごとに変化した。

表1-5　1998（平成10）年版小学校学習指導要領「内容の取扱い」

	3　内容の取扱い（1） 「内容の『A話すこと・聞くこと』，『B書くこと』及び『C読むこと』に示す事項の指導は，例えば次のような言語活動を通して指導するものとする。」のCに関する記述		
小 1・2	昔話や童話などの読み聞かせを聞くこと	絵や写真などを見て想像を膨らませながら読むこと	自分の読みたい本を探して読むこと
3・4	読んだ内容などに関連した他の文章を読むこと	疑問に思った事などについて関係のある図書資料を探して読むことなど	
5・6	読書発表会を行うこと	自分の課題を解決するために図鑑や事典などを活用して必要な情報を読むこと	

（2）中学校学習指導要領

　中学校でも1969（昭和44）年版以降消えていた言語活動の指定が，ここでは表1-6の通り，文種には触れず内容も新たに3学年分一括で言語活動の例示として掲げられた。

表1-6　1998（平成10）年版中学校学習指導要領
「指導計画の作成と内容の取扱い」

	第3　指導計画の作成と内容の取扱い　1（4） 「エ　指導に当たっては，例えば次のような言語活動を通して行うこと。」に続く記述	
中 1～3	（ア）　様々な文章を比較して読んだり，調べるために読んだりすること。	（イ）　目的や必要に応じて音読や朗読をすること。

8　2008（平成20）年版の場合

　教材に関する記述は前回改訂を引き継いでいる。ただし古典に関する項目が全て〔伝統的な言語文化と国語の特質に関する事項〕に移された。ま

表1-7　2008（平成20）年版小中学校学習指導要領「読むこと」

各学年　2内容　C読むこと 「(2)(1)に示す事項については，例えば，次のような言語活動を通して指導するものとする。」に続く記述					
	ア	イ	ウ	エ	オ
小1・2	本や文章を楽しんだり，想像を広げたりしながら読むこと。	物語の読み聞かせを聞いたり，物語を演じたりすること。	事物の仕組みなどについて説明した本や文章を読むこと。	物語や，科学的なことについて書いた本や文章を読んで，感想を書くこと。	読んだ本について，好きなところを紹介すること。
小3・4	物語や詩を読み，感想を述べ合うこと。	記録や報告の文章，図鑑や事典などを読んで利用すること。	記録や報告の文章を読んでまとめたものを読み合うこと。	紹介したい本を取り上げて説明すること。	必要な情報を得るために，読んだ内容に関連した他の本や文章などを読むこと。
小5・6	伝記を読み，自分の生き方について考えること。	自分の課題を解決するために，意見を述べた文章や解説の文章などを利用すること。	編集の仕方や記事の書き方に注意して新聞を読むこと。	本を読んで推薦の文章を書くこと。	

	ア	イ	ウ
中1	様々な種類の文章を音読したり朗読したりすること。	文章と図表などとの関連を考えながら，説明や記録の文章を読むこと。	課題に沿って本を読み，必要に応じて引用して紹介すること。
中2	詩歌や物語などを読み，内容や表現の仕方について感想を交流すること。	説明や評論などの文章を読み，内容や表現の仕方について自分の考えを述べること。	新聞やインターネット，学校図書館等の施設などを活用して得た情報を比較すること。
中3	物語や小説などを読んで批評すること。	論説や報道などに盛り込まれた情報を比較して読むこと。	自分の読書生活を振り返り，本の選び方や読み方について考えること。

た，各領域における言語活動が小中とも「内容」に格上げされ，さらに「読むこと」の言語活動では例示の中で小中とも統一して，活動だけでなく使用する文種まで併せて書き込まれた。その内容は**表1-7**の通りである。**表1-1**から**表1-6**までのいずれと比較しても，「言語活動例」が各学年間の違いに触れながら小学校低学年から中学校第3学年まで一貫して示された点において，過去にない特徴をもつ。

第4項　教科書教材と教科書外教材をめぐる これまでの主要な論点

　前項では，生活の言語材を多様に経験する経験主義的カリキュラムから，次第に系統化，精選へと能力主義的な改訂を重ねた後，**表1-1**から**表1-7**までの通り，「言語活動例」に関する記述が一見先祖返りのようでいて，実はそれまでとは異なる現在の学習指導要領に行き着いた，という変遷ぶりを確認した。一方，昭和戦後期の36論考を収めた1994年刊の「集成（7）」では，国語教育界の議論も経験主義から能力主義へと次第にシフトしていく流れにあり，安藤修平（1987）[90]によれば教科書教材も「流動的」な1949〜1953年度から「定着」の1972〜1980年度・1981〜1986年度（p.79）へと向かう中でも，浜本純逸（1979）[91]，田近洵一（1982）[92]，大村はま（1983）[93]らはそれぞれ独自の立場から教科書外教材を国語科授業に積極導入する意義を説いていたことが窺える。

　以下，これらの論考に見出せる主要な論点を，特徴的な論考の例とともに示す。

1　各教員の力量が及ぶか

　平井昌夫（1951）[94]は「国語教科書を全然採用しない単元学習もあり得る」が「たいへんな手間と教師の実力とを要求する」（p.312）ため，教科書中心に学習指導を展開すべきだと述べた。これと似て仲田湛和（1975）[95]は学習内容の精選を「教師ひとりの手にあまるものであることも事実」ゆ

え，教材を「せいぜい『間引き』しかしない」(p. 243) と憂い，「各種教育団体によって編成された教材群や現在使用している他の出版社の教科書群」「自由な読書の中で子どもが意欲的に取り組んでいる作品群」(p. 244) を文学教材の候補にできることを提案した。これは出来合いの教材群の活用という，容易で現実的な策である。

　一方，古田拡（1955）[96] は「従来のように，教科書中心でやっているものが多い」ことを嘆きつつ「教材の中心は，やはり教科書と考えるのが，学習指導上，もっとも安全なやり方だ」(p. 337) とも述べた。森田氏や吉川氏らの述べる状況が今日も続く背景には，教材選定の手間回避，また教科書教材をそのまま使うのが無難といった意識の存在が疑われる。小学校教員は教科担任制でない点も考慮に入れつつ，これまでの現職教員への研究会や研修，また大学の教員養成課程についても，そのあり方を問い直すことが必要となろう。

2　多読か精読のどちらを重視するか

　倉澤栄吉（1948）[97] は「教科書は，事情が許せば，なるべく多い方がよい。量の上からも，くだらない読み物や，講談本を圧倒するだけの教材が，子どもの目の前に置かれるといい」(p. 89)，また平井昌夫（1951）[98] は「これからの国語教科書は現在の分量の三倍四倍にならなければならない。分量がすくなければすくないだけ学習指導がやさしいのではなく，多ければいっそう学習指導がやさしい」(p. 320) と述べた。双方の立場は異なるが教科書に不足があると見る点では通じるものがある。教科書外から自分で補う発想も生まれやすい。

　これに関し増淵恒吉（1970）[99] は，経験主義国語教育が「あまりにもその範囲や領域を拡大しすぎたために，国語科教育の独自の目標が見失われ」たため「国語科教材に系統性を与え，指導事項も精選すべきであるという反省がなされた」が，「教材を教科書のみに限定していた戦前におけるような考え方に逆行することはありえず，また，あってはならない」(p. 117) と述べた。この言に沿って多読と精読の両立と系統化を図るには，

例えば，時には教科書教材の精読，時には教科書外の関連教材の多読を組み合わせて，教科書の配列を工夫改善して系統性を補強しつつ読む量も増やす，といった策が考えられよう。

なお，大村はま（1983）[100]は「集成（7）」中ではただ独り，「ひとりが一冊ずつ別々」（p. 254）の教材を渡す形で多読を図りつつ生徒間交流を促す実践を示した。多読のあり方一つとってみても，精読のみを前提としない効果的方策が多様に検討されるべきであろう。

3　文章以外が教材になり得るか

輿水実（1965）[101]は「国語教材の一番落ちついた形」は文章だとし，センテンス・メソッドにより文章が一つの「総合された教材」として位置づいた経緯があることを指摘した（pp. 12-13）。また石森延男（1971）[102]は，語るにも書くにも「文学作品にじかに触れるのがいちばん」（p. 366）である一方，説明文・解説文などは「他教科の教科書で十分学習できる」（p. 364）のだから教材は全て文学作品にすべきだと主張した。これらに文章，なかでもとりわけ文学作品を尊重する戦前期からの伝統的国語教材観を見て取ることができる。

これに対し井関義久（1976）[103]は，地下鉄ポスターの「タイトル」（キャッチコピー）が書きことばながら「暗示的な表現」（p. 266）の意味や効果を考える話しことばの資料となること，暗示的表現を含む文芸言語での読むことの学習は「批評に重点を置くべき」（p. 273）こと，また朗読や写し書きでもことばの暗示性を学べることなどを論じた。経験主義に立たずとも言葉の明示性・暗示性に着目するならば，文章に限らず日常生活に溢れるポスターや広告なども教材に取り上げる意義があることが分かる。

4　誤りや問題をどの程度取り除き，系統性にどの程度配慮するか

輿水実（1950）[104]は語彙の配当，さがわ・みちお（1957）[105]は文字・

単語・文法・文の構成の体系に沿った教材配列の必要性を説いた。また国分一太郎（1963）[106]は，文字・発音・単語・文法などの「法則性」に沿って学年段階に応じて配当した「げんみつな『教材』」（p. 101）が必要だとし，大槻和夫（1975）[107]は「国語科構造観」つまり「①日本語そのものの教育（発音・文字・語句・文章），②日本語をつかっての言語活動の教育，③文学教育」（p. 191）を考慮して教育内容編成をすべきだと指摘した。これらは当然必要な配慮であるものの，要求が精緻さを極めれば極めるほど，自ずと教科書教材の差し替え作業が困難になる面には留意したい。

これに関しては，大久保忠利（1953）[108]の「毎日の実践のなかで，その教科書の，いいところ，わるいところをみつけだし，欠点をのみこんで，それをおおうように国語教育をすすめる」という言葉，また小川末吉（1971）[109]の「期待される人間像を理想にして，人間のよい面だけを取り扱ってきた」教科書教材を批判し，「理想的なモデルのおしつけではなく，さまざまな人間の生き方の中から，ほんとうのものを子どもみずから発見していくようにはならないものか」という言葉が，示唆に富む。前者は形式，後者は内容で，欠点や負の面を除去しきれずとも，むしろそれを生かして教材に使用し得ることを指摘している。

この発想をもてれば，よりよい教材が入手できないときでも，既存のものや入手済みのものを生かしつつ，指導の系統性を確保することが可能になろう。

第5項　国語科「読むこと」教材をめぐる議論から見出せる課題

本節ではまず，教育課程としての学習指導要領各版の異同を明らかにすることによって，その変遷ぶりを確認した。学習指導要領では，経験主義の文脈から，教科書外の図書や資料などの教材を学習者の日常生活に求め，学習で扱うことを求めているように受け止められる記述が多く盛り込

まれていたが，能力主義の台頭につれ，教科書外の教材の使用を促す記述が一旦なくなる。そして最近は，再び教科書外の教材の使用を求める記述が増えていた。

この事実から，2008（平成20）年版改訂に先立つ1989（平成元）年版と1998（平成10）年版において，全体としてはいわゆる「新しい学力観」が打ち出され読書指導の充実が強調される一方で，読むことの指導事項レベルでは精選化，厳選化が進むというギャップが存在していたことが分かる。

なお，例えば丹藤博文（2010）[110]は2008年版改訂を「新学力観が強調され経験主義の復活が企図された」（p. 2）と評したが，この指摘はいくつかの点で正確さを欠く。まず，OECDのPISAを契機とし，PISAを追う形で学習指導要領改訂の議論が進んだ結果，2008年版は間接的ながら社会的構成主義の導入へと向かっていたことから，そもそも前提としての時代背景が，戦後期の経験主義思潮とは大きく異なっている。次に，以前の学習指導要領に示された「言語活動」・「活動」と現行版学習指導要領の「言語活動例」とでは**第3項**の通り，示す内容と示す形式の両面で表記が大きく異なっている。さらには，戦後国語教育界における議論は**第4項**の通り，教員による教科書教材の差し替えや教材配列の工夫等による系統化と，教科書外からの教材の追加や学習者の言語生活に沿った教材の多様化との，両方を追う方向にあり，2008年版学習指導要領の「言語活動例」にもその両方を追う方向性が窺える。以上から，2008年版が単に戦後期へ回帰し系統化を軽視する改訂であったとは解釈し難い。

本節では次いで，読むことの教材をめぐる議論を追った。そして，教科書外教材を教室に持ち込む際に問題となる主要な論点が4点あることを確認した。これらの論点は，教科書外教材を求めていく際の教材選定の観点になり得るものである。

これら論点のうち今後大きな課題になると思われるのは，**前項4**の「系統性にどの程度配慮するか」であろう。教科書外からも「よき典型」を与えようとする立場の論者は，国分（1963）に見られるように，文字，発

音，単語，文法などの法則性に沿って学年配当を決めることが教材の系統性を担保することになると，おそらく考えるのであろう。しかし，そのような教材概念を拡張し，欠点や負の面も含む「練習素材」もまた教材に適していると考えるのであれば，学習者の身につけさせたい能力や学習者にかけたい負荷の内容と配列を工夫することを，文字，発音，単語，文法などの法則性に加えて，別途検討していかなければなるまい。その際，それらの要素の優先順位はどうあるべきか，また，どのような練習素材がどのような場合に適するのかについて検討する必要も生じるであろう。

なお，本節では教科書外教材を一括りにして論じたが，文学作品からいわゆる非連続テキストまでを同一には扱えない面もあり，本来は教材文の種別や類型ごとに詳細な検討を加える必要もある。ただし，多岐にわたる種別や類型を限られた時間数の授業で網羅的に扱うと，系統的カリキュラムで学習者の発達を保障することが難しくなる。それゆえ今日まではむしろ，典型性のある教科書教材に対し，その典型性を一層求めて系統性を整えようとする動きに収斂してきていたとも考えられる。ならば，教科書教材の典型性と教科書外に求める練習素材の幅広さを組み合わせて，いったいどのようなカリキュラムを設計し得るのかが，非常に大きな課題となるであろう。

第4節　国語科説明的文章学習指導における諸課題の整理と課題の再設定

本研究では，国語科説明的文章学習指導の小中学校カリキュラムはいかにあるべきかという問題を取り上げている。**序章**では学習者の言語生活向上のため，学校学習の「カプセル」化と学習者の言語生活の内向化に抗う必要性を指摘した。これを踏まえ，以降の各章を通し，彼らの言語生活の拡張を志向する説明的文章の読みの国語科カリキュラムを構想していきたい。

その構想にあたって，現状に対し**序章**で指摘した当初の課題は，次の三

第4節　国語科説明的文章学習指導における諸課題の整理と課題の再設定

つであった。
　①読解指導からメディア・リテラシーへの接続に課題がある。
　②中学校段階での系統性になお不明確な部分がある。
　③説明的文章教材の論理の捉え方に関し，混乱が続いてきた。

　この三つについて，本章でここまで論じてきたことを整理し，課題を再設定する。

　まず**第1節**では，②の観点から，国語教育におけるカリキュラム研究の主要な動向と，説明的文章学習指導におけるカリキュラム研究が占める位置とその課題を捉えた。社会的構成主義学習観のもとでの「垂直的アプローチ」と「水平的アプローチ」の統合された姿を，異なる他者の存在を本質的に必要とする論理性が教材の中核を占める説明的文章学習指導においてこそ，カリキュラムとして提示する必要があることを課題として捉えた。その課題は学習対象としての論理をどのようなものと捉えるか（③），またその論理を含む教材として何を取り上げどのような学習を仕組むか（①）という課題とも，結局は密接に絡み合うものである。

　次に**第2節**では，③の観点から，説明的文章学習指導の分野に固有の問題として，現在もなお論理観の混乱が見られることについて，先行研究を概観した。授業の場面で学習者は大人の筆者に対し，たとえ知識の面ではかなわずとも，学習者が読者として自分自身の「認識の論理」を働かせて言葉と言葉や言葉と事実との関係を検討することは可能であり，また日常生活の場ではそのような読みこそ必要なのであるから，読者にこの検討の練習をさせつつ読者自身の「認識の論理」構築の力を育成する方法の開発が望まれるということを，課題として捉えた。この課題は主に能力面に関わるが，教材面や学習活動面にも関わりがある。

　そして**第3節**では，①の観点から，小中学校国語科「読むこと」領域における教科書外教材の位置について，カリキュラムを規定する教育課程としての学習指導要領上の変遷を示した。また，読むことの領域において教科書教材と教科書外から持ち込む教材の両方を使用することに関して，これまでに起こった議論を概観した。その結果，教科書教材を重んじなが

ら，教科書教材の典型性と教科書外に求める練習素材の幅広さを組み合わせてどのような現実的なカリキュラムを構想するのかを，課題として捉えた。この課題は主に教材面に関わるが，能力面や学習活動面にも関わるものである。

カリキュラムを検討する観点は，本章**第1節第1項**でも述べた通り，外在的な要因を除き学校内部の要素に絞れば，能力面，教材面，学習活動面の大きく三つにまとめることができる。そして，①〜③の課題のもとで各節から浮上しているこれらの諸課題も能力，教材，学習活動の各要素が絡み合って生じているのである。

そこでこれらの課題を能力面（Ⅰ），教材面（Ⅱ），学習活動面（Ⅲ）の三つに分け，それぞれが何であるか（a）とそれらをどのように扱うか（b）の二つの観点に整理して検討を進めることとしたい。その検討に際しては I に**第2章**，Ⅱに**第3章**，Ⅲに**第4章**を割り当てることとする。

このとき，**序章**に述べた問題意識のもと本章で浮上した以上の諸課題は，次のように再設定されることとなる。

Ⅰ：**能力面　育成すべき能力とその発達の系統**（第2章：能力論）
　a　説明的文章の読みの能力とはどのようなものであるか。（第1〜3節）
　b　読みの能力の垂直次元の系統性と水平次元の系統性はどのように設定し得るか。（第4節）
Ⅱ：**教材面　使用すべき教材とその構成**（第3章：教材構成論）
　a　説明的文章の読みの教材とはどのようなものであるか。（第1〜3節）
　b　教科書教材と教科書外に求める教材はどのように取り扱うとよいか。（第4節）
Ⅲ：**学習活動面　仕組むべき学習活動とその構造**（第4章：学習活動構造論）
　a　教科書教材と教科書外教材とを組み合わせる学習活動にはどの

第4節　国語科説明的文章学習指導における諸課題の整理と課題の再設定

> ようなものがあるか。(第1節)
> b　学習活動において個人の文脈と社会的文脈はどのように取り扱うとよいか。(第2〜4節)

　これらⅠ〜Ⅲの各a・bの課題について各章で検討を加え，**第5章**ではそれらをカリキュラム理論に統合し，著者の20年にわたる実践個体史に還元して，理論の一般化を図る。**終章**ではその結果を踏まえ，現状に対する当初の課題①〜③ごとに提言を述べる。

　なお，次章以降の展開を先取りして論じるならば（次頁図1-3），これらの課題を解明する糸口を，**第2章**では能力の面から，エンゲストロームの垂直次元と水平次元の2方向から発達を捉える発想や「レンチ・キット」になぞらえる視点，**第3章**では教材構成の面から，教科書教材に内包されている系統性と使用が望まれる教科書外教材の検討，**第4章**では学習活動構造の面から，「教科書教材に他の教材を組み合わせて読む学習活動」に取り組んだ近年の小中学校の実践群から得られる知見に求めていきたい。そして，それらを**第5章**で実践個体史から導き出したカリキュラムと照合して一つの具体的なカリキュラム・モデルを構想し，個体史上残る課題については，理論的に設計される実験授業を通して実践的に解明することによって，カリキュラム・モデルの有効性を高めていきたい。

第1章　先行研究の検討

■問題の所在（序章）
　●説明的文章学習指導のカリキュラムはいかにあるべきか
　　現状①読解指導から読書やメディア・リテラシーへの接続に課題がある
　　　　②中学校段階での系統性になお不明確な部分がある
　　　　③説明的文章教材の論理性の捉え方に関し，混乱が続いてきた

　　　　　　　　研究課題　の設定

■先行研究の検討（第1章）

国語科・読むこと　　　垂直的アプローチと水平的アプローチとの
　　　　　　　　　　　統合を　　　（②カリキュラム設計の課題）

説明的文章

　筆者の表現の論理把握と読者の認識の　　　教材に求める典型性と練習素材として
　論理構築との両立を（③論理観の課題）　　の幅広さとの両立を（①教材の課題）

　　　　カリキュラムを構成する　要素ごとの分析と理論構築

■各論の検討（第2～4章）

　読みの能力の垂直次元と　　　事実から価値への移行／　　　個人の文脈と社会的文脈
　水平次元の系統性の設定　　　論理的思考の発達と社会　　　とを相補的に扱う学習活
　・エンゲストロームの垂　　　的文脈からの距離　　　　　　動
　　直次元と水平次元の2　　　・説明的文章教材の国語　　　・教科書教材と他の教材
　　方向から発達を捉える　　　　科としての自律性　　　　　　を組み合わせて読む学
　　発想，水平をレンチ・　　　・教科書教材の論理性の　　　　習活動の類型
　　キットになぞらえる視　　　　分析　　　　　　　　　　　学習活動構造論（第4
　　点　能力論（第2章）　　　教材構成論（第3章）　　　　章）

　　　　実践個体史への　還元と一般化

■カリキュラム構想（第5章）
　実践個体史上の課題の整理（中学校第2学年）と理論的に設計した実験授業によ
　る実践的解明
　「馴化」に着目した小中学校9年間のカリキュラム設計

　　　　　　　　■結論と提言（終章）

　　　図1-3　本書の構成，ならびに研究課題と各章の展開の概要

第2章
言語生活の拡張を志向する説明的文章の読みの能力とその系統

　本章では，言語生活の拡張を志向する説明的文章の読みに必要な能力の発達の道筋を，どのように捉えるべきかを検討する。まず説明的文章教材の読みの能力を，単に文字や語句の意味が分かるといった程度に留めず積極的に，〈説明的文章の意味と意義・価値を理解し自分の考えをもつ能動的な読書行為〉であると規定する（第1節）。次いで，エンゲストロームの拡張的学習理論から系統性を垂直次元と水平次元の2方向で捉える示唆を得て，説明的文章学習との対応を検討する（第2・3節）。そして，垂直次元では「個人の認識論」，水平次元では「間テクスト性」を援用して系統の各段階を設定する（第4節）。

第1節　社会的文脈を扱う理論の必要性と課題
──トゥールミン・モデルの限界を超えるために──

第1項　トゥールミン・モデル導入の有効性と限界

　説明的文章学習指導において渋谷孝（1980），森田信義（1984），小田迪夫（1986）らは，内容主義にも形式主義にも陥らず，内容面と形式面の指導を両立させることの重要性を，早くから論じていた[1]。**第1章第2節第5項**を踏まえれば，その両立は読者の「認識の論理」を働かせること，そして言葉と言葉，言葉と事実との関係を吟味するために，文章から論理を取り出すこと，また取り出した論理を再び「文脈」の中に戻すことで，おそらく可能になると見通せる。しかし実際の状況は必ずしもそうではなく，**序章**に触れたように，「伝統的に論理と構成を混同する誤りが放置されてきた」（p. 170）という松本修（2013）[2]の指摘を受ける状況にあった。

　国語教育界では，そのような状況下において，井上尚美（1976）[3]の紹介したトゥールミン・モデルが次第に普及し，一定の役割を果たしてきた。というのは，トゥールミンが1958年に示した，議論を図示化するそのモデルを国語科授業に導入することによって，それまでの文章論的読解指導とは異なり，学習者に各段落の相互関係を文章の先頭から順に把握させるのではなく，筆者の主張，論拠のデータ，理由づけなどの要素を文章全体から把握させる実践が大いに促されたからである。その結果，筆者が読者に分かりやすく説明する展開の工夫としての文章構成と，筆者が訴えたい主張を論証する構造とを，授業で区別しつつ両方とも扱うことが容易になった。

　ただし，トゥールミン・モデルにも限界がある。その限界とは，モデルの中に「文脈」が位置づけられていないことである。なお，「文脈」という語は，一般的にはテクストとしての教材文上の脈絡を指すが，ここで言う「文脈」とは，それまでに交わされた過去の議論をも含み，テクストと

しての教材文の内部に留まらない広義のものである。そこで両者を区別するため，後者を以降は「社会的文脈」と記すこととする。

著者が示した「論理観整理の枠組み」（図1-2）には，社会的文脈を位置づけていなかった。このことは**第1章**で検討した。とはいえ，この説明的文章分野での伝統的議論に立ち返れば，社会的文脈を重視すれば説明的文章学習指導を再び内容主義に傾けかねない，という批判もおそらく起こり得よう。

だが，認知心理学の分野ではいわゆるウェイソンの選択課題（4枚カード問題［**第4章第3節第2項**で後述］とも言う）を契機として，人間が形式論理の操作を苦手とすることや主題性効果（論理的に同一の問題でも名辞や規則に具体的なものを用いると正答率が向上すること）が認められ，「文脈依存性」あるいは「領域固有性」が論じられるようになっていった[4]。これを背景として今日の学習理論は，状況論的アプローチの提唱，ひいては社会的構成主義の潮流に向かって進展している。これを念頭に置けば，形式面と内容面の指導の両立は，現代的理解としては，論理形式と文脈との照合によって図られるべきであろう。このことは，改めて**第4節**でも論じたい。

そしてトゥールミン自身も，議論が社会的文脈にも依存することについて，おそらく気づいていた。そのことは，トゥールミン自身がのちに*Return to Reason*（2001）で「保証」（理由づけ）の「裏づけ」を消去し，議論の歴史的文脈依存性を強調する変更を加えたという氏川雅典（2007）[5]の指摘（p.2）から推察できる。氏川氏はまた，次のようにも記す（p.3）。

> 議論モデルの変容は，現実の問題を解決するという，アメリカでの経験に由来している。そこでトゥールミンが直面した問題とは，多元的状況における合意はいかにして可能か，というものであった。その問題を解決するために，裏づけを消去し，議論領域を一つの考察対象として独立させた，というのが本稿の解釈である。

第1節　社会的文脈を扱う理論の必要性と課題

　国語科における裏づけについては，鶴田清司（2014）[6]も，次のように指摘している（p.35）。

　　しかし，国語科で育成すべき読解力・表現力の観点から見ると，理由づけにあたって必ずしも学問的な「裏づけ」は必要ではない。むしろ，日常的なレベルの議論では，理由づけが身近な生活経験に基づいて具体的に述べてある方が，聞き手は「なるほど」と共感・納得しやすい。

　これらの指摘を踏まえれば，学問よりも日常での議論を捉える学習の場面においては，裏づけの綿密さよりも，むしろ議論が依存する社会的文脈の内容のほうに着目するのがよい，ということになる。そうであるならば，トゥールミン・モデルには，その一要素としての社会的文脈との関係が図示されるべきではないか，とも考えられる。

　牧野由香里（2008）[7]は，この疑問に答える新モデルを提案した。牧野氏は，トゥールミンの「Layout of Arguments」に対し，そもそも法廷でのモノローグをとらえる視点で描かれているという批判のあることを踏まえて，モノローグ，ダイアローグ，共話など，どれであっても単独では「議論」を包括できないとした（p.97）。その上で，Ehninger and Brockriede（1963）のトゥールミン・モデル加工モデルなどを批判的に紹介し，それら議論研究の成果と課題を踏まえ，議論の多様さを一つのモデルで捉えるものとして「議論の十字モデル」（上：文脈［背景］／左：対話［反論・反駁］／中：意味［命題］／右：論証［抽象・具体］／下：価値［提言］）を示した（pp.102-103）。このモデルで理由づけは「抽象」，事実や裏づけは「具体」として位置づけられている。また議論の「文脈」（背景）も位置づけられている。

　以上のように概観すると，トゥールミン・モデルをめぐる研究においては，文章構成から日常言語の論理，そして社会的文脈へと，次第に研究の着眼点が移動しているようにも見受けられる。

それでは，社会的文脈の重要性を強く主張する社会的構成主義においては，社会的文脈はどのようなものとして捉えられているのであろうか。また，それを踏まえれば，説明的文章の読みはどのようなものとして説明できるようになるであろうか。

第２項　社会的構成主義において強調される説明的文章の読みの側面

　学習理論の近年の世界的潮流である社会的構成主義は，社会的文脈の重要性を強く主張する。A. プリチャード・J. ウーラード（2017）[8]の整理によれば，社会的文脈には二つの側面があり，その一つは「言語や，数のシステム，論理システムといった，学習者自身がいる特定の文化から獲得されたシステム」，もう一つは「自分が存在する共同体の中にいる，よりよく物事を知ったメンバーとの社会的な相互作用」だと説明される（p.9）。
　このような潮流がもたらす国語科「読むこと」の学習の変化について，塚田泰彦（2016）[9]は次のように述べている（pp.158-159）。

　　　この変化を「読むことの教育」について見れば，「読解中心から読者反応中心へ」あるいは「文章に内在する視点からの問い（解釈活動）から文章をめぐる外在的視点からの問い（批評活動）へ」といった力点の移動としてとらえることができる。これまでのようにテクストの内部（文章中）に正解を求める解釈活動を中心に行うのではなく，テクストの外部に視野を広げ，多様なメディアを介して学習者が生きるために自ら問いを構成する（探究活動）ということであり，そうすることでしか育たない学力があるという認識が生まれている。読書行為をとらえる枠組みがこれまでの「読解活動」を支えてきたテクスト内の文脈から読書行為全体を支えるテクスト外の多様な文脈へと拡張され，これらの文脈が社会生活でダイナミックに作用する他者との相互作用の中で読書行為をとらえ直そうとしている。

第1節　社会的文脈を扱う理論の必要性と課題

　社会生活の一般的場面では，文学作品ならば作品自体を読みたいという意欲が動機となって読むのが主であるのに対し，説明的文章ならば何らかの知識を得たいか，あるいは何らかの問題や課題を解決したいという必要性が動機となって読むことが主であろう。もちろん文学作品でも同じ作家や同時代の作品を複数読み重ね，その中でその作品がもつ固有の価値を探る読み方はできるし，その逆に，説明的文章でもとりあえず入手した文章だけを読むこともある。とはいえ，説明的文章においては，読者が様々な情報源から材料を集め，社会で議論されてきたことを整理し，その議論の中に自分たちの議論を位置づけつつ，多面的・多角的に検討するような読みが求められることが多い。

　社会生活でのこのような読みを想定して国語科学習で説明的文章を読む行為を，前掲のA. プリチャード・J. ウーラード（2017）の整理による「社会的文脈」の説明を借りて述べるならば，「自分たちの議論を位置づけ検討する読みの活動によって，よりよく物事を知ったメンバーとの相互作用を起こし，それを通して，特定の文化における言語システムを獲得する」行為であるとも説明することができる。

　ただし，社会的構成主義による「社会的文脈」の強調には，国語科として留意すべき点もある。それは，読み本来の，読者自身が眼前の文章自体を読む行為を，ともすれば軽視しがちになる点である。

　ところがこの問題に塚田泰彦（1999）[10]は，早くもその解決への指針を示していた。ただしこの指摘は「読むこと」全般を対象としている。なお，次の引用箇所中「『私のテクスト』を支える原理」の「原理(1)」は「学習者個々の『時系列』におけるテクストの集積・展開・確認行為の重視」，「原理(2)」は「学習者相互のあるいはテクスト相互の『関係構築』による談話世界の拡充」を指す。また「社会文化的脈絡」は社会的文脈と同義である。

　　　談話研究は言語学や社会学，認知科学などの複合領域として研究が進められているが，この研究の進展の結果，最近ではことばの学習や

第２章　言語生活の拡張を志向する説明的文章の読みの能力とその系統

　　知識・技能の獲得も社会文化的脈絡を前提にして定義されるようになっている。この立場では，学習が成立するに当たっては社会文化的脈絡が個人の脈絡よりも優先すると考えている。そこで，この見解をふまえると，国語教室では学習者がこの社会文化的脈絡において「自らのテクスト表現過程」を立ち上げ，「言語批評意識」を培いながら，言語コミュニケーションという社会的実践を行うことが望ましい。この社会的実践の過程を支えるものは学習者相互の関係であり，この関係を包むものが社会文化的脈絡である。（中略）
　　なお，以上の原理(1)と(2)は相補的な関係を追究すべきものと考えるが，提案者としては，現在，原理(2)を支持する諸学が脚光を浴びつつあるために原理(1)が不用意に軽視される危惧があることを（当日の討議において）強調した。

　この言によれば，「社会文化的脈絡」に対しては学習者の「個人の脈絡」も重視し両者を共に「相補的」に扱うこと，また相補的に扱うには既有知識としての「個人の脈絡」に立脚し，「自らのテクスト表現過程」を，文章を読んだ後でなく文章の読みに先行あるいは並行させるのがよいことになる。
　塚田氏の以上の提案は，社会的構成主義的学習では起こりがちな読む行為自体の軽視，社会的文脈の偏重を回避できることを直接的には示している。しかしそれに留まらず塚田氏の提案からは，プリチャードらの説明で言う「獲得されたシステム」の中にこれまでの学習者自身の読書個体史と今読もうとする文章，「共同体」の中にこれまで学級で読んできた文章のカリキュラムと今読もうとする文章，「よりよく物事を知ったメンバー」の中に筆者とその文章やそれに関連する図書群も含まれるべきであり，「相互作用」に人と人の対話だけでなく学習者が個別にあるいはメンバー間で対話しつつ文章を読む行為まで含まれるべきだ，との示唆も間接的ながら読み取れる。
　さて，**第１章**で提示した**図１-２**「論理観を整理する枠組み」は，これ

第1節　社会的文脈を扱う理論の必要性と課題

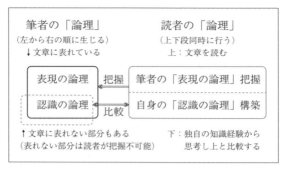

図1-2　論理観を整理する枠組み
＊第1章より再掲

までの説明的文章先行文献を踏まえたものであった。では，ここまでに述べた社会的構成主義による「社会的文脈」は，この枠組みでは，どこにどのような形で位置づけられるのであろうか。また，その枠組みに基づけば，説明的文章の読みの能力は，いったいどのようなものとして規定されるのであろうか。

第3項　論理観整理の枠組みから規定される
　　　　説明的文章の読みの能力

社会的構成主義において「知識」とは，「人間が創ったものであり社会文化的手段を通して構成されたもの」で，「リアリティが人によって変わるのと同様に，ある人の持つ知識と他の人のそれとは別のものでありうる」から，「知識は時に完璧なこともあり，時には，個人が経験や相互作用をどのように解釈するか，ということに基づいて誤って構成されることもある」ものとして捉えられている，とA. プリチャード・J. ウーラード（2017）は解説する（p.10）。

文章の「論理」は，それ自体は文章の中に文字列として固定されてはいるが，「知識」をそのようなものとして捉えるのであれば，「論理」についても，それを客観的に存在する所与のものとして扱うよりは，それを書く

第2章　言語生活の拡張を志向する説明的文章の読みの能力とその系統

筆者側のテクスト産出をめぐる問題と，それを読む各々の読者側の理解のずれやそのずれの背景にある経験や認識の個人差の問題まで含めて扱うのが，より望ましかろう。そのことにより，学習者の役割を，ただ単に筆者のすぐれた論理を読んで吸収するだけという受動的な存在に押し込めるのでなく，筆者の権威性に立ち向かい，議論に参加し，自分の考えをもち自分の意見を筆者に対峙して述べることのできる能動的な主体として位置づけることが可能になる。

さきの第1章では図1-2「論理観を整理する枠組み」を提示し，説明的文章学習指導における論理は四つの側面から捉えられることを指摘した。この枠組みでは，筆者の中に構築される筆者の「認識の論理」と読者それぞれの中に構築される各読者の「認識の論理」，またそれを仲立ちする文章に見られる筆者の「表現の論理」と読者によるその把握を，既にそれぞれ別のものとして区別した。その点においては，知識を社会的相互作

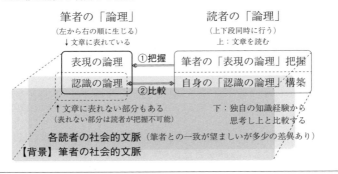

図2-1　あるべき論理観と説明的文章の読みの能力　＊図1-2を更新

第1節　社会的文脈を扱う理論の必要性と課題

用の中で自ら構成すべきものと捉える社会的構成主義とも合致する。

そして前項の「社会的文脈」については，図1-2では4種あるそれら論理の背景に位置するのではないかと考えられる。それは社会的なものであるだけに，本来は筆者と各読者間で共有されることが望ましいが，実際には各個人でそれぞれ多少の差異を含むと考えられる。そして，筆者と読者間では単に文字言語が共有されるだけでなく，筆者が記した意義や価値と読者が今その文章を読む意義や価値との間に，何らかの共通点なり相違点があるときに初めて，筆者の文章を読んでその文章固有の意味や価値を読者が見いだし理解するという行為が成り立つのではなかろうか。

以上の認識に立てば，説明的文章の読みとは，文字を追ってその表象を捉えることが基盤にはなるが，それに留めず社会参加の観点から〈**説明的文章の意味と意義・価値を理解し自分の考えをもつ能動的な読書行為**〉であると積極的に規定するほうがよい。また，その読書行為を「論理観を整理する枠組み」から捉えるならば，図1-2の2本の矢印に表されている通り，大きくは次の2種類の能力によって成り立っていると説明できる。

そこで，図1-2を図2-1に更新し，社会的文脈の位置を明示する。そして，説明的文章の読みの能力を，更新した図2-1の「枠組み」を踏まえ，次のように規定したい。

〈説明的文章の意味と意義・価値を理解し自分の考えをもつ能動的な読書行為〉に必要な2種類の能力
①文章で取り上げるテーマに関する社会的文脈をも意識しつつ，筆者の「表現の論理」を把握し，その適切さを評価する能力
　※1　社会的文脈には文章に表されない部分もあり，その部分は文章から直接把握することはできない。
　※2　ただしその文脈の存在を意識することで，文章に表れていない暗黙の前提や条件設定などを読者が見つけ評価の材料に使うことが促される。
②文章で取り上げるテーマに関する社会的文脈と筆者の「認識の論理」とを，読者（学習者）自身が自己の中に構築する「認識の論理」と比較し，三者間相互の比較で見出される共通点や相違点を手がかりにして賛同・批判・疑問・保留などの立場を選択し判断する能力

> ※3 社会的文脈には筆者と読者（学習者）とで共有されている部分と共有されていない部分とがあり，その状況は読者ごとに異なる。
> ※4 ただしその文脈の存在を意識することで，疑問や保留をするにしてもその理由を読者が見つけ自覚することが促される。

　このような2種類の能力を規定することによって，これまで説明が難しかった，特に中学以降の系統性の説明がしやすくなると考えられる。

　というのは，前章で引いた安彦忠彦（2006）のカリキュラム3層4段階論によれば，11歳前後から14，15歳までは「自分を探る」こと，16歳頃からは「自分を伸ばす」ことに重点が移り，次第に「価値観」ないし「価値体系」の形成・確立に中心的な関心をもつ段階に至るのであり，特に中学以降で成長する②の能力が捉えやすくなるからである。

　ところがこれまで，国語教育学分野の先行研究では，特に中学校での系統性を明確に示すことまではできずにいた。例えば西郷竹彦（1996）[11]の**資料2-1**の系統指導案（pp. 41-43）では〈中学・高校〉と一括りに示す形を採っている。また，井上尚美，大内善一，中村敦雄，山室和也（2012）[12]において，学習指導要領を補う意図で提案されている「『言語論理教育』指導の手引」でも「中学・高校編」として一括りに示し，「学年別にはしない。クラスの実情に合わせて取捨選択してほしい」と注記する（pp. 211-214）。

　このほか，難波博孝，三原市立木原小学校（2006）[13]は小学校との共同研究であるため，**表2-1**が研究範囲を小学校に絞り中学校に言及しないのは当然であるにしても，井上尚美らや吉川芳則，櫻本明美の研究成果を参照して作成した春木憂（2017）[14]の**表2-2**においても，中学校には特に言及がなされていない。

　これらの先行研究では，学習者が具体的操作期から形式的操作期へ向けて成長するにつれ，演繹法や帰納法を構成する観点，比較，理由・原因・根拠，類別，条件・仮定，仮説・模式，関連，相関，類推など，自身の「認識の論理」構築に関わる要素と，それを一本の文字列として文章に展開し表現する際の順序，展開，過程，構造，関係など筆者の「表現の論

第1節　社会的文脈を扱う理論の必要性と課題

表2-1　論理力の学年段階
（難波博孝ほか，2006, p.30）

	「順序」	「一般―具体」「概観―詳細」	「原因―結果」「理由―主張」
1年	◎	○	○ 単数の理由 （個人的）
2年	◎	○	○ 複数の理由 （個人的 → 一般的）
3年	○	◎	○ 複数のカテゴリー （一般的）
4年	○	◎	○ 複数のカテゴリー （一般的）
5年	○	○	◎ 複数のカテゴリー （一般的 → 独自的）
6年	○	○	◎ 複数のカテゴリー （独自的）

（◎は，特に重点的に学習する印）

表2-2　論理的思考の指導段階（春木憂，2017, p.25）

関係を見出す段階							
						推理	推理
						定義づけ	定義づけ
			類別	類別	類別	類別	類別
			因果関係	因果関係	因果関係	因果関係	因果関係
	順序	順序	順序	順序	順序	順序	順序
	比較	比較	比較	比較	比較	比較	比較
学年	1年	2年	3年	4年	5年	6年	

第2章　言語生活の拡張を志向する説明的文章の読みの能力とその系統

理」把握に関わる要素の双方について，学習者の理解が比較的容易なものから順に取り上げて習熟，高度化させようとする道筋が小学校段階では示されている。ところが，これらの要素は小学校で一通り出揃ってしまうのである。ならば，中学・高校段階は一体何を学ぶ段階にあるのか。そこで再び西郷（1996）の**資料2-1**に注目したい。

資料2-1からは，中学・高校では実証的，確率的・統計的などの観点で吟味される「表現の論理」の厳密さに加え，多面的・多角的，個性的・独創的などの観点で筆者の「認識の論理」と学習者自身のそれとがどれほど広範囲に通用する論理になり得ているかにも，文章への吟味が及ぶことが窺える。その厳密さや範囲の広さというものは，そもそも，今日までの諸科学の発展の歩みを振り返るまでもなく，よりすぐれていると多くの者が認める論理がより広汎に受容されより長期間生き残るという意味では，あくまで相対的なものとしてしか示せない。そのようなことが作用して，個別の各教材と関わりのない客観的な規準や基準をあらかじめ定めておくことが難しく，それゆえに西郷（1996）をはじめ各先行研究では，中学・高校段階を一括りに示すよりほかなかったのではあるまいか。

なお，国語科における「表現の論理」を，他教科や諸科学の専門的知識の上に成り立つ厳密さで吟味することは甚だ困難であり，また国語科学習

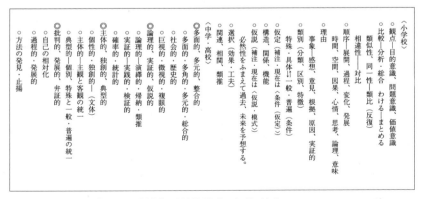

資料2-1　「認識の方法」系統指導案（西郷竹彦，1996，pp.41-43）

第1節 社会的文脈を扱う理論の必要性と課題

として不適切でもある。国語科学習としては，あくまで論証の手続きさえ整っていれば，それ以上の吟味を加えようがない。むしろ国語科においては，身近な事例や喩え話を交えつつ，なるべく日常的な言い回しを使用し，専門家でない一般人あるいは学習者に平易に説明しようとする，その際の言語運用の適切さに対してこそ，吟味を加えるべきである。つまり，西郷の示すような実証的，確率的・統計的などの観点から「表現の論理」の厳密さを吟味することには，国語科としての限界もあって，中学・高校段階ではそれまでに身についた各教科の知識を用いる程度までの吟味は期待できるが，それ以上には進まないはずである。それ以上の吟味を加えようとするならば，筆者の「認識の論理」と学習者自身のそれとを比較検討するアプローチ，例えば，筆者の挙げる事例や喩え話や論証の組み立て方がよいかどうかを多面的・多角的に視点を変えて検討したり，筆者の文章のもつ価値や独創性を読者の知る従来既存の社会的文脈からの距離から論じたりするなどの方策であれば国語科で可能である。また今日まで，そのような方策を重んじつつ中学・高校の実践は進んできたはずである。

以上に述べた，説明的文章を読むことに関する小学校から中学校・高校にかけての学習者の論理の発達の道筋を，先ほど更新した図2-1と併せて規定した．〈説明的文章の意味と意義・価値を理解し自分の考えをもつ能動的な読書行為〉に必要な2種類の能力①・②を用いれば，次のように説明できる。つまり，まず「表現の論理」に関する①の能力が主に小学校段階において垂直的深まりを見せ，次いで「認識の論理」に関する②の能力が主に中学校以降では水平的広がりを見せる。このように捉えることで，従来は示されずにきた中学・高校段階の読みの系統性を説明することが可能になる。そして2008（平成20）・2017（平成30）年版の中学校学習指導要領でも，既に他領域の「話すこと・聞くこと」や「書くこと」においては，学年進行につれ，学校や家庭での日常生活から社会生活へと，扱う話題の範囲を水平的に拡張していこうとする順序性を見出すことができる（**第4節第4項**で詳述）。

鶴田（2014）も**第1項**で述べていたように，国語科で育てる日常レベル

第2章 言語生活の拡張を志向する説明的文章の読みの能力とその系統

の議論において,その裏づけは確かに「身近な生活経験」から始まる。しかし,以上を念頭に置くのであれば,それはいつまでも身近な生活経験の範囲に留まってよいものではなく,中高生の成長につれ,その生活の範囲はやがて学校,地域社会,自国,国際社会へと拡張していくであろうし,拡張させていかなければならないものでもある。

　このように考えると読みの能力は,垂直的な発達の面からだけでなく,学習者の言語生活を拡張させていく観点から,水平的にも捉えられるべきである。また,そのような方向性は,これまでの国語科においても既に見出すことができるのである。ただし従来,発達の系統性は通常,専ら垂直的方向について論じられてきたため,水平次元的にも扱う読みのカリキュラムを構築するには,発達を水平次元的にも説明できるようなカリキュラム理論の導入が,新たに求められる。

　そこで,そのようなカリキュラム理論として,以降では社会的構成主義に立つ学者の中でも,エンゲストロームが提唱する拡張的学習理論を取り上げることにしたい。エンゲストロームは学習や発達の研究において,ヴィゴツキーの理論を再解釈し,垂直次元に加え水平次元の広がりを捉えることを強調した人物である。山住勝広 (2004)[15] によれば,ヴィゴツキーの「最近接発達領域」概念は,エンゲストロームにより「人間の集団的活動の水平的・越境的拡張をとおした文化の再創造として再定義された」(p. 65) と言う。

　次節では,学習者の言語生活の拡張に向けた読みの能力の捉え方とその発達の系統について示唆を得るために,エンゲストロームの拡張的学習理論を検討していきたい。

第2節　エンゲストロームの拡張的学習理論の検討
――内容・形式両立のための水平・垂直2方向での捉え直し――

第1項　エンゲストローム「拡張的学習」の概要

　成人教育学者のユーリア・エンゲストロームは1948年フィンランドに生まれ，1987年にヘルシンキ大学より教育学の博士号を取得，1989年からカリフォルニア大学サンディエゴ校コミュニケーション学科教授の傍ら，1986年から1990年まで国際文化研究・活動理論学会会長を務めるなどした。

　山住（2004）によればエンゲストロームは，ヴィゴツキーの「最近接発達領域」概念を「個人」の心理発達の潜在力の特に「垂直的な次元」を強く問題にするものであると理解し，これに対してヴィゴツキーが本来構想していたはずの「集合性」レベルへの拡張による再定義を行い，特に「水平次元」すなわち対話，多様な視点，相互作用する活動のネットワーク，未知の空間への境界線の越境，といった概念を含む「文化的多様性」の次元を加えた，と言う（pp.62-64）。このような意義をもつエンゲストロームの拡張的学習理論は，主に「拡張的学習」と「探究的学習」とから成る。そこで以下，まずは「拡張的学習」の概要を見ていくことにする。

　エンゲストロームは，ヴィゴツキーやレオンチェフの理論を礎とした文化-歴史的活動理論の立場から学習を捉えようとしている。氏によって定義される学習とは，個人が知識や技能を習得し内化することではなく，個人ではなく集団つまり社会を変える歴史的に新たな活動を始めることである。それゆえに，エンゲストローム（1999）[16]の言う「拡張的学習（拡張による学習）」とは，与えられた文脈をそのまま受け入れるのでなく，そこに疑問を感じ，矛盾を抱えたときに生まれる弁証法としての矛盾の解決，すなわち自らの立つ文脈を作り替えることを指すのであって，「拡張的学習の過程は，活動システムにおいて次々と展開する矛盾の構築と，そ

第２章　言語生活の拡張を志向する説明的文章の読みの能力とその系統

の解決として理解されるべきである」（p. 13）とされる。したがって一般的な学習観とは異なり，氏の言う「学習」とは「拡張」そのものを意味し，その「拡張」とは活動の再設計・再創造を意味する。

また「拡張的学習」は，グレゴリー・ベイトソンの学習過程の「**学習Ⅲ**」に匹敵する，個人レベルでは非常に困難な学習に対して，集団的に取り組もうとするものでもある。

ベイトソンは〈刺激―反応〉が単純な一対一の対応関係のままで変化が起こらず，本能に頼り記憶を用いない状態にある「**ゼロ学習**」から，地球上に生きる成体の有機体が行きつくことがなく，むしろ進化の域にさえ入る「**学習Ⅳ**」にまで言及しているが，エンゲストロームは主に**学習Ⅰ・Ⅱ・Ⅲ**を取り上げている。これらの学習を，氏自身の再解釈に沿って著者がまとめると，それぞれ次のようになる[17]。

・**学習Ⅰ**
　さまざまな形の結合主義によって扱われる学習の諸形態――馴化，パヴロフの古典的条件づけ，オペラント条件づけ，機械的反復学習，学習の消失――が含まれる。
・**学習Ⅱ**（「学習の学習」第二次学習）
　学習Ⅰのどれかのタイプの文脈や構造の獲得を意味する。したがって，人の「性格」についてよくなされる記述とは，実は，学習Ⅱの結果の特徴づけに他ならない。／学習Ⅱでは，主体は，問題を提示されて問題を解こうとする。
・**学習Ⅲ**
　学習Ⅱの矛盾によって引き起こされるものであり，めったには起きない。レベルⅢでは，人は，自分の学習Ⅱをコントロールし，制限し，指示することを学ぶ。人は，自分の習慣や体制を意識するようになる。／学習Ⅲでは問題や課題そのものが創造されなければならない。／問題が与えられると，主体はこう問うだろう。「まず，この問題の意義と意味は何か。私はなぜこれを解かなければならないのか。この問題はどう

第2節　エンゲストロームの拡張的学習理論の検討

やって生まれてきたものなのか。誰が，どんな目的で，また誰の利益のために考え出したのか。」ベイトソンが記しているように，この種の行動は，容易に人格破壊的になる。／学習Ⅲにおいて，主体は，活動システム全体を，過去・現在・未来の時間の流れのなかで意識するようになり，それを想像的に，したがって（潜在的には）実際的な仕方でも習得する。学習Ⅲが個人レベルで現れるとき，私たちはそれを「個人的危機」「脱却（breaking away）」「ターニングポイント」「天恵の瞬間」と呼ぶのである。

エンゲストロームは，**学習Ⅲ**が「めったには起きない」のに対し，**学習Ⅱ**は「学習の学習」であり「主体は，問題を提示されて問題を解こうとする」ものに留まると考えている。このことから，氏の学習観は単に子どもの教育や学校学習だけでなく，成人の社会における学びや，さらには他の動物とは違い文明を創造する能力をもつ人間独自に見られる活動までを遠く展望していること，また氏の学習観はその射程に，学校学習においては困難でも個人より集団のほうが到達が容易になる**学習Ⅲ**をも捉えていることが分かる。

このような学習観に基づくエンゲストロームの壮大な「拡張的学習」論の中心には，氏独自のアイディアである「活動システムモデル」と「発達的ワークリサーチ」がある。

「活動システムモデル」とは主体，対象，道具，コミュニティ，ルール，分業の6構成要素から成るシステムとして人間の活動を捉えるモデルであり，**図2-3**の三角形の図で表される。また「発達的ワークリサーチ」とは，このモデルを使って実践者（ワーカー）のチームと研究（リサーチ）者のチームが協働で現状の活動・組織を把握し，活動・組織の新たなあり方を構想するための実践的研究の方法論である。

エンゲストロームは，文化‐歴史的活動理論の「第三世代」[18]として，発達観を垂直的発達から水平的発達へと拡張した。さらには氏自身も，アメリカとフィンランドの両国でソビエト連邦の心理学者ヴィゴツキーを研

第 2 章　言語生活の拡張を志向する説明的文章の読みの能力とその系統

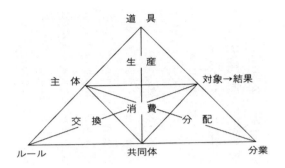

図 2-3　人間の活動の構造
（エンゲストローム，1999, p.79）

究することによって，活動システムと活動システムの間の越境や協働による拡張的学習の推進を，まさに身を以て実践したとも言える。

　そのエンゲストローム自身は，エンゲストローム（1999）の中で，「発達」を次の 3 点から再概念化するよう提案した（pp.6-7）。

(1)　発達は，習得の達成にとどまるのではなく，古いものを部分的に破壊していく拒絶と見なされるべきである。
(2)　発達は，個人的な転換にとどまるのではなく，集団的な転換と見なされるべきである。
(3)　発達は，レベルを垂直的に超えていくことにとどまるのではなく，境界を水平的に横切っていくことでもあると見なされるべきである。

　その上で，発達の垂直的次元と水平的次元について，次のように説明した（pp.9-11）。

　　私は水平的次元を認識し理論的に理解することに邁進してきたが，一般的には，学習と人間の認知にとって重要な垂直的あるいは階層的

次元がある（Engeström, 1995）。認知を水平的あるいは「平面」概念でのみ扱う学習や革新についての説明は，決定的に重要な資源を見落としている。さまざまなレベルの媒介手段がそれぞれもっている相補的潜在力と限界を探究していないのである。

　こうした垂直的次元の重要性について議論すると，固定された一つの最終地点に向かっていく発達段階の決定論モデルへの退行だと見なされることになりかねない。（中略）

　私自身の議論の文脈からすれば，スクリブナーの指摘の核心は，次のように言いかえられる。私は，学習のレベルというものは「個々の機能のシステムが形成される一般的過程」を表すと考える。一般的過程あるいは一般的メカニズムとして，そこには固定された順序や固定された最終地点はない。ただ，個々の組織における革新や転換を形成する資源としてある。特徴的なのは，学習のレベルが多様な組み合わせで現れることであり，レベルの間にたえず交流があることである。この意味で，レベルは，一式のレンチ・キットと考えられるだろう。キットそのものはきわめて一般的なものである。非常に多様な仕事に使われるだろう。しかし，それは常に特定の文脈と状況の中で使用される。キットには確かに序列がある。けれども，レンチが一定の順序で用いられなければならないという必然性はない。

　水平的と垂直的という二つの次元，より一般的には空間的・社会的次元と時間的・歴史的次元，これらを共に強調することは，実践的にもきわめて重要である。

　以上に見てきたエンゲストロームの拡張的学習理論からは，次の二つの示唆を得られる。

　その一つは，発達を時間的・歴史的な垂直的次元と空間的・社会的な水平的次元の2方向から捉える見方である。このうち水平的次元については「レンチ・キット」という比喩が表すように，発達の系統性に関しレベルに序列が認められるにせよ，その使用の必然性には順序性は認められず，

様々なレベルのものが実践の場で用いられる。なお，エンゲストロームは，垂直的次元には序列，系統性があることを踏まえた上でこのように説明している点には留意しておきたい。

　もう一つは，学習というものを子ども，学校，カリキュラムの内側にのみ押し留めず，人間の組織改善ひいては諸活動の前進の中にも見出していく学習観である。ただし，ベイトソンの言う「**学習Ⅲ**」レベルに匹敵する「**拡張的学習（拡張による学習）**」は，実現が非常に困難であって，そのまま子どもの通常の学校学習におけるカリキュラム改善に適用するには，あまりに壮大に過ぎる面もある。この点について，エンゲストローム（1999）では次のように記されている（pp. 13-14）。

　　拡張的学習の理論はまず，数年間にもおよぶ大きなスケールでの活動システムの転換に適用された（Engeström, 1991c；Engeström, 1994）。近年のいくつかの研究では（たとえば，Engeström, 1995；Engeström, Engeström & Kärkkäinen, 1995；Engeström, Virkkunen, Helle, Pihalaja & Poikela, 1996；Buchwald, 1995；Kärkkäinen, 1996），異なったスケールが用いられている。これらの研究は，集団全体ではなく，もっと小さな単位やチームに焦点を合わせたものである。何年にもおよぶ大きなサイクルではなく，数分間もしくは数時間といった短い期間やサイクルに着目したものもあり，また数週間もしくは数ヶ月といった中間的なサイクルや軌跡に着目したものもある。しかし，そのような縮小版もしくは中型のサイクルを拡張的であると考えることは，はたして可能だろうか。

　　答えは，イエスでありまたノーでもある。組織的転換といった大きなスケールでの拡張的サイクルは常に，より小さなサイクルの革新的学習を含んでいる。しかし，革新的学習が小さなスケールにおいて出現することが，それ自体，拡張的学習の進行を保証するものではない。したがって，革新的学習の縮小版や中型のサイクルは，潜在的に拡張的であると見なさなければならない。というのも，より小さなサ

第2節 エンゲストロームの拡張的学習理論の検討

イクルが孤立した出来事のままであるということもあり，そうすると，組織的な発達における全体のサイクルは，活発さを失い，退行的で，バラバラにこわれてしまいかねないからである。完全な形での拡張的サイクルの発生はまれである。それが生まれるためには，多くの場合長期間にわたる努力と慎重な介入（intervention）が必要となる。これらの条件を心に留めたうえで，拡張的学習のサイクルとそこでの行為を，より小さなスケールにおける革新的学習の過程を分析するための枠組みとして利用できるだろう。

「拡張的学習」とは，かくも壮大なものとして措定されているが，大きなサイクルがあってこそ一つ一つの小さなサイクルにも価値が生じることも，併せて指摘されている。

ならば，言語生活の拡張を志向する読みのカリキュラムを構想するためには，主に社会で成人が行う「拡張的学習」の大きなサイクルを見通しつつ，「より小さなサイクル」を子どもの日々の学校学習に求めていくようにしたいところである。そこで着目されるのが，学校学習と「拡張的学習」とを架橋するものとしてエンゲストロームが唱えた「探究的学習（investigative learning）」である。氏が「探究的学習」について，よい学習とよい教授を定義し，目標，内容の選択と編成，方法，計画，指導技術まで体系的に論じる Engeström, Y.（1994；邦訳2010）[19] を刊行したのは，Engeström, Y.（1987；邦訳1999）の原著刊行から遅れること7年，1994年のことである。

第2項　エンゲストローム「探究的学習」の概要

松下佳代（2010）[20] によれば，エンゲストロームが「探究的学習」という概念を提案し，それを体系的に論じていることは「少なくとも日本ではほとんど知られていない」とし，次のように述べている（p.189）。

第2章　言語生活の拡張を志向する説明的文章の読みの能力とその系統

　拡張的学習と学校学習との間には，大きな隔たりがある。拡張的学習論は，学校という組織の改革にとっては有用である（例えば，山住，2004）。だが，授業やカリキュラムのデザインといったミクロレベル・ミドルレベルの教育改革・改善には適用しにくく，改革・改善の"ビフォー"と"アフター"をスナップショット的に活動システムモデルで表現するといった使われ方にとどまりがちだった。いうなれば，説明の道具としては有効でも，介入の道具にはなりにくかったといえる。本書の探究的学習論は，拡張的学習と学校学習の間に架橋する働きをする。それは，学校学習に制約された教授・学習理論を再構築し，拡張的学習論への接続を可能にするプロセスと方法論をもたらす。

　この松下佳代（2010）が解説するEngeström（1994；邦訳2010）は，本来ILO（国際労働機関）の研修用に書かれたものであるが，文化－歴史的活動理論に基づいて組織学習と教育学とをつなぐ理論書としての性格もあり，教育学上の価値を見出せる。
　エンゲストローム（2010）[21]が日本語版に添えた次の説明（pp. i – ii）は，「探究的学習」提唱の主旨を端的に表している。

　　本書の中心的メッセージは，学習と教授は，仕事のような他の生産的活動における変革と結びつき，そうした変革をめざすということにある。したがって，学習を理解し，よい教授を生み出すには，何よりもまず，学習の対象となる活動を理解する必要がある。（中略）
　　他方で，本書は，実りある職場学習が，真剣な理論化や目標指向の指導を何ら経ることなく，日常的な仕事の経験からスムーズに生まれると想定するような「経験学習」や「アクション・ラーニング」に対しては，異議を唱える。本書で提案するのは，拡張的学習（Engeström & Sannino, 2010参照）という一般的な枠組みにもとづいた探究的学習・教授についてのプロセス理論である。

第2節　エンゲストロームの拡張的学習理論の検討

　　　先進的なプロセス理論は，次の3つの要件を満たしている。(1) ある程度の一般性をもつと思われる一連の行為や出来事を説明する。(2) 行為や出来事が一定の順序で起きるのはなぜかを説明する一般的原理を提示する。(3) ある行為や出来事から次の行為や出来事への移行を生み出す因果的メカニズムを提示する。本書で提案した学習サイクルの理論では，行為の順次性は探究的学習サイクルの6つの学習行為という形で描かれている。この順次性の背後にある原理は，抽象から具体へと上向する弁証法的原理である（Davydov, 1990）。そして，ある行為から次の行為への移行の背後にある因果的メカニズムは，矛盾のメカニズムであり，それは，単に学習者と課題の間の外的緊張であるだけでなく，対象それ自体の内部にある内的矛盾としても理解されるべきものである。

　　　学習のプロセス理論は常に，ある程度は規範的である。この理論は，最適と思われる一連の学習行為や出来事を提案するからである。だが，このようなプロセス理論は，疑問の余地のないルールとしてではなく，作業仮説として利用されるのが最もよい。いいかえると，理論にもとづいた教授や研究はすべて，理論をテストし豊かなものに修正する可能性をもった実験としてみることができるのである。

　この「6つの学習行為」とは「探究的学習の本格的なモデル」（図2-4）の六つの矢印「動機づけ」「方向づけ」「内化」「外化」「批評」「統制」を指し，その概念はダヴィドフ（V. V. Davydov）の理論に由来している。

　Engeström（1994；邦訳2010）でエンゲストロームは，行動目標の不十分さを指摘し認知的目標を重視した。そして，「動機づけ」られ「方向づけ」られた「方向づけのベース」が協働や実験によって学習者の中に内的・心的モデルとして「内化」される。そのモデルは次に「外化」されて実践的課題を解決するのに用いられ，その解決を省みる中でモデルの妥当性や有効性が「批評」され，最終的には学習者が学習の過程と成果を自ら

第2章　言語生活の拡張を志向する説明的文章の読みの能力とその系統

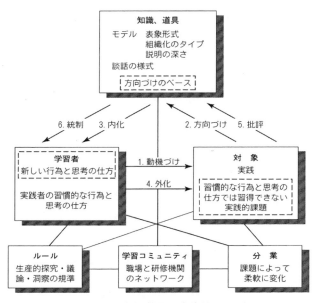

図2-4　探究的学習の本格的なモデル
（エンゲストローム，2010，p.55）

振り返り「統制」するのを助けるというふうに，探究的学習の過程を捉え，説明した。

　では，その「方向づけのベース」とは何なのか。エンゲストロームは「人が，自分なりに物事を理解したり，その物事を評価したり，その物事に関連する課題を解決したりするときに用いるモデル」だと説明した（p.76）。

　その形態には図2-5の5タイプが，ピラミッドのように階層的に存在する。このうち「胚細胞」とは次世代を生む生殖細胞のことであり，比喩的な呼称を採用している。松下（2010）の言葉を借りれば，エンゲストロームが胚細胞を重視し，「教える側が，教えようとしている現象や手続きの歴史的・発生論的分析を通じて，その起源を明らかにし」その経緯をたどる必要性を説いたのは，「対象の起源に遡り，その創発と進化のプロ

第2節　エンゲストロームの拡張的学習理論の検討

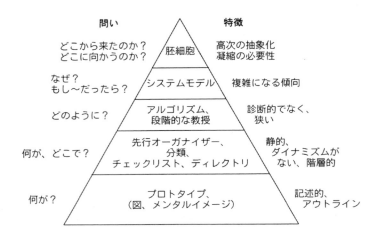

図2-5　先行オーガナイザー：方向づけのベースの分類についての
　　　　ピラミッドモデル（エンゲストローム，1994, p.177）

セスを明らかにすることによって，対象の本質を解き明かそうとする」ことが「文化 − 歴史的活動理論の基本的パースペクティブである」（pp. 194−195）からであるという。

また，Engeström（1994；邦訳2010）でエンゲストロームは，「テーマ単位（thematic unit）」という用語も多用する。これは，いわゆる単元学習での「単元（unit）」概念とも重なる。氏自身は「カリキュラムの内容はどのように編成されるべきか」の項において，「伝統的な学校の教授では，教授の主たる単位は授業であることが多」く「生徒は教科内容を個々別々の小さなかたまりで学ぶ」が，「教授の内的要因の観点からすると，このような個々別々の授業は計画と実施の適切な単位ではな」く「探究的学習の複雑なプロセスからすれば，短すぎるし境界が硬直しすぎている」と批判し，以下の4要件を挙げた（p.113）。

　　　第一に，それは比較的独立した実質的なテーマを伴っていなくてはならない。これはテーマ単位（略）と呼べるだろう。

第二に，このテーマ単位の核心は，何か重要な新しい理論的洞察，もしくは，教授的に価値のある概念でなくてはならない。
　第三に，テーマ単位の内容は，理論的洞察と実践的応用が結びつけられるようなやり方で編成されなくてはならない。
　第四に，テーマ単位の長さと範囲は，探究的学習の完全なサイクルを実現するのに十分でなくてはならない。テーマ単位は典型的には，何回か続く授業，あるいは他の形式の教授と学習を通して扱われる。
　それぞれのテーマ単位のためにこそ，方向づけのベースは作成されるのである。方向づけのベースによって支えられながら，学習者が，動機づけ，方向づけから，内化，外化，批評，統制へと段階的に進めるように，テーマ単位はデザインされる。
　各テーマ単位は，それぞれが単位ごとに比較的独立しているが，相互に関連づけられ，より広い全体を形づくらなくてはならない。さまざまなテーマ単位の中に含まれる理論上の洞察は，「プロット」，つまり，主題事項の「赤い糸」を形成する。テーマ単位とその中核にある洞察は，鎖をつくる1つの輪のようなものである。全体的学習への要求は鎖全体にも向けられる。鎖の中の各テーマ単位は，演じるべき自分の役割をもっている。あるテーマ単位は，全体のコースの中で，主に生徒を動機づけ，方向づけるだろうし，また別のテーマ単位は主に，外化や実践的応用に向けられるだろう。

　この一節にも表れているように，エンゲストロームはテーマ単位の冒頭から学習者に全体的な理解を求める。さらにエンゲストロームは，学習を引き起こすコンフリクト（それまでの概念では充分解決できないがゆえに解決を探求する中で認識される矛盾・葛藤）には，認知的コンフリクト（ジレンマ，異常事態，自己認識と実情とのずれ）だけでなく社会認知的コンフリクト（自他の観点や感じ方に差異のある状態）もあり，その双方を動機づけに生かすこと，また内容と形式については従来「誤解に満ちた不毛な対立」から「形式が過度に強調されてきた」（p. 108）が，重要なのは「知識

の内容と質」であり，「単なる形式的な能力とも，分配された固定的な事実や型どおりのパフォーマンスとも，著しく異なるタイプの知識」（p. 109）としての「理論的知識」を個々の各学習者の「経験的知識」と結びつけることの必要性を説くなど，大村はま氏らの単元学習の先行実践にも見出せる要素を多く含んでいる。

「探究的学習」とは以上のようなものであって，こうした説明には「拡張的学習」のように殊更「垂直」や「水平」という用語は登場しない。とはいえ，教科書以外の教材を言語生活にも求め，説明的文章学習を学習者が教室で読む行為と教室外で読む行為とを結び，学習者の言語生活の拡張を志向するカリキュラムの構想にあたっては，示唆に富むものである。

第3項　ヴィゴツキー理論の解釈に向けられた批判と本研究の立場

以上のように，エンゲストロームは活動理論の第三世代として，ヴィゴツキー理論をもとに新たな展開を試みている。しかし柴田義松氏は，ヴィゴツキー理論の社会的構成主義的解釈には批判的立場をとっている。

例えば柴田義松（2006）[22]は，エンゲストロームを直接的に批判しているわけではないが，日本の認知心理学者や教育学者たちがヴィゴツキーの「体系的な科学的概念の学習」理論を避け，社会的構成主義の協同学習など「学習方法面だけを取り上げる傾向」があるとし，そのことについて次のような批判を加えている（pp. 123-124）。なお，引用内の「前掲書」とは，佐伯胖，藤田英典，佐藤学（1995）『学びへの誘い　シリーズ学びと文化1』（東大出版会）を指す。

　　アメリカの（認知心理学者たちによる）ヴィゴツキー研究を参考にして，ヴィゴツキーの学習理論から学ぼうとする日本の認知心理学者や教育学者たちは，「認知革命」だとか「学習観の変革」，あるいは「静かな文化革命」の進行といったラディカルな論を展開して注目を浴び

ていますが，なぜかヴィゴツキーの「体系的な科学的概念の学習」理論は避けて，「学びの社会的構成」や「問題解決的思考」，あるいは最近では「社会構成主義」の協同学習といった学習方法面だけを取り上げる傾向があるように思われます。

　そして，「教育という世界の奇妙なことは，何を議論しても，すべてがいつのまにか『何を教えるべきか』の話にすりかわってしまうことである」といい，「学習論」がいつのまにか「教育課程論」にすり替わってしまうことに苦言を呈したりしています（佐伯胖他編，前掲書，六頁）。

　しかし，わが国におけるさまざまの深刻な教育問題の実態を考えた場合，「何を教え，学ぶか」という教育内容論や教育課程論を抜きにして学習を論じようとする議論こそ一面的で，片手落ちの学習論というべきでしょう。

　しかしながら，ヴィゴツキーの理論をエンゲストロームの理解に則って受容するのであれば，日本の彼らはヴィゴツキーの学習方法面だけを取り上げていたというふうに解釈するのではなくて，日本の彼らは心理発達の「水平次元」の広がりに学習方法の面から関心を寄せてはいたが，それを教育内容や教育課程の「水平次元」の系統性の問題として捉え論じるまでには及んでいないと解釈すべきではなかろうか，と考えるのが本書の立場である。そしてエンゲストロームは実際のところ，学習者の発達の水平次元の広がりに関心を寄せつつも，発達における垂直次元の系統性にも目を配っていた（**第1項**）のである。

　さらに言い添えるならば，国語科は言語コミュニケーションのあり方を扱う教科であり，説明的文章学習指導は一種の議論を扱う分野である。したがってそのような心理発達の「水平次元」の広がりを，言語コミュニケーションの範囲あるいは議論のフィールドの広がり，すなわち社会的文脈の広がりとして捉え，これを単に学習方法の問題としてだけでなく教育内容や教育課程の問題としても論じることが可能な教科なのである。

第3節　社会的文脈を扱う理論の
　　　　国語科説明的文章学習との対応

第1項　社会的構成主義に立つこと自体に由来する意義

　従来の行動主義の立場から読みの能力を捉える際，もし仮に「先生に言われて読み，内容について先生の問いかけに答えました」という受け身的な学習者と，「自分で興味を覚えて読み，内容について問題意識をもちました」という能動的な学習者とが存在するとしよう。両者とも同一の文章を読み同一のテストを同一条件で受け同一の結果であった場合，二者の読みの能力を同一と見なし，二者間に質的な差異を見出すことはしないのではないか。しかしそのような知識観や学習観に基づく読解指導であっては，自ら書物を求め自分の考えをもち周囲と議論し社会に参加していこうとする学習者は育てられまい。そこで新たに導入が必要となるのが，従来の行動主義ではない構成主義，なかでもとりわけ人間の学びにおける社会的側面を強調する社会的構成主義による学習理論である。

　この学習理論は，戦後の国語教育実践に見られる大村はま氏らの単元学習や国語科総合単元学習，あるいは文学における読書行為論に基づく学習の授業実践の系譜とも矛盾しない。またこの学習理論は，君主制や全体主義などの権威主義制を否定し市民全員が各々有する権利を行使し下す各々の判断を集約して執政する形を採る民主制社会においては，学校教育や社会教育の前提とすべき人間観，学習観を有している。

　社会的構成主義学習理論では，学びに真正性が必要だとされ，学校で学ぶことと社会で学ぶこと，また今私が学ぶことと社会でその学びをよりよく生かすことが学習者自身の中で強く結びつくのがよいこととされる。また，所与の課題を黙々とこなし早く覚えるよりも，なぜ自分が今この課題に取り組み，取り組んで自分はどうなるのかを学習者自身が深く考えることが重視される。したがって先ほどの例では，仮に前者より後者のほうが

学習の効率としては劣るとしてもなお，質的な面で後者の学習の姿に着目し，それを重んじて教育を行う立場をとる。

　近年，学習理論の世界的潮流において，その主流を社会的構成主義が既に占めていることについては，哲学や認知心理学など関連諸科学の進展に負うところも大きい。しかし，以上のように捉えることが妥当ならば，少なくとも国語科における読みの能力の基盤を社会的構成主義に求めることについては，社会運営に民主制を採用する以上，一時の潮流ではなくむしろ必然であるとさえ言え，このことは民主制が様々な課題を抱えながらも我が国に一層定着し成熟を続けていく限り，おそらく今後も変わらないと考えられる。

　ただし，**第1節**で引いた塚田（1999）の指摘にもあるように，「学習者相互のあるいはテクスト相互の『関係構築』による談話世界の拡充」が重視されるあまり，「学習者個々の『時系列』におけるテクストの集積・展開・確認行為の重視」が軽視されてはならない。国語科では「知らないから読む」「読んで文章から知らないことが分かる」力を育てることがまず重要であるから，社会的文脈の存在に着目することにいくら価値を見出したところで，文章を読む前に（または読んでいる最中にも）先回りして社会的文脈を教え，文章の外の情報によって文章の価値や批判的読解を教えるような方法をもし採るならば，それこそ内容主義の理科的か社会科的な授業に陥ってしまうであろう。

　したがって国語科においては，**学習者が「社会的文脈」の詳細を知らない前提でも，学習者自身の文脈としての読書個体史を資源とし**，また分からないながらも「社会的文脈」を意識し予想することで，**問題意識をもちながら読み自己の考えを育てていくこと**が可能になるような方向で，説明的文章の読みのカリキュラムを構想する姿勢が求められる。

第2項　エンゲストローム「拡張的学習」の意義

　社会的構成主義学習理論の一つであるエンゲストロームの拡張的学習理

第3節　社会的文脈を扱う理論の国語科説明的文章学習との対応

論は，学校文化の枠（「カプセル」）を外した環境の中で活動的に学ぶ「拡張的学習」を学習プロセスの中に「第三次学習」として組み込むことで，生徒と教師が学校教育という実践を批判的に分析し，自分たちの実践を変える「深層レベルの学習」への移行を図ろうとするものであった。この考え方の導入を検討したのは，個々の学習者が前述の二つの能力を獲得していく際，彼らの視野に入る社会的文脈の範囲の広がりを説明できるようになることが期待されたからであった。

しかしながら「拡張的学習」に見られる学習観は非常に壮大で，自らの立つ文脈そのものを書き換えるという広義の意味をもち，社会における成人の学びが主に想定されていたため，そのまま国語科学習に適用することは難しく，これを補うためには「探究的学習」を参照する必要が生じた。ただし「探究的学習」は，「拡張的学習」と学校学習とを架橋するものであって，「拡張的学習」の大きなサイクルがあってこそ意義を成す学習である点には留意する必要がある。

なお，垂直的次元と水平的次元については「レンチ・キット」という比喩によって序列があることと，その使用の必然性に順序性がないことは表現されていた。しかしながら，言語を学習する際の水平的つまり空間的・社会的次元と垂直的つまり時間的・歴史的次元について，それぞれの序列やレベルを何に見出すべきかについては，特に論じられているわけではなかった。それにはやはり，エンゲストロームが成人教育学の立場から理論構築を進めていることが影響していると思われる。

成人には，学ぶべき必然性や状況がそれぞれの職業や生活において絶えず存在し，眼前の課題や問題の解決と克服が，その世界で明日も生き抜いていくために一定程度強く動機づけられている。しかし，小中学校や，現在の日本では9割以上の生徒が通う高等学校においては，各学習者は保護者によって保護されることで，明日も生き抜いていかねばならないような課題や問題の解決と克服の切実さからは一定程度切り離され，全日制や定時制の学校で毎日まとまった時間を集中して学習に充てることが可能になっている。そこでは，学習者によっては課題意識や問題意識がさほど強

くなくても，一般的な発達の道筋に沿って計画された集中的で順序立てられたカリキュラムに従って学ぶことで，市民社会で生き抜ける素養を効率よく一定程度身につけることが期待されている。

　無論，だからこそ学習の本来のあり方から学校学習のカプセル化に抗するエンゲストロームの提案には意義深いものがある。特に，シンプルな定義の理解から複雑な処理の演習へと向かいがちな学校学習に対し「カプセル化」という警鐘を鳴らし，「胚細胞」という比喩を用いて根源的な本質の理解を重んじ学習者の生活に開く学習を提案する点が特徴的である。これを説明的文章学習に当てはめれば，教科書教材の理解を優先させるだけでなく，学習者の言語生活にあふれた種々雑多な文章を教科書教材と共に扱うことで，より根源的な理解へ導ける可能性を見いだせる。ただし，エンゲストロームの言うように，キット使用の必要性に順序性が仮に見出せないとしても，そのこと自体は，成育途中にある各発達段階の学習者に各段階で獲得する能力に応じて順序立てたカリキュラムを用意することと直接的には無関係である。小学校低学年には低学年なりの，中学3年生には3年生なりの課題や問題が設定され，練習すればそれぞれの学年の児童生徒の手に扱える程度のキットが与えられなければならないということは，学習者の発達の道筋のありように沿って決まることであって，使用場面に順序性がないからといってカリキュラムが不要になるわけではなかろう。

　したがって，特に説明的文章学習において，学習者の発達というものを水平と垂直の2方向からどのように捉え，どのような段階を設定していけばよいのかについては，今後考察していくべき課題として，ここでは解決できずに残ることになる。

第3項　エンゲストローム「探究的学習」の意義

　Engeström（1994；邦訳2010）の「探究的学習」における「テーマ単位（thematic unit）」は，いわゆる単元学習での「単元」概念と重なる。単元の契機となる問いを認知的あるいは社会認知的コンフリクトに求めるこ

と，理解や評価や課題解決のモデルとなる「方向づけのベース」を用意すること，内容と形式の双方を追いつつ学習し省察することを繰り返すことなど，大村はま氏の「単元学習」などの先行実践にも通じる要素が「探究的学習」には多々見出せる。

　この「探究的学習」を，説明的文章の読みの学習に適用すると，どのように説明できるであろうか。図2-4のモデルのうち主要な要素について，これまでの整理を踏まえてその説明を試みたい。と同時に，前項で残った課題としての「水平」と「垂直」についても言及し，考察を補足しておきたい。なお，ルール，学習コミュニティ，分業は，「拡張的学習」との関連から示されたものであり，「拡張的学習」の域に入り，学校など学習コミュニティの作り替えを射程とするものなので，ここでは言及しないでおく。

1　学習者

　「実践者の習慣的な行為と思考の仕方」は，これまでの自己の読み方，また「新しい行為と思考の仕方」は，これまでの自己の読み方では読めなかった文章に対して意味を理解したり疑問をもったり見解を述べたりすることが可能になる，自己にとって新しい理解方略を指すであろう。

2　対象

　「実践」は説明的文章を読むこと，「習慣的な行為と思考の仕方では習得できない実践的課題」とは，これまでの自己の読み方では読めなかった文章に対して意味を理解したり疑問をもったり見解を述べたりすることを指すであろう。この際，学習者に示される文章は，実践的課題の一部を構成する。その文章としては教科書教材が使用されるときもあるが，指導者がより実践的な課題を用意しようとするのであれば，学習者の言語生活にある素材で，かつ彼ら学習者にとってはこれまで充分には読めなかったものの今回の学習を通せばよりよく読めるようになる，彼らの「最近接領域」に位置するものを選び教材化したものが，その文章として使用される

ときもあろう。

3 知識，道具

　「モデル」や「談話の様式」は，学習者（の多く）にとって意味を理解したり疑問をもったり見解を述べたりすることが容易になる読み方を指す。それは「方向づけのベース」でもあり，指導者が準備するが，授業の中で変容しつつ，学習者個々の中に徐々に内化され，応用場面で批判的に検討され改良される過程をたどるので，「教授プロセスの中で何度も再構成される」（p. 77）ことになる。図2-5のピラミッドモデルで示されるように「方向づけのベースは多様な方法・様式で表現され，表象され」，「方向づけのベースに対する1つの正しい決定的なモデルなど存在しない」のであって「あらゆる学習内容や文脈に当てはまる確固たる指針を作り出すことはできない」から，少なすぎず複雑すぎない用語を学習者に使わせて「柔軟な変形と修正」を彼らにさせること，そして「生徒が，1つのモデルを現象の唯一『正しい』表象とみなして，それに縛られるということのないようにする」（p. 78）ことが大切である。モデルをそのように常に「作業仮説」的に取り扱うようにすることで学校学習の「カプセル化」が防がれ，各学習者のもつ「理論的知識」と「経験的知識」とが現実世界に対応するよう常に幾度も更新され再構成されることとなり，その結果，教室で学んだことの現実世界への適用がスムーズに行えるようになる。

　その意味では，使用する教材についても注意が必要になる。獲得すべき読み方が埋め込まれ，典型として提示される教科書教材は，その典型性を強めれば強めるほど現実の様々な様式の文章から遊離してしまい，そこで身につけた読み方が現実にうまく適用できなくなる恐れをはらむ。例えば，特に中学校教材において「はじめ－中－おわり－まとめ」などの型を強調し，教材のリライトによって文章構造の一層の単純化を主張する向き[23]がある。しかし仮に，型を教える初歩段階の学習でリライト教材に有効性が見出せるとしても，獲得した読み方の現実世界での適用，という面で自ずと限界もあることには留意が必要である。なぜなら，学習した単

純な型は「作業仮説」的なものでしかなく，現実世界に存在する文章には「はじめ－中－おわり－まとめ」よりも複雑な構造をもつものがはるかに多数存在するため，読みを実際の複雑な文章に適用する学習がなされないことには，結局は学校学習が「カプセル化」しかねないからである。

　なお，「方向づけのベース」はモデルであり学習すべきパターンを指すのであって，「講義」や「ドリル」などの教授手段と混同してはいけないとエンゲストロームは言う（p.95）。その点においては，単元学習の実践に見られる「手引き」も，モデルではなく，あくまで教授手段でしかない。

4　動機づけ

　学習を動機づける「認知的コンフリクト」は，これまでの自己の読み方では読めなかった文章の登場によって引き起こされるであろう。また，学習集団内において適用する読み方の種類が人により複数に分かれたり，読み方の適用方法や適用度が人により異なるときに，「社会認知的コンフリクト」が引き起こされるであろう。

5　その他 ──垂直と水平──

　エンゲストロームは「探究的学習」を説明する際，「拡張的学習」のようには「水平」や「垂直」の用語を使っていない。それは図2-4「探究的学習の本格的なモデル」でも明らかである。ただしILOの研修用テキストでもあるEngeström（1994；邦訳2010）第2章「14 仕事実践における探究的学習から拡張的学習への移行」の項では，先行研究を踏まえて最近接発達領域を図2-6のように，水平軸と垂直軸を組み合わせて2次元的に表してはいるので，念のためここで取り上げておく。

　エンゲストロームによれば「水平軸は，生産プロセスの遡及的・治癒的統制から，生産プロセスの予防的開発へという変化」，「垂直軸は，危険要因に対する直接的統制から，職場における労働安全衛生」の「システムの開発による間接的統制へという変化」を表しているのだという。

第2章　言語生活の拡張を志向する説明的文章の読みの能力とその系統

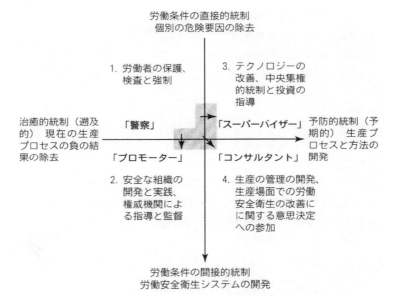

図2-6　工場検査官の集合的な最近接発達領域
（エンゲストローム，2010，p. 177）

　しかしながら，垂直軸は確かに時間的・歴史的次元における工場検査官の役割の深化を表しているが，その段階までは示していない。また，水平軸は空間的・社会的次元における工場検査官の役割の拡大を表しているが，その段階までは示していない。また，水平軸ながら垂直軸同様に時間的・歴史的次元での役割の深化も表しているように見える。ゆえに，この図2-6「工場検査官の集合的な最近接発達領域」の水平軸・垂直軸から，説明的文章の読みの学習の水平次元と垂直次元に関しエンゲストロームの見解を何かしら見出そうとするのは，困難であると言わざるを得ない。
　エンゲストロームは「探究的学習」の理論によって，個人では難しい社会の変革を集団的に成し遂げる道筋を示した。しかしこの「探究的学習」の理論は，国語科説明的文章学習において学習者の発達の順序や段階をも

そのまま捉えられるものではなかった。

　以上から，読みの能力を垂直的発達の面からだけでなく，学習者の言語生活を拡張させていく観点から水平的にも捉えるためには，エンゲストロームの着想には依拠しつつも，発達の系統性を捉える説明理論を別途導入することによってその不足を補う必要がある。
　そこで次節では，まず「個人の認識論」に関わる先行研究を踏まえ，垂直次元の発達の系統を示したい。次に，「間テクスト性」に関わる先行研究を踏まえ，水平次元の発達の系統を示したい。「個人の認識論」も「間テクスト性」も，エンゲストロームの拡張的学習理論と同様，大きくは社会的構成主義の流れの中に位置づくものである。

第4節　読みの能力の垂直次元と水平次元における系統性の検討
――「個人の認識論」と「間テクスト性」を踏まえて――

第1項　「個人の認識論」から得られる示唆

　本項ではまず「個人の認識論」を援用して，読みの能力の「垂直次元」での深まりの系統性を示す。また次項では，その読みの能力の垂直次元を深めるための，螺旋的なカリキュラムのあり方を述べる。
　国語科における「認識論」を早くから提唱していたのは西郷竹彦（1996）である。西郷は**資料2-1**「『認識の方法』系統指導案」を提案した後も，各教科・各教材の関連づけと総合化をめざして「教育的認識論」を展開していった。西郷竹彦・文芸教育研究協議会（2005）[24]では**資料2-1**とは異なり，小学校では「関連・系統指導案」を小学校低・中・高学年各段階で扱う範囲（低学年は1　比較〜3　理由・原因・根拠，中学年は1〜6　構造（形態）・関係・機能・還元，高学年は1〜9　関連・相関（連環）・類推）とともに示したが，中学・高校での「多面的・全一的・体系的」「論理的・実

証的・蓋然的」「独創的・主体的・典型的」「象徴的・虚構的・弁証法的」の4項目の示し方については同じで、学年ごとの段階には分けないでまとめて示す方法を採った。

　国語科カリキュラム研究においては、話すこと・聞くことについて、例えば若木常佳（2011）も中学校3年間を「馴化」の時期と位置づけている[25]ように、中学校は小学校で段階的に身につけた要素を場面、相手、条件等に沿って組み合わせて運用するメタ認知的段階にあると考えられる。「論理」に関する読むことの指導事項が2008（平成20）年版学習指導要領では中学校第3学年のイ以外に見当たらないことも、中学校が若木（2011）の言う「馴化」の時期にあるからだと考えれば説明がつく。また実際のところ、**第1節**でも述べたように、国語科における「表現の論理」の吟味については、他教科やさらには諸科学の専門的知識の上に成り立つような厳密さで行うことは甚だ困難であり、また国語科の範囲を越えた不適切な学習にもなるため、中学・高校段階ではそれまでに身についた各教科の知識を用いる程度までの吟味は期待できるが、それ以上には吟味が進まない。そこへさらなる吟味を加えるならば、そのような事例や喩え話によるそのような組み立て方の論証でよいのかを、多面的・多角的に視点を変えたり個性的・独創的など従来既存の社会的文脈からの距離で測ったりするなど、筆者の「認識の論理」と学習者自身のそれとを比較検討するアプローチを採れば国語科で可能であるし、またそのようにして中学・高校の実践は今日まで進んできたとも言える。これには、「文脈依存性」あるいは「領域固有性」と呼ばれる問題も関わっていると考えられる。

　佐伯胖（1994）[26]の言を借りれば、「1970年代から問題となった『思考の領域固有性問題』——論理的操作によって容易に解決される問題が課題の文脈や課題領域によって難易度が変わるという問題——は、その後、80年代に実用的推論スキーマや生態学的アプローチ（とくに、アフォーダンス論）からの解釈がなされてきたが、近年（1990年代）になって、Lave, J. & Wenger, E.（1991）による『状況的学習論』の提唱にはじまる状況論的アプローチから、思考が文化的実践への参加であるとする正統的周辺参加

第4節 読みの能力の垂直次元と水平次元における系統性の検討

論からの説明がなされるようになった」(p.8) という。

　しかし，文脈依存性あるいは領域固有性への配慮のあまり，個別具体的に個々の文章の内容自体に迫るようなアプローチを強めるばかりでは，説明的文章学習において追究されてきた内容面と形式面の学習のバランスが，再び内容重視に傾いてしまう恐れがある。確かに，論理を直接取り出し形式的に操作し検討するよりも，具体的事例など文章の内容に沿って検討することのほうが学習者の実態に沿う。しかし**第3節**でも述べたように，国語科では「知らないから読む」「読んで文章から知らないことが分かる」力を育てることのほうがまず重要である。ゆえに，文脈依存性や領域固有性に配慮しすぎるあまり，文章の形式面を検討するアプローチが軽んじられるようなことは避けなければならない。

　とはいえ，**第1節**でも述べたように，国語科学習ではあくまでも論証の手続きさえ整っていればそれ以上の吟味をしようがなく，なるべく身近な事例や喩え話を交えながら日常的な言い回しを好んで使用し，専門家でない一般人あるいは学習者に平易に説明しようとする際の，言語運用の適切さのほうを，文章の具体的な内容に沿って吟味しているはずである。

　このような板挟みの中で，説明的文章の読みに関し，いったいどのような垂直次元の発達の道筋を，特に中学校以降の学習者には見出すことができるであろうか。そのためには**第3節**で述べた，**学習者が「社会的文脈」の詳細を知らない前提でも，学習者自身の文脈としての読書個体史を資源とし，また分からないながらも「社会的文脈」を意識し予想することで，問題意識をもちながら読み自己の考えを育てていくことが可能になるような方向**で，学習者が各学年なりに自己の考えを育てつつ別の文章を読み進めたり他者と議論するなど未知の領域へ越境していくことを助ける理論が必要である。そこで，そのような理論を示すものとして，野村亮太・丸野俊一 (2012)[27]が紹介する「個人の認識論」を参照したい。これには学習者が自己の考えをもつための発達の道筋が，批判的思考研究の立場から明らかにされている。

　野村，丸野両氏はKuhn (1999)[28]の「批判的思考の発達モデル (A

developmental model of critical thinking)」を引いて，人がどのような認識論的メタ認知を抱くかによって，批判的思考を行うか否かや，批判的思考の質が決まることを指摘している。野村らの指摘によれば，Kuhn は人のとる認識論的立場には表2-3のように，素朴なものからより洗練されたものへと大きく分けて4段階があり，このうち批判的思考が関係するのは第二の「絶対主義者」と第四の「評価主義者」であると述べた，と言う。こ

表2-3 認識論的理解の水準（Kuhn, 1999；野村・丸野，2012）

表1 認識論的理解の水準 (Kuhn, 1999)

水準	主張	知識	批判的思考
現実主義者	主張は外的な現実性の複写である	知識は外的な情報源から得られ確かなものである	批判的思考は必要でない
絶対主義者	主張は事実が現実性の表象において正しいか正しくないかという事実である	知識は外的な情報源から得られ確かなものである	批判的思考は真実についての主張を比較したり，真実かウソかを決定したりするための手段である
多角主義者	主張はその発言者によって自由に選択され，その人に対してのみ責任がある意見である	知識は人の思考によって生み出され，不確かなものである	批判的思考は関係しない
評価主義者	主張は論証や証拠を基準として評価され比較される余地を持つ判断である	知識は人の思考によって生み出され，不確かなものである	批判的思考は信頼できる主張のもっともらしさを高め，理解を深めるための手段として価値づけられて (valued) いる

注) Kuhn (1999) 中の表1より，原著者の許可を得て転載

表2-3a 原典の「認識論的理解の水準」表（Kuhn, 1999）

Levels of Epistemological Understanding

Level	Assertions	Reality	Knowledge	Critical thinking
Realist	Assertions are **copies** that represent an external reality.	Reality is directly knowable.	Knowledge comes from an external source and is certain.	Critical thinking is unnecessary.
Absolutist	Assertions are **facts** that are correct or incorrect in their representation of reality (possibility of false belief).	Reality is directly knowable.	Knowledge comes from an external source and is certain.	Critical thinking is a vehicle for comparing assertions to reality and determining their truth or falsehood.
Multiplist	Assertions are **opinions** freely chosen by and accountable only to their owners.	Reality is not directly knowable.	Knowledge is generated by human minds and is uncertain.	Critical thinking is irrelevant.
Evaluative	Assertions are **judgments** that can be evaluated and compared according to criteria of argument and evidence.	Reality is not directly knowable.	Knowledge is generated by human minds and is uncertain.	Critical thinking is valued as a vehicle that promotes sound assertions and enhances understanding.

の表に沿えば，学習者が文章を読んで味わう「知らないこと」や「分からなさ」を学習者相互に出し合うだけの活動でも，それを文章の「表現の論理」の問題点や，ひいては事実，意見，判断に関する筆者と学習者個々の「認識の論理」の違いに関する学習者の気づきにつなげることができ，認識論的理解の水準を現状のそれよりも一段高め合って「知らないこと」や「分からなさ」を集団的に乗り越えていくような学習が成り立ち得ることを示している。

　ただし，表2-3「認識論的理解の水準」で使用されている訳語には一部，必ずしも適切とは言えない箇所がある。「多角主義者」の水準では「批判的思考は関係しない」と記されているが，これでは「関係しない」の意味が理解しづらい。表2-3aの"Multiplist"は「多重主義者」，"Critical thinking is irrelevant."は「批判的思考は不適切であり見当違いである」と訳すのがより正確であり，また「多重主義者」水準の前後の水準との違いをより的確に表現できる。そこで以降，本表を使用する際には，多角主義者の水準の項は「多重主義者」，「批判的思考は不適切であり見当違いである」という訳に置き換えることとする。

第2項　読みの能力の垂直系統の概念規定

　説明的文章の小学校教科書教材を見ると，低学年ではアリやタンポポや乗りものなど事実を，時には問いかけや比喩も交えて分かりやすく描くもの，中学年では科学や文化について謎を探ったりカテゴリーや事例を階層的に説いたりするもの，高学年になるとメディア・リテラシーに関わり見方や議論の分かれるものが複数見られる。そのような教材の実態は，Kuhn（1999）の「批判的思考の発達モデル」に依拠すれば，低学年は「現実主義者」から「絶対主義者」へ，中学年は「絶対主義者」から「多重主義者」へ，高学年は「多重主義者」から「評価主義者」のレベルへ学習者を引き上げるような学習に相当すると説明できる。もしそれが妥当であれば，中学校は「評価主義者」育成の段階に相当すると見なせる。

そのように考えると，普段の授業で小学校でも中学校でもトゥールミン・モデルに沿って主張・根拠・理由づけを追うにしても，ただ同じことを繰り返しているのではなく，レベルが学年ごとに高まっていくことが，中学校まで含めてうまく説明できるようになる。

ただし，中学校は若木（2011）の言う「馴化」の時期に当たり，著者の実践経験からしても特に第1学年の個人差は大きい。小学校では指導者に手引きされて部分的にはできたことが，内容や教材が入れ替わり学習のステップが大きくなると，中学生には難しく，既習の事項をうまく適用できないことがままある。ましてや第1学年の入学時点ともなると，前年度にどの小学校でどの指導者の授業を受けたかによっても，学習者間に著しい個人差が実際のところ存在する。

ゆえに中学校の「垂直次元」では螺旋的に，再び現実主義者レベルから学習を開始して第3学年では評価主義者に到達するようなシークエンスをもつカリキュラムを設計することが望ましいのではないか，と考えられる。

第3項 「間テクスト性」の議論から得られる示唆

本項では次に「間テクスト性」に関する議論を参照しながら，読みの能力の「水平次元」での広がりの系統性を示す。そして次項では，その読みの能力の水平次元を広げる，螺旋的なカリキュラムのあり方を述べる。

第1節で触れた「社会的文脈」の存在については，説明的文章の分野では難波博孝（2008）[29]が「言論の場」として，また間瀬茂夫（2001）[30]や青山之典（2014）[31]が説明的文章における間テクスト性の問題として既に論じてきた。難波（2008）によれば，「言論の場」は「テクストを読むとは，そのテクストがおかれている場，つまり筆者，読者，テクストに関わる他のテクスト群などが形成する『言論の場』に参入することである」と説明される。また間瀬（2001）は，修辞学を踏まえた香西秀信（1995）[32]の「意見とは，本質的に先行する意見に対する『異見』として生まれ，た

とえそれが具体的な明確な形では現れなくても，対立する意見に対する『反論』という性質をもっている」(p. 20) という見解を踏まえ，「ある一つの説明的文章は自身の中に既に他のテクストとの関連性を内包している」と指摘する (pp. 15 – 16)。

間テクスト性は主に文学研究で用いられてきた概念で，岩本一 (2001)[33] は次のように説明している (p. 39)。

> ジュリア・クリステヴァは，「間テキスト性」（ママ）の概念をミハイル・バフチン，ソシュールそしてフロイトの理論を土台として発想した。つまり，クリステヴァは，バフチンの対話性，多声性，カーニヴァル論などの研究をする過程から「間テクスト性」を発想したものと考えられる。バフチンは「間テクスト性」という表現は使っていないが，「対話」，「対話主義」そして「多声性」などの理念のなかに「間テクスト性」と同じ概念を用いている。つまり，バフチンは「一つのテクストは「自己」と呼ばれる単一的な主体によって生み出されるものではなく，数知れぬ「他者」たちとの対話（交通）によって編み上げるものである」，と述べている。

この概念を説明的文章の分野で紹介した間瀬 (2001) は，間テクスト性概念の説明的文章の導入について，次のように指摘する (pp. 18 – 19)。なお，引用中の「バルト」とはロラン・バルトを指す。

> ところで，間テクスト性の概念を説明的文章の読みの学習指導論に導入する場合，二つの方向性を持つと考えられる。一つは，テクスト間の関係そのものを問題にする方向であり，もう一つは，読みの学習の過程全体における間テクスト性を問題にする方向である。
> このことは，次のように言い換えた方がよいかもしれない。すなわち，バルトによって「既に読まれたもの」と述べられる場合，そこにはあるテクストが現前し，それに先行するテクストや読みの経験との

間に間テクスト性が成立する。しかし，説明的文章の読みの学習指導においては，過去に読んだテクストとの関連性を持つことだけでなく，「これから読むもの」との間に間テクスト性を生成していくことが重要な意味を持つ。学習過程においてこれからどのようなテクストを読むのかという方向性が問題となるのである。

　この指摘を「社会的文脈」に当てはめれば，「社会」という語にも二つの意味，すなわちある教材文の原典が書かれ公にされる際の，難波（2008）の言う「言論の場」自体を指す場合と，それを学校で学習者が読む際に学習者集団が形成する社会やそこでの学習過程を指す場合とがあることになる。そして，後者の学校学習を前者の「言論の場」へとなるべく接続していくことと，また学習者の言語生活を身近で小さな学校，家庭や地域社会での営みからその外の大きな社会での営みへとなるべく接続していくこととの，二重の意味で「社会的文脈への接続」を図ることが重要だ，という示唆が得られる。

　なお青山（2014）は，ますいみつこ「どうぶつの 赤ちゃん」（光村・小1）本文の長年にわたる改変過程の分析を踏まえ，間テクスト性に着目して表現主体の背景を想定することの意義を説いている。このことは，社会的文脈というよりは，むしろ筆者想定法に属する議論に該当するものと解することができる。

第4項　読みの能力の水平系統の概念規定

　前項を整理すると，次のⅠ・Ⅱの意味で二重に「社会的文脈への接続」を図ることが重要であると考えられる。

説明的文章学習指導における「社会的文脈への接続」
　Ⅰ　学校学習を筆者の「言論の場」へとなるべく接続していくこと
　Ⅱ　学習者の言語生活を身近で小さな学校，家庭や地域社会での営みから

第4節　読みの能力の垂直次元と水平次元における系統性の検討

> その外の大きな社会での営みへとなるべく接続していくこと

　ただし説明的文章学習指導において重要なのは，筆者が文章を執筆した時点で筆者を取り囲んでいた社会的文脈の全容を極力詳らかにしその知識を与える，といったことでは決してない。**学習者が文章を読み，筆者の文章の言外に存在する社会的文脈をも手がかりにしながら自己と対話したり学習集団内で周囲と議論したりする中で，指導者が学習者に働きかけて学習者自身の異論や反論あるいは新たな疑問を誘い出し，間瀬の言う「『これから読むもの』との間に社会的文脈を生成していく」力がつくよう学習者を導いていくことこそが重要になる。**

　従来，「これから読むもの」に関する学習，例えば選書や情報読みの学習あるいは調べ学習は，読解指導とは別個に読書指導として単元を分けて行われるか，同一単元でも教科書教材の読解指導が終わった後に行われる傾向にあった。しかし「『これから読むもの』との間に社会的文脈を生成していく」力をつけるには，読解指導と読書指導を単に接続するだけでなく，さらに双方の指導を連関させたり往還させたりするような読みの学習活動を構想することが求められる。

　とはいえ，小学校低学年と中学校第3学年とでは，扱うべき社会的文脈にも範囲の差が当然生じる。例えば，小学校低学年から成人に至るまで日常的なレベルの議論に関しては，鶴田・河野（2014b）が指摘していたように，理由づけが身近な生活経験に基づいて具体的に述べてあるほうが「なるほど」と共感・納得しやすい。ところが内容が高次のものになると，生活経験に基づく具体性だけで論じることは難しく，高等学校の評論・論説教材ともなれば，香西（1995）の言う「異見」「反論」としての，その文章固有の社会的文脈の存在が，文章解釈の上でも相当重要な位置を占める。実際，大学入学試験の数々の評論や論説に太刀打ちできない高校生用に「ポストモダン」「アイデンティティ」「メタファー」などのキーワードを解説する各種の入試対策参考書が市販されている。これは，社会的文脈のうちせめてキーワードとその概念を骨格だけでも読者が共有して

第2章　言語生活の拡張を志向する説明的文章の読みの能力とその系統

おかないことには，筆者が何を声高に主張しているのか，なかなか理解しづらいことの証左ではなかろうか。

　ここで再び山住勝広（2004）の言を参照したい。氏は次のように言う（p. 64）。なお，引用中の「第三世代」とはエンゲストロームが捉えている「水平次元」を基礎とする「文化的多様性」の次元を強調する理論のことであって，第一世代はヴィゴツキーの研究に基づき，第二世代はレオンチェフの研究に基づき，いずれも歴史や発達という「垂直次元」に焦点を合わせていたことに対する呼称である旨，引用箇所の直前に説かれている。

　　活動理論第三世代の特徴は，「対話」，「多様な視点」，「相互作用する活動のネットワーク」を理解するための概念道具を開発し，人間の多様な諸活動を横断する越境的な活動形態を実践的にデザインするところにある。そこにおいて「最近接発達領域」は，水平的拡張として再概念化されることになる。つまり，発達の「領域」は，しっかり計画された垂直的な通過点として見いだされるだけでなく，最初から計画されたわけではない未知の空間として，境界線を越境するような水平的な運動を含むものとして発見されなければならない。「最近接発達領域」は，「より有能」であることへの引き上げということに尽きるわけではない。それは，異質な世界が相互に出会っていく時空間としても問われなければならないのである。

　拡張的学習理論による「水平次元」とは，ここに端的に説かれているように，「最初から計画されたわけではない未知の空間」の広がりを捉える概念であり，「異質な世界が相互に出会っていく時空間」である。したがってその点では，水平方向に順序性はあれど段階性はなく，エンゲストロームがレンチ・キットになぞらえるのも首肯できる。しかし，成人教育ではなく，生まれてから成人するまでの間に急速な成長を見せる学習者を対象とする学校教育においては，学習者の直接見聞きできる生活空間も，またその周辺にあり映像や言語を通して間接的に認識する世界も，一般的

第4節　読みの能力の垂直次元と水平次元における系統性の検討

には身近で小さい可視的なものから次第に広がり，具体物はより詳細に，組織や仕組みなどの抽象的なものはより概念的・包括的に捉えられたりするようになる道筋をたどるであろうから，出会う「時空間」の範囲も，小学1年生より中学3年生のほうが当然広くなるはずである。

　これに関し，2008（平成20）・2017（平成29）年版の小学校・中学校学習指導要領では，「C　読むこと」には見られないものの，「A　話すこと・聞くこと」や「B　書くこと」の指導事項においては既に，この「時空間」の広がりに対応するかのごとく，次の文言が見られる点は参照に値する[34]。理解語彙の広がりが使用語彙の広がりに対し常に先行するのと同

表2-4　2008・2017年版小学校・中学校学習指導要領における
　　　　水平方向の「時空間の広がり」が見出せる文言

上段 2008年版 下段 2017年版	(小) 第1学年 及び 第2学年	(小) 第3学年 及び 第4学年	(小) 第5学年 及び 第6学年	(中) 第1学年	(中) 第2学年	(中) 第3学年
A話すこと・聞くこと「話題設定や取材」	身近なことや経験したことなど（ア）	関心のあることなど（ア）	考えたことや伝えたいことなど（ア）	日常生活の中から（ア）	社会生活の中から（ア）	社会生活の中から（ア）
同「話題の設定，情報の収集，内容の検討」	身近なことや経験したことなど（ア）	日常生活の中から（ア）	日常生活の中から（ア）	日常生活の中から（ア）	社会生活の中から（ア）	社会生活の中から（ア）
B書くこと「課題設定や取材」	経験したことや想像したことなど（ア）	関心のあることなど（ア）	考えたことなど（ア）	日常生活の中から（ア）	社会生活の中から（ア）	社会生活の中から（ア）
同「題材の設定，情報の収集，内容の検討」	経験したことや想像したことなど（ア）	経験したことや想像したことなど（ア）	感じたことや考えたことなど（ア）	日常生活の中から（ア）	社会生活の中から（ア）	社会生活の中から（ア）

第2章　言語生活の拡張を志向する説明的文章の読みの能力とその系統

様，読むことの教材では表現系各領域のこれらの文言よりも，取り上げる話題の広がりが実際には先行し，説明的文章教材の中には小学校低学年のうちから自分の地域を越え各地や各国の話題が現に登場している。とはいえ，それを読んで自分の考えをもつ際には，**表2-4**の通り，これら表現系領域の各文言の示す範囲が，一応の目安になり得る。

　社会的構成主義や拡張的学習理論の用語を借りてこの表現系領域の各文言が示す範囲を説明し直すと，説明的文章学習においては，小学校では学習者が自己とその周囲の世界としての社会的文脈を認識するために，筆者や学級の他者のもつ異質の世界としての社会的文脈とも出会っていき，次いで中学校では，自己のいる日常世界から始まって次第に自己から離れた異質な世界にも拡大して，より抽象的の高い未知なる社会的文脈に対しても言語を通して出会っていくような広がり方に変わる，というふうに説明できる。それがもし妥当ならば，先に本章第1節で**〈説明的文章の意味と意義・価値を理解し自分の考えをもつ能動的な読書行為〉**に必要な2種類の能力①・②について，まず「表現の論理」に関する①の能力が主に小学校段階において垂直的深まりを見せ，次いで「認識の論理」に関する②の能力が主に中学校以降では水平的広がりを見せると述べたものの，小学校段階では水平的な広がりが全くないということではなく，また中学校では垂直的深まりが全くないということでもない，ということになる。

　国語科で学習指導要領がこのような形になっていることと，他教科のカリキュラムは，おそらく無縁ではない。国語科では理解語彙の広がりが使用語彙の広がりに常に先行するうえ，そもそも子どもの読み物は，幼い者を対象とするものでも世界中，場合によっては宇宙のお話や図鑑に触れるなど，日常生活の範囲に留まらずあらゆるものに言及する。ただし説明的文章の分野に限れば，既有知識がまだ乏しい対象について，言語を通して詳しく論理的に書かれた説明を読んで理解することは，学習者が幼ければ幼いほど困難である。既有知識は他教科の学習によっても育まれ，国語科で過度の内容学習を避けるのであれば，他教科での学習を待たなければならない部分も生じる。ごく大まかに言えば，まず社会科であれば，小学校

第4節　読みの能力の垂直次元と水平次元における系統性の検討

中学年に自分の住む地域の風土や行政運営のあらましを学び，高学年では我が国と世界の国々の風土や文化とその歴史，また我が国と世界との通商や外交も学ぶ。中学校ではその世界各地での差異を，地理的・歴史的要因に深く入って分析的に学び直し，国際問題を展望する。次に理科であれば，小学校中学年では眼前で繰り広げられる現象の観察と理解，高学年では地上で起こる現象の仕組みの実験や観察による理解，中学校では宇宙空間における地球の位置や他の天体との関係とそれに起因する現象や，地球を構成する元素や分子が物質を構成する仕組みやそれに起因する現象の理解を学ぶ。このような他教科のカリキュラムと国語科説明的文章の内容とは，全く無縁ではいられない。国語科は他教科に従属するわけではないが，かといって無関係でもないはずである。

　実際の説明的文章教材をいくつか教科書で確認するだけでも，小学校低学年では学習者の生活にある事物やそれに類似する事物を取り上げて，その特徴や仕組みを紹介するもの，中学年では学習者の生活にある事物について，それに関する他地域や他国の事物も交えながら分類的に紹介するもの，高学年では日常の話題や出来事から主張を展開するものが見られ，身近な生活で経験する具体物に関する羅列的紹介から，分類整理による身近な具体物の演繹的紹介，そして身の回りの社会の出来事からいくつかを取り上げその比較から見解を述べる帰納的立論が見出される。ところが中学校においては演繹や帰納が複雑に組み合わされ，その対象も，話題としては生活経験を絡めながらも次第に専門的な内容のものになり，日常世界よりも高次のものに向かっていく，という大まかな流れが確認できる。このような説明的文章における知識空間の階層性を間瀬茂夫（2017）[35]は，「生活世界」「学問的世界」「統合的世界」の三者関係に見出している（pp. 96-97）。間瀬は，日常の議論を扱う国語科が担うべき役割を，「統合的世界」の強調によって簡潔に述べている。

　　まず，土台となるのは，筆者と読者がともに共通して直接的あるいは可能性として体験可能な生活世界である。次に，因果法則や原理，

理論による説明を可能にするのが一般化され抽象化された学問的世界である。さらに、筆者が説明的文章を通して読み手に伝えようとするのは、二つの世界の知識が統合されることでもたらされる統合的世界の実現や更新である。

　ここで、統合的世界の実現は、生活世界が学問的世界に従属することを意味しない。また、学問的世界を構成するのは、自然科学的な知識ばかりではない。社会科学、工学などの制作知も含まれる。

　読み手は、説明的文章の読みの過程において、こうした筆者による説明の対照である学問的世界を背景とした知識と、事例として筆者によって引用される生活世界における知識や読み手自身がこの世界において持つ知識や経験とを関連づけながら、状況モデルを形成し、文章を理解するものと考えられる。

以上を総合すると、読みの能力を水平次元に拡大していくとき、その能力が捉える範囲としての射程（Range）の拡がりようを、次の**表2-5**の形で示すことができると考えられる。そして、本章**第1節**で挙げたように、従来はっきりとは示しづらかった中学以降の系統性について、水平次元の拡大という概念に基づき、この表のとりわけ斜線部分と「馴化」という概念に着目すれば、次のように説明できると考えられる。

　つまり、中学段階においては、各教科学習の小学段階でRange 1 からRange 3 へと学問的世界を拡大させてきた学習者の成長を待って、国語科では知識空間の階層の軸足を生活空間から学問的世界の側に移し、より高次の層から再びRange 2・Range 3 を捉え直すことで、Range 4 への拡大を円滑に果たしているのではなかろうか。

　このとき、中学校各学年におけるいくつかの教科書教材の特徴から仮説的に考えられる傾向としては、中学1年ではRange 3 を主に学問的世界の見方から見渡し、中学2年ではRange 3 を「言論の場」あるいは社会的文脈における位置からも見渡す過程を重んじるといったように、読みの射程の急速な拡大に対して螺旋的に馴化することで、文章と対象に対するより

高次の認識へ移行するという道筋をたどると考えられる。

なお，念のために言い添えると，表2-5においても＊Ⅰ・Ⅱに注記したように，読みの学習全体においては学校学習を「言論の場」へ，学習者の属する集団内での社会的文脈をその外の社会の大きな社会的文脈へ接続していくことが求められ，小学校低学年の説明的文章教材であっても学問的世界や社会的文脈としての「言論の場」と無縁なわけでは決してない。しかし，小学校低学年において学問的世界や「言論の場」の存在は，まだ学習の後景にしかなく，エンゲストロームの「レンチ・キット」の喩えのように，当該教材の読みに有効なときだけ必要に応じて学習される程度であろう。その存在が常に前景化し学習者の読みと深く関わり始めるのは，恐らく中学校段階以降のはずである。

そこで，この表2-5「社会的文脈への接続の観点から捉えられる説明

表2-5　社会的文脈への接続の観点から捉えられる説明的文章の読みの射程 (Range)

射程 Range	知識空間の階層	文章を読む意義, 社会性の広がり			認識する対象の範囲（時空間）の広がり	学習可能な年齢
Range 1	生活世界	読書個体史上の位置・個人の文脈	＊Ⅱ 集団で読む相互作用	＊Ⅰ 「言論の場」（社会的文脈）での位置	身近なことや経験したことなど（直接経験，具体的操作）	小学校低学年から
Range 2					自分にとって関心のあることなど	小学校中学年から
Range 3	統合的世界				自分の考えたことなど（間接経験，形式的操作）	小学校高学年から
Range 4					社会の中で自分が考えていくべきことなど	中学から
Range 5	学問的世界				社会で解明や解決が待たれることなど	高校から

＊Ⅰ　学校学習を筆者の「言論の場」へとなるべく接続していくこと
＊Ⅱ　学習者の言語生活を身近で小さな学校，家庭や地域社会での営みからその外の大きな社会での営みへとなるべく接続していくこと　……が求められる。

的文章の読みの射程(Range)」を,〈説明的文章の意味と意義・価値を理解し自分の考えをもつ能動的な読書行為〉の水平次元の系統性を示すものとして仮説的に規定する。これを踏まえて教材の実態を捉えつつ検証していくとともに,間テクスト性をめぐる議論で論じられていた「未知の空間」,間瀬氏の言う「これから読むもの」へ向かって,学習者が今ある自己の境界線を越境していく水平的拡張をも学習に組み込めるようなカリキュラム理論を構築していきたい。

第3章
小中学校国語教科書教材の系統性と補助教材との関係

　本章では，小中学校国語教科書に掲載されている説明的文章教材が内包している系統性を分析することを通して，第2章で設定した垂直次元と水平次元の系統性と対応する要素が既存の教科書教材にも存在することを確認する。その上で，特に中学校段階において学習による言語生活の拡張を図るのに，主教材としての教科書教材以外にどのような教材を追加し得るのか，その可能性を探る。はじめに教科書教材分析の先行研究を概観する（第1節）。次に近年の国語科教科書の説明的文章教材について，小学校教材の系統性を先行研究結果から見出す（第2節）。また，中学校教材の系統性を独自に分析する（第3節）。その上で，中学校における国語教科書教材と併せて必要な教科書外教材の種別・配列のモデルを例示する（第4節）。

第1節　説明的文章の教科書教材分析に関する先行研究概観
――教科書と言語生活をつなぐ非形式論理学的知識への着目――

第1項　非形式論理学的な論理性を観点とする教科書教材分析の意義
――説明書き・修辞性・典型性・カプセル化との関係――

　本節では，教材分析に関する先行研究を概観する。まず本項では，小中学校国語教科書の説明的文章教材の叙述のあり方，すなわち文章の論理性と修辞性に，教材としての典型性を求める方向で研究が進んできたことを確認する。その上で，学習者の言語生活上のいわゆる「説明書き」と教科書教材との充分な連関を図るには，昨今の議論と今日のメディア環境の変化を踏まえれば，まず非形式論理学的知識に基づく論理性[1]に着目する必要があることを述べる。

　長﨑秀昭（2011）は，説明的文章の教科書教材における文末表現「のだ」「のです」について，広域採択が始まった時期の1965（昭和40）年改訂版小学校国語科教科書における使用状況を調べて2005（平成17）年改訂版と比較し，全社全教材平均値が文末出現率（8.64→10.60％），段落末出現率（13.4→20.67％），大段落末出現率（18.4→27.38％）の三つで2005年版のほうがいずれも上回っていることを明かした。そしてこの結果を以て，「戦後初期の説明的文章の教材性が実用的なものと把握されていた」ものの「時代の要請と共に説明的文章の指導の教材性が論理性に焦点化していった」（p. 14）と論じ，そこに説明的文章指導における話題から叙述のあり方への転換，渋谷孝の言う「説明的文章の自律性」の問題があったことを見出している[2]。

　ではその「自律性」とは何か。**第1章第3節**でも確認したように，小中学校学習指導要領では試案期から1977（昭和52）年版の前まで継続して教

科書外教材の使用も位置づけていた。これに対し渋谷孝（1980）[3]は，説明的文章を説明書きとの関係を整理する目的で，次のように論じた（p. 133）。この言から，教科書教材教材の重視を次第に強めていく議論の基底にあった当時の考え方を読み取ることができる。そして，今なお一部にある理科や社会科との役割の混同[4]を避けるには，他教科のためでなく国語科として自律的に説明的文章学習指導の担う役割を規定する歴史的必然性が，当時はまずあったと考えられる。

1　「説明書き」は，説明的文章に附属するものではない。だから，説明書きは，説明的文章に含まれるものではない。
2　両者の価値の方向は，それぞれ別である。説明書き，それ自体にも説明不足ということはあるし，く̇ど̇す̇ぎ̇る̇説明がなされているということもある。説明的文章においても同様である。
3　説明書きは，ある対象の̇た̇め̇の̇文章であり，具体的な，実用的知識を提供するものである。そして，その対象における行為が完了すれば，その説明書きの用途は達せられたことになる。従って，書かれている事柄について，ある行為を成すつもりのない人が説明書きを読んでも，少しも興趣（インタレスト）をよびおこされないであろう。

　なお，説明書きはただ一通りの，正確で客観的な読み取りが行われなければならない。百人一色の読みが必要である。
4　説明的文章は，ある対象に̇つ̇い̇て̇の̇文章であり，何かの対象に関する行為のための実用的知識を提供するものではない。

　従って，事柄や事実や問題についての思想もしくは情報が，物を通して語られているのであって，読み手は，その文章を読むこと自体に目的がある。従って説明的文章は，自律的世界を形成していると言える。だから，情報を正確に読み取ることという名目のもとに，ただ一通りの読み取りを求めることは無理なことである。類推や想像の作用が関わってくるのである。

第1節　説明的文章の教科書教材分析に関する先行研究概観

　当時の議論はこのような言説に沿って，言語生活上の様々な説明的文章を取り上げるよりは，それらの多くを「説明書き」として区別し説明的文章教材のカテゴリーから除外していく方向へ進んでいった。そして渋谷（1980）の場合は教材の価値を読み手の立場からみた「叙述のあり方」（p. 136）に見出し，小田迪夫（1986）の場合はその叙述のあり方をロジック（論理）の展開と，文体に読み手をつなぐレトリック（修辞学）の二つに見出したのである[5]。

　かくして説明的文章学習指導における内容主義と形式主義双方の問題に対しては，説明的文章の叙述のあり方，すなわち典型としての教科書教材にその価値としての論理性と修辞性を追究することで，その解決がめざされていくこととなった。その一つの証左が長﨑（2011）の先のデータである。そのデータは，理科や社会科など他教科の教科書や国語辞典など一般的事実を努めて客観的かつ簡明に述べる文体では多用されることのない，筆者の説明意識を表す「のだ」「のです」が，説明的文章のジャンルの確立とともに教科書教材に多用されるようになったことをデータで裏づけている。

　しかし小田（1986）は，1975年以降の実践動向にも言及し，「昭和五十年前後からこのかた，説明的文章指導の理念」が「情報読み」と「文章構成読み」の「二類の共存状態」にあり，情報読みの実践報告に接した限りでは「その多くは，文章だけを大事にする国語の授業の禁を解いてから，『文章と情報とのかかわり』を問うことを飛び越えて，一気に『情報そのもの』に向かった感がある」（p. 48）とも指摘した。つまり，時代の思潮がこのあと教材の論理性と修辞性の追究には向かわずに，「情報読み」としての文章内容学習と，「文章構成読み」としての文章形式学習の2種類の併走状態に入ったというのである。**序章第1節**でも触れたように，論証構造と文章構成との混同がなおも指摘されている現況においては，トゥールミン・モデル（あるいは三角ロジック）の導入と普及をはじめとする非形式論理学的知識の導入による混同解消や，ひいては内容主義と形式主義を止揚する理論と実践が現れ普及しつつあるものの，内容主義か形式主義

かの対立の克服が未だ果たされていないこともまた，認めざるを得ない。

　今日までのこうした経緯を，**序章**以来述べてきた本研究の立場から捉え直せば，この経緯に潜む教材性の問題については，次の指摘を加えることができる。

　従来は説明書きと説明的文章を区分し，文章の叙述のあり方に教科書教材の価値を見出して，リライトや書き下ろしによって教材としての典型性を求める動きが強かった。しかし教材の典型性は本来，エンゲストロームの言う「作業仮説」としてこそ取り扱われるべきである。なぜなら，現実の状況は仮説よりも常に複雑であり，教材という仮説による学習を日常の言語生活に存在する多くの複雑な文章の読みに適用するための学習がさらに加えて行われないことには，結局は学習者の言語生活から教室の国語科授業が分断されるからである。それがエンゲストロームの言う学校学習の「カプセル化」であり，学校で学んだことが日常の言語生活に生きない状態なのである。その点において，小田（1986）が教材から論理性に加え修辞性も見出すことによって教材の文体の学習を学習者の言語生活へ接続する可能性を示したことは画期的であった。だが小田（1986）は修辞を「筆者の読み手への工夫」「学習者が豊かに感応すべきもの」として位置づけていたため，実践理論としては結局のところ文法論的文章論と同様，学習者を受け身的存在に押し留める授業を招きやすかったのかもしれない。

　一方，小田氏とは異なる方向から，いわゆる「情報読み」のアプローチで教科書教材を読んで関連読書，調べ学習へ進む実践も展開されてきた。ところが「情報読み」では教材の外の情報から教材の内容理解に迫る導入になりがちで，かえって学習者に対して社会的文脈や周辺知識を知らなければ教科書教材が読めないことを強調するばかりとなり，実践の実態としては，学習者が教材文を読んで受け容れる前の手続きとして文章を充分吟味する練習を欠く授業に陥りやすかったのかもしれない。加えて，教科書教材の「典型性」に対する指導者の意識にも要因がある。指導者が教材を充分すぐれた「典型」だと意識すればするほど，そこに吟味を加えること自体が過剰な批判であり教材文への「ないものねだり」を招くと指導者が

第1節　説明的文章の教科書教材分析に関する先行研究概観

懸念することになろう。そうなれば結局は，典型性のある教材をそのまま受容する読みの授業に陥りやすかったのかもしれない。

　教科書の説明的文章教材の教材性が，叙述のあり方，すなわち論理性と修辞性にあることは間違いない。ただし情報技術の革新により，学習者の言語生活の環境が一変した今世紀では，全世界を対象に誰もが瞬時に誰の点検をも受けずに文章を受発信するSNS（ソーシャルネットワーキングサービス）の利用が，既に学習者の日常となった。そして，それと共にいわゆるフェイクニュースや炎上などの問題も常態化している。それゆえ，玉石混淆の情報が入り乱れる今日の情報社会では，修辞自体を最初から肯定的にのみ捉える構えを学習者にもたせることは，もはや危険でさえある。また，それゆえにこそ，メディア・リテラシーの実践が国語科でも定位されつつあるのだとも言える。このような現況に鑑みれば，一概にメディア・リテラシーと言っても，そのメディアには，単に映像作品やマスメディアだけでなく素人記者が投稿するネットニュース，個人の綴るウェブログ（いわゆるブログ）や掲示板などのソーシャルメディアまでも含めるべき時期に来ている。

　このようなメディア環境の変化を前提として，学校学習の「カプセル」化を防ぎ，学習者がそのような環境下にある彼らの言語生活において，学習で身につけた文章吟味の力を発揮できるようにするには，読みの学習において，修辞は論理性吟味のために「まずは一旦取り外して読むもの」として取り扱われる必要性が一層高まっている。修辞は，一旦取り外してこそ，学習者が自ら納得感を伴ってその効果を吟味できる。そして説明的文章学習指導の中心を，論理性に着目した文章吟味の読みに置いてこそ，教科書教材の説明的文章を読む行為と教科書外の様々な文章（渋谷氏の分類による「説明書き」を含む，実用的文章全般）を読む行為とが円滑に接続され，読みの学習が言語生活に生かされるのである。

　そしてメディア環境の変化は，教科書教材に求められる典型性の概念自体にも拡張を迫る。とはいえ，ただ単に粗雑さを含む市井の文章を教科書に載せても，**第1章第3節**で概観した議論でも言われていたように様々な

第3章　小中学校国語教科書教材の系統性と補助教材との関係

支障を来すのが当然であり，無加工の市井の文章の多くは，そのままの状態では「典型性」の要求に応え切れないであろう。

　教材に求められる「典型性」とは，説明的文章の分野においては従来，事実上〈すぐれたモデル〉としての「模範性」と実質的に同一の概念であった。というのは，先にも指摘したように今日まで，教科書の説明的文章教材は，説明書きと区分することで，国語科としての自律性ある教材として確立が進んだからである。しかし，マスメディアのみならずソーシャルメディアの抱える昨今の言語生活内向化の問題を踏まえて提案するならば，決してすぐれているとは言えないものであっても，読む練習をするのに「普遍性」または「標準性」のあるもの，すなわち〈**当該学年の発達傾向に応じ，他の教材へも一般化できる課題が埋め込まれた，学習者に適度な負荷のかかるモデル素材**[6)][7)]〉が必要な場合もあろう。そうであるならば「典型性」の概念を拡張し，教材としての「典型性」を，「模範性」のあるものに加え「普遍性」や「標準性」のあるものに対しても積極的に見出すようにすることで，説明書きも，教材の一種として位置づけることが可能になるはずである。ただし，説明的文章の教科書教材に備わる「模範性」こそが読む能力育成の垂直次元での系統性を実質面で保障してきたのであるから，「典型性」概念を拡張しても「模範性」は変わらずその中核を占める重要な要素であって，「模範性」のある教科書教材の役割が軽くなるわけではない。

　なお，先に長﨑（2011）の「教材性が論理性に焦点化していった」という言を取り上げた。確かに渋谷氏の言うとおり「論理性への焦点化」に向かってはきたが，その「論理性」の内容としては，当時の文法論的文章論的な論理性から，近年の思潮や実践の動向では，文章展開を超えて論証を捉える非形式論理学的知識に基づいた論理性の重視へと変化してきている。また，小田氏の論を一つの契機として修辞性にも再び注目が集まったが，非形式論理学的知識を重視するのであれば，学習の順序としては修辞性の把握よりも論理性の把握を先行させるのがよいことになる。したがって，「教材性が論理性に焦点化していった」と言っても，より厳密には，

そのように捉えるのが適当かと考えられる。

　以上の理解に立ち，本章では以降，学習者の学校学習を言語生活に拡張する観点から，非形式論理学的知識に基づく論理性を重視し，**第2章**で設定した垂直次元的・水平次元的系統性が，典型性を備える既存の教科書教材に実際にはどのような形で埋め込まれているのかを見ていくこととしたい。

第2項　教科書教材の教材性に関する分析研究の動向

　本項では，小中学校国語教科書教材の系統性を検討するのに先立って，教材性，すなわち教材に備わる内容としての特性を分析する研究の，昨今の動向を確認しておく。

　国語教科書における個々の説明的文章教材やその編成に含まれる教材性を対象とした分析研究で代表的なものとしては，これまでに触れた渋谷（1980）や小田（1986）のほかにも，渋谷孝（1984）[8]や森田信義編著（1988）[9]などが挙げられる。

　しかし，分析研究の基礎を成す教科書教材掲載史研究に関して幾田伸司（2013）[10]は，現在までの蓄積が文学教材や古典教材に偏っていて，特に説明的文章の教材史は今後の進展が待たれる課題となっていることを指摘した（p. 183）。要するに，説明的文章の教材史研究については近年の蓄積に不足のあることが指摘されているのである。

　もし，個々の教科書教材から教材性を見出す分析研究が教材史研究としての史的展開を見せていないのであるとすれば，その要因としては，次の2点が挙げられるであろう。

　まず要因の第一は，本章でこのあと確認することになるが，教科書教材のもつ教材性の傾向に求められる。低学年教材には，原理や法則やカテゴライズなど確定的な説明内容を学習者の理解できる少ない語彙で表現するものが採用される。したがって，時代を超えた普遍的な価値を帯びやすく，長期にわたって教科書への掲載が続く可能性がある。しかし学年が上

第３章　小中学校国語教科書教材の系統性と補助教材との関係

がるにつれ，教材にはそのときの時代背景や社会状況が反映される傾向があり，また議論が続く未確定の説明内容を扱うことが増えるため，書かれてから時間が経過し，その当時の社会的文脈から遠ざかると，その教材のもつ話題上の価値が逓減しがちである。また，特定教材の文章に記された事実関係や論証のあり方について，教科書掲載後に関連各分野の専門家や教員から問題点が指摘されることもままある。そのため説明的文章教材は，文学作品全般に比べれば，低学年以外のものは比較的頻繁に掲載教材が差し替えられ，短命に終わりがちである。それゆえに，教材研究が蓄積しにくいのである。

　例えば「じどう車くらべ」「たんぽぽのちえ」「ありの行列」など昔からの安定教材は小学校第１～３学年に多く，学年進行に連れ掲載期間の短いものが多くを占めるようになる。渋谷（1980）が言及した，国土開発の長所のみを謳う昔の教材「高速道路」の例が示すように，教材のもつ話題上の価値は，高学年につれ社会的文脈と接近していく。学習者がその教材を欲して自ら読もうとする意欲や必然性を指導者が重んじるのであれば，文章の背景にある社会的文脈もまた，重んじる必要が生じるのである。

　教材が短命である背景には教科書編集の実情も潜んでいる。現在は廃止されているが，1977年に教科書検定規則が全面改正されたときに，大改訂や新規原稿を審査する「新規検定」と改訂頁数が全体の４分の１以下に留まる「改訂検定」とに申請枠が２区分され，結果的に既存教科書の毎回４分の１は教材が入れ替わるようになった。その際，文学作品で継続掲載される教材が多くなると，おそらく説明的文章教材の差し替えが多くなったはずである。学習者や指導者の知的好奇心を満たすためには，最新の知見を盛り込む教材を豊富に載せて最新の社会的文脈への接近を図り，併せて教材や教科書の陳腐化を避けることも当時は行われたであろう。

　次いで要因の第二は，教材性の分析研究のあり方の変化に求められる。現在では説明的文章の教材論研究が個々の教材に即して教材論単体で行われることは減り，松本修（2013）[11]の言を借りれば「内容と形式の統合という観点，書く活動との関連という観点，学習者の認識と読みのプロセス

第 1 節　説明的文章の教科書教材分析に関する先行研究概観

との関連という観点などを意識しながら，学習論と一体のものとして」展開されるようになってきている（p. 171）。

　この背景には，関連する心理学や認知科学などの分野から学習論にアプローチする研究の進展がある。岸学（2004）[12]，甲田直美（2009）[13]，犬塚美輪・椿本弥生（2014）[14] などはその一例である。また，論証とレトリックの 2 方向から学力モデルの構想へアプローチする研究の中で中学校説明的文章教材の文章構造を分析した間瀬茂夫（2017）[15] は，この分野における伝統的議論を踏まえつつも関連分野の研究の進展を取り込んで，個々の教材から中学校各学年における「説明」の階層構造の段階性を発見し，教師や学習者に対する調査を組み合わせて学力形成論へと発展させた点で，関連分野からアプローチし「学習論と一体」的に展開するという現在の研究の一つの到達点を示している。

　このような状況から教材性の分析研究は，文学作品教材のそれと比較すれば，個々の教材史研究として蓄積を欠いているかもしれないが，学習論と一体のものとしては展開されてきている。そこで次項では，まず小学校の教科書教材が内包している系統性について，非形式論理学的知識を踏まえて検討したものを取り上げ，示唆を得ることとしたい。

　なお，その非形式論理学的知識としては，本研究では**第 2 章**冒頭でも言及したように，国語教育界で井上尚美（1976）以来広がってきたトゥールミン・モデルによって論証構造を捉える考え方を踏襲するものとする。そして，トゥールミン・モデルには文脈の概念が位置づいていないことから，**第 2 章**で「個人の文脈」と「社会的文脈」の概念，また，学習者の垂直次元の発達の系統性を捉えるのに「認識論的理解の水準」を導入し，水平次元の発達の系統性を捉えるのに「社会的文脈への接続の観点から捉えられる説明的文章の読みの射程（Range）」を規定したところである。

第2節　先行研究から小学校教科書教材に見出される系統性
――論理的思考の発達と社会的文脈からの距離――

　国語科説明的文章学習指導のカリキュラムについては，これまでにも**第1章第3項**で挙げたような提案が複数あった。また，論理的思考あるいは論理的認識の発達と学習指導の系統性については，**第2章第3項**で挙げたような提案が小学校段階においては複数あった。ただし，中学校以降のカリキュラムや能力発達と学習指導の系統性については，管見では，古賀洋一（2015）[16]が方略的読みの発達の観点から論じている程度である。

　そのような現状にあって，個別の教科書教材ごとの教材史研究については前項のとおり，近年の蓄積に不足があることが指摘されている。とはいえ，教科書教材自体に備わる教材性を分析しその系統性を論じる先行研究はいくつか存在する。

　寺井正憲（1986）[17]の場合は文章構成に着目して1980（昭和55）年版光村中学校国語教科書を分析し，教材配列には文章構成を踏まえた系統化がされていないと結論づけた。ただしここで分析を加えているのは，間瀬茂夫（2009）の整理で言えば言語学的観点に基づく論理に該当するものであり[18]，「主題の位置」や「展開型」「列挙型」「演繹型」「対比型」「補足型」など，論証の構造ではなく文章構成のほうに寺井氏は着目していた。このような，文章構成の型に系統性を見出そうとするアプローチでは，特に中学校の現行教材で散見される，複数の型が組み合わされた複合的な構成の教材において系統性を捉えるのは困難かと思われる。

　これに対し光野公司郎（2004；2009）[19]や岩永正史（2007；2009），岩永正史，皆川恵子（2013）[20]は，井上尚美氏の論に依拠し，非形式論理学的知識によって教材の系統性を検討した。

　これらはいずれも小学校教材に関するものであるが，このうち岩永氏らは，説明的文章教材の学習要素を説明行為，論理的思考，それを支える表

現力の三つに整理し，各教材の特徴を分析している。そこで触れられている論理的思考についての説明を抜粋すると，表3-1のようになる。

また岩永・皆川（2013）はこの分析を踏まえ，次のようにも述べている（p. 119）。

　　小学校入門期から高学年まで，説明行為の進行の系統を示すと，およそ次のようになる。
　　1．（問／話題・要旨→答）×n
　　2．問／話題・要旨→解説・解明→答
　　3．問／話題・要旨①→解説・解明→答①→問／話題・要旨②→…
　　4．問（小問①→解説・解明→答①→小問②→…）答
　　このうち，問いと答えの関係や解説・解明の過程に，論理的思考が次第に高度化・複雑化しながら加わっていく。
　　　今回の分析結果を見ると，「いきもののあし」（1年上）には1の形が，「くらしをまもる車」（1年下）には簡潔ではあるものの2の形が，そして，「むささびのひみつ」（4年上）には，3の形が認められた。また，ここでは，詳しい分析の紹介はしていないが，「自分の脳を自分で育てる」（6年上では「脳の働き」）という抽象的な問いを「読むときや聞くとき，脳のどの部分がどのような働きをしているか」という具体的な問いに「くだいて」いる。これは4の形である。これらの結果は，岩永（2007；2009）で認められた説明文教材の系統性と同様である。
　　　また，論理的思考の点から見ても，単純な対応の把握（「いきもののあし」（1年上））から，複数の対応の把握（「くらしをまもる車」（1年下）），議論（「むささびのひみつ」（4年上））へと児童の思考を導いていく発展性が認められた。

このように，岩永氏らは説明的文章における論証を問いから答えへ至る解説や解明として捉え，解説・解明の過程の中にある複数の事例どうしと

第 3 章　小中学校国語教科書教材の系統性と補助教材との関係

表 3-1　論理的思考から見た説明文教材の学習要素
（岩永，2007；2009，岩永・皆川，2013 より抜粋して作成）

	教育出版2005（H17）版		学校図書2011（H23）版	
	教材名	論理的思考	教材名	論理的思考
1年上	なにがかくれているのでしょう	対応の把握	いきもののあし	対応の把握 理由と帰結
1年下	はたらくじどう車	複数の対応把握 （抽象と具体）	まめ	複数の対応把握 （抽象と具体） 時間順の把握
	みぶりでつたえる	複数の対応把握 具体と抽象の把握	くらしをまもる車	複数の対応把握 （抽象と具体）
2年上	すみれとあり	問いと離れた対応の把握 時間順の把握		
	鳥のちえ	さまざまな対応の把握 問と答 要旨と詳述 問の補完		
2年下	さけが大きくなるまで	さまざまな対応把握 （問を維持して読む） 時間順の把握	（＊調査対象外）	
	きつつき	手順の把握		
3年上	めだか	問と複数の答の対応把握 抽象と具体（事例）の把握 観点を定めて比較		
	森のスケーターやまね	因果関係の把握 抽象と具体の把握		
3年下	広い言葉、せまい言葉	抽象の段階		
	くらしと絵文字	具体（事例）と抽象の把握 事象と根拠		
4年上	花を見つける手がかり	大きな問と細かい問の把握 仮説と実験結果の検討 実験結果から結論へ （消去法） 反論を否定し結論を補強	むささびのひみつ	時間順の把握 類推 事実と意見
4年下	アーチ橋の仕組み	時間順の把握 原理と事例の把握 事例と抽象の把握		
	「便利」ということ	観点を定め比較 分析結果から結論へ		
5年上	まんがの方法	問と複数の答の対応把握 事実と意見（事例と結論）	（＊調査対象外）	
5年下	森を育てる炭作り	原理と事例の把握 具体と抽象の把握		
	日本語を考える	比較 事実と意見		
6年上	ぼくの世界、きみの世界	事実と意見（事例と結論、事例・反証・結論、事例と一般化）	自分の脳を自分で育てる	図と文章の対応 事象比較から結論
6年下	人類よ宇宙人になれ	条件と帰結		

第 2 節　先行研究から小学校教科書教材に見出される系統性

筆者の主張との結びつきを「論理的思考」として観察し，低学年では抽象と具体などの対応関係，中学年では因果関係，あるいは仮説と実験結果・分析結果から結論の導出，高学年では事例と結論，事例と反証，事例と一般化の要素を，各教科書教材から見出した。

　これに対し，光野（2004）は井上尚美（1989）[21]を踏襲して説明的文章教材に限らず談話や文章における論証をデータ，理由づけ，主張の3要素から捉える試みをしているが，なかでも光野氏の論の特徴は，データの中に「帰納」，理由づけの中に「演繹」を見出そうとしていることである。氏は，日常の言語における論証が自然科学的な厳密さに基づく真か偽かではなく，蓋然性に基づいて行われていることを踏まえ，ダーウィンの進化論を例にとって諸々の学説が今日までまず帰納的に発見され，その後定説化して演繹思考に利用されていくことを説いた（pp. 34–35）。そして**資料3-1**の「日常言語レベルの論証の構造をもとにした説明的文章の三分類」を提案し，それをもとに**資料3-2**の「読み書きが可能になる文種の系統」を示した。その際，**資料3-1**に光野（2004）は次のような説明を付している。

　　ダーウィンの研究の結果，今までの「理由づけ」が変容し，新しい「理由づけ」の時代になったのである。
　　この発達過程は，そのまま社会の発達過程にもあてはまる。人間社会においては，一般常識（「理由づけ」にあたる）を拠り所として物事を判断し，相手との意思の疎通を行っている。この一般常識が価値判断の基準であり社会の変容をもたらすものである。

　ただしダーウィンの進化論は，真偽で判断する自然科学における事例である。したがって，その事例を持ち出して日常言語の蓋然性の問題を扱う非形式論理学的知識としてのトゥールミン・モデルに「帰納」[22]を位置づけてよいのかどうかについては，懐疑的にならざるを得ない面がある。複雑な論証を細かく捉えたいのであれば，恐らくは単純にデータや理由づ

第3章　小中学校国語教科書教材の系統性と補助教材との関係

a　事実判断型説明的文章〈帰納的な構造のみ〉——「報告」の文章
　説明文，解説文などのようにいくつかの具体的な事実を列挙し，それらに対して判断したり感想を述べたりする文章。
（教材例）「たんぽぽのちえ」（光村・小2下）

綿毛をつける　　　　（具体的な事実1）
地面に横たわる　　　（具体的な事実2）
ぐんぐん伸びる　　　（具体的な事実3）
　　　　↓　帰納
ふえるためにいろいろ工夫している

b　日常意見型説明的文章〈「理由づけ」が省略された演繹的な構造〉——「論説」の文章①
　日常の意見文や生活文などのように，「理由づけ」（大前提）が社会的な常識として省略され，判断された「データ」から直接「主張」が導かれている文章。
（教材例）「地図が見せる世界」（光村・小5上）

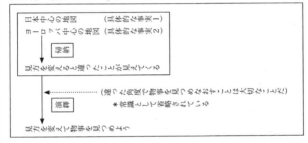

日本中心の地図　　（具体的な事実1）
ヨーロッパ中心の地図（具体的な事実2）
　　　　↓　帰納
見方を変えると違ったことが見えてくる
　　　←‥‥‥‥‥（違った角度で物事を見つめなおすことは大切なことだ）
　　　↓　演繹　　　＊常識として省略されている
見方を変えて物事を見つめよう

c　科学論文型説明的文章〈すべて省略が許されない構造〉——「論説」の文章②
　科学的分野，社会的分野においての論文のように，「理由づけ」（大前提）が筆者（論者）特有の考えであり省略することができない，すべての構成要素の明示が必要となる文章。
（教材例）「金星大気の教えるもの」（光村・中3）

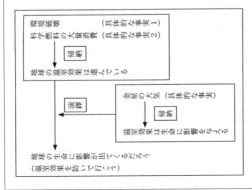

環境破壊　　　　　（具体的な事実1）
科学燃料の大量消費（具体的な事実2）
　　　↓　帰納
地球の温室効果は進んでいる

金星の大気（具体的な事実）
　　↓　帰納
温室効果は生命に影響を与える
　　↓　演繹
地球の生命に影響が出てくるだろう
（温室効果を防いで行こう）

資料3-1　日常言語レベルの論証の構造をもとにした説明的文章の三分類（光野，2004, pp. 61-63）

第2節　先行研究から小学校教科書教材に見出される系統性

けの中に帰納を見出すよりは，文章を分割して構造の中に部分的にトゥールミン・モデルを適用したり，細部は敢えて捨象し，構造全体を俯瞰するため文章全体に一つのトゥールミン・モデルを適用したりする方法を適宜選択するのが適切であろう。また，国語科説明的文章は学習者に読まれることを想定して記述されるため，専門家を相手に学術用語や定理，公理などの専門知識を駆使して記述する学術論文ではなく，挙げられる事例についても学習者が理解できるレベルに留まり，中には喩え話のような，科学的には厳密さを欠くことになるとしても「読み物」として興味を引き学習

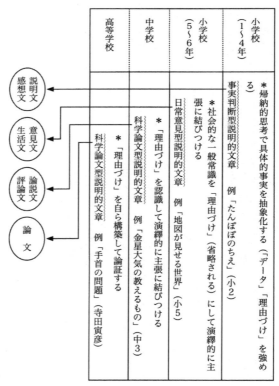

資料3-2　読み書きが可能になる文種の系統（光野，2004, p.69）

者を納得させるには効果的な例話も，事例の代わりあるいは補強として多用される。したがって，そのような説明的文章における一般化の過程を全て「帰納」と称することには語弊がある。

　以上から，光野（2004）の課題として次の2点を指摘することができる。

　1点目は「事実」（事例あるいはデータを含む）についてである。光野氏は単に「データ」とのみ記しているのでその質的な変化をどこまで意識できているのか不明な点もあるが，「事実」は全て一様に客観的で揺るがないものとは捉えず，低学年，中学年，高学年でそれぞれ質的な差があることを認めるのが適切である。**表3-1，資料3-1・3-2**では実際に，低学年のよく知られた一般的事実から始まり，学年が上がるにつれ次第に実験や分析あるいは反証の手続きを経て見出される発見的な事実へと，事実の質が変化していく動きが表れている。ここに，**第2章の表2-3・2-3a**「認識論的理解の水準」で言えば現実主義者水準の知識から多重主義者水準[23]の知識へ向かう垂直次元の系統性を見出すことができる。要するに，低学年教材での「事実」は物質や現象の揺るぎなき存在自体を指すので，文章は「確かなもの」であり「現実性の複写」であって学習者もまずは教科書教材の文章を信頼することから始まるが，高学年へ向かうほど「事実」が発見した人にとっての見え方に変わっていくので，そのぶん文章はいくらか「不確か」さを帯び，筆者の数だけの「意見」が生まれる余地も生じてくることになる。ただし，それを筆者の個性だと学習者が受け取ると「批判的思考は関係しない」ことになりかねないので，自身の見方をもち，筆者の文章に納得できたかどうかを自身が考えることを，文章の理解に当たり学習者に求める必要が生じてくる。

　2点目は文種についてである。光野氏は「事実判断型」「日常意見型」「科学論文型」の類型を設定したが，これらは「文種」の違いというよりも，取り上げる事実とその背景にある世界の違いの表れだと見るのが適切である。教科書教材には学術論文としての引用のルール，専門用語の定義，厳密な論証までは含まれないし，求められることもないのであって，

第2節　先行研究から小学校教科書教材に見出される系統性

　教科書教材にはやはり国語科説明的文章としての「自律性」があることを認めるべきである。ここにおいて，**第２章の表２-５**「社会的文脈への接続の観点から捉えられる説明的文章の読みの射程(Range)」で「知識空間の階層」として示したとおり，基盤にある「生活世界」と次第に拡大する「学問的世界」の間にある「統合的世界」の存在を確認することができる。また**表３-１**，**資料３-１・３-２**には，**表２-５**の用語を用いれば，「学問的世界」の拡大に伴い「認識する対象の範囲（時空間）」も低学年のRange 1「身近なことや経験したことなど（直接経験，具体的操作）」から高学年のRange 3「自分の考えたことなど（間接経験，形式的操作）」へ拡大していくという動きが表れている。ここに，「個人の文脈」を基盤として「社会的文脈」へ向かって論理的認識の対象を広げていこうとする水平次元の系統性を見出すことができる。このような教材の系統性は，学習者の論理的思考の発達段階がピアジェの言う７～８歳までの前操作期からそれ以降の具体的操作期を経て11～12歳頃以降の形式的操作期へと移行することとも，結果的に符合している。あるいは**第１章**で引いたように，カリキュラム研究者の安彦忠彦氏が最近の脳科学の知見を踏まえて示している，5歳頃から「言語や数などの知的技能」への強い興味と外界への素朴な直感的認識，9歳頃からは「理屈」や「論理」への強い関心，11歳前後からは「自分」の内部・内面への興味，16歳頃から人生観，社会観，歴史観といった「価値観」や「価値体系」の形成・確立へと，順を追って人の関心が移っていく「興味・要求の中心の移行による発達段階論」とも，よく合致している。

　しかしながら，まだ小学校段階での教科書教材は高学年になるにつれ「社会的文脈」へ接近していき，それゆえ陳腐化しやすく新教材に頻繁に差し替えられる傾向を帯びるものの，それでも教材化される際には，他教科で既習の学習内容に収まる範囲で記述され，その接近は学習者が「自分の考えをもつ」ことが可能な程度に留められる。例えば**表３-１**の教育出版高学年教材に見られる森と人間生活との関わり，あるいは人類と宇宙との関わりなどは，理科や社会科や総合的な学習の時間の学習でもやはり高

学年で扱われる題材であろう。

　以上，光野（2004）に対する2点の指摘を踏まえれば，小学校の教科書教材には，次のような系統性が内包されていることが確認できる。その系統性とは，学習者の論理的思考の発達に沿って，扱う「事実」（データ）の抽象度を次第に高めつつも，典型性をもつ国語科教材としての「統合的世界」を自律的に保ち，社会的文脈からは距離を取っていることである。教材性のこのような系統性に沿って，学習者は，低学年ではまず文章に寄せる信頼のもとに事実を説明する語彙や文章構成の基本を学ぶが，高学年へ向かうにつれ，次第に事実を発見する筆者の手続きの説明に触れながら自分の見方や考えをもつことが求められるようになるのである。

　では次に，中学校教材からは，どのような系統性が見出せるのであろうか。次節ではそれを確認する。

第3節　分析から中学校教科書教材に見出される系統性

第1項　先行研究との関係

　本章第1節第2項でも言及したように，間瀬茂夫（2017）は中学校説明的文章教材の文章構造を分析し，関連分野の研究の進展を取り込んで，個々の教材から中学校各学年における「説明」の階層構造の段階性を発見した。氏は宮脇昭稿「自然のシステムに学ぶ」（学校図書，中3，1992年検定済），安田喜憲「モアイは語る――地球の未来」（光村図書，中2，2004年検定済），角山栄「シンデレラの時計」（光村図書，中2，1992年検定済）での分析を踏まえ，「批評性が強く，高校における評論教材との連続性が見出しやすい」（p. 158）という学校図書中学校国語教科書（2005年検定済）の6教材（中1：①小原嘉明「モンシロチョウの手旗信号」・②若生謙二「変わる動物園」，中2：③なだいなだ「逃げることは，ほんとうにひきょうか」・④河合雅雄「若者が文化を創造する」，中3：⑤内山節「武蔵野の風景」・⑥玉

第3節　分析から中学校教科書教材に見出される系統性

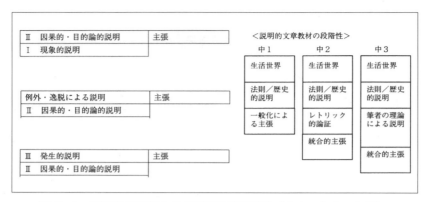

図3-1　説明的文章における説明の階層構造（左上・左中・左下），
説明・主張の階層と学年段階（右）
（間瀬，2017，p. 162, 165, 170, 172）

木正之「運動会」・⑦能登路雅子「ディズニーランドという聖地」）を対象に据えて分析し，図3-1の形でその構造を示した。それによれば，1年生の教材は現象に関する説明と，その現象が成立することの「因果的説明」や「目的論的説明」によって主に構成され，それに主張が付加されるという「説明」の構造が見出されると言う（p. 162）。次いで2年生の教材は「目的論的説明」あるいは「因果的説明」の例外を取り出すが，その例外については「科学的説明」を行っていない点で共通点が見られると言う（p. 165）。また3年生の教材では法則的，制度的な因果論や目的論では「説明」できない因果関係を発生論的に説明していて，「説明」の第Ⅲ層を成立させているとする（p. 169）。そして高校段階における評論教材では，「説明」の第Ⅳ層として，中学校段階では「説明」の階層の潜在層として想定される「イデオロギー的説明」が顕在化すると予想している（p. 171）。

この構造分析に際し，間瀬（2017）は次のように述べている（pp. 170-171）。

　　ところで，中3教材に見られた「発生的説明」は，被説明事項としてのある現象について，さまざまに考えられる原因から筆者が要素を

選び取って強調することになり、そこには筆者の価値観の表出が感得される。（中略）

　国語教科書の説明的文章教材においても、筆者の「説明」には、対象の分析者として「歴史的な立場」が現れている。それは、例えば教材7の結論部のように明示的に述べられる場合もあるが、教材1から6のように「説明」における事例の選択や対比されるものなどによって潜在的に表れる場合が多い。

　この指摘によれば、中3の学校図書教材に見られる主張や知識は、まさに**第2章の表2-3・2-3a**「認識論的理解の水準」で言えば最終段階の評価主義者水準に該当するものであり、そこには「間テクスト性」が見出されるのである。またそれゆえに、**第2章の表2-5**「社会的文脈への接続の観点から捉えられる説明的文章の読みの射程(Range)」で言えば「知識空間の階層」においては「学問的世界」の関与が拡大し、「文章を読む意義、社会性の広がり」においてはその文章が占める「言論の場」での位置を考えることがより重要になり、学習者が「認識する対象の範囲（時空間）の広がり」においては「社会の中で自分が考えていくべきこと」からさらには「社会で解明や解決が待たれること」への広がりが見出されるのである。

　というのは、**第2章第3項**で触れた香西秀信（1995）[24]の指摘にもあるように、意見とは本質的に「異見」や「反論」であり（p.20）、「さまざまに考えられる原因から筆者が要素を選び取」る結果表れる「筆者の価値観」に対しては、読者の価値観の照合が求められる点で、扱われる知識は決して確定した知識とは言えず、まだ議論の必要のある不確かな知識を扱うのがこの中3教材だと考えられるからである。要するに、扱う知識のレベルが「確かなもの」から「不確かなもの」へと質が低下していくと捉えるのでは決してなく、むしろ説明内容がよりホットな議論のある場へと踏み込む分、知識のレベルもその知識の取り扱い方のレベルも高度化していき、筆者の価値観、イデオロギーに対して読者はいかなる価値観をもつべきか自ずと問い返されることにもなる、と捉えるべきなのである。

第3節　分析から中学校教科書教材に見出される系統性

　この質的変化を光野（2004）の示した「説明的文章の三分類」で説明し直せば，実験や調査が繰り返され証明や傍証が積み上げられ議論され尽くして既に確定した，原理や法則やカテゴライズなど確定的な説明内容を扱う小学校低学年の「事実判断型」から，今まさに様々な意見が飛び交って議論している最中の日常生活における社会問題を扱う「日常意見型」[25]か，あるいは今まさに議論している最中の科学のフロンティアを扱う「科学論文型」へと，学年が上がるにつれ説明の対象が移行する結果として，取り扱う知識が「確かなもの」から「不確かなもの」へとレベルアップしていくことを示している。そして確定した知識でなく，まだ議論の余地のある不確かな知識を扱う文章を読む以上は，読者にもその議論に参加しようとする主体的姿勢が必要になってくる。また，眼前の文章はそれだけ読めばよいというものではなく，少なくとも筆者の執筆動機には他の既出の文章や議論が念頭にあったはずで，筆者の主張がそれへの異論として提起されたものであることは，読者に意識されるべきである。それゆえ，中学・高校段階の説明的文章の読解指導ではより一層，市井の議論にも視野を広げ読み広げようとする学習者の態度を育て，読書指導との連関や往還を図ることが志向されるべきだということにもなる。

　このように，間瀬（2017）は高校や中3の教材は事物でなく価値を説くものであることを既に示した。そこには，垂直次元の系統性の深まりと水平次元の系統性の広がりを認めることができる。果たしてこれが他社教科書の中3教材でも確認できるかを調査し，筆者の理論を踏まえた主張が社会的文脈とどのような関係にあるのかを検討する必要があろう。

　また，中2教材では第Ⅰ・Ⅱ層の上にレトリック的論証としての「例外・逸脱による説明」の層が表れると氏は言う。ならば，中2では理由づけの質に大きな変化が見られるはずであり，他社教科書の中2教材でも理由づけの質を確認する必要があろう。

　さらには，氏の示す中1教材の階層構造からは，小学校高学年での階層構造と大差ないように見えても，扱われる事実と主張の質に変化もしくは小学校との〈段差〉が見られることが予想され，他社教材の中1教材でも

事実と主張の質を確認する必要があろう。

　この事実と主張に関しては，2008（平成20）年版学習指導要領の「読むこと」上では「事実と意見の読み分け」として「目的に応じて，中心となる語や文をとらえて段落相互の関係や事実と意見との関係を考え，文章を読むこと。」（小学校中学年イ），「目的に応じて，文章の内容を的確に押さえて要旨をとらえたり，事実と感想，意見などとの関係を押さえ，自分の考えを明確にしながら読んだりすること。」（同高学年ウ），「文章の中心的な部分と付加的な部分，事実と意見などとを読み分け，目的や必要に応じて要約したり要旨をとらえたりすること。」（中学校第1学年イ，いずれも下線は著者）と，繰り返し学習されることになっている。ただし**第2章第4節**にも記したように，中学校は若木常佳（2011）の言う「馴化」の時期にあって，特に第1学年の個人差は大きく，小学校では指導者に手引きされてできたのに，中学校では既習の事項をうまく適用できないことがある。まして前年度にどの小学校でどの指導者の授業を受けたによっても個人差が著しい。そのような時期には「垂直次元」において螺旋的に，再び現実主義者水準から学習を開始して第3学年では評価主義者に到達するようなシークエンスをもつカリキュラムを設計することが望ましいことを先に述べた。もしも中1教材に見られる事実の質の変化に，現実主義者水準から絶対主義者水準を経て多重主義者水準の知識への移行が確認できるのであれば，そのような馴化のカリキュラム設計の構想は，過去の膨大な実践の蓄積の帰結として成立する今日の学習指導要領や教科書教材を自ずと踏まえたものともなろう。

　そこで以降では，各章（あるいは単元）の名付けのあり方から見て，話題主義的な特徴を帯びる光村図書中学校国語教科書と技能主義的な特徴を帯びる東京書籍中学校国語教科書について，学年ごとに第1学年では事実，第2学年では理由づけ，第3学年では主張に特に着目して，質とその変化の様相を観察することとしたい。

　その観察の結果をここで先取りして述べておくと，両社の中学校国語教科書における教材の実態には**第2章**で設定した**表2-3**や**表2-5**と矛盾す

第3節　分析から中学校教科書教材に見出される系統性

るところがない。つまり、第1学年では生活世界から学問的世界へ軸足を移した上で、既有の科学的事実を扱うものから筆者が独自に見出した発見的事実を扱うものへの移行が見られ、再び現実主義者水準から始まる順序になっている。第2学年では自然科学的な仕組みや因果が第1教材で登場し、次第に社会科学や人文科学を扱いつつ読者に対しては論理だけでなくレトリックも駆使して、学問的世界の論文でなく生活世界と学問的世界の統合された読み物としての特徴が前面に出てくる。そして第3学年では評価主義者水準にふさわしく、各社各様ではあるが教材の内容が学級の学習集団内の社会的文脈に作用しやすいものであったり、文章間に存在する社会的文脈を想起させやすいものであったりする。ただし、各学年内での教材の配列順序の傾向は各社各様であるため、各社の配置傾向の特徴を踏まえた上で各指導者がそれを活用したり組み替えたりして適切にカリキュラム設計を行う必要がある。

　なお、対象とする両社の中学校国語教科書は、2016〜2019（平成28〜31）年度使用版（以下「現行版」）とする。この教科書は、2008（平成20）年版学習指導要領における実践上の課題を反映して編集された最初の版である。この版では、教育出版が領域別編成を廃止し、三省堂が分冊を廃止するなど、各社様々であった編集方針が一斉に改められた結果として、5社とも体裁が似たものとなった。その中でも光村図書と東京書籍は以前から各領域を総合する章立て（あるいは単元編成）を重ねてきたので、教科書教材から系統性を観察する目的には、よりふさわしいと言える。

第2項　第1学年の場合[26]
——事実ならびに主張の質とその変化——

1　光村図書の場合

　光村図書では4教材が掲載されている。これらを順に見ると、事実の表現は（1）の読者の多く、または読者の一部にとって既有のものから、（2）の読者がその場で追体験できるもの、（3）の筆者が直接観察して

発見したもの，（4）の筆者の経験したことや，筆者が文献から見出したものといったように，読者側に既にあるものから筆者側が見出し示すものへと並んでいるように見える。

　一方，筆者の主張は強く押し出されているわけではない。（1）（2）では読者への提案がわずかに窺えるのみであるのに対して（3）では考察，（4）では今後の私たち社会の課題が3段落分を使って記されているものの，（3）の考察は示された事実どうしの因果関係，（4）の課題は事実として示された過去の経緯を踏まえれば読者にも類推できるものがその内容の中心であり，主張とは言え，筆者の発見が努めて客観的に記されている点で，評論文や解説文とは異なる。

（1）稲垣栄洋「ダイコンは大きな根？」（説明，2「新しい視点へ」）

　この文章は，①〜②段落（以下丸付き数字は段落番号）でダイコンの白い部分はどの器官かを問いかけ，③〜⑨でカイワレダイコンと比べながら器官を説明し，⑩で結論をまとめ，他の野菜も調べるよう呼びかけている。

　この文章での事実の表現は3種類ある。その一つめは①〜②の問いに見られる，例えば「私たちは，毎日いろいろな種類の野菜を食べています。」（①）や「野菜は植物ですから，根や葉，茎，花，実などの器官からできています。」（同）といった，中1ならば多数の読者が既にもっている生活体験や知識の叙述である。

　二つめは③〜⑨に見られる，中1の読者にとっては未知でも自然科学の分野では既によく知られている内容，例えば「胚軸の部分は水が多く，甘味があるのが特徴です。」（⑥）や「根には，葉で作られた栄養分が豊富に運ばれてきます。」（⑧）といった表現である。

　三つめは，大根下ろしを作った者なら分かる生活体験，例えば「例えば，大根下ろしを作るときに，辛いのが好きな人は下の部分が向いていますし，辛いのが苦手な人は上の部分を使うと辛みの少ない大根下ろしを作ることができます。」（⑨）といった表現である。

　この文章において筆者独自の主張は⑩の呼びかけに見出せる程度であり，それ以外の部分では，筆者は読者が既知の事実を伝え，未知の事実を

紹介して仕組みを説明する役割に徹している。
 (2) 桑原茂夫「ちょっと立ち止まって」(説明, 2「新しい視点へ」)

　この文章は, ①で読者のこれまでの経験を想起させ, ②〜⑤でルビンのつぼ, ⑥⑦で横向きの女性の図, ⑧⑨で化粧台に向かう女性の図を示して読者に見え方を問い, 見方を変えれば見えるものが変わることを述べて, ⑩では日常生活において他の見方を試す行動を提案する。

　この文章での事実の表現は2種類ある。一つは昔からある有名なだまし絵の図示があることで読者自身がその場で追体験できる現象の叙述, 例えば「つぼを中心に見ているときは, 見えているはずの二人の顔が見えなくなり, 二人の顔を中心に見ると, 一瞬のうちに, 目からつぼの絵が消え去ってしまう。」(③) といったものである。

　もう一つは「目はその少女に引きつけられる。このとき, 橋や池など周辺のものが少女に合わせられてしまうのである」(①) や「遠くから見れば秀麗な富士山も, 近づくにつれて, 岩石の露出した荒々しい姿に変わる」(⑨) など, 中1ならば多数の読者が既にもっている生活体験か, 直接同じ体験はなくともそれに近い生活体験から, それが誰にも起こる現象であることを容易に理解できる内容の叙述である。

　この文章において筆者独自の主張は⑩の提案に表れている程度であり, それ以外の部分では, 有名な図と誰にもありそうな生活経験とを結びつけて, 他の見方を試すことの価値を読者に納得させようとしている。

 (3) 辻大和「シカの『落ち穂拾い』——フィールドノートの記録から」
　　 (説明, 4「つながりの中で」)

　この文章は理科のレポートに似て, 小見出しを立て, 箇条書きを多用している。小見出しは①〜⑤「観察のきっかけ」, ⑥「観察からわかったこと」, ⑦〜⑧「仮説」, ⑨〜⑬「仮説の検証」, ⑭〜⑯「考察」である。

　このうち, 「観察からわかったこと」と「仮説の検証」は全て, 動物生態学者である筆者が観察によって初めて明らかにした事実の記述が占めている。また「観察のきっかけ」では, ①で筆者の研究経歴, ②で金華山の状況とそれまでの研究者間での定説(「ただ, サルは樹上を, シカは地上を

生活の場としているため、この二種の動物は互いに無関係に暮らしていると考えられてきた。」)、③で2000年5月13日に筆者が観察したこと、④後日文献で調べたことと研究課題、⑤でフィールドノートに記録を始めた内容項目について、それぞれ事実として示すことで経緯を語っている。

　残る「仮説」と「考察」の部分では筆者の主張が記されるが、その主張とは、観察によって明らかにした事実から推測できるシカとサルの生態上の相互関係である。したがって⑯の最後の「(略)こうした研究から得られた知識を役立てることができるなら、それは研究者としての何よりの喜びである。」という文のみが筆者の個人的感慨を示しているものの、それを除けば筆者の主張は全て、筆者の発見した新事実を踏まえて記されている。

(4) 中坊徹次「幻の魚は生きていた」(説明、6「論点を据えて」、新教材)

　この文章は、①〜③でクニマス発見のニュースに至った経緯をたどることを読者に誘いかけ、④〜⑦で江戸時代から1940年までの田沢湖の変化の史実、⑧〜⑬でクニマス発見に至った自身と関係者の間の出来事と文献から得た情報、また筆者自身による観察結果を紹介し、発見された魚がクニマスであると断定する。そのうえで⑭で田沢湖と西湖の水深は異なるが水温は共通していることを述べ、⑮〜⑰でクニマス保全のために必要なことと田沢湖へ「里帰り」するための課題を指摘している。

　この文章での事実の表現は3種類ある。一つめは④〜⑦と⑧〜⑬に見られる、文献で確認できる歴史的事実、二つめは⑧〜⑬で筆者が記録から見出した調査データ、三つめは⑧〜⑬に見られる、クニマス断定に至るまでに見聞したり遭遇したりした筆者の直接体験である。

　この文章における筆者の主張は⑮〜⑰でまとめて示されているが、それ以外の部分では例えば「西湖の黒いマスがクニマスだと科学的に証明するためには、サケの仲間でクニマスだけがもっている特徴を探さなければならない。」(⑬)のように、証拠となる事実を努めて示すことで筆者の判断の合理性を主張する形を採っている。

第3節　分析から中学校教科書教材に見出される系統性

2　東京書籍の場合

　東京書籍では3教材が掲載されている。この教科書における事実の表現は，（1）の史実や一般的な定説から，（2）の特定の資料，（2）（3）の筆者の直接体験，（3）の筆者の周囲での常識や日常的出来事といったように，読者側にも既に共有されている普遍的なものから筆者側が見出し示すものへと並んでいる。

　一方，筆者の主張は強く押し出されているわけではなく，いずれも証拠となる事実をいくつも示すことで読者を納得させようとしている。

　なお（3）は，教科書では「説明文」と表示されてはいるが，筆者独自の体験を生かして報道の仕組みや課題を説明するところに解説文的要素も若干見られる。

（1）高槻成紀「オオカミを見る目」（説明文，3「分かりやすく伝える」）

　この文章は，①〜④でヨーロッパの童話のオオカミ像とは違う昔の日本のオオカミ像について問いかけ，⑤〜⑩で日欧での昔のオオカミと農業との関係の違いを，昔のオオカミ像の日欧での違いのもととして紹介する。次いで⑪〜⑮で日本でオオカミの見方が一変した理由として江戸時代中頃の狂犬病の流行と明治時代のヨーロッパ童話の教科書再録を紹介し，⑯⑰で「このように，人の考えや行いは，置かれた社会の状況によって異なりもするし，また変化もし得るのだということを，心に留めておいてください。」（⑰）と結論づける。

　この文章での事実の表現は，例えば「ヨーロッパの農業は，麦を栽培し，ヒツジを飼って営まれてきました。当時の人々にとってヒツジは生活の糧でした。」（⑥）のような，全て史料で確認できる史実か歴史上の定説である。ただし特定日時に発生した水準の事実ではなく，今挙げた例のように，何十年から何百年にわたるその土地の文化と生活の概括的な叙述となっている。

　ゆえに，筆者の述べる主張にも普遍性が見られる。ただし，史料や歴史上の定説には，今後も新事実が発見されたり解釈が変わったりする可能性がある点では，客観的とまでは言い切れない要素も幾分か含まれている。

第3章 小中学校国語教科書教材の系統性と補助教材との関係

（2）三上修「スズメは本当に減っているか」（説明文，4「考えをまとめる」，新教材）

　この文章は，①〜③でスズメが減ったという噂や自分の感覚を紹介して「スズメは本当に減っているのでしょうか。」（③）と問い，④〜⑧で自由学園のスズメの調査記録，⑨〜⑪で農林水産省のスズメによる農業被害面積の記録，⑫⑬で水稲の作付面積が被害面積ほど激しくは減っていないという統計，⑭〜⑰で環境省によるスズメの繁殖可能性評価をそれぞれの長所短所と共に示す。そして⑱で「一つ一つは不完全であっても，ここまで証拠がそろえば，スズメは減少している，と結論づけてよいと考えています。」と述べる。

　この文章での事実の表現は，農林水産省のウェブページから算出し作成したグラフ，あるいは環境省の報告書，自由学園年報の三つの図表が中心で，これらには出典が明示されている。そのためこれらの事実は，読者が確認しようと思えば文献として直接入手できる。ただしその文献を発見できたのは筆者が鳥類学者だからこそのことであろう。そのことを筆者自身が，例えば「探してみて，ようやく見つけ出したのが，東京都東久留米市自由学園における鳥類の調査記録です。」（⑥），「こういった記録が日本各地にあればよいのですが，ほかにないのです。」（⑨）といった言い回しでわざわざ言及しているのも，この文章の特徴である。

　この文章において，筆者は丁寧かつ慎重に主張を述べている。例えば「この記録は，農家の自己申告やアンケートに基づくものなので数値の正確性にはやや難がありますが，全国規模で，長い間，調べられているというのは非常に大きな利点です。」（⑩）や「（略）と考えられます。／しかし，これとは別の推測も可能です。例えば，農作物にスズメが近づくことをうまく防げるようになったので被害が減った，とも考えられるのです。／そこで（略）」（⑬〜⑮）のように，調査結果を筆者の主張に直線的には結びつけず，まず一旦はその調査結果の短所や導き得る不都合な別の解釈も挙げ，その上で別の調査結果を追加して論を補強するという述べ方をしている。

第3節　分析から中学校教科書教材に見出される系統性

（3）池上彰「ニュースの見方を考えよう」（説明文，7「表現を考える」）

　この文章は1行の空白で区切られた①〜⑭，⑮⑯，⑰〜⑳，㉑〜㉖，㉗〜㉚の5部から成る。そして各部は「つまり，取り上げるニュースは制作者が決めているのです。」（⑭），「つまり，ある出来事のどのような面に着目してニュースにするのかも制作者が決めているのです。」（⑯），「つまり，ニュースの内容は加工されたものなのです。」（⑳），「つまり，ニュースも演出されているのです。」（㉖），「ニュースの受け手でいるだけでなく，ニュースを自分なりに判断していく。これが，いずれ社会人になるあなたにとってだいじなことだと思うのです。」（㉚）で締めくくられ，各部最後の文が各部を要約している。

　この文章では，4種類の事実が示されている。その一つめは，「イラクでもアフガニスタンでも，パレスチナでも，紛争で大勢の人が命を落としていました。」（⑫）のような周知の歴史的事実である。二つめは，「渋谷駅周辺で平日の午後にインタビューをしたことがあります。ところが（略）全くインタビューになりませんでした。」（⑥）のような筆者個人の報道記者としての体験である。三つめは「ニュースではよく専門家へのインタビューの映像が流れます。ほんの短い時間のものが多いのですが，実は，実際に収録されている映像はその何倍にもなるのです。」（⑰）といった，筆者の世界ではよく知られてるが中1の読者には知られていない知識である。四つめは三つめと同じ内容であるが，一般論としてぼかして仮定の話に仕立てられている点が三つめとは異なり，たとえ話のようにも見える。とはいえ比喩ではない。例えば「政治的に意見が分かれる問題についてインタビューをしてみたら，賛成の人は二人しかいなかったけれど，反対の人が十人いた<u>としましょう</u>。ビデオを収録して放送局に戻ってきたスタッフは，編集作業をしようとして，はたと悩みます。」（②，下線著者）のような叙述がそれである。ここで表されているのは，筆者の世界ではよく知られている知識である。

　この文章において，筆者の主張を述べる部分のほとんどは「〜のです。」という文末になっている。「でも，番組を作っているのも人間，どこで取

材をするか，何をどのようにニュースとして伝えるかは，制作する人の考え方で決まってくるのです。ニュースは編集されているのです。」(⑨)や，前述の各部最後の文がその例である。このことから，この筆者は自分の見方を述べる際，それが自分の判断だと読者に明確に伝わるよう，意識して文末を「～のです。」に揃えたのではないかと思われる。

3 「事実」の種類とその順序

　以上の2社7教材に見られる「事実」表現の内容を総合して整理し類型化すると，大まかには次のAからFへと向かう順序性が見出せる。Fに近づくにつれ，筆者個人の主体性や主観性が強まっていく傾向がある。光村図書はA→B→D→Fといったように小学校の復習的要素のある学習者の既有知識から筆者の取材による具体的事例へ一足飛びに移行するが，東京書籍はC→D→E→Fといったように中1の学習者に既有の知識は扱わない。

A　読者が中1であっても，その多くか一部の者にとって既有の知識…1（1）

B　読者が中1であっても，その場で追体験や実験ができる現象…1（2）

C　成人読者ならば筆者との間で共有されるであろう一般的な知識や定説，史実…2（1）

D　筆者が発掘した資料，筆者自身が調査し収集したデータの傾向…1（4），2（2）

E　筆者の周囲ではよくある出来事，筆者自身の行動の傾向…2（3）

F　筆者個人の行為，直接経験，直接取材した具体的事例…1（3）（4），2（2）（3）

第3節　分析から中学校教科書教材に見出される系統性

第3項　第2学年の場合[27]
―――理由づけの質とその変化―――

1　光村図書の場合

　光村図書では旧版から1教材のみ入れ替わり，4教材が掲載されている。これらにおける「理由づけ」の種類を順に見ると，（1）では歴史と因果，（2）では歴史と類似，（3）では仕組み，（4）では類似と反例による主張が行われている。（1）と（2）は歴史によって主張する点では共通しているが，（1）におけるバイオロギング開発の歴史は現代の周知の事実であるのに対し，（2）はイースター島の過去に関する現代の筆者が立てた一つの学説である。また（3）は筆者の美的感覚に頼り，（4）は読者の直接や間接の経験に訴えている。したがってこれら4教材の理由づけは確定的で客観的なものから不確定あるいは主観的なものへと並び，それとともに，取り上げる題材の成り立ちや経緯を説くものからその題材の価値を訴えたり問うたりするものへとシフトしていくように見える。

　一方「理由づけ」の構造は（1）（2）では入れ子型で（4）は並立型であり，（3）以外は複合的な組み立てになっている。ただし（1）では入れ子の大枠，（2）では入れ子の中側がそれぞれ暗黙的に示される点では異なる。

（1）佐藤克文「生物が記録する科学―――バイオロギングの可能性」（説明，2「多様な視点から」，新教材）

　この文章は，①〜④段落（以下丸付き数字は段落番号）で水生動物は水中の様子を観察するのが難しいゆえに開発された調査方法としてのバイオロギング，⑤でエンペラーペンギンの長く深い潜水行動の記録を紹介し，⑥〜⑫ではエンペラーペンギン，⑬〜⑮ではアデリーペンギンの生態の謎を筆者が仮説と検証でどのように解明していったかを述べ，⑯では野生のペンギンが生き残りをかけ様々な工夫をしていると指摘し，⑰⑱ではバイオロギングという調査方法開発の苦労と恩恵，今後の可能性を説いてい

る。

　したがって，⑥〜⑫と⑬〜⑮でそれぞれペンギンの一種に関する仮説と検証の経過を歴史的に示し，それを以て，動物から得られるデータが人間の思考範囲を今後も拡大するはずだと主張する根拠にしている点で，この文章の理由づけは入れ子型の構造になっている。

　この文章に見られる理由づけは，大きくは２種類ある。一つは入れ子の外側としての歴史的説明であり，過去の経緯を示すことで未来も動物の生態解明が一層進むだろうと暗黙のうちに理由づけている。もう一つは入れ子の内側としての因果による主張であり，仮説が破られた経緯を検証するために観察を続ける中で新たに分かった重要な発見的事実を，筆者の推測する因果関係を示すものとして理由づけている。例えば⑮では，ペンギンが水中では別々に行動しているのに潜水の開始と終了だけを一致させている理由を，ペンギンたちが水中から飛び出してきた直後にペンギンを食うアザラシが浮上してきた出来事を観察した事実を示して「捕食者から身を守るための行動であるようだ。」と推測している。

　これらの，⑥〜⑫と⑬〜⑮での因果による主張と，それを踏まえ歴史的経緯を示すことで未来に期待させる説明の２種類の理由づけは，前者は自然科学の真理性，後者は歴史的蓋然性の面では強固さを有しているが，前者は明示され，後者は暗黙的に示されている点が異なる。

（２）安田喜憲「モアイは語る——地球の未来」（論説，４「関わりの中で」）

　この文章は，①〜②でイースター島にモアイ像が作られ，作られなくなったこと，モアイを作った文明の末路が地球の未来を考える上でも問題を投げかけていることを述べ，③〜⑥でポリネシア人が作ったこと，⑦〜⑫で人口増加と巨石運搬で森林の伐採と破壊が進んだこと，⑬〜⑮で文明が部族間抗争と食料危機で崩壊したことを挙げ，⑯〜⑳で森林に覆われた日本や人口爆発の進む地球との類似性から資源の効率的長期利用の方策を考えるべきだと主張する。

　この文章の理由づけは入れ子型で，③〜⑥では化石人骨や栽培作物の分

第3節　分析から中学校教科書教材に見出される系統性

析，炭化物の測定結果，⑦～⑫では花粉化石の分析結果，⑬～⑮で表層土壌の流出があることをそれぞれ根拠にしつつ見解を述べ，それら各部分を受けて現在の地球との類似点を挙げる⑯～⑳においてはそれまでの各部分での見解が根拠の役目を果たす，という構造になっている。

　しかしながら，筆者が研究に携わった花粉化石に関しては把握された細かな事実とそこから推論した内容が詳しく書き込まれているが，他の部分では例えば「～が判明した。～の分析や，～の分析から明らかになったのだ。」（③）などのような書きぶりであって，筆者の判断の根拠と理由づけの多くが省かれている。このことは記述に軽重をつけ読みやすさを増している反面，歴史的に確定したとまでは現時点で言い切れない学説を確定的に紹介しているように受け取れ，そこが理由づけの弱さにもなっている。その弱さとはつまるところ，歴史の観点から各段落での記述を時間順に追うと，ポリネシア人が最初にやってきたのが「五世紀頃であることも明らかになった」（③），また「ヤシの花粉の量は，七世紀頃から，徐々に減少していき」（⑪）と述べているのに，「突然巨大なモアイの製造が始まる」のは「十一世紀頃」（④）で，人口はその後も増え続け「十六世紀には一万五千から二万に達していた」（同）と述べるなど，時間の間隔が開きすぎ，また前後関係の面でもうまくつながらない点にある。

　それゆえ，モアイ製造や人口爆発をそのまま森林，文化の消滅の理由とみるには説明不足か，あるいはそもそも考古学上の未解明の部分のあることが懸念される。ただし，モアイを作る文明がなくなったイースター島にはかつてあった森林が現時点で存在しないのは事実であるから，この島と地球との類似点を挙げて警鐘を鳴らそうとする筆者の主張は，大枠としては揺らがない。

（3）布施英利「君は『最後の晩餐』を知っているか」（評論，6「論理を捉える」）

　この文章は，①～⑤でダ・ヴィンチと「最後の晩餐」の価値を「かっこいい」という感想とともに紹介し，⑥～⑨は画題，⑩⑪は手のポーズに代表される解剖学の裏打ち，⑫⑬は遠近法，⑭は光の明暗から絵の長所を挙

げ，⑮⑯で筆者の感じた「かっこいい」がこれら絵画の科学から成り立っていたことを指摘する。次いで⑰⑱で修復といえども現状維持しかできない制約を述べ，それでも⑲⑳で細部は落ちたが修復で「『全体』がよく見えるようになった」と指摘し㉑で「五百年も昔に描かれた名画は，二十一世紀の今も生きている。」と主張する。

　この文章に見られる理由づけは，ダ・ヴィンチの制作過程や今日までの経過など歴史的事実を踏まえて「最後の晩餐」の仕組みを分析的に説くものになっているが，それらを「最後の晩餐」の普遍的価値へと結びつける際には，客観的な解説ではなく筆者が直接観察した際の「衝撃」「かっこいい」といった主観的記述をもって価値づけようとしている点で，いわゆる狭義の説明文とは大きく異なる。

（4）最相葉月「科学はあなたの中にある」（論説，7「表現を見つめて」，新教材）

　この文章は，①で「科学とは何だろう」と問いかけ，②〜⑤で筆者が高校生当時の出来事でのMさんの観察ぶり，⑥〜⑭でファラデーの市民向け講演会という，いずれもろうそくの実験にまつわる逸話を紹介し，⑮⑯⑱で日常のあたりまえを疑う価値が発明や発見をもたらすとしながらも，⑰では科学は役立つかどうかを目的としないという定義上の問題を指摘し，技術を過信すれば危険を及ぼしかねないことを原子爆弾や原子力発電所の事故を例に挙げて述べ，技術の背景にある科学は「信じるものとしてではなく，理解するものとして見つめなければならない」という留保条件を導出して自分の主張を一部制約する。

　この文章の理由づけは二つあり，一つは2事例の類似性を，あたりまえを疑う姿勢の大事さの主張へと結びつける前半部，もう一つは原爆や原発事故を反例に挙げ，科学は信ずるものでないという主張に結びつける後半部に見られ，二つは入れ子というよりは並立の関係にある。

　読者は，事例のMさんやファラデーの話こそ知らないが，ろうそくについては直接経験があり，原爆や原発については間接経験ながらも学習や生活で多くの生徒が触れていて，既知の情報と実際にあった弊害を組み合

わせて読者の常識に訴えかける手法を採っている。

2　東京書籍の場合

　東京書籍では3教材とも旧版にも掲載されていたものの，うち一つは全面改稿，一つは中3からの移動で，実際には大きく改められたことになる。

　3教材における「理由づけ」の種類を順に見ると，(1)では仕組みと権威（無形文化遺産登録），(2)では比較の反復，(3)では一般化による主張が行われていて，生活科学的題材において仕組みから価値を論じる(1)から，哲学における思考の過程を紹介する(2)，言語表現の正確性を具体的に検討する言語哲学的題材の(3)へ向かって，論証の厳密さが増す配列になっている。

　一方「理由づけ」の構造は(1)では入れ子型で複合的な組み立てになっているのに対し，(2)や(3)は単一である。

(1) 小泉武夫「鰹節——世界に誇る伝統食」（説明文，3「伝え方を工夫する」，改題）

　この文章は，①〜③で鰹節の硬さ，④〜⑧で製法の手順と硬さとの関係，⑨〜⑫で乾燥が保存性を高めていること，⑬〜⑮で鰹節のだしとしての長所を説き，⑯〜⑱で鰹節の価値を訴えている。

　この文章で見られる理由づけは2種類ある。一つは①〜③，④〜⑧，⑨〜⑫，⑬〜⑮の各部分における，解明され共有された既知の確定情報としての鰹節の性質や製造の仕組みの記述，もう一つは⑯〜⑱における，それまでを「日本人の知恵の結晶」「日本人が声を大にして世界に誇れる食べ物」(⑯)とまとめ，鰹節が近年家庭で使用されない原因をうまみ調味料の台頭に求めて，「日本人としては寂しい」「本当にもったいない」と評し，世界の無形文化遺産に登録されたことを以て鰹節伝承の主張へと結びつける記述にある。うまみ調味料の台頭には，鰹節の硬さが調理までに手間取る点でかえってデメリットとして作用しているなどの理由も他に考えられるであろうが，筆者はそのことは指摘せず，無形文化遺産登録という

権威を踏まえ，筆者は素朴な「寂しい」「もったいない」という評によって主張を導出している。ここに，伝承された鰹節の存在そのものにこそ価値を見出す，農学者としての筆者の立場が端的に表れていると言える。

（2）野矢茂樹「哲学的思考のすすめ」（評論文，4「説得力を高める」，改題・全面改稿）

　この文章は，①〜④で哲学的思考の意義を説明して例題「恥ずかしいってどういうことだろう？」を提示し，⑤〜⑧で具体例を挙げ共通点を探り一般化すること，⑨〜⑪でその説に対する反例の存在の確認，⑫〜⑭で類似例との相違点の比較，⑮〜⑰で自説に合わない具体例の存在を確認する作業について，それぞれ例題に沿って筆者の思考過程を例示し，⑱で筆者の出した例解，⑲〜㉑で例解の補足，㉒で哲学的思考の意義を述べる。

　この文章における理由づけは，類似語との比較により各語の共通点と相違点の発見を繰り返すことで，次第に「恥ずかしい」の語義を精緻化していく方法を採っている。また，筆者は自説を押し出すだけでなく，⑨〜⑪や㉑で反例も探しながら慎重に定義を定めようとしている。

（3）香西秀信「『正しい』言葉は信じられるか」（説明文，7「効果的に表現する」，3年より移動）

　この文章は，①〜③で言語表現では順序性のない情報を順序づけることがあること，④〜⑦で逆接で接続される2文では後ろの文が優位になる例，⑧〜⑫と⑬〜⑯で同じ事実を表す複数の表現が存在する例，⑰〜⑳で見方が同じ事実に異なる言葉を与える例をそれぞれ示し，㉑で事実と言葉との関係を理解し，物事を複数の視点から眺める必要性を説く。

　この文章における理由づけは，㉑以外の全ての段落を具体例の列挙に当て，証拠となる例文を複数示して一般化していくことによって行われている。またその具体例は，言葉が同じでも配列で意味が変わる例を先に，同じ事実でも味方により違う言葉が与えられる例を後にして，「正しい」言葉とは何かについてより強い疑問を読者に喚起できる例から順に挙げている。

第3節　分析から中学校教科書教材に見出される系統性

3　「理由づけ」の種類とその順序

　2社の7教材に見られる「理由づけ」の特徴を整理すると，大まかには次のAからJの種類が見られる。ただし，複数の「理由づけ」記述を含む教材はそれぞれの種類で重複して取り上げる。なお，中2教材では複数の種類を含むものが大半である。

　社によっては教材の配列に特徴があるので，AからHへ順次移行するような傾向は見出せない。ただし，自然科学的な内容に関する仕組みや因果による理由づけは最初の教材で扱い，その後はより発見的なものまたは価値観に関わる主観的なものへ移っていくという順序性は見出せる。発見的なものかまたは価値観に関わる主観的な教材は，真か偽かで判断できる自然科学の分野のものよりは，蓋然性の範囲で議論する社会科学または人文科学の分野に属する内容のものが多い。この順序に，段階性というよりは領域的カリキュラム性を見出すことができる。要するに，水平次元的な系統性が見出せるのである。

A　仕組みによる主張
　2（1）肉眼で観察でき生物調査で判明した製法
　1（3）肉眼で観察でき歴史的調査で確認できる描画法
B　因果による主張
　1（1）仮説と検証で推定するデータと生態との関係
C　一般化による主張
　2（3）複数の例文の言語表現上の観察
D　反例による主張
　1（4）優れた技術が生活に危険を招く事例の存在
E　類似による主張
　1（2）イースター島と地球との経緯の類似性
　1（4）高校生と科学者との実験の視点の類似性
F　比較による主張
　2（2）「恥ずかしい」と類義語との語義の比較
G　歴史による主張

1 (1) 自己の携わる新研究分野の誕生と発展の経緯
1 (2) 研究成果から推測される5世紀〜現代の島の変化
H　伝統・権威・証言による主張
2 (1) 国際機関による承認（無形文化遺産への登録）

4　「理由づけ」の構造とその順序

　2社の7教材に見られる「理由づけ」の構造上の特徴を整理すると，次のOからQの種類が見られる。光村図書も東京書籍も，おそらく学習者への配慮であろうか，論証の厳密さが高まるにつれ構造が単純になる傾向がある。具体的に言えば，論証の厳密さの高い2教材では単一型を採る東京書籍に対し，価値を語り評論性の強い2教材では単一型や並立型を採る光村図書，といった様相である。

　なお，各教材の説明中の括弧は，暗黙的な提示であることを意味する。

O　単一型
　1 (3) 仕組み
　2 (2) 比較
　2 (3) 一般化

P　並立型
　1 (4) 類似→反例

Q　入れ子型
　2 (1) 仕組み＜権威／（前提）
　1 (1) 因果＜（歴史）
　1 (2) （歴史）＜類似

第4項　第3学年の場合
——主張の質と社会的文脈への接近——

1　「主張」と社会的文脈との関係

　序章でも触れたが，日常の議論を捉える目的で提案されたトゥールミ

第3節　分析から中学校教科書教材に見出される系統性

ン・モデルは，スティーブン・トゥールミン（2011）自身が説明するように，日常の議論を捉えるためにそもそも「法学的アナロジーを念頭におきつつ」（p. 12）論じられたものであって，複数の話題をもち「理由づけ」の構造が複雑さを増す中2教材のような文章を捉えるモデルとしての使用は本来想定されていない。それでも教材を捉えるのには有効だが，前項で記した「より発見的なものかまたは価値観に関わる主観的な」論説や評論を評価するにはやはり限界も抱えることになる。

　なぜなら，何かに価値を見出すか，あるいは研究的視点から新しい何かを発見することの背景には，ある問題状況が必ず存在するはずであり，その問題状況に関する知識やこれまでの議論の経緯，つまりその教材の「社会的文脈」が読者と筆者との間で共有されていないと，なぜ筆者がその価値を主張するのか，あるいは何が新しい発見なのかを読者が適切に「評価」できないからである。しかも，この「社会的文脈」は，成人でありその文章を選んで主体的に読む読者と筆者との間では共有されている場合が多い（いわゆる「論壇」はそれに相当する）が，未成年の者が関心の有無に関わらず読むことになる教科書教材においては学習者と筆者との間で必ずしも共有されているとは言えない。こういった「社会的文脈」の存在を，トゥールミン・モデルはそのモデルの中に位置づけてはいない。

　これに関連して，前項で整理したように，いくつかの教材では暗黙の前提を踏まえていたり，「理由づけ」の一部を暗黙的に示したりもしていた。この「暗黙」は，論証の強固さを検討する見地からは弱点ともされかねない箇所であるが，暗黙の部分を「社会的文脈」の一部として捉えるならば，むしろ暗黙ながら筆者と読者で情報が共有できている点で，字数に限りのある文章表現においては経済合理性のある行為だとも言える。

　また「発見」に関しては，論理的には何らかの飛躍を伴うことが例えば米盛裕二（2007）[28]によって指摘されている。したがって筆者の発見的主張に対しては，ある程度の論証の厳密さは必要ではあるにせよ，語られていない部分（暗黙かまたは飛躍）を否定的にのみ見るだけでなく，むしろ積極的に受容もし，分からないところは筆者の書いた他の文章や，あるい

はその教材の背景にある「社会的文脈」の調査・探索へと向かい、それらを読み合わせ読み重ねた上で当該教材の意義や価値を評価するといったような読書指導的アプローチを採るほうが建設的である。また、そういった意味合いでの揚げ足取りではなくクリティカルな「批判的思考」こそが義務教育最終年次の中学3年生で一応の到達をめざしたい、表2-3・2-3a「認識論的理解の水準」で示す最高水準としての評価主義者水準にふさわしい。

　以上の見地から、第1項も踏まえて、ここでは2社の中3教材に見られる主張の質と社会的文脈への接近の度合いについて、ごく大まかに見ていくこととする。

2　光村図書の場合
（1）小久保英一郎「月の起源を探る」（説明文、第2単元「視野を広げて」）

　この文章は、まず①〜③で月がどのような天体でどのように誕生したのかを問う。次に④〜⑦で月の特異さ、⑧〜⑪で現在は否定された三つの月起源仮説を述べる。そして⑫〜⑮で巨大衝突説仮説の説明、⑯〜⑲で現時点では巨大衝突説が最有力仮説であることの説明を加え、最後に⑳〜㉒で成果と課題を示す。

　この文章における主張は、理論天文学者による、月解明は地球解明にもつながるという訴えである。

（2）竹田青嗣「『批評』の言葉をためる」（論説文、第3単元「言葉を見つめる」）

　この文章は、まず①〜⑤で批判を批評に近づけるために理由を添える必要があることを指摘する。次に⑥〜⑧で批評の言葉をためるとは相手に届く言葉を探すことと相手の言い分をくみ取る努力をすることだとし、⑨〜⑪で善悪や美意識の価値判断の自己ルールを他者と比べ認め合い調整し合う必要性を述べる。そして最後に⑫⑬で優れた文章や小説に親しむことと、人の言葉や言い方をよく聴き取ろうとする気持ちをもつことを、共に

第3節　分析から中学校教科書教材に見出される系統性

強調する。
　この文章における主張は，哲学者・文芸評論家による，優れた作品に親しみ，人の言をよく聞くことの大事さの訴えである。
（3）山極寿一「作られた『物語』を超えて」（論説文，第6単元「論旨を捉えて」，新教材）
　この文章は，まず①で人間が作った「物語」によって動物たちに悲劇がもたらされていると述べ，次に②～⑥でゴリラ本来の性質を解説し，⑦～⑨でゴリラに対する人間の誤解が流布した背景に人間が「物語」を作り仲間に伝えたがる性質があることを指摘する。そして最後に⑩～⑫で現代の社会へと問題を一般化して主張を述べる。
　この文章における主張は，人類学者・霊長類学者による，独善的な解釈を避け相手の文化や社会をよく理解する必要性の訴えである。
（4）鷲田清一「誰かの代わりに」（論説文，第7単元「未来へ向かって」，新教材）
　この文章は，まず①～④で自由な社会には自由ゆえのしんどさが存在することを指摘する。次に⑤～⑦で無条件肯定を求める必然性とそこに潜む危険性を述べ，⑧～⑫で自立と責任の意味を説き，⑬～⑮で一人の神学者の言葉を引きながら苦労に宿る生きる意味を述べる。そして最後に⑯～⑱でパンセの一節を味わうべき言葉だと示し，それに託して人間の弱さを肯定的に受け容れることを暗に主張する。
　この文章における主張は，哲学者による，神学者とパスカルの言葉の引用の形での「人間の弱さを知らない人は弱い」という訴えである。

3　東京書籍の場合
（1）中静透「絶滅の意味」（論説文，第3単元「文章の展開を考える」）
　この文章は，まず①～④で生物絶滅の今日的問題を捉え，次に⑤～⑩で人間による加速と要因，⑪～⑳で生態系と人間との関係を示し，最後に㉑で反論への反論と主張を述べる。
　この文章における主張は，生態学者による，生物の絶滅を防ぐ必要性が

あるという訴えである。
（2）田中真知「黄金の扇風機」（評論文，第4単元「多面的に検討する」）

　この文章は，まず①〜③で美しさの民族や地域や文化による差を挙げ，次に④〜⑧で1990年代のエジプトの体験談，⑨〜⑪でその数年後のエジプトの店先に感じ取った変化の体験談，⑫〜⑯でグローバリズムについての感想を述べ，最後に⑰で主張を説く。

　この文章における主張は，作家・翻訳家による美しさの比較文化論であり，美しさは様々であり，それを見出すのは見る側のほうの問題であるという訴えである。

（3）千住博「サハラ砂漠の茶会」（評論文，第4単元「多面的に検討する」）

　この文章は，まず①〜④でサハラでのお茶体験，⑤⑥で現地の食事のおいしさを語る。次に⑦〜⑨で音楽や芸術には人類共通の美的体験が備わっていること，⑩〜⑫で旅先の異国での美体験を共有した事例を挙げ，最後に⑬で主張を述べる。

　この文章における主張は，日本画家による芸術論あるいは美の役割の考察であり，美には「人間皆同じである」というメッセージがあるという訴えである。

4　「主張」の種類とその順序

　光村図書の場合は，各分野の学問の専門家が自分の専門領域について発言している。そして，（1）は自然科学分野の学術的な仮説検証の過程を説くものとなっているが，（2），（3），（4）は人文科学分野での知見を踏まえながら一般成人だけでなく中学生の言語生活の実態も視野に入れた提言が示されている。したがって，（1）は真偽で判断されるものであるのに対し，（2），（3），（4）は蓋然性で判断されるものであって，社会を持続的に維持することに価値を見出す大前提において確からしいと言えるものが並び，（2），（3），（4）の中での順序性は特には見出せない。

　一方，東京書籍の場合，（1）は自然科学分野の知見を踏まえ，人間に

第3節　分析から中学校教科書教材に見出される系統性

警鐘を発する内容であり，光村図書の（1）よりも中学生の社会生活との関わりは深い。また，（2），（3）は同一単元に収められた作家や芸術家という実践家による美論であり，美醜の価値観によって論じる議論になっている。その意味では，光村図書の（2），（3），（4）に見られる理論知に基づく価値観よりも，学習者にとっては議論に参加しやすいものになっている。2段階なので順序性を論じるのは必ずしも適当とは言えない面もあるが，まず自然科学から始まる点では2社の順序は共通している。

5　「主張」と社会的文脈の間の距離

　光村図書の場合，（1）に含まれる社会的文脈は，自然科学分野の専門家間での議論に留まるが，仮説検証と議論の経緯を説明する中で，その概要は読者に明示的に示されていることになる。自然科学の専門知を説く内容のものでは，専門家間の議論の文脈については知識がないと読めないはずだが，この教材については仮説・検証の形でその文脈が読者に示されているため，中3の学習者が社会的文脈に参加できる教材になっている。一方（2），（3），（4）の主張の背景にある社会的文脈は非明示的であり，文章の中ではほとんど記述されていないが，一般成人だけでなく中学生の言語生活の中でも毎日よく起こっている問題点が取り上げられているので，おそらく個人の文脈や，教室の学習集団内の社会的文脈に作用し，日常を振り返るような議論を誘う可能性は充分ある。

　これに対し東京書籍の場合，（1）は環境の保護について，専門家外の素人なら考えるであろう「絶滅してもかまわない生物もいるのではないか」(㉑)という反論を予想して文章内に明示し，専門家外の人との議論によって形成される社会的文脈のシルエットを見せて素人の学習者を積極的に議論の場に引き込もうとする工夫が見られる。また（2），（3）は美を述べるアプローチの異なる二つの文章を載せることで，文章間の社会的文脈を想起させ，学習集団内の社会的文脈に作用する可能性が充分ある。

　各社各様であり，その順序性にも共通点はないが，社会的文脈への接近の様相を各教材に見出すことができる。

第4節　教科書教材の実態と垂直・水平系統性仮説との対応

第1項　主教材の実態にみる系統性
——事実から価値への移行——

　教科書会社により，また教材により細かな差異は当然ある。しかし大筋では，次のことが概ね確認できた。すなわち，垂直次元の系統性に関して国語教科書教材の配列自体に，まず小学校低学年では「認識論的理解の水準」の現実主義者水準相当の内容から始まり多重主義者や評価主義者水準相当にまで進むが，中学校では生活世界から学問的世界に内容が移り，再び現実主義者水準から始まって評価主義者に到達する，という順序性が備わっていたのである。

　また水平次元の系統性については，段階的というよりも領域的なカリキュラム性の見出される中2のような学年もあったが，それはエンゲストロームの言う「レンチ・キット」の喩えに合致する現象であり，全体的には「社会的文脈への接続の観点から捉えられる説明的文章の読みの射程（Range）」と一致する知識空間の階層の深まりと読みの射程の広がりが捉えられた。

　以上から教科書教材が，確定的な事実から議論の余地のある事実へ向かい，そして見出される価値へと向かって配列されていることは明確である。また，社会的文脈への接続については，小学校低学年教材ではそもそも問題にもならないが，2社の中3教材を見る限り，学習者を社会的文脈へ積極的に誘い入れるようにもなっている。もちろん，社会的文脈への接続は中3教材だけで図られるものではなく，理由づけの変化は他社教材で中2以外でも見られる可能性はある。しかし，各学年の教材の特徴を捉える最も重要な観点から教材の系統性を観察し，第2章で規定した読みの能力の垂直・水平両次元の系統性の段階設定が妥当なものであったかを教科書教材の面から検討したところ，段階設定は教科書教材の現状と矛盾する

ものでないことは確認できた。

第2項　補助教材の果たす役割と
　　　　教科書外教材に求める役割
―――国語科学習の日常への適用という観点から―――

　前項までは主教材としての国語教科書の説明的文章教材に着目して整理と検討を行ってきた。そして，教科書教材に，生活世界と学問的世界の間に立つ国語科学習としての統合的世界を見出すことができた。

　しかし，文章の叙述のあり方に教科書教材の価値を見出し，説明書きを除外することで説明的文章教材のジャンルを確立し，リライトや書き下ろしによって教材としての典型性を追求していくことには，かえって学習者の言語生活から教室の国語科授業が分断され，エンゲストロームで言うところの学校学習の「カプセル」化に陥る側面も有していることは**第1節**で指摘した。ならば，教科書の主教材を専ら使用するのではなく，主教材を生かしながら，そこに教科書所収の補助教材を組み合わせたり，あるいは教科書外教材を加えたりして，「カプセル」化に抗い学校学習を学習者の日常の言語生活へと拡張していくカリキュラム理論を構築することが，学習者の発達を垂直次元・水平次元両面で保障するのに効果的かと思われる。

　そこで，先に挙げた話題主義的編成の光村図書と技能主義的編成の東京書籍の2社を例に，現行小中学校国語教科書所収の補助教材やそれに類するものを概観しておく。現行版は，小学校のものは2015～2018（平成27～30）年度使用版，中学校のものは2016～2019（平成28～31）年度使用版である。

　両社とも小学校国語教科書では共通して，主教材の末尾には関連図書の表紙写真を複数掲載し，いわゆる並行読書を誘うものがどの学年にも見られる。また，主教材に添えて調べ学習のページが設けられている箇所があり，主教材の内容に関する情報を集めてまとめる活動が毎学年設定されて

第３章　小中学校国語教科書教材の系統性と補助教材との関係

いる。これらの教材では，内容への学習者の興味を糧にして読書量を増やし語彙を豊富にすることや，そこから派生する読むこと領域以外の言語活動への展開が企図されている。ただし高学年における国際平和や地域社会を取り上げる教材でなければ，社会的文脈との接点はあまりない。

両社の小学校国語教科書を比較すると，光村図書では中学年以降毎学年の第１主教材の冒頭に，補助教材として見開き２ページのみの短い説明的文章が添えられ，いわゆる練習教材として，読みの方略を学習者に意識させる構成になっている。一方，東京書籍では既に説明書きが積極的に教材化され，主教材級の位置づけで掲載されている。例えば小２ではカードの箇条書きと本の一部（「ふろしきは，どんな ぬの」），小４では体温計の広告ちらしと取扱説明書（「広告と説明書を読みくらべよう」），小６では新聞投書（「新聞の投書を読み比べよう」）などがそれに当たる。これらは**第１節第１項**で述べた，教材としての「典型性」の概念が「模範性」の範囲から「普遍性」や「標準性」のあるものにまで広がってきていることを示す，学習者に適度な負荷のかかるモデル素材であり，この部分においては学習者の言語生活の拡張が意識されている。

次に両社の中学校国語教科書を比較すると，光村図書では従来の説明的文章教材とは異なるレポート形式のものが主教材として中１に（「シカの『落ち穂拾い』」），また新聞の社説２編が中３に（「新聞の社説を比較して読もう」）掲載されていて，この部分においては言語生活への学習の拡張が意識されている。その社説２編は同じ日で同一テーマ（和食の無形文化遺産指定）に関する異なる新聞社の社説であり，学習者が社会的文脈に接近しやすい内容である。一方東京書籍では，中３で同一テーマの主教材２編が掲載されていることについては前節で述べたとおりだが，補助教材は見当たらない。

以上から，中学校段階では社会的文脈への接続を図りたいところであるのに，小学校と比べると補助教材が教科書にはあまり用意されていないことが分かる。前節で観察した主教材の論証構造をもとに考察すれば，例えば次の表３－２「教科書外に求めたい中学校教材」のような補助教材を用

第4節　教科書教材の実態と垂直・水平系統性仮説との対応

意することが適切であろうと想定される。教科書に補助教材が乏しいのであれば，積極的に教科書外の言語素材を教材化し，主教材と組み合わせて使用する必要があるのではなかろうか。

　なお，この**表3-2**中央に設けた「教科書外に求めたい教材」欄は，学習者自身の言語生活を意図的に拡張することをめざし，学習者の身近なところから社会的文脈へと徐々に広げられるよう，水平次元的な段階性を以て例示したものである。また，同表の「観点」欄は，**表2-3**「認識論的理解の水準」で示した主に事実に関する認識の深まりの学年段階と，同表左の「教科書教材」欄でまとめて示した中学校国語教科書の主教材に見出される学年ごとの特徴に照らして垂直次元的に記したものである。ただし，その観点から筆者の論理の妥当性をより適切に吟味し検討しようとす

表3-2　教科書外に求めたい中学校教材

	教科書教材					教科書外に求めたい教材					
	説明の階層	主張の階層	理由づけの要素	主張（認識論的理解の水準）	例	他社等教材ならば	新聞ならば	広告ならば	範囲	観点	本質的な理解
1年	現象的	一般化	定説、史実	事実：正しいか正しくないか（真偽）	ちょっと立ち止まって／オオカミを見る目	同一素材を説明する他の文章	タウン紙、地方紙	ちらし的	生活的話題（学校、居住地域）か自然科学的話題	事実をどう見るか、事実は主張と緊密か	見方を変えると同じことでも事実の意味が変わることがある
2年	因果的・目的論的	レトリック的論証	反例、類似、伝統	意見：その人の考え（切り取り）	モアイは語る／鰹節―世界に誇る伝統食	同一テーマの他者の文章	機関紙、会報	DM的	社会的話題（地域、地方）、立場の存在	どのような正当化が行われているか、理由づけと根拠・主張との関係は適切か	立場を変えると見方が変わることがある
3年	発生的	筆者の理論	価値	判断：論証や証拠が規準（蓋然性）	誰かの代わりに／黄金の扇風機	同一著者の関連文章、立場の異なる者の論争	社説、論説、投書	文章的	社会的話題（地方、国、国際／普遍的問題）、多様な立場	主張は全体を踏まえているか（代表徴候例外）、バイアスに囚われていないか	批判的思考は情報の信頼性を高めるためにある

るならば，各学習者の視野がより水平的な広がりをもつことが欠かせない。そして，同表右端の「本質的な理解」欄は，他の欄を全て踏まえ，各学年での学習を通して要するに本質的には何を理解させたいのかを，中学生でも理解できる程度の文言で表現したものである。この欄は単元設計やカリキュラム設計への活用を想定している。

　中学校の主教材は，学年段階が上がるにつれ「事実的主張」から「価値的主張」への色合いを強める。例えば，中1では既に定説となっている仕組みや妥当と考えられている仮説について説明するものが多いが，学年が上がるに連れて定義や例外的事例から苦言や提言を述べるものが増えてくる。したがって教科書外教材においては，水平次元面で話題や扱う事例の範囲が教科書教材より狭く身近なものを使用するか，あるいは垂直次元面で，複数の事例の共通点から帰納的に主張を述べるか，またはわずかの例外的事例から今後の可能性か危険性を述べるようなもので教科書教材より文章が短く論旨が明快なものを使用する，といった〈段差〉の調整によって，言語生活の拡張と社会的文脈への接続を図りやすくすることが考えられる。

第4章
言語生活の拡張を志向する説明的文章学習活動の構造

　本章では，国語教科書の外へ説明的文章の読みを拡張する学習活動はどのような構造をもち得るかを検討する。まず，拡張しやすい効果的な策である「教科書教材に他の教材を組み合わせて読む学習活動に取り組んだ小中学校の実践」について，これまでの実践を収集し観察して学習活動の類型を見出す（**第1節**）。次に，文章の外の社会的文脈から文章を分からせるのでなく，学習者各々の個人の文脈に立脚した学習活動を生む策としての，〈仮想的状況〉を設定することと〈書かれなかったこと〉をも吟味させることの有効性を述べる（**第2・3節**）。最後に，本章を通して論じた学習活動のあり方を，垂直・水平2方向での系統性を踏まえ，概括して述べる（**第4節**）。

第1節　拡張の観点から見た小中学校
　　　　説明的文章学習活動の類型
　　——社会的文脈への接続の方途としての
　　　　読解指導と読書指導との連関の可能性——

第1項　教科書教材に他の教材を組み合わせて読む
　　　　　学習活動への着目

　序章でも言及したように，関連諸科学の進展に伴い社会的構成主義が学習理論の近年の主流となるにつれ，学びには真正性が求められ，読む能力については国語教科書の教材のみに通用するスキルとしてでなく理解方略として活用可能な状態で習得されることが目指され始めている。読解力を「効果的に社会に参加するため」に必要な能力だと定義する PISA（OECD 生徒の学習到達度調査）やメディア・リテラシーの提案も，大きくはこの流れの中に位置づく。そのメディア・リテラシーに関し，幾田伸司（2009）[1] はその国語科への影響として2点を挙げた。その1点目は国語科の対象となるテクストの範囲を拡張したこと，2点目はメディアの捉え方自体の再考（選ばれなかった情報にも目を向ける／社会的文脈のもとで構成されたととらえる／受信者がテクストから得られる情報や発信者の意図を吟味し評価する批判的思考が求められる）を促したことである。

　このうち社会的文脈に関しては，難波博孝（2008）[2] がその第6章で，教科書教材の使用のみでは学習者が社会的文脈（「言論の場」）を想定して読むスキルもマインドも育ちにくいことを指摘した。この指摘は小中学校国語教科書の説明的文章教材が，典型をめざし学習者の既有知識（スキーマ）にも配慮する必要からその大半がリライトか書き下ろしになっている現状に対して提起されたものである。

　ただし，ここで今一度確認しておきたいのは，この既有知識と社会的文脈との関係である。**第2章**でも取り上げたように，社会的文脈を強調する

第4章　言語生活の拡張を志向する説明的文章学習活動の構造

と，ともすれば読者自身が眼前の文章自体を読む本来の行為を軽視しがちになる。これは，国語科として充分留意すべき問題である。この問題に対しては，「社会文化的脈絡」と学習者の「個人の脈絡」を「相補的」に扱い，「自らのテクスト表現過程」を中心的に扱うという，塚田泰彦（1999）[3]の読むこと全般における指針を踏まえ，**表2-3**を示して，「個人の文脈」（学習者の読書個体史上の位置）に立脚し，学習者の言語生活を身近で小さな営みからその外の社会での大きな営みへとなるべく接続していく必要があることを論じた。要するに，国語科説明的文章学習指導上は学習者の既有知識を，単に文章を理解するための先行知識の有無という狭い枠組みで捉えるよりも，「個人の文脈」の問題の中に位置づけ，より広い枠組みから検討するほうが適しているのである。

　そのように捉えると，教科書教材におけるリライトや書き下ろしにも一定の役割が見出されなくてはなるまい。確かに，「社会的文脈」に着目し，言説の存在するリアルな「言論の場」を尊重することは重要である。しかし，文章の外から学習者に情報を与えるのでは，読む行為自体が成り立たない。したがって各学習者の「個人の文脈」に着目し，彼らが文章を読んで自力で「社会的文脈」の存在に気づき，その文章を読む意義を自力で理解できるよう，そのためにリライトや書き下ろしをすることも，特に低年齢であればあるほど発達段階に応じて必要不可欠である。リライトや書き下ろしはすなわち，同一年齢集団が同一空間で同一教材を一斉に集団的に読むという授業空間の特殊性に鑑み，対象となる特定年齢の学習者の発達段階に応じて教材文を調整することであり，そのことは学習者の「社会的文脈」と「個人の文脈」を「相補的」に扱うために必要な手段の一つとして認められるべきである。

　以上の諸点から，説明的文章学習指導の向かうべき大きな方向性としては，教科書教材の順次使用による学びがそのまま学習者の言語生活に資すると単純に期待するのではなく，教室での学びを社会的文脈へなるべく接続し，そのことで学習者の言語生活の拡張を順次図ることを積極的に構想していくべきであろう。そして，そのための学習活動の改善点として，幾

第1節　拡張の観点から見た小中学校説明的文章学習活動の類型

田（2009）や難波（2008）の観点を踏まえれば，次の三つの拡張策が導き出せるはずである。ただし塚田（1999）の指摘を踏まえれば，これら三つの拡張は，あくまでも「自らのテクスト表現過程」に立脚して社会的文脈と個人の文脈とを相補的に扱う学習活動を通して行われる必要がある。

① 教材の範囲を教科書内だけに留めず，原典やその周辺の文章，また言語生活にあるその他の多様な言語素材へ拡張していくこと
　　　　　　　　　　　　　　　　　　　　　　　　　（読む範囲の拡張）
② 教材となる文章に対しては，選ばれなかった情報や社会的文脈にも目を向け，批判的にも読み進めること　　　　　（得る情報の拡張）
③ 教材で読みの力を育てることに加え，育った力を学習者が自身の言語生活に適用する際の手続きや条件も，読むことの学習の内容に含めていくこと　　　　　　　　　　　　　　　　　（学ぶ内容の拡張）

　これらのうち①の策は，いわゆる単元学習のほかにも，大村はまの「重ね読み」や文芸教育研究協議会の「くらべ読み」など，複数教材を用いた実践群の中に先例を見出すことができる。小野寺泰子（2015）[4]は，複数教材の有用性は森田信義（1998）[5]や河野順子（1996）[6]らが情報活用能力育成の観点からすでに指摘してきたと述べた。
　しかしながらその一方，吉川芳則（2013）[7]は「授業においては，教科書にある教材を順次扱わざるを得ない状況が現実としてある」ことを指摘した（p. 24）。また松田雄輔・坂東智子（2017）[8]の調べでは，ある地方の小学校学級担任30名のうち2014年11月時点で半数以上の教員が指導書を頼りに授業を構想していたという（p. 69）。単元学習のように教科書外から持ち込む教材主体の授業で指導の系統性を確保することは，同一教員による複数年に渡る指導か，または学年ごとに指導を引き継ぐ教員間の合意や共通理解がないと困難なことには違いない。それゆえに今日まで，カリキュラムを内包した教科書教材を主教材として中心に据えつつも，主に読書指導推進の立場から，そこに他の図書等や教科書教材を組み合わせて単

第4章　言語生活の拡張を志向する説明的文章学習活動の構造

元を構成し，そのことを以て学習指導の系統性を担保するという「重ね読み」「くらべ読み」やいわゆる「並行読書」によって，学習者の個人の文脈と社会的文脈を並行して相補的に扱う手法が，①の主流となってきたのだとも言える。

　ただし**第3章第4節**を踏まえれば，教科書の主教材を生かしつつも，教科書所収の補助教材を組み合わせたり教科書外教材を加えたりして，「カプセル」化に抗い学校学習を学習者の日常の言語生活へと拡張していく学習活動を設計することは，学習者の発達を水平次元で拡げつつ，教科書の主教材にカリキュラム性を見出しその活用によって学習者の発達を垂直次元でも保障していくのに，むしろ積極的に推進されて然るべきかと思われる。この策は，単元学習が学習者の垂直次元での発達保障の面で，これまでとかく「這い回る単元学習」との批判を浴びがちであったことに対し，単元学習とは違うアプローチからの有効な解決策になり得る。だがこの策を採用する際には，例えば②に関しては読む量や内容が学習者にとって加重負担とならないか，各学習者の既有知識に配慮すれば各学年段階でどの程度までそれが可能か，また③に関しては学習内容として具体的には何を加えるかや，その理論的背景を何に求めるかといった問題も検討せねばならなくなるだろう。

　そこで説明的文章の授業において既にこれまでにも多く行われてきた，これらの「**教科書教材に他の教材を組み合わせて読む学習活動に取り組んだ小中学校の実践**」について，本節では上述の関心から，①の拡張策として着目していきたい。そして学習者の言語生活の拡張に向け，これまでの実践を収集し観察して学習活動の類型を見出すことで，カリキュラム設計の手がかりとしたい。

　なお，これまでの説明的文章学習活動に関する，複数教材の組み合わせなどに限定しない全般的なレビューについて，最近のものは既に吉川（2013）が行っている。氏は1980年から2006年までの実践群161例を詳細に分析し，「文章の論理だけによらない教材の特性の把握」「類推・想像力，情報活用力，スキーマ等，従来あまり意識されなかった学習内容の設

第1節 拡張の観点から見た小中学校説明的文章学習活動の類型

定」「筆者の立場に立って読む活動や言語活動の関連を意図した活動等，多様な学習活動のあり方」を志向する実践が，数は多くないが存在することを示した（p. 101）。ただしこの分析の範囲は小学校実践に限られる。

近年，中学校国語科教科書に所収の説明的文章の教材数は3本から多くても5本程度までと少ない。1年に何度も説明的文章を学習する機会のある小学校で「多様な学習活動のあり方」を求めるのとは異なり，多様さよりも教材相互のカリキュラム上の系統性を確保することのほうが優先される。また，「類推・想像力，情報活用力，スキーマ等」が各単元で学習の重点内容として個別に取り上げられることもあってよいであろうが，しかしながら，それぞれの要素は「文章の論理」と同格に列せられる個々別々の学習内容としてではなく，非形式論理学的知識を中核として個人の文脈に立脚して「文章の論理」を吟味し社会的文脈を意識するという一連の学習の中で相互に有機的に結びついて学ばれなくてはなるまい。これらの各要素がもし個々ばらばらに断片的な学ばれ方をするのであれば，学習者が言語生活の場で批判的に読んで自分の考えを持ち議論に参加するような読みの能力の育成にはつながらないであろう。

では，社会的構成主義学習観を礎とするそのような学習は，いったい如何にして実現するのであろうか。本節ではその糸口を，通常の教科書教材にそれ以外の教材を加えて読むという，比較的平易な工夫で成り立ちうる学習活動の近年の実践群の中に見出したいのである。

そして，**序章**から前章までに述べた諸点を踏まえてこの先を予見するならば，理論的には恐らく次の2点の発見が得られるのではないかと考えられる。その1点目は能力面において，**内容と形式の学習活動の両立を垂直次元と水平次元の2方向からのアプローチで図る**学習活動の好例が既に存在するのではないか，ということである。また2点目は教材面において，**モデルとしての典型性をもつ教科書教材とリアルな言語生活の現実への拡張性をもつ教科書外の教材との組み合わせ**による学習活動の好例が既に存在するのではないか，ということである。そして，これらの2点に適う実践がもし存在するとすれば，その実践には，教科書教材というモデルを

使った読解指導に留まらず，学習者の言語生活に開かれる読書指導の側面も兼ね備えていることが観察されるであろう。

第2項　検討の対象とする先行実践の範囲と検討の観点

1　期間

　第1章で教材をめぐる議論を概観した通り，学びの真正性が提唱される以前から，国語科には大村はまに連なる単元学習や「実の場」づくりへの志向があった。また，学習指導要領には1947（昭和22）年版試案から1968-69（昭和43-44）年版まで，教科書外の多様な図書や資料も使用するよう記されていた。ところが多読より精読，各教員の力量，教材配列の系統，教材内の誤りや問題点の除去などを重んじる立場から，当時は教科書外の教材使用に否定的な意見が強く，多様な教材に関する記述がその後学習指導要領から消えていった。その後1998（平成10）年版になって事典，図鑑，本など，加えて2008（平成20）年版では新聞，報道，インターネットなどが「言語活動例」の中で教材として記されるに至っている。

　2000年前後のこの時期は，奥泉香（2015）[9]によれば日本の国語科教育においてメディア・リテラシーの授業が盛んになった時期である。その一方，中学校国語科教科書の2002（平成15）年度版では，1単元あたりの説明的文章教材の数が3学年5社平均で1.20（改訂前1.62）まで低下し，代わりに「書くこと」や「話すこと・聞くこと」の教材が説明的文章教材と同一単元内に配される変化もあった（舟橋秀晃，2005）[10]。つまり2000年前後は教科書にのみ依拠すれば複数教材での授業になりにくい時期であったが，メディア・リテラシー学習への機運，要領の言語活動例提示，教科書教材の厳選化と複合領域単元化から，読む教材を教科書教材以外へ拡張していく契機に富む時期であったとも言える。

　それゆえ2000年を一つの節目と捉え，それ以降の実践報告に着目して検討することによって，現時点での学習活動の傾向と先行実践の存在を確認し，カリキュラム設計上の示唆を得ることとしたい。

第1節　拡張の観点から見た小中学校説明的文章学習活動の類型

2　対象

　本節が目的とする①②③の拡張に関する各実践者の実践状況の動向を広く探るには，すでに確立した理論的立場をもつ個人の著書やサークル誌よりは，種々の実践報告が掲載される市販誌や学会誌を取り上げるのが適している。

　日本国語教育学会『月刊国語教育研究』2000年1月号～2015年3月号と明治図書『実践国語研究』2000年12・1月号～2015年2・3月号を範囲として，使用教科書の説明的文章教材に他の何らかの教材を組み合わせていて，なおかつ少なくとも単元の授業過程とおよその時間数が明記されている小中学校での実践報告のみを抽出すると，『月刊国語教育研究』では40本中の授業実践全42例，『実践国語研究』では88本中の授業実践全89例の，計128本131例が見いだされた。この，抽出した全131例を検討の対象とする。

　2誌には教科書教材以外の教材も組み入れた実践報告が多く見られ，依頼稿だけでなく投稿もあり，各執筆者の立場も多様である。ただし特集題によっては実践報告の内容や数が左右され，統計的な分析には無理もある。本節ではその点に留意しつつ，①②③の拡張に関わって特徴ある実践を質的な検討によって見出すようにしたい。

　なお，全131例の内訳はこのあと**表4-1**と**表4-2**で示すが，それを示す目的は全131例の分布状況を提示するためである。大まかな傾向を考察する際には量的側面にも多少は言及するが，かといって依頼稿と投稿が混在する131例から何かが統計的に実証されるわけではない。本節の目的はあくまで**第1項**に述べた通り，先行実践の質的な検討によって，言語生活の拡張の観点から好ましい学習活動成立の糸口を探ることにある。そして，学年ごとの大まかな傾向を把握することによって，個人の文脈と社会的文脈とを相補的に扱う学習活動の発達段階ごとの傾向が概ね観察されるのではないかと考えられる。

第4章 言語生活の拡張を志向する説明的文章学習活動の構造

3 観点

　河野順子(2006)[11]は1993～1999年の説明的文章学習指導実践52例の概括に当たり，次の類型を示した（p.14，太字語句は著者）。これは近年の実践の傾向を示すものでもあり，本節で実践群を類型的に捉え検討する際の手がかりにもなる。なお，1で触れた2002年度版中学校教科書の編集は，E［表現］の増加を促す傾向にあったと言える。

　A［**内容**］．内容把握の技能育成型学習（内容，要点，要旨を正しく読み取る学習）
　B［**形式**］．文章構成，叙述などについての知識獲得型学習
　C［**論理**］．筆者の世界・論理・構造の捉え方の読み取りを通した世界観形成型学習
　D［**情報**］．情報活用力育成型学習
　E［**表現**］．理解の後に表現を関連させた表現育成型学習

　なお便宜上，以降でも著者によって太字語句部分をA［**内容**］，B［**形式**］などと追加して略記する。「内容」と言えば知識，「形式」と言えば技能との関わりを連想させがちだが，河野（2006）はA［内容］を，「書かれてあることを正しく読み取る学習」すなわち文章内容を把握して要点や要旨をまとめる国語の学習内容としての技能面にウェートを置いた実践の類型，またB［形式］を，「説明的文章の学習指導でつける技能面の知識である文章構成，指示語・接続語・中心語句などに着目した指導」すなわち国語の言語形式に関する知識面にウェートを置いた実践類型として，それぞれ示している点には留意が必要である。

　河野（2006）はDを，「教材の読み取りをもとに，表現活動を促したり，複数教材の重ね読みをしたり，比べ読みしたりすることによって，情報活用能力を育成しようとするもの」（pp.14-15，下線は著者）だと述べ，教材を組み合わせる実践をD［**情報**］の特徴の一つと捉えていた。しかし2000年以降の2誌上の「教科書教材に他の教材を組み合わせる実践」には**D以外の各類型に該当する例があった**。これは①（読む範囲）の拡張策の近年の広がりを示している。また**単元展開に伴い学習目標や指導の重点が**

第1節　拡張の観点から見た小中学校説明的文章学習活動の類型

変化する例もあった。これは①の拡張策が単元に複数の類型の要素の組み合わせをもたらし，単元を複合化させる傾向にあることを示している。

そこで，本節では河野（2006）の類型を学習の「要素」として措定し，**要素を複数含む実践には複数の記号を学習過程順に付して単元の類型を表現すること**とする。その上で，要素ごとに実践群から特徴ある例を見出し，その意義と課題を論じる。その際の観点としては1に沿って，①②③とその補助的なものの計6点を設定し，次項で適宜言及していく。

> ①－1　教科書外の教材にどのような言語素材を加えるか
> ①－2　指導の系統性をどのように確保するか
> ②－1　読む量の負担が過重にならないか
> ②－2　学習者の既有知識から各学年段階でどの程度までそれが可能か
> ③－1　具体的には何の手続きや方法を学習内容に加えるか
> ③－2　学習内容としての手続きや方法の理論的背景を何に求めるか

第3項　各要素を含む先行実践とその学習活動の類型の整理

1　概況

2000年1月～2015年3月の授業実践131例について，要素を複数含む場合には複数の記号を学習過程順に付して単元の類型を表現すると，延べ数では234例となった。その内訳は**表4－1**と**表4－2**の通りである。

表4－1は，どのような類型が見られたかを多く観察された例から順に並べたものである（記号の順は学習過程を表す）。1例のみの類型は，この表では「他」と記してその合計数で示した。

表4－2は，延べ234例を要素ごと学年別に数え，その内訳を示したものである。学年段階ごとの特徴を観察しやすくするため，学習指導要領の示し方に沿って小学校は2学年ごとに集計し，また要素ごとに数の比較的大きい箇所には下線を付した。

なお，表の1行目に示す実数の通り，この調査ではどの学年とも10例以上ずつ確保できているが中3のみ8例と少なく，また中1の27例に対して

第 4 章　言語生活の拡張を志向する説明的文章学習活動の構造

表4-1　類型の種類と数の内訳（要素別，延べ234例）

要素＼類型	類型（2例以上）と数（頻度順）	計
A［内容］	AE18, AD12, A 5, ACE 3, ADE 2, 他 3	43
B［形式］	BE19, B12, BD 6, BC 4, BCD 2, 他 5	48
C［論理］	C 8, BC 4, ACE 3, CE 3, BCD 2, 他 5	25
D［情報］	DE12, AD12, D10, BD 6, BCD 2, ADE 2, 他 7	51
E［表現］	BE19, AE18, DE12, E 5, ACE 5, CE 3, 他 5	67

表4-2　学年別内訳（実数131例／類型に含まれる要素の延べ数234例）

要素＼学年	小1 小2	小3 小4	小5 小6	中1	中2	中3	不明	計
実　数	16　13	11　12	12　18	27	13	8	1	131
延べ数	58	43	54	44	21	12	2	234
A［内容］	8	<u>12</u>	<u>16</u>	4	1	1	1	43
B［形式］	<u>19</u>	8	6	<u>11</u>	4	0	0	48
C［論理］	0	4	5	<u>6</u>	<u>6</u>	4	0	25
D［情報］	<u>12</u>	<u>7</u>	<u>10</u>	<u>11</u>	8	3	0	51
E［表現］	<u>19</u>	<u>12</u>	<u>17</u>	<u>12</u>	2	4	1	67

も落差が大きい点には留意して考察する必要がある。

　2000年以降の2誌上ではC［論理］を含む例が最も少なく，E［表現］を含む例の約3分の1強であった。教科書教材に他の教材を組み合わせれば，教科書教材だけの読解よりも話題の捉え方，事例，論証などを相互に比較することでCの学習が進みやすそうに思われるが，その例は少なく，むしろD［情報］やE［表現］を読む動機や目的に据えて複数教材を読み進める例のほうが相当多かった。

2　A［内容］の要素を含む実践例

　A［内容］を含む43例は小学校中・高学年に多いが中学校ではまれである。小学校では十数時間に上る単元が多く，まず教科書教材の内容把握から学習を展開する例が一般的なのに対し，中学校ではそれほど長時間の単元は少ないうえ，内容把握の技能育成を読む目的に含む例もまれであっ

第1節　拡張の観点から見た小中学校説明的文章学習活動の類型

た。

　類型別ではAE18例，AD12例が多く，大多数が教科書教材のA［内容］把握から始まり，その多くが同一の話題の図鑑，事典，資料，本，インターネットを使った調べ学習やレポート作りなど（①-1）でD［情報］かE［表現］へと進んでいた。

　この場合，主とする教科書教材でAをまず済ませてから他の教材に進むので，A自体は批判的にも読み進めたり（②），言語生活への適用時の手続きや条件を学んだり（③）する学習になりにくい。そこでその改善のために，例えばAの導入でテーマについて既有知識を増やしてから教科書教材に出合うなどの策が考えられる。それに該当するのはわずか1例だが，岩井伸江（2000）実践［ACE］[12]ではアンケート，記事，ビデオ視聴で問題意識を持たせてから教科書教材の読解に入る工夫がなされていた。

　また，最多のAE［内容→表現］型の中には，めざすEの姿を先に提示してから教材を読む例があった。例えば，教材文の全体ではなく学習者自身が関心をもった箇所を要約させる村田久美子（2015）実践［AE］[13]や，報告会をするために教材文の事実と意見との関係を読み取る宮城瞳（2013）実践［AE］[14]は，目的や意図に応じて把握すべき内容が変化することを学習者に意識させている。これらはめざすEの姿をAの前に提示するだけでも，Aの学習が②や③の拡張を含むものに変化し得ることを示している。

　加えて，A［内容］のみ5例の中には，教科書教材で学んだ内容把握の手続きを，同じ話題の別の旧教材，または他社教材か指導資料から児童が選択したもので学習者が反復する清水香織（2002）の2実践［いずれもA］[15]があった。清水実践はAのみの型でも②や③の拡張が可能であることを示している。

　これらの実践は，Aの前に学習者の既有知識を活性化させ，自身の目的・意図を自覚させることで，①だけでなく②③の拡張も実現している。そうであれば12例あるAD［内容→情報］型の中にも構造上はAE［内容→表現］型と同様の工夫例が見られてもよさそうだが，該当例はなかっ

た。これは，AD型ではAでの「もっと知りたい」学習者の思いがDの動機となるため，Dが「知れば満足する」単純な活動に留まり，①の拡張が②や③の拡張にはつながらないからではないかと考えられる。

3　B［形式］の要素を含む実践例

　B［形式］を含む48例は小学校でも中学校でも入門期のものが比較的多く，類型別ではBE19例が多い。大多数がBから始め，獲得や比較をさせたい文型・構成などを単元前半で学習者に明確に意識させ，その後多くがE［表現］かD［情報］へ向かう型を採っているが，Bのみも12例あった。

　このうち低学年19例では比喩（まるで〜のような），擬人法，擬音語・擬態語，数値，時間や順序，様子，わけ，挿し絵，問いかけと答えの各文末，文型などが学習に取り上げられていた。中には4教材の冒頭部を一度に比較させ「みんなクイズみたい」という発言を引き出して問いと答えの対応に気づかせる片山順也（2010）実践［B］[16]や，教科書教材を紙芝居にまとめる言語活動を設定し，学習者に「紙芝居は何枚必要になるか」と問うて事例の数を意識させる八戸理恵（2008）実践［BE］[17]もあった。

　中学年8例では段落相互の関係，事例の順序の意味，形式段落，考えと具体例，接続語，文末表現，書く順序，問いかけ・呼びかけの表現，写真，強く言う表現・まとめの表現，比べたり話を変えたり付け加えたり詳しくしたりする表現，調べたことや聞いたことを伝える表現などが学習に取り上げられていた。中には大豆にまつわる教科書教材「すがたをかえる大豆」と『だいず えだまめ まめもやし』（福音館）と『ダイズの絵本』（農文協）の三つの比べ読みで順序の違い（時間順か易→難の順か），情報量（少ないか多いか），説明の仕方（小3生に分かる事例と言葉か否か）に気づかせる安冨江里（2006）実践［BC］[18]もあった。

　高学年6例では写真・図の役割，説明の観点（例えば動詞「静止」「近づく」「遠のく」への着目），尾括型の構成などが学ばれていた。

　中1の11例では接続詞，語尾，段落相互の関係，図表の効果，問いと答えの対応，題名の意味，キーワードなどが学ばれていた。中には主張との

対応から，不足している事例を書き加えさせる黒尾敏（2007）実践［BC］[19]や，新入生に中学校生活を説明する文章を書くために内容に共通性のない教科書教材と他社教材の2教材から「わかりやすい説明のコツ」として構成や展開，タイトル，用いる言葉などの工夫を探させる加藤咲子（2008）実践［BE］[20]も見られた。

中2の4例では展開の仕方，事実と意見の見分け，段落相互の関係，筆者の考えの変化などが学ばれていた。中にはクジラに関する教科書教材と他社教材を比較し，教科書教材に具体例として挿入できる部分を探して，文脈に合う形でリライトと挿入をさせる黒尾敏（2004）実践［BDC］[21]も見出された。

これらから，読む範囲の拡張に伴う指導の系統性（①−2）に関しては，小学校低〜中学年では文型や語彙・語句に関する教科書教材がもつ特徴的な要素を学習する例が多いのに対し，小学校高学年以降では文章の内容と形式との関係を，複数の要素の組み合わせから捉えようとする例が多いと分かる。ただし文章に取り上げる事例の数や内容や配置に関しては，低〜中学年でも八戸（2008）や安冨（2006）の例があった。

また，学ばれるべき手続きや方法（③−1）に関しては，小学校では教科書教材の表現をまね，他の図書等の情報を書き換えてBの知識を反復学習する実践例が多いのに対して，中学校では黒尾（2004, 2007）や加藤（2008）のように，教科書教材の学習で得た知識を別の文脈にも適用できるかどうかまで目指す例があった。

なお，これら黒尾や加藤の実践では教材とする文章の工夫を観察させている。これらは文章を批判的に読み進める（②）例としても注目できる。

4　C［論理］の要素を含む実践例

河野（2006）は「Cの実践で目指されていることは，筆者との対話を行い，自分なりの論理的認識と認識方法の形成を促すことである」(p. 14)とした。筆者の論証は文章の展開に表れるのでC［論理］はB［形式］と重なる面もあるが，河野の言に沿って，筆者の論理を文章に表れた構成と

第４章　言語生活の拡張を志向する説明的文章学習活動の構造

して学ぶ実践例はB［形式］，筆者の存在を意識し，筆者の論理に対し読者自身の捉え方をも重んじる実践例はC［論理］，文章の構成をまず把握した後に筆者の意図の推察や読者自身の考えの形成へ進む実践例はBC［形式→論理］に分類した。なお，C［論理］を含む26例のうち22例は『実践国語研究』，4例は『月刊国語教育研究』と，掲載誌に偏りがある。新聞記事の相互比較などメディア・リテラシーやNIE（「教育に新聞を」）の実践のうち，教科書教材を全く使用しない例は本調査では対象外となっているが，そのような実践はとりわけ後者の『月刊国語教育研究』では中３のものが多く掲載されている。これらを全て対象外として除外したため，Cの数が中３では少なくなっている。

　さて，Cを含む26例は**表４-２**の通りで，相対的には中１～２のものが多いが，小学校中学年から実践例がある。その類型は**表４-１**の通りで，C［論理］のみかBC［形式→論理］が核となり，そこにD［情報］かE［表現］の活動が加わる場合もあるといった型の学習過程になっているものが比較的多かった。

　中学年４例では，Bでも挙げた安冨（2006）の実践において，教科書教材の筆者が小３生に分かる事例と言葉を選んでいると学習者に気づかせていた。また，教科書教材「アップとルーズを伝える」「地下からのおくりもの」を契機として高校サッカー記事やある日の１面の新聞各社比べ読みを年間に渡る帯単元として継続し，学習者自身の見方を育てていく青山由紀（2008）実践［C］[22]もあった。

　高学年５例では筆者の試みを「考え」と「事実」に分けて読み構成を理解させた後，同じ筆者の別の文章で主張を読ませる岩本初美（2004）実践［ACE］[23]や，筆者の文意の解釈の後「ふかめる（熟考評価）」段階で例示の妥当性，信頼性，客観性を建設的に批判させる牧岡優美子（2008）実践［ACE］[24]が，筆者の論証を評価する実践が小学校でも可能であることを示している。

　中学１年６例では，三角ロジックによるモデル・ディベートと班別調査発表会の後，教科書教材の「仮説」の段落に着目し批判的に読む平櫛和男

第 1 節　拡張の観点から見た小中学校説明的文章学習活動の類型

（2003）実践［CDC］[25]，簡潔な構成と具体例の多さが分かりやすい教科書教材の挙げる三つの具体例を図書やインターネットで確認させて，自分の考えを補強させる杉本直美（2004）実践［CDE］[26]が見られた。教科書教材の事例と主張との対応関係を点検させた後，異なる話題の新聞記事で識者コメントの主張と事例の対応関係を点検させたが，対応関係の問題点を指摘する生徒がいなかった舟橋秀晃（2002）実践［C］[27]も，この例に位置づけられる。

　中学2年7例では，人間の知性は「攻撃的な知性」かどうかを批判的に読ませたうえで「人間」「鯨」「象」の知性を調べ，自分の考えをまとめさせる大塚みどり（2004）実践［DC］[28]や，教科書教材「モアイは語る」の「このような運命は〜無縁なことではない」への自分の考え，「森林は〜生命線なのである」の根拠，「食料不足や資源の不足が恒常化する危険性は大きい」の根拠を指定して調べさせる杉田あゆみ（2008）実践［C］[29]のように，Aに見られたような単に似た事例を他の図書等で調べて探す活動とは違って，筆者の論証の妥当性を吟味するため，文章に示された根拠の裏づけや事例の適切さを評価する材料に絞り込んで他の図書等から探す学習過程になっていた。舟橋秀晃（2009a；2012b；2013）実践［いずれもC］[30][31][32]はいずれも，同じ話題の2教材を比べ事例と理由づけの共通点・相違点を挙げさせた点で，この例に位置づけられる。このうち舟橋（2012b）は，教材を読む前に総合的な学習の時間などで自分がどのような調べ方をしていたかを想起させる学習であり，個人の文脈と授業とを読み方の観点から接続しようとした取り組みである。

　中学3年4例には，教科書教材は学習活動の契機として扱い，脚本，絵本，生徒作文，新聞の記事や評論も広く使用して，各文章の取り上げる対象への自己の認識を形成していく望月理子（2013）実践［C］[33]などがあった。舟橋秀晃（2009b）実践［C］[34]は，読む前に題名から教材の内容を予想させ，筆者が挙げた事例と予想内容との落差からその文章の価値を考えさせるものであり，また望月（2013）と同様に一つの教科書教材だけを先行して読むのでなく共通する話題の別の文章や既有知識との比較に

よって教材文に論じられていることの意義や価値を理解し，論点に沿って思考し議論に参加していく型を採っている。そのような議論参加に向かう実践の方向性に，社会的文脈へ接近していこうとする中3生の学びの深まりの姿を見取ることができる。

　以上のように，C［論理］を含む型の大半は，A［内容］の技能がすでにある程度身についている小学校高学年以降の学習者を主な対象に，彼らが要旨を捉えていることを前提とし，学年進行に連れ複雑化する筆者の論理を分析的に捉えつつ学習者自身の考えをもつ学習過程になっていた。

　またその際筆者の論理は，線条的配列の文章構成（B［形式］）としてでなく，事例・例示・具体例（中学年～），主張（高学年～），仮説・根拠裏づけ・認識（中学校）として文章全体から把握・分析されることで，学習者自身の思考を促す傾向（③-1）が見られた。この傾向から，筆者の論理を分析しつつ学習者自身の思考の手続きも学べる理論として，トゥールミン・モデルに代表される非形式論理学的な知識の援用が有効だとする理解が，特定の理論的立場をもたない2誌上で実践者間に広がっていること（③-2）が分かる。

5　D［情報］の要素を含む実践例

　D［情報］を含む51例は小1を除く各学年で確認できた。その類型は多い順に，DE12例，AD12例などであった。このうちE［表現］で単元を終える17例は，調べたことを踏まえて意見の文章か口頭での発表，議論（パネルディスカッション），図書目録作成などに取り組ませていた。

　次に多い，特に小学校のものに多いAから始まる単元は，AD［内容→情報］型12例を含め計15例あり，いずれも教科書教材の読解を契機にして教材文の内容に関心をもち，学習者の知りたいことについて資料から情報を集める学習過程になっていた。しかしこの問題点は本項2で述べた通りであり，D［情報］の側から言えば，集めた情報の内容には学習者の関心が向くが，「知れば満足する」活動に留まれば情報のよりよい集め方には関心が向かず，Dの学習がそれ以上深まらないのである。

どちらの場合も，調べる対象となる資料（①-1）については，広報物や自治体の図書館を含め自由に集めさせるものと，学級文庫や図書館別置等で用意された資料群の中から探させるものとの両方があった。その学年ごとの傾向としては，小学校実践では多くが必要な情報を自分で集める形を採っているのに対して，中学校では指導者側が教科書教材と組み合わせる教材として，他の教科書教材，広報紙，新聞記事，図書等を指導者側が提示する坂本まゆみ（2007）実践［D］[35]や野田守彦（2002）実践［DE］[36]などの例が見られた。また，Cでも取り上げた，調べる内容を教科書教材の事例の確認に限定する杉本（2004）の実践も，調査範囲に条件を設ける点ではこの例としても数えられる。

これらの実践は，調べる内容が学年進行に連れ複雑で専門的になり，適する資料を学習者が見つけにくくなる点（②-1）への対応策として，また特に中学校段階では短時間に制約される単元の中で学習者の負担を減らしつつ，学習の散漫化を防ぎ，調べるべき問題に調査を焦点化させる策（②-2）としても有効であろう。

6　E［表現］の要素を含む実践例

E［表現］を含む67例は，多くが中1までの実践であり，類型別ではAE，BE，DEがとりわけ多い。だが，そもそもEは河野（2006）が「理解の後に表現を関連」（下線は著者）させたものとして設定した類型で，本調査でも全67例ともEで学習過程を終えていた。これらの実践でEは，A［内容］やB［構成］やC［論理］を捉えるか，あるいはD［情報］を探す際の動機として働き，教科書教材以外にも読む対象を広げ学習を深める必然性をもたらすものとして作用している。

ただし，特に中2以降では，図鑑やパンフレットや新聞などを作ることに学習の動機や目的を見出す実践が少ない（①-1）。その背景には，学習者の必然性を満たすのに必要な水準が，学年進行につれて「何かを作るために調べたら詳しく分かった」「いいものが作れた」という段階から，「何のために作らねばならないのか」「作って私は何を身につけられるの

か」という段階に移行していくこと（①-2）があると考えられる。実際に，1例だけEから始まるECE［表現→論理→表現］型だった中3の渡辺敦（2004）実践［ECE］[37]は，意見文を書いて投書し，次にその経験を踏まえてメディア・リテラシーに関する教科書教材（3学級とも教材・社は別）を読み，要旨と情報について考えたことを音声で紹介・録音し異学級間で聞き合うという単元であり，表現を契機にして理解での課題を探究し別の表現につなげるという，中3生にも必然性を感じられる活動になっていた。

なお，渡辺（2004）では投書する経験を先行させることで，メディアに関する概念知をメディアに接する際の手続きや方法の理解に結びつけて学習させることに成功している（③-1）。

第4項　学年段階ごとの単元編成傾向から得られる示唆

以上の検討から，「教科書教材に他の教材を組み合わせる実践」の単元編成における学習の展開（●）や教材の構成（○）については，学年ごとに概ね次のような類型が観察された。

1　小学校低・中学年 ——言語素材の区別——

A［内容］　　D［情報］
B［形式］）→（E［表現］

- ●A・B，D・Eは各一つか二つとも選択されていた。
- ●中学年では，矢印の逆向きか往復での実践も見られた。
- ●まず教科書教材の読解から入ることが多かった。
- ●教科書教材のもつ特徴的要素について学習することが多く，文章を変えて同様の作業を反復する活動が見られた。
- ○教科書教材に，旧版や他社から教科書教材を組み合わせる際は，同じ話題を使用することが多かった。
- ○Dでは，図鑑，事典，絵本などで情報を集める活動が多かった。中学年

> になると,新聞記事の情報を比較する例もあった。

　A[内容]かB[形式]からD[情報]かE[表現]へ進む学習が小学校では多い。だがAD[内容→情報]型では②や③の拡張につながらないことは**第3項2**で述べた。この原因は拡張する①,すなわちDに使用する言語素材の種別にもあると見られる。

　なぜなら,言語素材を筆者の価値観や主張を説くもの(評論,論説,主張等)と,情報として事実関係のみ説くもの(告知,事典,辞書等)に二大別するならば,後者で何かの情報を教科書教材読解後に調べるだけでは,既有知識の増加以上の学びが得られるとは到底考えられないからである。

　その点で新聞(広報紙を含む)は,両種の文章が併載され,また一つの記事の中でも後者のようでいて前者の要素の混ざるものが存在するので,練られた文章だが教科書ほど純粋でもないところが,様々な質の文章が混じる日常の言語生活に学びを拡張する教材に適していると言えるであろう。青山(2008)の実践例からも小学校中学年からこのような新聞記事がDの教材として活用可能であることが分かる。

　また後者については,教科書教材の事例の確認に使用する杉本(2004)のような扱い方をすれば,①の拡張が,教科書教材を批判的にも読む②の拡張や,言語生活に適用する手続きや条件を学ぶ③の拡張にもつながっていくことになる。

2　小学校高学年・中学校 ——構成と論理の区別——

●A・B・D(左),D(右)・Eは各一つか二つとも選択されていた。Bが選ばれない場合はCが選ばれていた。

第4章　言語生活の拡張を志向する説明的文章学習活動の構造

●括弧のA・Eは中学校では選ばれないことも多かった。代わって中学ではCに重きを置く実践が比較的多く見られた。
●既有知識の活用のため，教科書以外から入る例もあった。
●内容―形式の関係を複数要素の組み合わせで捉える例が多く，その知識を教科書教材とは別の文章に適用する例もあった。
○BかCの意図ごとに多様な出版物が活用されていたが，新聞が多かった。また，意図に沿う素材を指導者が用意する例が多かった。
○Dの方法や対象を限定し，調べ読みの精度を問う例があった。

　A［内容］からD［情報］やE［表現］へ進む学習は，中学校ではあまり行われないが，小学校では低～高学年で実践が多く見られた。ただし高学年からは要旨把握以上に，学習者が何の目的で文章のどこに着目し何を読み取り自分の思考にどう生かすのかが重要な問題として浮上し，AよりもB［形式］やC［論理］が多く学習されているようである。

　Bで多い，BからC・D・Eへ向かう型の実践では，①②③のどの拡張も可能である。なぜなら複数教材でBの学習を行えば，教材文を文章構成や叙述の形式面から扱うため，Bの学習が複数教材を比較する観点として機能し，その観点を貫いてDやEへの展開が円滑に図られるからである。ただし，その実践を支える背景には学習指導要領の存在は窺えたが，文章論など特定の理論の存在あるいは普及は観察されなかった。

　それに対しCは，実践例が他よりは少ないが，**表4-1**の通り，複数要素の学習をCがつないでいる場合が多い。これは，CがB以上に複数の学習要素や，さらには筆者の認識と学習者自身の認識とをも関連づける観点になり得るからである。

　このCの実践の理論的背景には非形式論理学的な知識が実践者間で広がっていることも観察された。松本修（2013）は**序章**等でも触れたように，説明文教材論の隘路として伝統的に論理を構成と混同する誤りがあることを指摘した。だが本項の調査範囲では，学習者が教室での学びを言語生活に拡張する手続きや方法を含む知識を示す実用的な理論として，文章論でなく非形式論理学が受容され，そのことで論理が構成と区別され，伝統的誤りが克服されつつあると見られる。

第1節 拡張の観点から見た小中学校説明的文章学習活動の類型

第5項 存在が予見された事例と実際との照合から得られる示唆

　前章までに論じたことから理論的に予見された事例について，前項の結果と照合すると次のことが言える。
　能力面における**内容と形式の学習活動の両立を垂直次元と水平次元の2方向からのアプローチで図る学習活動**については，教科書教材に他の教材を組み合わせる近年の実践では，該当例が実際に多く見出された。それらの事例では，小学校低・中学年でも小学校高学年・中学校でも，A［内容］とB［形式］の要素を二つとも学習活動に含んでいた。また，中学校の事例ではA［内容］を選択しない代わりにC［論理］に重きを置くものがあったが，その場合は，A［内容］の技能がすでにある程度身についている小学校高学年以降の学習者が要旨を捉えていることを前提とし，学年進行に連れ複雑化する筆者の論理を分析的に捉えるという形で，内容面と形式面の学習活動のバランスが取られていた。
　本節で着目した，教科書教材に他の教材を組み合わせて読む学習活動を行う単元では，同じ話題の異なる文章を組み合わせることが多く，A［内容］把握技能の学習で読み取った内容の複数教材間の共通点を踏まえて，複数教材を比べてその差異をB［形式］知識獲得の学習で検討するという単元編成になりやすいため，単一の教科書教材だけで単元を編成するときよりも内容と形式の学習活動の両立が概ね図られやすいと考えられる。
　一方，教材面における**モデルとしての典型性をもつ教科書教材とリアルな言語生活の現実への拡張性をもつ教科書外の教材との組み合わせによる学習活動**については，教科書教材に他の教材を組み合わせる近年の実践では，該当例は多いものの，学年段階の違いにより単元展開に差異が見られた。小学校低・中学年では教科書教材の読解から入る単元が多いが，高学年以降では教科書以外の読みから単元に入るものも見られた。このことには，教科書教材のモデルとしての典型性と，学習者の言語生活の実態との

第4章 言語生活の拡張を志向する説明的文章学習活動の構造

間のギャップが学年進行につれて年々広がっていくことが影響していると考えられる。ギャップが大きいと，高学年以降では文章の内容の高度差によっては，教科書教材を読む前に，教科書外の教材から学習活動を始めて学習者の既有知識を活用し教科書教材への足がかりを築く必要が生じるケースも増えてくると考えられる。

　なお，「自らのテクスト表現過程」に立脚して社会的文脈と個人の文脈とを相補的に扱う学習活動に関しては，多くの事例からは，単元の後半にD［情報］やE［表現］を置くことで教材のもつ社会的文脈へ学習者の言語生活を拡張していこうとする傾向を見出すことはできた。また，いわゆる並行読書のように自分のD［情報］の調べ読みの必要性を自覚させ，教科書教材の読みと調べ学習を並行させて進めるような単元展開の傾向があることも確認できた。しかし，学習者の読書個体史や学習集団の学習履歴が単元の前半に話されるなどの形で個人の文脈の表出を先行させる単元展開について，対象範囲内で著者自身の実践のほかに存在したのは1例のみであった。それは渡辺（2004）のメディアリテラシー実践例である。この実践では，投書する経験を先行させることで，メディアに関する概念知をメディアに接する際の手続きや方法の理解に結びつけて学習させていた。

　見出せた事例が少なかった背景には，対象範囲とした雑誌論考では紙幅に限りがあり，しかも依頼稿であれば編集者から指定されたテーマに沿って焦点化して実践が記述されるため，テーマとの関わりが薄い部分についての実践の状況は詳細には記述されないことが影響した恐れがある。学習者が自分やこの教室での自分たちの学びのこれまでとこれからの学習との関係を考えたり，これからの学習に含まれる内容面や形式面の新しさがこれまでの学習や読書個体史との関係から語られたりすることは，実際の授業場面では通常起こり得るものであるし，記述がなかったからといって全く起こっていなかったとは必ずしも言い切れない。ただしめざすべき実践の方向としては，個人の文脈を問うて各学習者に表出させることを先行または並行させて学習者の読みを推進するといったような学習のあり方を，指導者が一層自覚的に追究していくことが求められよう。

第1節　拡張の観点から見た小中学校説明的文章学習活動の類型

　ましてや，全国学校図書館協議会と毎日新聞社が長年にわたり毎年度実施している「学校読書調査」が示す現状では，小学生の不読率が改善され中学生の不読率が横ばいの傾向にある一方で高校生の不読率が一向に改善されていない。要するに，「読めない」以前にそもそも「読まない」「読もうとしない」状況にあるのである。このような現状に照らせば，特に読み始めるまでの単元導入部における学習改善が重要である。それはつまり，指導者から与えられて何となく読み始めたら文章の内容や形式に興味が持てたというような学習もあってよいが，それだけでは無論足りず，自分がなぜその文章を読むのか，自分はその文章を通して何を得たいのかを学習者が自ら考え自ら文章を求める機会が単元導入部に含まれるような学習を，学年が上がれば上がるほど一層多く仕組んでいく必要があることを意味する。

　したがって，学習者個人の文脈の表出を教材の読みに並行よりはむしろ先行させる展開を採る学習活動を，学年が上がるにつれ一層重視する必要があろう。ここにおいてそのような学習活動は，単なる読解指導の域から出て，読書意欲を喚起し選書のあり方を問う点で，読書指導の領域までを射程に入れたものとなるのである。

　では，説明的文章学習指導の望ましいカリキュラムを設計するために，「自らのテクスト表現過程」を先行させる読みのあり方として一般化し得る学習活動の類型は存在するであろうか。次節からは著者の実践である，読む前に教材の内容を予想させ実際との落差からその文章の価値を考えさせる舟橋（2009b）と，教材を読む前に自分の調べ方を想起させる舟橋（2012b）の事例を取り上げて検討し，その類型について論じていきたい。なお，舟橋（2009a）は，厳密には読み書き関連単元として教科書教材の読解単元に続けて展開した意見文を書く単元であったので，読むことのカリキュラム設計に資する学習活動の類型を探る目的上，次節以降では考察の対象から除外する。

第2節　個人の文脈と社会的文脈とを相補的に扱う学習活動の類型[38]

第1項　「自らのテクスト表現過程」を先行させる実践例（1）
──これまでの自分の読み方を問う導入──

1　両実践の位置

　第2章を受け，本章前節でも改めて述べたように，塚田泰彦（1999）の指摘を踏まえれば個人の文脈と社会的文脈を相補的に扱い，「自らのテクスト表現過程」を文章の読みに先行あるいは並行させることは重要であると考えられる。しかし，前節で確認した通り先行させる先例は，対象範囲の中では自実践を除けば，投書経験の先行からメディアについて読んで考える1事例のみであった。そこで，自実践についてさらに考察を加えたい。

　著者自身の過去の実践で「自らのテクスト表現過程」を先行させたものとしては，2事例が挙げられる。一つは本項で記す学習者に読み方を自覚させる実践，もう一つは次項で記す，学習者に読む意義を自覚させる実践である。いずれも単元導入時に，説明的文章に記された内容そのものによって学習者の興味づけを図るのでなく，今この説明的文章を読むことの学習上の意味を学習者自身に理解させることを通して国語学習としてより本質的な動機づけを図ろうとしたものである。

　そこで，本項では前者，次項では後者の実践例を記した上で，両者の比較によって「自らのテクスト表現過程」先行のあり方を考察することとしたい。

2　本実践の構想

　文章を読んでその筆者の「論理」を把握することは無論大切なものの，

第2節　個人の文脈と社会的文脈とを相補的に扱う学習活動の類型

把握だけでは文章を「論理的」に吟味したことにはならず，「論理的」吟味のためにはあといくつかの手続きが必要である。中学段階ではその手続きの初歩まではできるようにさせたい。

井上尚美氏によるトゥルミン・モデルの紹介以降，「論理」を特に「主張」「理由づけ」「事実（データ）」の三つからとらえさせようとする考えが広まっている。ただし，小4・小6・中2を対象とした岩永正史（2000）[39] の調査によれば，中2は文章で取り上げられた「事実」については鋭い目を向けるものの，「事実」と「主張」をつなぐ「理由づけ」の吟味に課題がある（p. 235）のだという。ならば，例えば，なぜその事実で主張が成り立つのか，また，理由づけの確かさの程度，一つの事実から異なる主張が導き出され得ること，などを学習者に考慮させていく必要があろう。

この点について，説明的文章学習指導において，既存の教科書教材を活用して具体的にどう授業をすればよいか，授業事例を開発し蓄積する必要がある。そこで，以前に「事実」の扱いに焦点を当てて実践した2教材を読み比べる単元[40] について，中2の課題である「理由づけ」に焦点を当てた単元として組み直すこととした（**表4-3**を参照）。

具体的には，「モアイの謎にかかわる文章等を読み比べて，論評する」という言語活動を設定し，調べ学習の一場面を想起して，図書室で自分たちはどう振る舞うべきかを考えさせようとした。このことによって，読み方を自覚させる状況を授業内に仮想的に設定し，目的意識を明確にして説明的文章教材を読んで比べさせることで，同一テーマ，類似の発見材料における2教材の「理由づけ」の違いに目を向けさせ，小グループでの学び合いを生かしながら発見的に学習が展開することを意図した。

3　単元名・対象・授業担当者・時期

「論理を読んで論理的に考えよう　～モアイは何を語るのか～」（2年生，舟橋秀晃，2011年8～9月）

第4章　言語生活の拡張を志向する説明的文章学習活動の構造

表4－3　実践例「論理を読んで論理的に考えよう」の単元構想表

【重点とする指導事項　イ、ウ】　【言語活動例】　イ説明的文章　ウ情報の比較　（5時間扱い）

C読むこと2年　▶▶　説明的文章等の情報を比較し、内容や表現の仕方について自分の考えをもつ
論理を読んで論理的に考えよう　〜モアイは何を語るのか〜

〈こんな授業です！〉モアイ像づくりの文化が途絶えた証を解き明かす二つ以上の文章を読み、事例や理由づけの仕方を比較して意見を述べるという授業です。同じテーマを扱う複数の説明文を比較することで、筆者の論理をとらえ吟味しやすくするアイデアです。

指導事項	言語活動例　イ、ウ　説明的文章等の複数の文章を読み、内容や表現の仕方について自分の考えを述べること。	重点化	学習活動	評価規準	留意点　他	時
ア　抽象的な概念を表す語句や心情を表す語句などに注意して読むこと。【語句の意味の理解】			モアイの頭へ学習することを目指して、安田喜憲著「モアイは語る―地球の未来」を読み、モアイについての情報を整理する。			**1**
イ　文章全体と部分との関係、表現の効果、登場人物の言動の意味などを考え、内容の理解に役立てること。【文章の解釈】		○	「モアイは語る」を読みつつ、小学校教材「イースター島にはなぜ森林がないのか」と同じテーマ（モアイ像づくりの文化）を扱う二つ以上の文章を読み、事例や理由づけについて、提示された共通点や相違点などを理解する。	二つの文章を読んで自分の考えを述べるために、各文章で提示された事例や理由の共通点や相違点をとらえて読み、内容の理解を深めている。②	鷲谷氏の文章の影響を指摘しているが、安田氏の文章にはそうした指摘がないので、読み比べ易い。学校図書館等の施設などを活用して比較することができやすい。	**2**
ウ　文章の構成や展開、表現の仕方について、根拠を明確にして自分の考えをまとめること。【自分の考えの形成】		○	二つの文章の事例の扱い方や表現に触れながら、自分の中から根拠となる部分を挙げて自分の考えをもつ。	事例の扱い方や理由づけの適否について、文章の中から根拠となる部分を挙げて自分の考えをもっている。③		**3**
エ　文章に表れているものの見方や考え方について、知識や体験と関連付けて自分の考えをもつこと。【自分の考えの形成】		○	学習や生活上の必要から何かを調べる場面では今後このような点に留意すべきか、今回の単元で学んだことと自分の知識や体験を関連付けて自分の考えをもつ。			**4**
オ　多様な方法で選んだ本や文章などから適切な情報を得て、自分の考えをまとめること。【読書と情報活用】			総合的な学習（BIWAKO TIME）などで思い出したどんな調べ方をしていたかを思い出す。インターネットや図書館等で他の情報を探し、同じテーマについて関連する情報を探し、自分の考えを補正しようとしたうえで、「モアイは語る」について論評する。	モアイについて複数の方法で情報を比較し、論評する目的に応じて選択して具体的に理解するためのまとめている。④	図書情報を探す生徒には探し方を指導し、例えば百科事典やインターネット上の百科事典のつづみ「生態系」を捉えられるか（NHKブック）などと比較するのもよい。	**1**
関連する（伝統的な言語文化と国語の特質に関する事項）	抽象的な概念を表す語句、類義語と対義語、同音異義語や多義的な意味や表現を表す語句などについて理解し、語感を磨き語彙を豊かにすること。			抽象的な概念を表す語句・多義的な表現を表す語句に親しむ。⑤		**5**
国語への関心・意欲・態度に関する評価				説明的文章の内容について論評することに関心をもち、進んで事例や理由づけを比較したり、集めた情報を活用したりする。①	生徒の集めた情報、二つの文章を比べて発表したり書いたりする様子を観察、生徒の論評を内容で評価するなどの工夫。	

＊「留意点　他」の欄には、指導に当たっての留意点、図教材・教具の工夫

第2節　個人の文脈と社会的文脈とを相補的に扱う学習活動の類型

4　教材
・安田喜憲「モアイは語る――地球の未来」（光村 H14-17版2年）
・鷲谷いづみ「イースター島にはなぜ森林がないのか」（東書 H23-26版小学6年上）

5　単元目標
［関心・意欲・態度］説明的文章の内容について論評することに関心をもち，構成や要素を比較して読もうとする。
［読むこと］文章全体と部分との関係，例示の効果などを考え，内容の理解に役立てることができる。〈C（1）イ〉／文章の構成や展開，表現の仕方について，根拠を明確にして自分の考えをまとめることができる。〈C（1）ウ，オ〉
［伝統的な言語文化と国語の特質に関する事項］抽象的な概念を表す語句，類義語と対義語，同音異義語や多義的な意味を表す語句などについて理解し，語感を磨き語彙を豊かにすることができる。〈事項（1）イ（イ）〉

なお，記号は当時の学習指導要領の指導事項を指す。また，評価規準は表4-3内に示した通りである。

6　学習指導計画［5時間］
第1時　総合的な学習（当該校では，例えば総合学習「BIWAKO TIME」）などで自分はどんな調べ方をしていたか思い出す。／モアイの調べ学習という想定で説明的文章を読み論評することを目指して，安田喜憲「モアイは語る――地球の未来」を読み，モアイについての情報を整理する。
第2時　（表4-4）「モアイは語る」を鷲谷いづみ「イースター島にはなぜ森林がないのか」と読み比べ，同じテーマについて，提示された事例や理由づけの共通点と相違点を理解する。
第3時　二つの文章の事例の扱い方や理由づけの相違点に触れながら，自分の考えをもつ。

第4章　言語生活の拡張を志向する説明的文章学習活動の構造

表4-4　第2時の学習指導過程

	学習内容・活動	指導上の留意点・評価（◆）
導入	1.「モアイは語る」の文章を「モアイを調べる学習での有用性」の点から評価する。	・前時で想起した自分の普段の調べ方や，前時に文章を読んでノートに情報を書き出した経験を踏まえて発言させる。
	「モアイは語る」の文章は読みやすい？　分かりやすい？　調べ学習に便利？　それはなぜ？	
展開	2.「もう一冊，モアイについての資料に出会った」という前提で，鷲谷いづみ「イースター島にはなぜ森林がないのか」を読む。	・読ませる前に，文献がもう一つ見つかったらどうするかを問うて，自分の普段の調べ方や，望ましい調べ方について考えさせる時間を少しだけとる。 ▼反応予想　読まない／一応読む／パラパラめくる程度／結論だけ調べる
	モアイについて，もう一冊こんな文章が見つかった。君ならどうする？	
	3.「モアイは語る」を「イースター島……」と比べ，同じテーマ（モアイ像づくりの文化が途絶えた謎の解明）について，提示された事例や理由づけの共通点と相違点を整理する。	・図書室での調べ学習の場面を想定して，4人グループごとの座席にし，つぶやきを誘う。 ・各自の考えた「読み方」で読ませる。パラパラめくる程度だったり結論だけ調べたりした生徒は何も気づかないかもしれないが，何かの発見をした生徒も出るだろう。つぶやきを拾いながら，一部の生徒が発見できた内容と発見できた理由や，その他の生徒が何も見つけられなかった理由を考えさせるようにしたい。 ・4人グループごとにホワイトボードや付箋を渡し，二つの文章の内容を任意の図か表で整理させる。その際，BTノートのシンキング・ツールを参照させたい。まず個人でノートに数分作業させ準備させてから話し合わせるようにすることで，能力差を超えてより主体的に話し合おうとする態度を引き出したい。　　　◆読む能力②（観察）
	二つの文章とも指摘していることと，それぞれ指摘していることが違うことを挙げてみよう。	
		・話し合ったことを挙手または計画指名により発表させる。発表したことと重なる内容の他班のホワイトボードがあれば，同時にまとめて掲示する。
まとめ	4. 文献の調査で必要なことは何かを考える。	・一般原則よりも，教材内容に沿って具体的にどう行動すべきかを述べさせたい。 ◆読む能力②（ノート）
	モアイを調べるにはここでやめる？　つづけるなら何に当たる？　どうやって調べればいい？	

第2節　個人の文脈と社会的文脈とを相補的に扱う学習活動の類型

第4時　学習や生活上の必要から何かを調べる場面では今後どのような点に留意すべきか，今回の単元で学んだことと自分の知識や体験とを関連付けて自分の考えをもつ。

第5時　インターネットや学校図書館（またはそれを想定した場）で他の情報を調べ，同じテーマについて関連する情報を探し，自分の考えを補強したり修正したりしたうえで，「モアイは語る」に対して論評する。

7　学習の様子から［2年C組の場合］

　第1時の冒頭では，当該校で長年実施している総合学習「BIWAKO TIME」を念頭に，「調べ学習で自分はどんな読み方をしているだろうか，この単元で振り返ってそのあり方を考えよう」とまず生徒に問い，次いで「例えば"モアイについて調べよう"というテーマではどんな調べ方をしている？」と尋ねた。すると生徒からは「モアイの作り方を調べます」「モアイがどうして運ばれたのかを調べます」「モアイがたくさんイースター島の岸辺に立ち並んでいるらしいので，そのイースター島の大きさを調べます」といった発言があった。そこでそれらを受けて「"モアイに・・ついて調べよう"と言われたら，"モアイの・何を調べる"のか，問いを絞って考えるようにしないと調べにくいね」と述べ，「ここでは"モアイはなぜ作られなくなったか"という問いに絞って，安田さんの文章から分かることを各自調べてみよう」と問いかけた。教材「モアイは語る」で各自調べたことを4人組の学習班で相互に比べさせ共通点を挙げさせたところ，「森を失う」→「モアイを運ぶ手段を失った」＋「豊かな土壌がなくなった」→「食料不足から食料危機になった」→「部族間抗争」→「イースター島の文明の崩壊」という構図について，その一部を部分的に，各自ばらばらに発言していったため，その連鎖の順序を生徒に考えさせ，黒板に整理して示した。

　一方，学習班内での相違点としては，主食のバナナやタロイモを取り上げた者と取り上げなかった者がいた点の指摘は出されたが，それ以上の指摘はなかった。そこで，なぜ主食のことを取り上げた者と取り上げなかっ

第4章　言語生活の拡張を志向する説明的文章学習活動の構造

た者に分かれたと考えられるか尋ねてみたが，特に考えを述べられる生徒がないまま，時間が尽きた。

　第2時では，初めに「モアイが作られなくなった謎を前時で調べるのに読んだ『モアイは語る』について，どんな印象を持ちましたか」と聞いてみた。すると「問いの文がはっきり分かって読みやすい」「細かい情報がたくさん載っていてよく分かった」という意見が挙がったが，「分かりやすいことばで説明されていた」ことを挙げる意見に対しては「難しい語も多くあり，分かりにくいところもあった」と指摘する生徒もいて，反応は一様ではなかった。

　「では，モアイについての調べ学習で，図書室で安田さんの文章に出会い，読み終わったとします。みなさんはこういうとき，次にどうしますか」と問うた。これについては「安田さんの文章を要約して，大事な情報をまとめます」「安田さんの文章から分かったことを発表します」という応答があった。そこで指導者から「図書室を出ようとしたとき，ふと本棚に目をやると，調べ終わったはずの本棚に，あと1冊，鷲谷さんの本があったとしよう。題名は『イースター島にはなぜ森林がないのか』。さあどうする？」と重ねて問うた。ほとんどの生徒は「一通り目を通す」「とりあえず読む」「目次だけでも確認する」などと答えたが，1人だけ「せっかく調べ終わったのに，新たな情報が出てきて，内容が食い違っていたりすると面倒なので，読まずに図書室を出ます」と答えた生徒もいて，笑いが起きた。ただしこの生徒も，この発言内容から，"文献が複数あると共通点だけでなく相違点も見つかるため，単に読んで理解するだけでなく，理解した複数の文献の情報を相互に比較したり判断したりする思考が読者に求められる"点は理解できていることがうかがえる。

　このあと，「今はBIWAKO TIMEのような形でモアイのグループ研究をしているという想定だったよね。それでは，二つの文章でそれぞれ示された事例や理由づけの共通点と相違点を，どんな図でもいいから4人グループの共同で班ごとにボードに描き，まとめてみよう」と指示した。4人の学習班は座席の近い者同士，男女2人ずつで組んだ。この活動は，授業が

第2節　個人の文脈と社会的文脈とを相補的に扱う学習活動の類型

　先行する他学級では，まず各自がノートに図を描いたうえで学習班で話し合わせたものの，そのような手順にすると，作業が早かったか，上手にまとめた人の所へボードを渡し発表を頼んでしまう班が続出し，共同して話し合ったり作業したりする姿が見られなかった。この改善のために，C組では各自の作業時間をとらずにいきなりボードとペンを各班一つずつ配布した。すると，共同で作業しながら話し合う姿が多数見られた。

　各班のボードが黒板に出そろい，いくつかの班のボードをプロジェクタで前方のスクリーンに拡大投影して内容を各班代表者に紹介させているうちに時間が尽きた。

　第3時では，残る班のボード紹介のあと，全10班のボードを見て気づいたことを発言させた。するとまず一斉に多くの者が口々に挙げたのは「ラット」についてであった。つまり安田氏の文章には全く言及のないラットについて，鷲谷氏は森林の再生を妨げる要因として位置づけていたことについては，大多数の生徒が理解できていた。他に，モアイ像の削り方の違い（石器かノミか）などの指摘もあった。ただし，イースター島の人口については8班（資料4-1）だけが指摘する点，すなわち両者の間で同時期の人口推計に大きな差がある点を挙げる生徒は，他にいなかった。

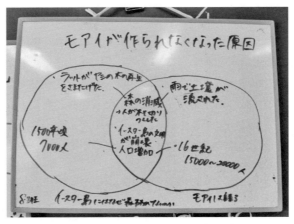

資料4-1　第2時のボード（8班）

第 4 章　言語生活の拡張を志向する説明的文章学習活動の構造

どうも「16世紀」イコール "西暦1501年〜1600年" と意識できていないように思われた。

　安田氏は 5 世紀に到来したポリネシア人が16世紀には15,000〜12,000人に増えたと記しているのに対し，鷲谷氏は西暦1500年頃には人口が7,000人に達していたと記していた。それゆえ一読しただけでは同時期だと気づきにくかったようであった。

　そこで，上記傍点部について「ほぼ同じ時代だよ。なのに人口に倍の開きがあるよ」と補説すると，「ああ……」とか「えっ？」という納得や驚きのつぶやきが聞かれた。さらに，「同じ花粉分析が根拠になっているのに，なぜこうなったのだろう。ちなみにそれぞれの文末を確認してみよう。それぞれの筆者はこの人口をどれくらい確からしい情報として出している？」と問うた上で，安田氏，鷲谷氏とも，人口の数を述べる文の文末が「〜に達していたと推定されている。」という同じ文末になっていることを確認させると，生徒は「両方とも推定なので，はっきりと分かったことではないみたいだ」「まだ確定してはいません」と指摘できた。

　これに重ねて，人口の増え方で分かることもノートに書き出させて比較させた。しかし，人口の推定に倍の開きがあること以外の点に気づく生徒がいなかったので，「森が減少したのはいつか」と問うた。そのことで，安田氏の文章では「 7 世紀頃」と書いてある点には気づいたが，その点と今まで読んできたこととの関係に気づく生徒はいなかった。そこで，「安田さんの説明だと，森林の減少し始めた 7 世紀以後，食料危機で部族間抗争をして人口の急減する16世紀まで，800〜900年間に渡り，人口が百年ごと 2 倍ずつ増えている，ということになるよ」「そうなると，モアイが作られなくなったのは森が消えたからだ，食料危機は森が消えたからだと言えるかな？」と解説すると，生徒から「ほんまや」「それはおかしいなあ」「主張に無理がある」などの発言が出た（**資料 4 - 2**）。

　第 4 時では，それまでの学習を板書を使って整理し（**資料 4 - 3**），特に文献の点検では理由の点検が難しいので，今回の単元で試みたように「接続詞や接続語に気をつけつつ，説明のつながりはスムーズかを点検しよ

第2節　個人の文脈と社会的文脈とを相補的に扱う学習活動の類型

〈論理〉
論理を読んで論理的に考えたようにアピールは何を語るのか?

文章だけから調べたり考えをもったりするには?
○重なりと違いを発見（＆）〈要点〉
○文末の点検（情報の確かさ）〈順序〉

〈人口の増え方〉
モアイは
・五世紀ころより
　ネコ人が来た
百年ごとに倍
一六世紀には二万
五万から二万
七万ごろ
村が減ったのは
部族間抗争しているのに食料危機なのに人口が増える
のはおかしい

イースター島に
西暦四00年ころり
ネコ人が来た

例→
西暦一五00年
→一六00には
五万に達して
いたと推定

推定

十六世紀には二万
五万から二万へ

〈調理〉
な二冊比べて相違点が見つかったからその後することは?

〈事実レベル〉
ーどんな事例が出てきたか
・どれくらいその事実は確からしいのか（文末
　…だ
　…である
　…らしい　推測
　…ようだ　憶測

〈理由レベル〉
ーどんな理由を述べるか
・説明のつながりはスムーズか接続詞接続語
・時間や手法など目盛りを入れてみる
〈論理的に飛躍はないか〉

〈主張レベル〉
・理由レベル
、理由づけとの関係がきちんと保たれていたか。

資料4-2（上），4-3（下）　第3・4時の学習記録例

第4章　言語生活の拡張を志向する説明的文章学習活動の構造

う」「時間や寸法などの"目盛り"を文章にあてがって，論理上の飛躍がないかどうかを点検しよう」と指導した。次に，鷲谷氏の文章の原典『生態系を蘇らせる』の該当部分を配布したり，教室前方のパソコンでインターネットを検索する機会を与えたりして，**第5時終了まで**，安田氏の文章について400字程度で論評する文章を書かせた。その際，「この単元で学習したことを書きまとめればよいのですよ」と言い添えた。以下に生徒作文の例を示す。立場は自由としたが，問題点を指摘しつつ文章を評価する意見が大多数であった。

・私は，「モアイは語る」は問題点もあるが，全体的にはわかりやすい文章だと思う。／まず問題点として挙げられるのは，推測が多く，事実が少ないことだ。また，これによって数個の食い違いも起きている。まず事実についてだが，文末を見てみる「らしい」「ようだ」が多い。このことから多くが推測であることが分かる。次は食い違いについてだが，この文章にはヤシが減少し始めたときから部族間抗争が起こり始めたと書いてある。そうなると，部族間抗争は千年ほどずっと起きていて，その間，人口が急激に増加していたことになる。他にもポリネシア人は島に着いたとき多くて9人しかいなかったことにもなる。／以上のような問題もあるが，これらを除けば，順序よくうまくまとめてあり，主張もわかりやすいものだと思う。(**A**)

・私は「モアイは語る」について，次の2点から事実と理由については疑問が残るが，主張の面ではそのとおりだと言える。／一つ目の点はイースター島にいたポリネシア人の人口である。16世紀には1万5千から2万に達していたとあるが，別の資料では，16世紀に7千人に達したとある。これでは，同じ時代なのに約8千人もの差が生まれてしまう。さらに，百年ごとに2倍ずつ増加とあり，計算すると5世紀の人口は約9人になってしまう。／二つ目は，森林が減少した理由である。ある資料には，森林が消滅した理由に人が連れてきたラットも関係している，とあるのに対して「モアイは語る」にはラットについ

て触れていない。ただ，どちらにせよイースター島の森林破壊に人が大きく関わっていることは変わりない。／以上から私は「モアイは語る」について二つ疑問に残る事実と理由づけがあるが，主張の点では納得できる文だと言える。(F)

第2項 「自らのテクスト表現過程」を先行させる実践例（2）
────これから自分が読む意義や価値を問う導入────

1 本実践の構想

　いわゆる「ゆとり」拡大の一環として授業時間数が削減された時期，それまでは中学校国語科教科書の同一単元に教材が複数配置されていたのが削られて単元あたり1本となり，そのため同一単元内で教材相互を比較して生徒が内容や書きぶりの違いに気づくことが中学校では難しくなっていた[41]。2016（平成28）年度以降使用版では教科書会社や単元によっては若干復調傾向にあり，同一単元内での複数配置が部分的には増えたが，全体的な傾向ではない。教科書教材と組み合わせる他の説明的文章教材を指導者が用意することが生徒の気づきを誘う上では有効となり，その先例としては**第1章**でも触れたように竹長吉正編（1996a；1996b；1996c）[42]や河野順子（1996）[43]のものがあるが，多くは小学校での実践である。そこで中学校においてはどのような教材を用意し，どのように比べさせるか，国語科の授業時間数が小学校より相当少ない中学校における工夫を検討する必要があった。本実践はそのことを念頭に置いて行ったものである。

　「平和」でない状態を願う人はいない。ゆえに，典型的なモデルとして書かれた教科書教材で人類の普遍的価値を説く内容のものに一度触れてしまうと，概して非力な生徒が筆者のすぐれた文章を吟味することは難しく，筆者の主張に対しただ納得する以外に自分の考えをもつことがしづらくなる。そこで，教科書教材を読む前段階において，「書店の店頭に立って背表紙の題名から本の内容を想像する」という具体的な状況を授業内に

仮に設定し，教材を読む前の段階で，生徒に先にテーマ（平和）に関するイメージマップを書かせることを試みた。そうすることで，「平和」から連想される様々な言葉のうち，筆者がどの内容を範囲として論を展開しているかに気づきやすくなる。それにより，筆者の挙げた事例はテーマに対して充分か，またその事例は筆者の主張とかみ合っているかを，生徒が自ずと吟味し，文章を評価できるのではないかと考えた。

2　単元名・対象・授業担当者・時期

「文章を解釈するには」（3年生，舟橋秀晃，2009年4月）

3　教材

・荒巻裕「平和を築く──カンボジア難民の取材から」（三省堂3年）……A
・井上恭介「壁に残された伝言」（同2年）……B

4　単元目標

[関心・意欲・態度] ふだんの自分の読みを振り返り，是々非々の構えで点検しながら読む必要性を自覚できる。
[読むこと] 文章を主張と根拠に分けて捉えることができる。
[読むこと] 主張と根拠の対応を点検し，問題点や筆者の意図を考え，表現を解釈することができる。

5　学習指導計画 [4時間]

第1時　「平和」から連想する語を付箋に書き出す。／Aを音読する。／付箋への書き込みにより，読んだ内容を確かめる。
第2時　付箋を交流し，「平和」に対する自分たちの認識の傾向を自覚する。／Aの主張を三～五文で書く。／Bを黙読し，Aの主張の特徴を捉える。
第3時　主張を支える根拠である段落やグラフ，写真の役割をそれぞれ検

第2節　個人の文脈と社会的文脈とを相補的に扱う学習活動の類型

討する。

第4時　根拠を示す段落と主張との間の飛躍に気づく。／文章に見られる論の飛躍をどう解釈するか，論じ合う。

6　学習の様子から［3年A組の場合］

第1時では初めに，教材Aの題名だけ先に提示して「ふだんの生活で文章を読むとき，題名から内容の予想が当たることもあれば外れることもあり，新たに知ったり考えさせられたりする場合もあるだろう。今日はそういう頭の中で起きていることを意識して紙に書き出し，筆者が文章で何を取り上げ何は取り上げなかったかを検討してみよう」と説明して付箋を配り，「平和」から連想する語を記させた（**資料4-4**）。これにより，いきなり文章を読ませるより，文章を突き放して是々非々で点検する構えを持ちやすくさせることをねらった。

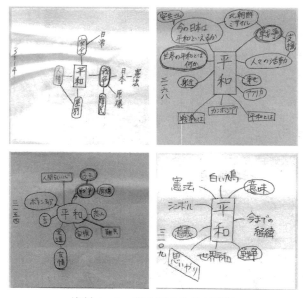

資料4-4　第1時の生徒付箋例

次に，指名音読でAを通読させ，読み終わったところで，付箋に記した語でAにもあるものには○，付箋にない語でAにあるものは書き足して□で囲ませた。すると，戦争の語は多くの生徒が読む前から書いていたが，「紛争」や「難民」の語は読んでから書き足されたものが大半だった。また「人間らしい心」や「思いやり」を書き足す者も多くいた。

第２時ではまず学級全員の付箋を印刷配付し，よく観察させて気づくことを発表させた。生徒からは，私が机間指導で気づいた先の点に関する発言のほか，全般的な傾向として平和に必要な「家族」「友達」「人間らしさ」などの語群と，平和の対極にある「戦争」「原爆」「死」などの語群とがあることを指摘する発言も複数あった。

そこで，次に筆者の主張を３～５文程度で書かせた。ノートを見て回ると，「戦争」「平和」「人間らしい心」等の語が集中する最後の３段落を用いてまとめた生徒がほとんどだったが，うち半数近い生徒が最終段落中の「このように」の内容や「戦争をなくす」「平和を築いてゆく」「子どもたちの生きる権利を確保する」の三者の関係を取り違えていることがわかった。そこで，より正確な解釈を促すため，机間指導で「『このように』はどこを指すの？」，「何が何の『第一歩』なの？」「筆者が目指すゴールは平和か，子どもの生きる権利の確保か，どちら？」と問うて書き直させた。

作業の済んだ生徒には教材Bを読ませ，付箋メモやAと比べるよう求めた。授業の最後に尋ねると，Bは平和を論じるのに「戦争」，中でも「原爆」に関する話を挙げている点で自分たちの付箋にみる「平和」のイメージと重なるがAは紛争による難民の話が中心である点がBや私たちのイメージと異なる，と気付いた生徒がいたので紹介した。

第３時では前時で書いた主張を確認させた上で，その主張を支える根拠となる事例を挙げるよう求めた。９割の生徒はすぐには分からなかったので，「全体の構成をとらえるにはどこに着目する？」と尋ね，指示語，接続語，数詞という発言が出たところで全文を黙読させた。すると「私たちはもう一つ，大きな驚きに出会いました」という表現から，コーンちゃん

第2節　個人の文脈と社会的文脈とを相補的に扱う学習活動の類型

の逸話とカンニーさんの逸話の2事例があることを大半の生徒が指摘できた。

　次いで地図，グラフ，写真とともにこの2事例が示されていることの役割を考えさせ，発言を求めた。すると，特にグラフについては注釈を踏まえて「戦争のない地域にもたくさん難民がいて，戦争のない状態が平和だとは言えないことを示している」と指摘する発言が複数あった。またコーンちゃんの事例では「人間には本来的に他者への思いやりがあることを示している」「本来の人間らしさを子どもが示している」，カンニーさんの事例では「人間のもつ心のすばらしさを示している」などの指摘があった。ただし主張と2事例との対応に問題があることに気づく生徒はいなかった。

　第4時では冒頭で「主張と根拠はきちんと結びついていた？」と投げかけてみたが，反応がないので，前時のノートを読み返させて2事例がそれぞれ「人間」の思いやり，「人間」の心のすばらしさを示していたことを板書した。さらにカンニーさんの年齢（22歳）も確認させたがまだ気付く者はいなかったので，「筆者が人間ではなく『子どもたちの生きる権利』の確保を主張していることは，筆者の挙げた事例からずれていないか？」と述べると，「え？」「あ！」など驚きの声が上がった。そこで「なぜ子どもの話にすり替わったのか，筆者の側にも立って考えてみよう」と問うと，4人班で論の飛躍を自分なりの解釈で埋める活発な発言があった。最後に各班の様子を全体で報告させ合った。（以下ノートから引用）

　　・子どもは大人とは違い様々な可能性を秘めていて，それを今の大人が戦争などで奪っていることになる。（H）
　　・子どもはこれからの世界を担っていく大切な存在で，子どもたちが人間らしい心がなくなるのはこれからの世界がどんどん暗くなっていくことと同じだ。（Y）

第3項　読書個体史上の位置を自覚する
　　　　〈仮想的状況〉設定の可能性
―― 状況論的アプローチからの「実の場」概念の再解釈と拡張 ――

1　両実践開発の当初の目的と「実の場」概念との関係

　日本の教育課程における国語科は，両実践開発当時の2008（平成20）年版学習指導要領では「国語を適切に表現し正確に理解する能力を育成し，伝え合う力を高めるとともに，思考力や想像力を養い言語感覚を豊かにし，国語に対する認識を深め国語を尊重する態度を育てる」（中学校国語科「目標」）教科であると記されていた。またこの目標に示される言語能力は「社会生活に生きて働くよう，一人一人の生徒が言語の主体的な使い手として，相手，目的や意図，多様な場面や状況などに応じて適切に表現したり正確に理解したりする力として育成することが大切である」（中学校国語編「解説」第2章第1節1教科の目標）と説明されていた。
　このような教育課程上の位置づけを確認するまでもなく，母語学習を担う国語科では，学習者が各々の生育歴，各々の言語生活の中で必要に応じ身につけてきた日本語を再整理し概念化すること，また言語生活の中では身についていない語句や語法を獲得し理解語彙と使用語彙を拡充すること，さらには日本語を相手，目的，意図，場面，状況などに応じて自己調整しながら運用できるようにすることが，これまでも目指されてきた。
　その国語科の授業における相手，目的，意図，場面，状況などの設定の重要性は，戦後早くから認識され実践化されていた。その実践群の中核に，大村はま氏の単元学習がある。日常の言語生活を振り返らせ，その望ましい姿を考えさせるために，氏は単元学習には学習者を主体的な学習の場すなわち「実の場」が必要だと強調した。ただし大内善一（2011）[44]は大村氏の言う「実の場」の用語としての曖昧さを指摘し，再定義を提案している。
　大内氏の再定義による「実の場」とは「学習者がその学習活動に対し

第2節　個人の文脈と社会的文脈とを相補的に扱う学習活動の類型

て，必然性と必要性とを感じさせるようなリアリティの下で，自ら取り組んでいこうとする姿勢に立つことのできる場」のことであり，「学校教育における学習の場は，社会における実生活の場と比べると，（中略）『形式的な場』とも言えるし，『虚の場』とも言える」のに対し，「『実の場』とは，実用的・実際的な場のことでなく，学習者があたかも現実の場であるかのような必然性，必要性を感じさせられてしまうような〈リアリティのある場〉のことなのである」。

　あたかも生徒が自ら興味・関心を強めていったかのようにして常時「実の場」をしつらえることには制約も多く，カリキュラム上生じる学習の必然性を全て「実の場」で学習者に対し提供しきれるとも限らない。また，4，5で後述するが，社会的構成主義学習理論における状況論の知見を踏まえれば，「実の場」概念は，単に単元学習の道具立てとしてのみならず，国語科単元全般に必要な概念として，むしろ大内（2011）の趣旨に沿いリアルでなくリアリティとして再解釈と拡張がなされ，適用の拡大が図られるべきであろう。

　先に第1項と第2項とで示した二つの実践例には，その共通点として，「実の場」概念を拡張する〈仮想的状況〉という発想を見出すことができるのである。

2　両実践の開発に至る経緯　——対照的事例の存在——

　実践個体史上，第1項と第2項の二つの実践例の開発に至るまでには，それらとは対照的とも言える，決して成功とは言えない次の事例の存在があった。この事例は，教科書教材の文章の論理を検討する力を伸ばすために，新聞記事で問題意識を持たせ，例文集でドリル的にスキルを高めようとした中学校第3学年での複数教材組み合わせの実践である。この事例では学習者の「論理的に読む力」を伸ばすことを企図して，教科書教材では見出しにくい「誤った論理」の綴られた文章を，例題付きの短い練習問題形式で与える手法を構想した。また，授業での試用結果をもとに，内容をより単純化したり，場面設定が分かりやすいよう例文を長めにしたりとい

う改善を教材に加える提案もした。

　このとき，生徒は指導者の指示に従って活動していたが，多くの生徒が課題に対して相当な困難を感じながら取り組んでいる様子が観察された。授業後の検討の場では当該授業の参観者から「例文が短すぎて，場面や状況が見えてこない」といった批評を受け，また後日にこの実践研究を口頭発表した際[45]にも「例文が短いため，そもそも例文のもつ文脈が読み取れなかったのではないか」との批判を受けた。

　このような，ケーススタディとしては得ることが多かったが決して成功とは言い難い次の事例に含まれる課題を，これまで本書で論じたことを踏まえて現時点から把握するならば，次の事例では，個人の文脈や社会的文脈との関係をめぐる問題，また形式的な論理の認知処理が得意ではない人間の「文脈依存性」あるいは「領域固有性」と称される問題に，それぞれ対処できていなかったことが指摘できる。また，そもそも授業者が当時その問題の存在さえ認識できていなかったことが，その背景にあったとも指摘できる。

　加えて，次の事例との先の2事例を比較すると，先の2事例が成功したのだとすれば，それら2実践では共通して，「実の場」ではないが，結果的には，社会的構成主義学習理論に基づく状況論的アプローチが成立していたのだと見ることもできる。

　以下に，まずその対照的な事例の概要を記し，そののちに，先の2事例と状況論的アプローチとの関係を論じたい。

3　対照的事例の概要[46]
（1）単元名・対象・授業担当者・時期
　「『論理的』に読もう・考えよう・話し合おう〜これでいいかな？ここはいいかな？〜」（3年生，舟橋秀晃，2006年6月下旬〜7月中旬）
（2）教材
・「これでいいかな？　ここはいいかな？」シート[47] A ・ B ・ C （資料4-5，4-6）

第2節　個人の文脈と社会的文脈とを相補的に扱う学習活動の類型

これでいいかな？こうではないかな？ A　教師用　ヒントは「感情」

番号	例文	学習のまとめ
A1	「悲しいことに、10日前からテスト勉強を始めたずるい人が多い。」	聞き手・読み手の感情をあおる間違い
A2	Pさん「今日できる勉強を明日に延ばしてはいけない。」Qさん「君だって、翌日に延ばした勉強があるから、そんなことを言う資格はない。」	個人を攻撃する間違い

これでいいかな？こうではないかな？ B　教師用　ヒントは「証拠」

番号	例文	学習のまとめ
B1	「こんにちは。私は大リーガー野球選手の○○です。家を建てるなら○○○ぼっうXX社、私も気持ちよく休日を過ごしています。」	専門違いの権威を使う間違い
B2	「大阪では今そばが大ブレイク中です。そばのおいしさにみんな夢中！『暑さにめげずそばを注文しました』『……』の通り、大人気ですねぇ。」	統計をゆがめる間違い
B3	「音楽プレイヤーの□□ポッドと△△サウンドは、□□ポッドのほうが圧倒的に売れています。だから□□ポッドは極めて優れた製品なのです。」	多数の意見だから正しいと思わせる間違い
B4	「私は牛乳を毎日飲んでいて、決して風邪をひきません。さあ、みなさんも、牛乳を毎日飲んで風邪を予防しましょう。」	少なすぎる例から考えを導く間違い
B5	「かぜにかかったら、学校に行ってはいけないのはあたりまえだ。エイズにかかっている人だって学校に行くのはどうかしているのだ。」	違う点もあるのに類似している点もあるので間違える間違い

② 記事から

なぜかな？疑問に思うことに線を引き、反論、異論を書いてみましょう。

団んでもランキング
温水便座、北陸尻上がり
――下水道普及、冬をのぞいたか――

①富　山　71.2%　⑥青　森　48.3%
②石　川　68.8　⑦秋　田　48.0
③三　重　67.2　⑧宮　崎　47.6
④福　井　67.2　⑨島　根　47.3
⑤新　潟　66.8　⑩佐　賀　42.1
　奈　良　66.3　　鹿児島　41.0
　京　都　66.2　　岩　手　40.5
　高　知　65.2　　長　崎　39.4
　愛　媛　65.2　　群　馬　18.4
　　　　　　　　　沖　縄
　　　　　　　　　北海道　64.1

（下水道普及率は国土交通省調べ、2人以上の世帯が対象、04年10月末時点。普及率は全国消費実態調査から。）

TOTO（本社・北九州市）が80年代に一般向けに販売を始めた温水洗浄便座。04年10月時点での普及率は全国で59.1%。TOTO広報部の富成さん（34）は、「北陸は急速に下水道整備が進んでいる。北陸特有の理由については、『北陸は持家率が高いうえ、住事などでよく水を使う人が多い。トイレは特に清潔に気を使うのでは』『大雪対策として水を流すことが多く、水洗化が急速に進んだのではないか』と分析する。
　温水洗浄便座には使用を要する各機能もあり、冬のひややっこ対策になる。普及率が低い県に温暖な地域が目立つのは、そんなことが影響しているのかもしれない。（高塚麟一）

（2005.5.4 朝日）

資料4-5（右）シートA（生徒用は下段が空欄）と資料4-6（中）シートB（生徒用は下段が空欄）、4-7（左）新聞記事「なんでもランキング　温水……」

・投書「このダイヤで乗り換えは酷」（朝日新聞2006年5月26日朝刊）
・新聞記事「なんでもランキング　温水便座，北陸尻上がり」（朝日新聞2006年5月28日「日曜be」版，**資料4-7**）
・中村桂子「生き物として生きる」（光村3年）

（3）単元目標

　［関心・意欲・態度］文章を鵜呑みにしないで，論理的なチェックを加えながら読もうとする姿勢をもつことができる。

　［読むこと］感情的な言葉を避けているか，充分な証拠を積み上げているか，論が適切に組み立られているかを検討しながら読むことができる。

　［話すこと・聞くこと］生き物としての人間の生き方について，論理的な構成や展開を考えながら，互いの考えを話したり聞いたりすることができる。

（4）学習指導計画〔5時間〕

第1次　短い文章の問題点を班で探し検討する。／ある新聞記事を七つの観点から班で検討する。（1時間）

第2次　前時の学習を生かして数点の投書記事を読み，問題点と工夫点を探す。（1時間）

第3次　中村桂子「生き物として生きる」（光村）を読んで，問題点と工夫点を探す。／「生き物として生きる」のテーマについて，自分の感じる問題意識を話し合う。／他の図書や資料に当たって比較検討する。（3時間）

（5）本時の目標〔第1時の場合〕

　［読むこと］意見表明型の文章を読むときに，どこに目を向けて読むとよいか（感情的な言葉を避けているか，充分な証拠を積み上げているか）をとらえることができる。

（6）学習指導過程〔第1時の場合〕

　　（表4-5を参照）

（7）授業の様子から

　第1時では，展開で，予想よりも苦戦する生徒の姿が多く見られた。

第2節　個人の文脈と社会的文脈とを相補的に扱う学習活動の類型

表4-5　第1時の学習指導過程

		学習内容・活動	指導・支援事項
導入	1．意見表明型の文章（意見文，主張文，解説文など）の主要素を確認する。	1a．情報図書室内で「意見」の載っている媒体を探す。 1b．「この意見は正しい」と感じるのはどういうときかを考える。	1a．入室した班から，各一冊（または一つ）席に持ってこさせておく。（新聞，書籍，先輩の学習資料，書籍，インターネット情報） 1b．班で考え紙に書き出させる。「言いたいことがはっきりしている」「理由に説得力がある」「具体的な証拠がある」など書いたものを貼り分類する。
	2．本時の課題を知る。	2．本時の課題は，「人の意見の正誤見極めの方法習得である」と知る。	2．**主張**（結論，意見），**証拠**（論拠，事実），**論の組み立て**（理由づけ）の3要素があることに気づかせる。
		「意見」が正しいかどうかを見分けるには，いったいどうすればよいのだろう。	
展開	3．投書を読んで，問題点を探す。	3a．投書「このダイヤで乗り換えは酷」を読んで気づいた問題点を各自ワークシート①に書き込む。 3b．シート A を読み，「感情」をあおる言葉が例文の問題点だと気づく。	3a．各班音読のうえで話し合わせ，ワークシートに線を引かせる。 3b．問題点に気づかない班には感情を含む語（「冷たい」「酷」）を探させる。「冷たい」「酷」の何が問題点か気づきにくいようなら，ヒントとして尼崎発のJR東西線が「6時10本，7時12本，8時14本，9時10本」あることを伝える。
	4．記事を読んで，問題点を探す。	4a．シート B の各例文中で問題点だと気づいた点を書き込み発表し合う。 4b．記事「なんでもランキング　温水便座，北陸尻上がり」を読んで， B の視点から記事の問題点を班で話し合う。	4a．問題だと感じる場所には線を引かせる。または，なぜ問題かが分かる例文の「ここが正しくないのでは？」欄に，問題点を単語でもよいので書き込ませる。 4b．検討の進まない班にはBさんとE教授のコメントだけ読ませ，「どちらが正しそう？」「それはなぜ？」と問い，E教授の言う「大都市近郊」が首都圏を含んでいない点に着目させる。
まとめ	5．本時のまとめ。	5．今日の活動では意見表明型の文章の3要素のうちどれを取り上げたかについて思い返す。	5a．投書や記事を読んで気づくことが，活動前と活動後に変化したかどうかを発表させる。 5b．意見表明型文章の3要素を指名して発言させた上で，今日の学習3・4がどの要素を取り上げたものであったかを振り返らせる。
		人の「意見」は，「主張・証拠・論の組み立て」の3要素に分けてとらえた上で，まず全体（感情），次に主張を支える部分（証拠・論の組み立て）に目を向けるとよい。	
	6．次時の課題を知る。	6．次時は，「論の組み立て」上の問題点に着目することを知る。	

218

第4章　言語生活の拡張を志向する説明的文章学習活動の構造

　まず投書「このダイヤで乗り換えは酷」の問題点を書き込むよう指示した（表4-5の学習活動3a）。この投書は，JR宝塚線事故のあと，乗り換えが別のホームに分かれたことや，乗り換えに1分ほどしかない場合が多いことを表現豊かに指摘するものであるが，ラッシュ時には4分待てば次の電車が来るという事実には言及していない。だが，読み終わってしばらく経っても鉛筆の動かない生徒がほとんどであった。そこで事前に用意しておいたシート A を配布し，何が A の問題点かを先に考えさせた（学習活動3b）。これについては生徒が「テスト勉強はずるくないのに」とか「そんなことを言う資格がないということはないだろう」と口々につぶやいていたので，フラッシュカードで「感情をあおる間違い」「個人攻撃の間違い」を提示した。その後投書を再読させると，半数の生徒が投書中の「高齢者に冷たい」や題名の「乗り換えは酷」を含む箇所に線を引き始めた。他の生徒には，ヒント（表4-5の3bを参照）を出しながら回ると，大方の生徒が当該箇所に線を引けた。次にシート B に進んだが，例文が五つもあるので，「気づいたものだけでよいから下欄を記入しなさい」と指示されても一つ目の欄に記入するのが精一杯の生徒が多数であった。参観者（第1時は公開授業）からは，これら一連の様子について，「例文が短すぎで，場面や状況が見えてこない」「例文の数が多すぎる」「記事などの資料も多く，読み込む時間がない」などの批評を受けた。

　第2時は，不十分なまま終わった学習活動4bをやり直すとともに，シート C についても下欄の記入を行わせた。問題点の指摘は些末なものに及び，問題の核心からは拡散する傾向にあったものの，時間余裕があったことと，要領が分かってきたことから，自分たちなりに読みの問題点を考えて発言する傾向が第1時よりは見られた。

　第3時と第4時は「生き物として生きる」の論旨をとらえることに時間を充て，第5時でシート A ～ C を手がかりにしてこの文章の問題点を検討させた。B4「少なすぎる例から考えを導く間違い」やB5「違う点もあるのに類似例とする間違い」の面からの指摘は生徒からいくつか挙げられたが，シート C のC5「反論の証拠探しを人に押しつける間違

219

い」についての指摘はほぼなかった。このＣ５の例文は「遺伝子操作はどのような重要な害をもたらすか，予想がつかない。したがって，遺伝子操作はすぐにやめなければいけない。人類の危機が訪れてからでは遅いのだ」という，この文章に見られる問題点そのものを載せたものである。そこで，Ｃ５と文章との関連性に気づいた生徒に発言を求め，何が問題かを各自説明させた上で，「遺伝子操作」のかわりに「飛行機墜落」と単語を入れ替えて再度例文Ｃ５を読み上げ，他の生徒の反応を見た。すると，うなずく生徒が過半数に至ったので，「遺伝子操作には，私個人としても不安はたくさんあるけれど，それとは別に，論の展開のしかたとして，このような問題点はありそうですね」と補説した。そしてこの文章に対する自分なりの考えをノートに作文させて，数点指名して紹介させて学習を終えた。

（８）成果

最初，新聞記事や投書だけ渡されても何をどう読んだらよいか分からなかった生徒たちが，試作したワークシートで論理的に読むための観点をいくつか学ぶことで，自分たちで問題点に線を引き，互いに班の中で交流し始めることができた。自分の読みの変化や級友の読みとの違いを随時比べて意識していく中で，読めなかったものが論理的に読めるようになったことは大きな成果である。

（９）課題

一方，ワークシートについては次の①〜⑤の通り，改良すべき点が多く見つかった。

① １時間あたりの分量が多すぎる。
② 想定された場面が想起しづらく，理解しにくい。例文が短すぎる。
③ 例が一つずつでは，その文例のもつ形式的な誤りの側面が見えにくい。複数の例文が必要であろう。また，例えば教科書教材の内容について全く反対の主張を探してシート化するなどの工夫をして，相互の論理展開の異同に生徒の目が向くようにする必要がある。
④ 「学習のまとめ」欄は，結局生徒が板書を視写する箇所としてしか

活用できず記入が難しかった。
⑤　例文の周囲に余白がないので書き込みがしづらい。

　また，一つの授業で扱う教材の分量が多すぎたため，当初計画した授業時間数に収めるため，授業の進行を急いだりフラッシュカードを先に提示したりするなど強引なところもある授業展開に陥った分，互いに学び合い高め合おうとする生徒の姿は部分的なものに留まった。そのような雰囲気の中で，生徒の読みが深まらないうちに観点の指導が結果として先行することとなり，その点では，読みを深める国語の授業と言うよりも，当該校特設の「情報生活科」のような授業内容と変わりないものとなったことは否めない。生徒が自力で読みを深められるよう，段階的に時間を掛けて指導しなければならない。

　加えて，この実践では「論理的に正しいか」の点だけで読むことを求めていたので，生徒に誤解が一部残ったおそれがある。まずは一旦保留して読むことを求めたが，もちろん言葉やその奥にある感情を読むことも大事であり，両者のバランスを考えたカリキュラムの工夫が必要であった。

4　対照的事例との比較から浮上する特徴
　　──「実の場」概念を拡張する〈仮想的状況〉──

　今示した事例において，練習用に作成したシートの短文から文脈そのものを読み取ることは，学習者にとって難しいものであった。そこには，その文章の社会的文脈を理解できるだけの言語生活上の経験の有無について，学習者間に大きな落差が存在していた。その落差とは，例文がどれも学習者の言語生活にありがちなものであるだけに，鋭い批評精神や人権感覚を以て日頃から問題意識をもちながら生活する一部の学習者にとっては各短文の問題点を容易に理解できたが，多くの学習者にとっては，普段の生活で遣り過ごしていて誤りに気づいていないものであったために，そもそもその例文の何が問題かすら飲み込めず，そのためシートによる練習が教材文理解のステップになり得なかったのではないか，と考えられる。

　また，仮に学習者がシートによる練習で各教材文の論証構造の問題に気

第2節　個人の文脈と社会的文脈とを相補的に扱う学習活動の類型

づいたとしても，その論証構造の問題点を全く別の文脈をもつ教科書教材に適用するという形式的操作を行うことについては，**第2章**でも論じた「領域固有性」あるいは「文脈依存性」の問題から，そう容易には行えるものではなかったのであろう，とも考えられる。

　それに対し，先の両事例のうち前者は，単元冒頭で調べ学習の一場面を想起し，図書室で自分たちはどう振る舞うべきかを考えさせようとするものであった。また後者は，教科書教材を読む前段階において，「書店の店頭に立って背表紙の題名から本の内容を想像する」というものであった。どちらも，生徒の言語生活上における状況（言語生活上の文脈）があり，また**第2章**で引いたエンゲストロームのいう，学習を引き起こすコンフリクト（それまでの概念では充分解決できないがゆえに解決を探究する中で認識される矛盾・葛藤）に含まれる認知的コンフリクト（ジレンマ，異常事態，自己認識と実情とのずれ）と社会認知的コンフリクト（自他の観点や感じ方に差異のある状態）の双方を動機づけに生かすものでもあった。

　認知的コンフリクトとは，両事例で言えば，前者では「もっと上手に調べたい」という学習者の願い，後者であれば「平和とは，戦争のない状態以外に，まだ何かあるのだろうか」という学習者の問いがそれに当たるであろう。また，社会認知的コンフリクトとは，両事例のうち前者では調べ方についての考え方や取る行動について学習者間に差異があったこと，また後者では「平和」から連想する語を書き出したメモについて学習者間に差異があったことが，それに当たるであろう。

　いずれも，もともとは「実の場」に代わる次善の策として〈仮想的状況〉を設定したものであるが，学習者が学校生活や社会生活で直面する（または直面することになる）言語生活上の課題を指導者側からまず提示し，言語生活上の状況を想定した仮想的，シミュレーション的な言語活動を行わせることを通して，適切な判断を問うものに結果的にはなり得ていた。

　ならば，先の両事例を踏まえると，相手，目的，意図などに応じて国語の適切な運用を学ばせるには，言語生活上の文脈としての具体的な状況が，たとえリアリティに欠ける仮想的なものであったとしても学習活動に

用意できていればよい，ということになる。

　それゆえ，先に引いた大内（2011）による「実の場」の再定義は，従来の「実の場」概念を拡張するものとして有効である。つまり，氏の「学習者がその学習活動に対して，必然性と必要性とを感じさせるようなリアリティの下で，自ら取り組んでいこうとする姿勢に立つことのできる場」という再定義における「リアリティ」とは，単元づくりには言語生活の現実（リ・ア・ル・）そのものがいつも必ず要るのではなく，たとえリアリティに欠ける仮想的なものに留まるにせよ，それが学習者の言語生活上のコンフリクトを想起させる状況が設定されていれば少なからず有効性を発揮する，ということを指し示しているのである。

　したがって〈仮想的状況〉は，大内（2011）提案の方向で「実の場」概念を拡張し，単元学習だけでなく他の国語科単元全般において実践を日常的に可能とするものとして定位することができる。また〈仮想的状況〉の設定は，学習者の主体性を引き出し，学習者が自己の言語生活に学校学習を適用することを容易にする効果を呼ぶものであると言える。

5　国語科における状況論的アプローチと〈仮想的状況〉との関係

　ここで，状況論的アプローチと〈仮想的状況〉との関係に言及したい。

　状況論とは，社会的構成主義において唱えられているもののうちの一つであり，人間の領域固有性に着目して，その有効性が説かれているものであり，状況論は「状況学習論」とも記されることがある。

　A. プリチャード・J. ウーラード（2017）[48]は，バンデューラの社会的認知理論と並べて「社会的構成主義のもう１つの重要な考え方」として状況論を取り上げ，「状況学習あるいは『徒弟制モデル』という言い方で表現されているのは，学習は高度な社会的状況において生起する，という考え方である。この『社会的』ということばは，２人以上の人間が集まりいろいろなやり方で関わっているという状況を示しているが，その関わり方をより特化して言えば，そこに参加している人が学習を行うようになること

を励ますような関わり方をしている、という意味である」と述べている（pp. 25-26）。

　大島純（2004）[49]は、これまでの学習研究では学習を「個々の主体の経験による内的変化」として考えてきたのに対し「1990年代に注目を浴び」「ここ数年定着してきている」考え方として「状況的認知」を取り上げた。そして次のように言う（pp. 134-135）。

　　これまでの学習研究で取り扱われてきた学びの場面は知識が薄い（knowledge lean）状況であったのに対して、状況的認知論で謳われている学びの場面とは知識が豊富な（knowledge rich）場面での活動なのである。学びの目的は、必要な知識を獲得するだけにとどまらず、アクセス可能な知識をうまく利用する、あるいはアクセスしやすいように自らの環境を整えるといった、よりメタ認知的な能力の必要性へ移行しているのである。

　国語科の学習は元来、普段の生活で身についていない語彙の拡充と共に、普段の言語生活で身につけた日本語を相手や目的などに応じ、より適切に運用することである。そこには「場」、ここでいう「状況」が必要である。また、既に身についている言語運用をよりよく改善していく国語科では特に、「必要な知識を獲得するだけにとどまらず、アクセス可能な知識をうまく利用する、あるいはアクセスしやすいように自らの環境を整える」という状況論の考え方がよく適合するように思われる。またこの考え方は、能力の発達を垂直的な次元だけでなく水平的拡張にも見出そうとする本研究にも合致する。

　これらを踏まえて、先の2事例と後の対照的事例とを改めて比較すると、後者の事例では、学習者の言語生活には取材したものの彼らがその問題性をほとんど認識していない点で「知識が薄い」ような場面で、言語運用を検討する形で「アクセス可能な知識をうまく利用する」ことを指導者が求めたために、学習が円滑には進まなかったのではないかと説明できる。

第4章 言語生活の拡張を志向する説明的文章学習活動の構造

　なお，A. プリチャード・J. ウーラード（2017）は，「ほんものの学習」という考え方として紹介されたり，それと関連付けて語られたりするとも言う（p. 26）。これは真正性（authenticity，オーセンティシティ）と呼ばれる問題であり，そこには「実の場」の「実」，大内（2011）でいうところの「リアリティ」が含まれる。

　状況論はもともと，成人教育学の分野で認知的徒弟制の議論から，レイヴとウェンガーが提唱した理論である。伝統的な徒弟制で弟子が親方の技術を見よう見まねで学習する際，そこには大人の世界，今ここで学ばなければならない切実さ，実際に学んだことを発揮する社会的文脈が，職業的状況の中に全て揃っている状態にある。したがって，学校という場所において子どもが授業という枠組みを通して学べることは，大人の職業的状況の中にいるほどの真正性には当然欠ける。しかし大村はま氏の「実の場」概念は，そういった学校での学習だからこそ，特に中学校段階では大人の世界を意識し，言語生活の地平が見えるような授業を心がけ，学習者に切実さをできるだけもたせることを志向すべきであることを早くから提示していた点で，非常に重要なものである。

　このことをめぐり，状況論ではなくアプロプリエーション概念に関しては，国語教育学においてこれまでに甲斐伊織氏と藤原顕氏の間に，「大人世界への参加」か教室内での「仮想的な参加」かをめぐる議論があったことは，参照に値する。次に紹介する議論の方向は，大内（2011）の再定義の提案にも重なるものである。

　甲斐伊織（2010）[50]は藤原顕（2008）[51]を批判的に検討し「学習者同士による集団の形成」のみを守備範囲とし，学習者を「大人の言語生活」へ「参加させる観点は意識されていない」と指摘した。藤原顕（2013）[52]はこれに，「『大人の言語生活』への『参加』という点については，教室という枠内で可能なのは本物の『言語生活』への仮想的な参加だという教室実践の限界性を考慮した場合，議論の余地が残ろう」と反論した。

　この議論について確認しておきたいことは，大人を意識するか仮想的なものに留まるかの差は認められるが，どの論者も将来的な「参加」を目指

225

している点では皆同じだ，ということである。小学校低学年と中学校卒業段階とでは学習者の実態にかなりの差異を認めざるを得ず，それゆえ学習者に対し一律に「大人の言語生活」への同等の「参加」度を求めることは当然できまい。とはいえ，大人の職業的状況からは遠い学校学習だからこそ，参加度ではなく，参加を目指そうとするベクトルこそが重要なはずである。それゆえ，〈仮想的状況〉を設けることの意義も，単なる「実の場」の次善の策としてではなく，それがたとえ仮でも，「実の場」と同等に列せられ積極的に肯定されるべきではないかと考えられる。

確かに，リアルさの面において〈仮想的状況〉は「実の場」には劣る。しかしながら国語科学習において必要なのは言語生活のリアリティを志向することであり，その方向性では〈仮想的状況〉も「実の場」も，軌を一にするものである。

6 「自らのテクスト表現過程」を先行させる学習活動の類型

以上，本節では「自らのテクスト表現過程」を先行させる学習活動の類型として，近年の実践の調査と自身の実践例を踏まえ，次のようなパターンが考えられることを示した。

> 単元導入時に〈仮想的状況〉を示して学習者のコンフリクトを引き出す
> 　パターン1　これまでの自分の読み方を問う導入（読む方法への意識喚起）
> 　パターン2　これから自分が読む意義や価値を問う導入（読む内容への意識喚起）

この類型では，「個人の文脈に立脚」することは，今回の学習が学習者自身の読書個体史上ではどこに位置するかを学習者に自覚させるものとして実現していた。また，「社会的文脈へ接続する」ことは，個人の文脈と学級集団のみんなで読む文脈を資源（リソース，手がかり）として**第2章**末で言及した「未知の空間」「これから読むもの」へ向かっていくものとして実現していた。

第4章　言語生活の拡張を志向する説明的文章学習活動の構造

　ただしこれらはいずれも，単元導入時に「これから読むもの」に対して「自らのテクスト表現過程」を先行させるパターンである。では，単元展開時に，教材の外にある社会的文脈の説明を通して眼前の教材文を理解するなどの，国語科の学習にはそぐわない方法を用いずして，教材文から社会的文脈を想起させ文章吟味を促進できる方法はないのであろうか。
　その方法に関しては，先に挙げたC［論理］を含む26例の実践群の中に，具体的な種々の方法を見出すことができる。先にも引いたように河野（2006）は「Cの実践で目指されていることは，筆者との対話を行い，自分なりの論理的認識と認識方法の形成を促すことである」とした。そのような実践として観察されたのは，教科書教材と別の教材を併用し，情報や書きぶりを照合してその妥当性を検討するような実践であった。
　C以外の各要素を含む実践例では複数の教材を順に使用するか，学習と並行して，いわゆる並行読書は各自で毎時中に進めておくものの，その読書を授業で取り上げるのは単元後半であるか，いずれかのパターンが中心であった。これに対し，C［論理］を含む実践例では複数の教材を，部分的にでも同時に関わらせて読み，読んだ教材文の外の情報をもとに教材文を吟味するものが中心であったのが特徴的である。
　とはいえこれらの事例は，社会的文脈の内容を縷々直接説明する代わりに，一つ以上の教材を教科書外から指導者が発掘し指導者から学習者に与えたに過ぎない，とも解釈できる。それでも，説明を聞くのでなく複数教材を学習者が自ら読んで考える点ではよい。
　ではその他に，個人の文脈に立脚して眼前の文章を読み込み，それだけで社会的文脈を想起するような学習のパターンはあり得るのだろうか。それはつまり，学習者が自分の分からない未知のものを読んで，分からないながらも分かるために質問や意見を述べる，ということを可能にする学習である。
　次節では，著者が勤務していた中学校で独自に「情報科」を開発し，後に文部科学省「研究開発学校」の指定を受けることになる研究に従事していた際に取り組んだ実践から得た，国語科にも参照できる知見を示す。

第3節　社会的文脈を教材文のみから想起させる方法としての〈書かれなかったこと〉吟味の可能性
　　　──情報科での実践例を踏まえて──[53]

第1項　社会的文脈を教材文から想起させる必要性

　社会的文脈の存在を強調しすぎると，学習者が眼前の文章を読む行為の意味が薄れ，国語科の学習として成立しなくなる。説明的文章学習指導の分野において，かつてそれは「内容主義」であるとして批判されたことである。

　では，社会的構成主義に立ち，説明的文章の背景にある社会的文脈の存在を認識しつつも，個人の文脈に立脚して教材文を読む方法として，どのような学習活動を構想できるであろうか。

　前節では〈仮想的状況〉から単元を起こす方法を過去の自実践から示した。しかしそれは単元導入時の工夫である。単元の展開時に取り得る策はあり得るのか。できれば学習者が「なぜ筆者はこのようなことを主張しているのだろうか」「この主張の背景にはどんな考え方があるのだろうか」「この主張のほかに検討すべきことがまだあるのではないか」など，学習者が主体的に文章に立ち向かい，「これから読むもの」を見定めていくような学習は組織できないであろうか。

　そこで重視されるのが，文章の論理を読み取るのでなく，文章に含まれる情報を論理的に吟味しながら読もうとする視点である。

　例えば以下のA，Bが同じ場面で同時に言えるのならば，「論理」という語が単に自分自身の中で筋道が通れば用いることができるのに対し，「論理的」という語は，他者の多くが妥当だと承認しなければ用いることの難しい語なのであろう。

第4章　言語生活の拡張を志向する説明的文章学習活動の構造

> A　某氏の主張は彼なりの論理で一貫している。
> B　某氏の主張は，論理的でない。

　「論理的」という用語をこのようにとらえるなら，学習者の「論理的」に理解し表現する力を伸ばすには，書き手や話し手の論理を追いかけて取り出す練習をすることに終始せず，書き手や話し手の論理を吟味する具体的な観点をもたせ，実際に吟味させて妥当性を判断する練習を積ませることで，学習者の論理を育てていくことをも目指すべきである。

　しかし国語科では従来「読むこと」において，「論理」とは考えや文章の筋道という意味にしか受け止められてこなかったため，筆者の「表現の論理」を学習者に理解させることと，学習者の「認識の論理」を育てることが混同され，筆者の「表現の論理」を学習者にとらえさせることが即「論理的」に読む力を育てることであるかのように受け取られ実践されてきた傾向がある（第1章第2節）。この傾向に関連して，話すこと・聞くことについては，ディベートトレーナー西部直樹（1994）[54]が教室ディベート文献を概観して「肯定側はなぜ論題を支持するのか，その理由は述べられる。だが，個々の理由（論点）が分類されずに出されていて，立論に筋道をつけることができていない」と指摘している（p. 22）。また書くことについては，幾田伸司（2007）[55]が，反論を書く作文指導では「『○○という意見もあるが，私は××と考える。』ではなく，『○○とは言えない』と論証することに心を砕くべきなのである」と指摘している（p. 37）。いずれも，書き手や話し手の「表現の論理」にばかり指導者の目が注がれ，学習者の「認識の論理」を育てる指導が不十分であることを指摘したものだと考えられる。

　では，〈書き手や話し手の論理を吟味する具体的な観点をもたせ，実際に吟味させて妥当性を判断する練習を積ませることで，学習者の論理を育てていく〉にはどうすればよいか。それには，議論する相手から「言われたこと」だけでなく「言われなかったこと」（相手が言うべきでないと判断したこと，言い落としたこと，また言わずに隠したこと）にも気づかせ，その

第3節　社会的文脈を教材文のみから想起させる方法としての〈書かれなかったこと〉吟味の可能性

問題点を指摘させることがまず必要であり，その指導法が求められる。

これに関しては森田信義氏の先行研究がある。森田信義（1989）[56]は，筆者の個性に着目し，筆者の工夫を評価する読みを求める立場から，「分かりにくさ」発見のためのゆさぶり発問や，「分からないことはないか」と学習者に直接問う方法で，言われなかったことがそれでよかったのかを学習者に吟味させることが可能であることを示した（pp. 110 – 111）。なお森田信義（1991）[57]は，氏に先立って筆者の工夫に着目した香川県国語教育研究会，児童言語研究会，西郷竹彦氏の先行研究に触れ，香国研の場合「筆者を仰ぎ見，彼に学ぶという姿勢以上のものが見られないものが多い」（p. 279），西郷氏の場合「教材の質を吟味・評価する観点がないわけではない。それが実践の場に生かされることが今後の課題である」（p. 282）と指摘する一方で児言研の教材分析を「無視できない労作」（p. 280）と述べているが，これによれば三者とも文章・談話の問題点を学習者に指摘させる具体的な指導法は示していないことになる。

「言われなかったこと」にも気づかせる指導法としては，書き手や話し手の示す情報以外の情報を他の文献などから持ち込んで学習者に与え，文章や談話が必要かつ充分な内容であったかを吟味させる方法が以前からある。例えば「調べ読み」，「比べ読み」，ディベートなどがそれにあたる。

しかし，誇大広告やテレビ番組のコメンテーターの言説など，日常生活には一見「分かりやすい」のに論理的には問題のある言説は広く存在し，読み手や聞き手がそれに触れる際，そもそも「分かりにくさ」を感じていないことが多い。また，読み手や聞き手が，文章・談話の内容吟味のために現地や現物に接したり，文章・談話を他の情報と照合させたりする時間的余裕も，日常的にはないのが普通である。

それでも国語科としてはせめて，文章・談話を何でも鵜呑みにせず他の情報と照合する必要性があることは学習者に理解させておきたい。この点でディベートは，学習者らが論題にかかわる情報を事前に入念に収集し，独自に調べた情報を踏まえて互いの立論に反駁を加えるものであるから，本来，格好の指導機会となりうるはずである。にもかかわらず西部氏の指

摘を受けるのは，国語科の従来のディベートは「ドラえもんはのび太にとってよい友達か」といった内容や文学作品の解釈などを話題にして，話し合う対象への見方や考え方の深まりを求めて行われる傾向にあり，ディベートが何を論じ何を論じるべきでないかを見極める練習にはなっていない場合が多いからであろう。この背景には，情報の入念な収集といっても，国語科の年間百数十時間という授業時間数の中で，内容面で他教科と重複しがちな調べ学習を何時間も確保できないという問題もある。

そこで，より日常生活に即した方法として，また国語科の枠内でも指導が容易な方法として，眼前の文章・談話を他の文献と照合せずして吟味し，妥当かどうか，妥当でないとしたらどの点が問題かを短い時間で見極めるようにさせる指導法の開発が求められた。舟橋秀晃（2002）ではその開発のために，相手の意見を無批判に受け止めずに一旦は吟味する構えを持たせる実践（中1）を行った[58]。また，構えはあっても「目の付け所」が分からなくては相手の意見の吟味が実際には進まないと考え，相手の意見を実際に吟味するときの基本的な12の観点をクリティカル・シンキングの方法にならってワークシート化し，授業（中3）で用いたこともある（**第2節第3項3**）。ただし，12の観点をワークシートで学習しても，短時間で習得して文章を吟味することは，中3の生徒でも困難であった。

そうであるならば，〈書き手や話し手の論理を吟味する具体的な観点をもたせ〉ることは，実際にはやはり困難なのか。また，学習者の論理の発達の実態から，論理的な吟味を求めることはどの程度まで可能なのか。さらには，そもそも国語科で書き手や話し手から「言われなかった」ことを扱うことは妥当なのか。本節ではこれらについて，勤務校で得た国語科以外での実践の機会を踏まえて考察したい。

第3節　社会的文脈を教材文のみから想起させる方法としての〈書かれなかったこと〉吟味の可能性

第2項　実践「論理的に理解しよう」(情報科) の概要

1 「情報科」設置の経緯

　当時勤務していた滋賀大学教育学部附属中学校の「情報科」は、総合学習「BIWAKO TIME」(当初は「びわ湖学習」と呼称) を25年以上実践してきた当該校が、実践上で生じた課題に対応するため、2007年度より当該校独自に設置した「教科」(全学年、各約35時間配当、実際は「総合的な学習の時間」の一部) である。

　当該校の総合学習実践上の課題とは、例えば、グループ学習による調査研究結果の発表会で生徒に相互評価させると、決まって「発表の声が大きかった・小さかった」、「話の内容が分かりやすかった・分かりにくかった」などと指摘できても発表内容についてはなかなか質問をしない点や、また、BGMをふんだんに用いた旅番組を思わせるビデオレポートやアニメーション効果を多用したスライドショーには、その内容が明らかに乏しいものであっても評価が高くなりがちな点にあった。つまり、当該校の生徒は発表方法には多大な関心を寄せるが、発表内容については吟味せず鵜呑みしてしまいやすいのである。

　そこで「情報科」を置くことで、特に情報生産のための思考の方法を、中学生に必要な範囲で教科の枠を越えて横断的に学ばせることをねらった。したがって、当該校の「情報科」では情報機器の構造や操作についての学習を主眼には置いていない。この点で既設の「技術・家庭科」や高等学校「情報科」、あるいは学習や社会生活で効果的に情報機器を利用することを身につけさせるために当該校が2006年度まで設けていた「情報生活科」とは内容を異にする。

　2007～2008年度はカリキュラムを模索中であるため、全職員が単元ごとに分担して授業に当たっている。著者は3年生「論理的に理解しよう」(8時間) の全3学級分を数学科教諭・北村俊、情報科非常勤講師・安谷元伸とともに担当した。

第4章 言語生活の拡張を志向する説明的文章学習活動の構造

　学習指導案の作成は前半4時間は北村が，後半4時間は著者が主として行った。著者は，総合情報学や認知心理学のテキスト等を参考にしつつ，渡辺健介（2007）[59]のような，ビジネス研修の手法を小中学生向けに平易に書いた教材や，その手法の背景を知る意味で論理的思考に関する大人向けのビジネス書にも一部当たって，中学生の思考を深めるのに必要かつ妥当と考えられる学習内容を選んだ。なお第7・8時については，中村敦雄（1993）[60]の第二部「Ⅱ 新聞を活用した授業の試み」（pp. 163-188）で使用された新聞投書を教材に利用した。

2　対象・時期
　3年A～C組生徒，各40名，2008年5～6月

3　各時の目標
第1時　堅苦しく，難しいイメージを持つ「論理」について，感覚的と論理的の2種類を対比させて考えることで，その意味を理解することができる。

第2時　論理パズルを通して，筋道立てて考えることを体験し，「論理」が人を説得するために必要なものであることを理解することができる。

第3時　放送時間に制約のあるテレビ番組が論理的に作られていることを知り，人を説得するためには何が必要であるのかを考えることができる。

第4時　架空の実験的TVドキュメンタリー番組（朝日放送「情熱最前線」2006年3月25日24:30～25:25 関西地区のみ放映）を見ることで，論理的な説明をされても鵜呑みにせず，違う角度からも考える必要がある点を理解することができる。

第5時　私たちが「論理的」思考で共通にもつ弱点に気づき，論理的に考えるにはMECE（ミーシーまたはミッシー，「Mutually Exclusive Collectively Exhaustive」の略，もれなく重複なく整理し，部分最適でなく全体最適を目指して考えること）が重要であると理解することができる。

第6時　「BIWAKO TIME」で実際ありそうな問題解決場面を例に，もれなく重複なく考えるための三つの手法を体験することを通して，問題を解決するには，問題構造の論理的理解が必要であると気づくことができる。

第7・8時　日常生活でことばと事実との関係に目を向けることの必要性に気づき，相手の意見を，相手の「判断」を除外した上での「事実」と「理由」「主張」の3要素に分けることができる。

4　学習指導過程（著者担当分，第5〜8時の場合）

第5時[61]（資料4-8，4-9）

○日常生活の一場面から，私たちが案外，問題を「論理的」には理解しようとしていないことを知る。

・「買い物でレジに並んだ。先に3人並んでいる。次が自分の番というとき，うしろから一人来て『代わってほしい』と頼まれた。カゴには二人とも品が7点程度入っている。あなたはどうする？」という場面で，言い添える理由ごとに自分なら順番を譲るか譲らないか考え，私たちは「〜だから」と言われると弱いことを知る。

○ヒトには思考の弱点があり，「論理的」理解が苦手であることを知る。

・「4枚カード問題」で「確証バイアス」（否定的情報の利用を思いつけない傾向）の作用を体験し，ヒトには思考を省き，自分に都合のよい情報だけを集めたり記憶したりする傾向があることを理解する。

○「論理的」な理解を助ける一つの方法として，「四分割表」でもれなく重複なく考えること（MECE）を体験する。

・日常の議論の場面においては，手元にデータがあれば四分割表の中に実数やパーセンテージを書き入れること，またデータがなくても実数や割合を予想で書き入れてみて，言い過ぎや言い落としがないかを考えること，さらには，実際に四分割表を書かないまでもそのような思考で議論に接することが大切であることを理解する。

第6時[62]（資料4-10，4-11，4-12）

第4章　言語生活の拡張を志向する説明的文章学習活動の構造

3．私たちって「論理的」?②　～ 論理 的な情報に 弱い 私たち～

| あ | 4 | キ | 5 |

問「もしカードの片面が平仮名なら，その裏には偶数が書いてある」というルールが本当か確かめたい。最小限どのカードをめくればいい?

人は否定的情報を利用しにくい。
都合のよい情報だけを集める。
（「確証バイアス」）

命題 $p \Rightarrow q$ 「あ」をめくると偶数	逆 $q \Rightarrow p$ 「4」は不要
否定 $\overline{p} \Rightarrow \overline{q}$ 「キ」は不要	対偶 $\overline{q} \Rightarrow \overline{p}$ 「5」をめくると片仮名

4．「田の字」で弱点補強！～先入観を捨て情報を 広く 集めよう～

　　　　　ひとは
		若者	若者以外	
礼儀が	わるい	A	B	＊BCを広く探そう！
	よい	C	D	＊Aが少数だと……　曲解や偏見 の元！

雨が
	降る	降らない
雨乞いをした		
雨乞いをしない		

○×参考書を
	使っている	使っていない
成績がよかった		
成績が悪かった		

試合に
	勝つ	負ける
ユニフォームを洗った		
ユニフォームを洗わない		

犯罪を
	する	しない
国籍が日本人		
国籍が外国人		

資料4-8（上＝表），4-9（下＝裏）　第5時ワークシート（部分）
　　　　　＊太字は記入例

第3節　社会的文脈を教材文のみから想起させる方法としての〈書かれなかったこと〉吟味の可能性

○「分解の木」で原因を洗い出し，仮説を立てる。
・「7月1日琵琶湖一斉清掃に参加する中学生が少ない」という問題を例に，①多くの問題は小分けすると「はい，いいえ」で答えられること，②小分けした問題を木のように表すと仮説が立てやすいことに気づく。
○効果的な調査方法を考え，データを集めて仮説と比べる。
・上の例で，木の分岐点が調べるべきポイントを示していることに気づき，調査項目と内容を考える。
○「分類の木」で対策を洗い出し，2要素のマトリックスで最適な対策を選ぶ。
・上の例で，例えば選択のものさしが「効果」と「実行のしやすさ」など二つあるときには，マトリックスで判断すると選択が早く正確にできることに気づく。
○「BIWAKO TIME」で自分の調査しようとしているテーマについて，「分解の木」や「分類の木」で調査項目や対策案を考えてみる。

第7時[63)]

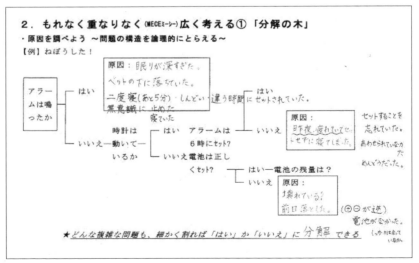

資料4-10　第6時のワークシート（1枚目表の一部，N子）

第4章 言語生活の拡張を志向する説明的文章学習活動の構造

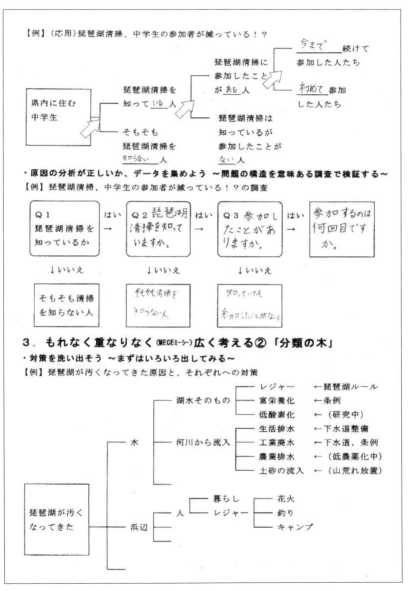

資料4-11 第6時のワークシート（1枚目裏，N子）

第3節　社会的文脈を教材文のみから想起させる方法としての〈書かれなかったこと〉吟味の可能性

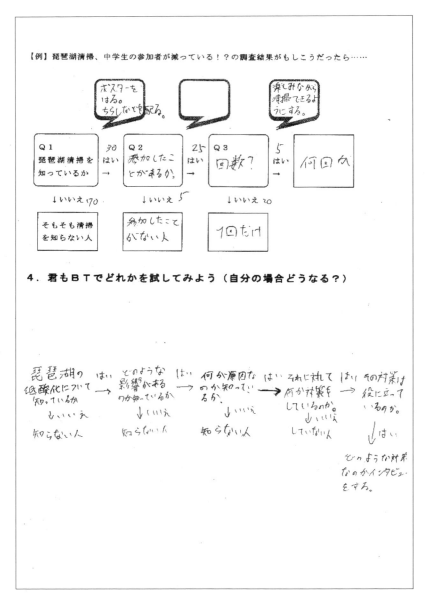

資料4-12　第6時のワークシート（2枚目，F男）

第4章　言語生活の拡張を志向する説明的文章学習活動の構造

○「論理的な文章（話）」を歩行にたとえると，「散歩」か「一路直進」かを考える。
・話や文章を「論理的に理解する」ことは数学の証明問題のように「あらゆる枝道が不必要であることを示しつつ，結論に向かって最短の道をまっすぐ進んでいるかどうかを確認すること」だと知る。
○「百円ライターを20円値上げする」主旨の広告文を「主張」と「わけ」からとらえ，真意を探る。
・「安全を守るため」とうたいながら，実はどの理由も20円分の使用目的を説明していないことに気づく。
・含みのある「ことば」が，誤解を呼ぶことがあることを知る。
○「高齢者のラッシュ時バス乗車避けよ」と述べる投書を「主張・理由づけ・事実（データ）」の3要素からとらえる。
・「水戸黄門よろしく優待パスを高々と掲げ」「譲られた席に当然のように腰を下ろす」など，事実に潜む筆者の見方がうかがえることばを指摘する。
・「元気がよいが足腰の弱い」おばあさんの身長や，バスのステップの高さ，乗車・着席時のおばあさんの姿勢や行動を推測し，不適切な語句を挙げる。
・乗客らが高齢者のバス乗車を介助せず「4分」も黙殺していたことや，現在では低床バスが普及しつつあることから，無視された，あるいは隠された論理の「枝道」を見いだし論じる必要性を知る。
○「すがすがしい鹿実の無盗塁」の投書について，同じ手順で問題点を指摘してみる。

第8時[64]
○意見の対立する2編の投書を「主張・理由づけ・事実（データ）」の3要素に分けて読み取る。
○小集団で意見を議論し交流する。
○交流したことを生かして，より妥当で普遍的な意見を述べる。

第3節　社会的文脈を教材文のみから想起させる方法としての〈書かれなかったこと〉吟味の可能性

5　学習の様子から

　著者は当時3年生を担当していなかったため，実践前後で生徒の国語学力やその変化を把握することは難しかった。ただし，「情報科」ではワークシートを作成し毎回授業後回収することになっていたので，学習記録としてのワークシートは多く入手できた。この資料や実際の授業から，特に生徒の様子がよく表れている点について，以下に記す。

（1）第5時

　「4枚カード問題」では，どの学級でも4通り以上の解答が得られた。最も多いのは「あ」と「キ」をめくる解答であったが，中には全部めくるという解答もあった。正解を告げると生徒は一様に「問題の意味が分からない」と言い出した。そこで「未成年はアルコール分のないものしか飲んではいけないという法律が守られているかを警察官が調べたい。4人の誰に質問するか。あ＝未成年，4＝ジュースを飲む人，キ＝成人，5＝ビールを飲む人」と言い換えるとほぼ納得したが，1割はなお問題の意味が理解できなかった。

　次いで，「附中の生徒であるならば中学生である，とは言えるが，中学生であるならば附中の生徒であるとは言えない。それなのに，賢い生徒が○○高校にいるから○○高校は賢い，などというものの言い方を普段していないか。論理的には同じ間違いを犯している」と述べて四分割表の意義を説き，例題での利用法を示してから「雨乞いをしたら雨が降った」や「外国人の犯罪が多い」などの問題を四分割表に書かせると，大方の生徒は表への記入を踏まえて，「雨乞いをしなくても雨が降る例もあるだろう」「日本国籍で犯罪を犯す人はたくさんいるのに，外国人の犯罪のほうがニュースになりやすかったり印象に残ったりすることがある」と指摘できた。

（2）第6時

　ねぼうした原因を「分解の木」に沿って生徒に尋ねていくと，経験が豊富なためか各学級とも発言が非常に多かった。一方，「BIWAKO TIME」での学習を例にして「分解の木」や「分類の木」を書かせると，熱心に取

り組んでいた。「BIWAKO TIME」では普段から互いによく校内でアンケートを取り合っているが，好感度調査程度の内容でしかなく，問題の分割・分類に慣れているわけではない。それでもＮ子やＦ男は戸惑いつつ自分の調べたいことに当てはめて「分解の木」や「分類の木」を利用することまでできたが，多くの者は考えているうちに時間が尽きた。だが**資料4－12**を見る限り，「琵琶湖の水の低酸素化に伴う生物への影響とその対策，またその問題に取り組む人」を調査中のＦ男にしても，自分の課題で効果的なアンケート選択肢を用意できたとは言い難い。ただしこれは時間の設定や課題の量に無理があったためであり，「分類の木」や「分解の木」の利用が困難なことを示しているのではない。

（3）第7・8時

　「百円ライター20円値上げ」「高齢者のラッシュ時バス乗車避けよ」「すがすがしい鹿実の無盗塁」について第7時で学習を進めると，中村敦雄（1993）で報告された高校生と同様の反応が当該校中3生にも見られた。ただし，文章から「主張・理由づけ・事実（データ）」の3要素を書き出す練習を3回繰り返したものの，当該校3年生の場合，3分の1はワークシートの3要素のどこかの枠が空欄のままであった。そのうち大多数の者は「理由づけ」と「事実（データ）」との区別がつきにくいようであった。おそらく，事実の中に筆者の見方が紛れ込んでいる文章を，「理由づけ」の部分と「事実（データ）」とに区別して読む処理がうまくできないのであろう。

　そこで，著者が用意した第8時の新聞投書「このダイヤで乗り換えは酷」「安全なダイヤまず優先では」では，筆者の見方の紛れ込む部分に波線を引かせるようにすると，生徒は概ね引くことができた。次いで小集団と全体で意見交流を促すと，自分の生活経験と比較しながら活発に投書の是非を議論できた。

第3項　本実践から国語科に得られる示唆

　以上は「情報科」での実践であったが，学習者の論理の発達の実態や，学習者に求められる論理的吟味の程度が把握できる。また，従来の国語科にない指導法に，書き手や話し手の論理を吟味する力を学習者につける効果のあることが分かる。本実践を踏まえれば，国語科の学習に次の2点を提案することができる。

1　「言われなかったこと」をも吟味する指導が有効であること

　本節冒頭で，眼前の文章・談話を他の文献と照合せずして吟味し，妥当かどうか，妥当でないとしたらどの点が問題かを短い時間で見極めるようにさせる指導法の開発が求められることを指摘したが，本実践は，その指導法になり得る。

　この実践で指導した方法は，紙の上に決まった書式の図表を書き，言われたことの中にある情報を使って言葉を埋める操作をすることで，言われなかったことが何かを想起し，それが文章の中で本当に言われなくてよかったか，またそのような言い方でよかったかを検討するものである。そして舟橋秀晃（2007a）のワークシートの試み（**第2節第3項3を参照**）よりも簡便であり生徒の負担感が少ない。しかも森田信義（1989）が言うような，「分からないこと」「おかしいところ」を問うことが教材を飛び越えた「ないものねだり」「あげあしとり」（p. 111）に陥ることを防ぎ，論理の吟味へ導ける方法である。

　したがって，この方法の指導を国語科で行えば，本格的なディベートのように文献を深く調べることをしなくても，受け取った手持ちの情報のみを元にして自分の考えを持ち，相手に質問したり意見したりすることが容易になると考えられる。特に中学校における「話すこと・聞くこと」や「書くこと」（2017（平成29）年版学習指導要領，以下同じ）の「情報の収集」「内容の検討」「推敲」「共有」，「読むこと」の「考えの形成」，また

「情報と情報との関係」「情報の整理」の各指導事項に関する学習場面で，従来のものと組み合わせてこの方法を活用することができるであろう。

なお，この指導で用いた「四分割表」や樹形図（「分解の木」「分類の木」）による方法は，今そこにある問題を解決するためにどんな論点から議論すればよいかを考えるために，論理的思考に関するビジネス書でMECEの重要性とともによく紹介されている方法である。国語科教育の分野において，MECEのような論理観は従来見られなかったわけではない。例えば宇佐美寛（1993）[65]や香西秀信（1995）[66]らは以前から「論理的」とは批判に強くすきがないことだと説いている。ただし，議論に漏れがないかどうかを点検する具体的な手法として，例えば「四分割表」の意義に国語教育学の分野で言及したものは，管見では，菊池聡（1998）を引いて書くことにおける「四分割表」利用の意義を説いた冨山哲也（2007）[67]の論考以前にはない。

2 生徒の抽象的思考（形式操作）の実態に沿う教材開発が必要であること

「4枚カード問題」は，人間が抽象思考が苦手なことを説明するのに心理学でよく使われる素材であるから，問題自体に正解できない者が多数いるのは当然である。しかし，答えを示してそのわけを丁寧に解説しても，当該校3年生の場合，半数近くの者が理解しづらそうにしていた。そのような生徒らに，第7・8時でトゥールミン・モデルのうち「主張・理由づけ・事実（データ）」の3要素を取り出して，文章を3要素に分けて読み取ることを教えたが，3分の1の生徒はワークシートの3要素のどこかの枠が空欄のままであった。そのうち大多数の者は「理由づけ」と「事実（データ）」との区別がつきにくそうであった。なお教材とした新聞広告・投書の多くは中村敦雄（1993）の実践に依拠したが，高校生に用いられたこれらの教材で，それまでの各時間の内容を工夫したにもかかわらず，当該校の中3生にこれほどシートに記入できない生徒がいるとまでは予想で

第3節　社会的文脈を教材文のみから想起させる方法としての〈書かれなかったこと〉吟味の可能性

きなかった。

　この点に関し，岩永正史（2000）が行った小4・小6・中2への調査がある[68]。氏は「トゥルミンの論証モデルを反映した文章に対する児童・生徒の反応を調査することによって，各学年に見られる特徴，発達の過程」（p. 224）を示した。その上で（児童・生徒である）「彼らは，『事実』をもとに『主張』されると納得しやすいものの，『理由づけ』の有無には反応しなかった。これは，彼らの論理的思考がもつ弱点である。現実には，一つの『事実』から異なる『主張』が導き出されることがしばしばある。そのうちの一つにしか触れていないとき，彼らがそれをどう判断するか，と考えれば，この弱点の問題性が明らかになる。／こうした弱点が生じたのは，従来の国語科教育にも起因すると考えられる。」（p. 225）と述べた。そして，検定によって「おおむね誤りのない」教科書教材に見られる「『事実』から『主張（意見）』が導き出されるだけの構造」を問題視し，4年生では「事実」と「理由づけ」の明確な区別のある説明的文章教材，6年生では「反証」を伴う教材，中学2年生では「理由の裏づけ」や「限定」にまで触れた教材を与えることを提案した。

　しかし，今回の実践を踏まえれば，「事実」と「理由づけ」が明確に区別されていないような文章を読むとき，中学3年生でもその峻別に相当苦しんでいたのである。よって，トゥルミン・モデルには残り3要素（反証，裏づけ，限定）も確認させてこそ，その意義もあろうが，中学生の抽象的思考の実態から言えば，まずはその前に「主張・理由づけ・事実（データ）」の3要素の区別が不明確な文章・談話，ひいては「理由づけ」なく「事実」から「主張」へ向かう説明的文章教材でこそ，3要素を意識し区別して理解する練習を積ませる必要があるのではないか。そのためには新聞投書や広告など日常生活における文章を教科書教材に加えて使用することや，教科書説明的文章教材であれば「『事実』から『主張（意見）』が導き出されるだけの構造」に潜む「理由づけ」の不明確さに着目させて読ませるような使用の仕方をすることが求められる。

　なお，「書くこと」に関して光野公司郎（2005）[69]は岩永氏と似た指摘

をしている。光野氏は小・中・高の「論理的な文章」を書く教科書教材の作品例を調べ、「小学校から中学校へかけての意見や主張は『理由づけ』が示されていない」「日常言語レベルでは、常識的な『理由づけ』は省略されることがむしろ普通となる」(p. 64) と述べている。氏も言うように、「中学校後半から高等学校へかけての意見や主張は『理由づけ』が常識的なことばかりでなく、専門的な分野こ(ママ)とや自ら構築したものも多くなるため省略が許されなくなる場合も出てくる」(同) のであるから、先に触れた中学生の抽象的思考の実態から言えば、「書くこと」や「話すこと・聞くこと」においても**「主張・理由づけ・事実（データ）」の３要素を意識し区別して**表現する**練習**を積ませる必要があろう。

第４項　国語科に得られる示唆と説明的文章学習活動との対応

　本節では、「情報科」で行った実践を踏まえて、国語科においても、もれなく重なりなく述べること、特に「言われなかったこと」をも吟味することの有効性や、中３生でも無視できない数の生徒がトゥールミン・モデルを使いこなせない実態に沿った教材開発をする必要性を示した。このことは、特に説明的文章学習活動に関して言えば、「書かれなかったこと」を意識することで、難波（2008）の言う「教科書の文章に出会うたびに、いつも、なんの予備知識もないまま、その文章に出会っている」(p. 309) 学習者が、それでも教材を読んで社会的文脈の存在を意識し、読書を教材の外の「言論の場」へ広げようとする「スキルとマインド」(p. 308) を育てられる可能性があることを意味する。

　ただし、文章をより「論理的」に読むためには、もれなく重なりなく述べてあるかを点検するのはもちろん、その他にも、場合分けをして限定的に述べられているかや、他者の検証が可能な数値が挙げられているか、論拠や出典が示されているか、他の主張の成り立つ可能性があるかを点検したり、すでに関連して論じられている点はなかったかを他の文献で確認したりするなど、必要な手続きをいくつも踏まなければならない。トゥール

第4節　垂直・水平2方向での系統的な学習活動の展望と課題

ミン・モデルを使いこなせない生徒が多くいるのだとしたら，これらの手続きはいつ，どの順序でどこまで学習活動に盛り込むのが可能になるのか。本節ではそれを論じるまでに至らなかった。2008（平成20）年版学習指導要領では引用や情報の比較に関しては言語活動例の中に示されるのみであったが，2017（平成29）年版学習指導要領では「情報の扱い方」の項目が新設されたことから，今後は各学年で様々な実践が行われるであろう。ただし，仮にそうなるにせよ，岩永正史氏による調査と当該校生徒の示した実態との落差も踏まえつつ，各学年における他教科での実態や，高等学校やその先の高等教育との役割分担も視野に入れて，この点をカリキュラムとして整理して示す必要がある。

　なお，文章をより「論理的」に読むための手続きを指導しても，それだけでは，実際のコミュニケーションの場で学習者にその指導内容が活用されるとは言い難い。特に話したり聞いたりする活動においては，例えば話題への関心度や知識，また相手との人間関係，話したり聞いたりする目的に対する意欲など様々な意識が働いている。当該校が直面していた「総合学習実践上の課題」（第2項1を参照）も，これら様々な意識の問題と無縁ではない。

　学習者が実際の場で「論理的」に読む力を発揮することを望むなら，授業の場においてこそ「実の場」あるいはそれに相当する効果をもつ〈仮想的状況〉の設定によって，何のために読み，何を為そうとするのかを学習者が強く自覚している状態で学習がなされ，言語生活のリアルな場で活用可能な形で能力が獲得されている必要がある。それゆえに，学習者自身の読書個体史上の位置を問う「個人の文脈」と，教材文の周囲にある言説へと視野を広げる「社会的文脈」の概念が重要なのである。

第4節　垂直・水平2方向での系統的な学習活動の展望と課題

　本章を結ぶに当たり，本章で論じた学習活動のあり方を，**第2章**で示し

第4章　言語生活の拡張を志向する説明的文章学習活動の構造

た垂直次元面だけでなく水平次元面での系統性も踏まえながら，ここまでのまとめとして概括して述べておきたい。

　小学校低学年から中学年にかけては，まず文字の読み書きや基本的の語彙の習得が能力獲得の大きな課題となる。また，説明的文章に関しては，生活世界が文章にどのように記述されているのか，さらには記述された文章を通して生活世界をどのように認識するのかが問題となる。学習者は好奇心が強く情動的で，知りたい，読みたい思いをそのまま行動に発揮しがちな発達段階にあって，読書個体史としての個人の文脈は読み書きの経験がまだ短いためそれほど強固に形成されているわけではなく，また社会的文脈も自分の好きな分野でなければそれほど意識されない。その意味では興味の対象範囲も知識の深さも分野や個人ごとにばらばらで，まだら模様のような様相を呈している。

　そのような時期には，まず学習者が自分の好奇心を興味や関心を示す言葉で級友や指導者に表現し，指導者に誘われて典型的な文章としての教科書教材に出合い，教材文を通して読み書きを学ぶ。そして，読んだ内容についておもしろいと思ったことや驚いたことなどを別の図書で調べたり，日常の中で気づいたことや別の図書で調べたことを，教材文の形式を借りて文章に書いて表現したりする。

　教科書教材に他の教材を組み合わせて読む学習活動ではそのような類型のものが実際に多く観察された。ただしこのとき，**表2-3**の「認識論的理解の水準」で言えば，文章に書いてあることははじめは「現実性の複写」であり，そこに表現された知識は「確かなもの」として学習者に理解される。むしろ，教材文や図書を通して文章から間接的に生活世界の知識を広げたり深めたりしようとしているのだから，文章に対する信頼がなければおよそ読む行為は成立しないであろう。

　ところが小学校高学年から中学校になると，思春期に差し掛かる点，また実際の能力獲得や好奇の対象について個人差が一層激しくなる点から，読む学習を動機付けるには，単に教材内容上の興味から「おもしろいから読みましょう」と指導者が誘うだけではうまくいかなくなってくる。ま

た，文章の内容は生活世界から次第に学問的世界に軸足を移し，それまでの生活世界にある見えているものどうしの関係から，見えているものどうしの見えない関係，さらには，まだ見ぬものや決して見えるものではないものの関係を，文章を通して間接的に，より高次に認識していくことが問題になっていく。この学習に充てられる国語科の授業時間数は，2017（平成29）年版学習指導要領の年間配当では，中学校第3学年は小学校低学年の約3分の1に留まるが，文字の読み書きを一応は一通り身につけたことになっているからこそ，縮小される時間数の中で，これまでの言語生活で身につけた言葉を拡充しつつ，言語運用をより的確，適切にする学習が可能になるのである。

　このような時期の学習者は，各教科での学習の蓄積にも助けられて，生活世界に対してはある程度の認識をもつ。またこの時期の学習者は，個人差は激しいが概しては文章の内容に好きか嫌いか，もっと読みたいかそうでないかと発言することを慎むようになる。否，慎むと言うよりも，好き嫌いを越えて感情の表出を抑え，今自分がここで為すべきことを実行に移すことを優先させる。このときもし指導者が，内発的・外発的動機づけを二つとも強調する行動主義学習観に立つのであれば，「見事な手本だから読みなさい」だけでなく「賢くなれるから読みなさい」，果ては「テストに出るから読みなさい」という言葉掛けをしても，得られる結果としての行動が同じならばどれでもかまわないことになる。

　そこで指導者は，個人差が激しく，また今自分がここで為すべきことを優先させる学習者に対して，社会的構成主義学習観に立って内発的動機づけを重視し，単元導入部で個人の文脈，自分の読書個体史上の位置をまず充分意識させ表出させる指導を重視するようにしたい。それゆえに，単元導入部での動機づけは，授業時間数が学年上昇につれ減るからといって省かれてよいものでは決してなかろう。

　とはいえ，学習者が読む意義や価値をどこまで自覚的に考えられるのかというと，あまり考えられない現状にあるのではないかという懸念を抱く。なぜならば，高校生の不読率の高止まり傾向は，高校に進学すること

第4章　言語生活の拡張を志向する説明的文章学習活動の構造

で進学という外発的動機から開放された彼らの中に読書の内発的動機が育っていないこと，また読書を通して社会的文脈に積極的に関わろうという意志が育っていないことを，強く示唆していると推察されるからである。

　その点，教科書教材に他の教材を組み合わせて読む小学校高学年以降の学習活動を調査したところ，文章の内容を読み取る技能獲得の学習を単元前半にまず置くのではなく，学習上の必要性を明らかにして獲得したい形式を自覚させるか，情報を集め精査する必要性を自覚させるかしてから，教科書外の教材や教科書教材の読みに入り，得た情報を吟味したり表現したりするものが実際に多く観察された。これらは，個人の文脈に立脚し，社会的文脈へと読みを拡張していくものとして，学習活動の一つのあり方を提示している。

　ただしこのとき，すぐれた文章の典型として整えられた教科書教材の知識は，「認識論的理解の水準」で言えば，学習者には「不確かなもの」とは思われず「確かなもの」として認識されていくのであろう。その延長で教科書外教材の様々な情報にも触れるだけの学習活動に留まれば，学習者は恐らく「主張はその発言者によって自由に選択され，その人に対してのみ責任がある意見である」と，まずは「多重主義者」水準の認識をもつが，その水準止まりになる恐れもある。もし「多重主義者」水準に留まれば，現在インターネット上で誰もが自由に書き込め即座に世界中に発信でき様々な玉石混淆の文章が飛び交い，非常に一面的で紋切り型の，中には誤りや意図的な誘導も含む言説までもが「その人の意見」として流通してしまっている現状に対し，学習者は抗う力をもてず，せいぜい玉石混淆の情報を鵜呑みにするか，選り好みしつつ読む程度に過ぎなくなる。学習者を「主張は論証や証拠を基準として評価され比較される余地をもつ判断である」と捉える「評価主義者」水準に到達させたいのであれば，教科書外教材に触れさせるだけでは満足せず，学習活動にさらなる工夫を加えることが，特に中学校以降の段階では非常に重要である。

　それゆえ本章では，学習者の認識をもう一段深め「評価主義者」水準へ

第4節　垂直・水平2方向での系統的な学習活動の展望と課題

向かわせるための学習活動として，実践個体史の中から，〈仮想的状況〉の設定によって学習者が自ら読む意義や価値を学習上か読書経験上に位置づける単元導入例や，市井の文章や教科書教材の文章が一つしかなく比べる対照がない場合の四分割法や樹形図などの使用による単元展開例を示した。このような学習活動によって，学習者の生活世界の外にある文章を読んで，そこには〈書かれなかったこと〉までも認識し吟味を加えることは，充分可能であることが分かった。

　しかし，特に四分割法や樹形図など，文章の内容に対してさしたる知識がなくても形式操作的に吟味を加えられるようにする後者の単元例での手法は，年齢が上がるにつれ内容が高度になれば高度になるほど実際の場への適用が難しくなりがちである。そこには，分野が異なると転移が難しいという人間の認識に宿る「文脈依存性」あるいは「領域固有性」の問題が宿る。したがって，このような形式操作的手法はあくまで補助的なものに留まり，吟味の手法としては，「個人の文脈」や「社会的文脈」を参照することのほうが有力視される。ただし，国語科の学習として「社会的文脈」を指導者が外から解説して与えるのでは，文章を読む行為が成立しない。

　そこで注目すべきは，「集団で読む相互作用」（表2-5の②）による相補的な学習活動である。恐らくそこには，実際の社会的文脈において行われたか行われているであろう議論の原型が，何らかの形で見出せる可能性がある。先に**第2章**で示した「方向づけのベース」図（図2-5）において，エンゲストロームはそのピラミッドモデルの最上層に「胚細胞」という比喩的なネーミングを充てた。そこには，複雑なシステムの裏側にあるシンプルで基本的な原理（「胚細胞モデル」）を発見することで，複雑なシステムも理解できるようになるというエンゲストロームの着想がある。松下（2010）の言葉を再び借りれば，「胚細胞」は「歴史的・発生論的分析を通じて，その起源を明らかにし」「対象の起源に遡り，その創発と進化のプロセスを明らかにすることによって，対象の本質を解き明かそうとする」ことの重視を表している。

第4章　言語生活の拡張を志向する説明的文章学習活動の構造

　学習者が時として呈する素朴なつぶやきや，学級集団の中に湧き上がる小さな議論が，彼らの自制心や羞恥心に抑制されずに表出され，そのつぶやきや議論と似た内容の言説が，授業者によって教材文の社会的文脈の中に見出され，授業の中で正当に位置づけられるとき，学習者が文章を読む行為は，おそらく強く勇気づけられるであろう。学習者はその際，内容に関する持ち合わせの知識は乏しくとも，教材文の社会的文脈に占める意義や価値をおぼろげながらつかみ取り，その文章のもつ意義や価値を学習者個人の文脈の中に位置づけることができるようになるのではなかろうか。

　小学校高学年以降，特に中学校以降の段階においてはそのような，個人の文脈に立脚して「集団で読む相互作用」を通し「『言論の場』での位置（社会的文脈）」（表2-5の①）への接近が図られる仕組み，またその土台としての「実の場」か〈仮想的状況〉が，いずれも学習活動の中に構造として埋め込まれていることが重要であると考えられる。

第5章
言語生活の拡張を志向する
説明的文章学習指導の国語科カリキュラム

　本章では，前章までの各章を総合し，言語生活の拡張を志向する説明的文章の読みの中学校国語科カリキュラムを設計する。まず，前章までの各章を再整理し，読みの拡張を志向する説明的文章学習指導のカリキュラム理論とそれに基づく中学校カリキュラム・モデルをまとめて示す（**第1節**）。次に，カリキュラムの観点から学習指導実践個体史を検討する（**第2節**）。そして第1節のカリキュラム理論に基づき，個体史上課題の残っている第2学年について単元計画を立て，実施と検討を経て，小中学校9年間のカリキュラム設計の一つのあるべき姿を具体的に示す（**第3節**）。

第1節 言語生活の拡張を志向する
　　　　カリキュラム理論の整理

第1項　能力の発達の系統

　本節では，前章までに展開した能力論，教材構成論，学習活動構造論を整理し統合する形で，読みの拡張を志向する説明的文章学習指導のカリキュラム理論とそれに基づく中学校カリキュラム・モデルを示す。その際，必要に応じて前章までの図表も再び示す。

　まず本項では説明的文章の読みの能力の発達の系統性とはどのようなものであるかを，第2章を踏まえ水平次元と垂直次元の2方向から説明する。また，中学生の実態を踏まえれば，中学校段階では生活世界から学問的世界に世界を移して再び低次から高次レベルへ学習を積み上げていく螺旋的カリキュラムが求められることを，同章を踏まえて述べる。

1　「説明的文章を読む」という行為の規定

　説明的文章を読むには，文字を追ってその表象を捉えることが基盤にはなる。しかし社会的構成主義学習観に立ち，学習者の社会参加をめざすのであれば，読むという行為を単に文字を追い表象を捉えるものとして解するのでなく，もっと積極的なものとして規定すべきである。そこで本研究では，説明的文章を読むという行為を〈説明的文章の意味と意義・価値を理解し自己の考えをもつ能動的な読書行為〉であると捉えた。

2　「説明的文章を読む」行為に必要な能力（読みの能力）

　説明的文章を読む行為は，次の図2-1内の①と②の2種類の能力が支えていると考えられる。①は主に筆者の「表現の論理」を把握する能力であり，図では上段の矢印に相当する。②は主に読者である学習者自身の「認識の論理」を構築する能力であり，図では下段の矢印に相当する。

第5章　言語生活の拡張を志向する説明的文章学習指導の国語科カリキュラム

　社会的構成主義学習理論では学習を，学習者自らがその内面に知識を構築していくものだと捉える。そして，学習者の外に蓄えられたものを刺激と反応の繰り返しで学習者の中に取り込ませるような行動主義的な考え方は採らない。これを説明的文章学習で言い直せば，学習者に文章を与え筆者のすぐれた論理に触れさせても，それだけでそのすぐれた論理が学習者に取り込まれることはない，ということになる。もし仮にそれだけで取り込まれるのならば，学習者が筆者の文章の論理をただ鵜呑みにすれば学習が成立することとなり，学習者が議論に発言し社会に参加する一連の場面のうちごく一部の限られた能力を身につける学習に終始するであろう。説明的文章を読む行為を①・②の二つの能力から捉えてこそ，本来の言語生活において説明的文章は何のために読まれ何の能力を求められるものであるかを，指導者が初めて明確に意識できるようになるのである。

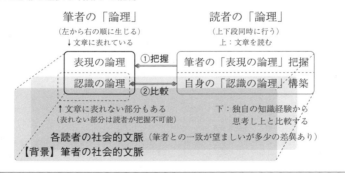

図2-1　あるべき論理観と説明的文章の読みの能力　＊第2章より再掲

3　読みの能力①・②の発達と垂直次元・水平次元の方向性との関係

　図2-1と表2-3・表2-5を踏まえれば，小学校段階では主に筆者の「表現の論理」把握に関わる①の能力が，生活世界を範囲とし社会的文脈からは距離を取りながら，言語習得的側面からまず主に垂直的な深まりを見せ，次いで中学校以降の段階では主に学習者自身の「認識の論理」構築に関わる②の能力が，学習者の認識の内にある学問的世界の範囲の広がりに乗じ，言語運用の適切さを吟味する側面から主に水平的広がりを見せ社会的文脈に接近していく，と説明できる。なお「主に」と断るのは，小学校段階でも②の能力，また中学校以降の段階でも①の能力の発達も多少は見られるであろうし，また①にも②にも認識論的な垂直的深まりと社会的文脈へ接近する水平的広がりの両方向が宿るとも考えられるからである。ただし学習者の発達において顕著な発達を見せ，かつ学習指導において中心的課題となるのは，小学校段階においてはやはり①の能力の特に垂直次元面，中学校以降の段階においてはやはり②の能力の特に水平次元面であろう。

4　読みの能力の発達段階

　説明文を読む行為を支える図2-1内の①と②の2種類の能力は，①で

表2-3　認識論的理解の水準（Kuhn, 1999；野村・丸野, 2012）＊第2章より再掲

水準	主張	知識	批判的思考
現実主義者	主張は外的な現実性の**複写**である	知識は外的な情報源から得られ確かなものである	批判的思考は必要でない
絶対主義者	主張は事実が現実性の表象において正しいか正しくないかという**事実**である	知識は外的な情報源から得られ確かなものである	批判的思考は真実についての主張を比較したり，真実かウソかを決定したりするための手段である
多角主義者	主張はその発言者によって自由に選択され，その人に対してのみ責任がある**意見**である	知識は人の思考によって生み出され，不確かなものである	批判的思考は関係しない
評価主義者	主張は論証や証拠を基準として評価され比較される余地を持つ**判断**である	知識は人の思考によって生み出され，不確かなものである	批判的思考は信頼できる主張のもっともらしさを高め，理解を深めるための手段として価値づけられて（valued）いる

注）Kuhn（1999）中の表1より，原著者の許可を得て転載

は主に垂直次元，②では主に水平次元の方向で発達が進むが，①には水平次元，②には垂直次元の方向の発達も多少含まれる。その発達段階を①・②併せた上で方向別に分けて示すと，垂直次元については**表2-3**，水平次元については**表2-5**で表すことができる。

垂直次元の深まりについては，**表2-3**のKuhn（1999）「認識論的理解の水準」によれば，小学校低学年では「現実主義者」から「絶対主義者」，中学年では「絶対主義者」から「多重主義者」，高学年では「多重主義者」から「評価主義者」のレベル，中学校は「評価主義者」のレベルが対応すると説明できる。ただし中学校は「馴化」の時期にあって入学時の個人差も大きく，また小学校で一通り終えた各教科学習も踏まえながら，今度は生活世界から学問的世界に軸足を移し，再び螺旋的に再び現実主義者レベルから学習を開始し，第3学年で評価主義者に到達するという道筋を

表2-5　社会的文脈への接続の観点から捉えられる説明的文章の
　　　　読みの射程（Range）　　　　　　　　　　＊第2章より再掲

射程 Range	知識空間の階層	文章を読む意義，社会性の広がり			認識する対象の範囲（時空間）の広がり	学習可能な年齢
Range 1	生活世界	読書個体史上の位置・個人の文脈	＊Ⅱ 集団で読む相互作用	＊Ⅰ 「言論の場（社会的文脈）」での位置	身近なことや経験したことなど（直接経験，具体的操作）	小学校低学年から
Range 2	統合的世界				自分にとって関心のあることなど	小学校中学年から
Range 3					自分の考えたことなど（間接経験，形式的操作）	小学校高学年から
Range 4	学問的世界				社会の中で自分が考えていくべきことなど	中学から
Range 5					社会で解明や解決が待たれることなど	高校から

＊Ⅰ　学校学習を筆者の「言論の場」へとなるべく接続していくこと
＊Ⅱ　学習者の言語生活を身近で小さな学校，家庭や地域社会での営みからその外の大きな社会での営みへとなるべく接続していくこと　……が求められる。

たどって，読む能力が深まりを見せる。

　水平次元の広がりについては，間瀬茂夫（2017）を参照して設定した**表2-5**によれば，学校学習を筆者の「言論の場」へとなるべく接続していくこと，学習者の言語生活を身近で小さな学校，家庭や地域社会での営みからその外の大きな社会での営みへとなるべく接続していくことの意味で二重に「社会的文脈への接続」を図ることが重要であり，その射程は，Range 1（小学校低学年から）では身近なことや経験したことなど（直接経験，具体的操作），Range 2（小学校中学年から）では自分にとって関心のあることなど，Range 3（小学校高学年から）では自分の考えたことなど（間接経験，形式的操作），Range 4（中学校から）では社会の中で自分が考えていくべきことなど，Range 5（高校から）では社会で解明や解決が待たれることなど，という段階で広がっていくと説明できる。

　Range 3 までは学習者自身の生活圏か，もしくは学習者自身と関わりの深い範囲に留まっている。しかし，国語科としては生活世界と学問的世界とを包摂する固有の統合的世界を展開する。ただし小学校では国語科の軸足を生活世界に置いていたのが，中学校では小学校教育の終了を待って学問的世界に軸足を置き直すことになる。それとともに，Range 4 では学習者と関わりが薄くても学習者自身が各自で考えていくべきこと，そして Range 5 では必ずしも学習者当人が直接は取り組まなくても済むものの社会では解明や解決が待たれ，各学習者に対しても主権者の一人として解明や解決への何らかの参加が待たれることへと，学習者が認識すべき対象の範囲（時空間）が急速に広がっていく。説明的文章の読みに社会的文脈を位置づけ，水平次元面からもその発達の系統を見出すことで，以上のような説明が可能になる。

第2項　教材と学習活動の系統的配置

　本項では主に**第3章**と**第4章**（**第2章**にも適宜言及する）から，教科書教材の学年配列に依拠しつつ教科書外教材を教科書に組み合わせる学習活動

に効果があることを前提として，それにふさわしい教科書教材の種別や内容の配列と，個人の文脈を先行させながら〈仮説的状況〉のもとで導入し読書指導へとつなぐ単元の学習構造の案を，まとめて提示する。

1 学習活動を教科書教材と教科書外教材とで構成する有効性

　国語科は言葉の教科としての自律性を有している。そして主教材としての国語教科書の説明的文章教材には，生活世界と学問的世界とを言葉の論理面と修辞面から包摂する統合的世界がある。ただし今日まで，文章の叙述のあり方に教科書教材の価値が見出され，説明書きの類が除外され説明的文章教材のジャンルが確立され，リライトや書き下ろしで典型性が追求された末，かえって学習者の言語生活から教室の国語科授業が分断され，エンゲストロームの指摘する学校学習の「カプセル」化に陥った側面もある。ならば，教科書の主教材を専ら使用するのではなく，主教材を生かしながら，そこに教科書所収の補助教材を組み合わせたり教科書外教材を加えたりして，「カプセル」化に抗い学校学習を学習者の日常の言語生活へと拡張していくカリキュラム設計を構想することが，学習者の発達を垂直次元・水平次元両面で保障するのに非常に効果的だと考えられる。

2 「作業仮説」としての教材に求める「典型性」とそれ以外の要素

　教材に求める「典型性」は，これまでは〈すぐれたモデル〉としての「模範性」を指した。しかし**第2章**のエンゲストロームの発想に従えば，教材の典型性は本来「作業仮説」としてあくまでも仮説的に，学習者個々の中で徐々に内化され，応用場面で批判的に検討され改良され，何度も再構成されるものとして取り扱われるべきであって，学習者がモデルを唯一の正しい表象だと見なして縛られることのないよう，指導者は留意すべきである。

　そして，ソーシャルメディアの抱える昨今の言語生活内向化の問題をも踏まえるならば，言語生活に必要な読む練習をするには，「普遍性」また

第1節　言語生活の拡張を志向するカリキュラム理論の整理

は「標準性」のある〈当該学年の発達傾向に応じ，他の教材へも一般化できる課題が埋め込まれた，学習者に適度な負荷のかかるモデル素材〉のほうが，教材としてむしろ好ましい場合もあろう。ならば「典型性」の概念を拡張し，教材としての「典型性」を「模範性」に加え「普遍性」や「標準性」のあるものにも積極的に見出すことで，これまでは「典型性」の面で除外されてきた説明書きをも補助的な教材として位置づけることが可能になるであろう。

ただし，説明的文章の教科書教材に備わる「模範性」が読む能力育成の垂直次元での系統性を実質面で保障してきたと考えられることから，「典型性」概念を拡張しても「模範性」は変わらずその中核を占める重要な要素であって，「模範性」のある教科書教材が不要になるわけではない点に留意する必要がある。

3　国語教科書教材の主教材に内包されている系統性

間瀬茂夫（2017）の指摘によれば，中1から中3へ向かうにつれ，主教材としての教科書教材で扱う知識のレベルは「確かなもの」から「不確かなもの」へと変化していく。これは，知識の質の低下を意味するものではなく，むしろ説明内容がよりホットな議論のあるものを対象とする分，知識のレベルもその取り扱い方のレベルも高度化していき，筆者の価値観やイデオロギーに対して読者がいかなる価値観をもつべきかまでも問い返されるということを示している。また，先行研究と著者の分析によっても，小学校低学年教材から中学校第3学年教材までの配列には，全体的には確定的な事実から議論の余地のある事実へ向かい，そして普遍的な価値あるいは既に承認された価値から筆者によって見出される価値へと向かう系統性が観察された。ただし，中学校国語教科書の各学年内で取り上げられる事実，理由づけ，主張の質と種類と教材の配置順序には各社各様の特徴があり，各社の特徴を踏まえたカリキュラムづくりが求められる。

また，社会的文脈への接続については，小学校低学年教材ではそもそも問題にもならないが，中学校第3学年教材には，学習者を社会的文脈へ積

極的に誘い入れる配慮が観察される。各社各様で，その順序性に共通点はないものの，社会的文脈に接近しようとする何らかの配慮については，特に中学校第3学年の各教材に多く見出すことができる。

4　中学校国語科における補助教材の必要性とその系統

　現行版小学校国語教科書には主教材だけでなく補助教材も掲載されている。例えば光村図書の場合，中学年以降毎学年の第1主教材の冒頭に補助教材として見開き2ページのみの短い練習教材が添えられ，また東京書籍の場合，既に説明書きが積極的に主教材級の位置づけで収められている。要するに，学習者に適度な負荷のかかるモデル素材も既に教科書に一部で位置づいているのである。これに対し，中学校国語教科書では，小学校ほどには補助教材が用意されていなかった。それゆえ，指導者には積極的に教科書外の言語素材を教材化し，主教材と組み合わせて使用する姿勢が求められる。

　教科書外の言語素材で補助教材として使用可能な例を示すと，**表3-2**「教科書外に求めたい中学校教材」のようになる。なお，表中の「教科書外に求めたい教材」欄は，学習者自身の言語生活を意図的に拡張することをめざし，学習者の身近なところから社会的文脈へと徐々に広げられるよう，水平的な段階性を以て設定したものである。また「観点」欄は，**表2-3**「認識論的理解の水準」で示した主に事実に関する認識の深まりの学年段階と，同表左の「教科書教材」欄で間瀬（2017）の指摘を踏まえて示した中学校国語教科書の主教材に見出される学年ごとの特徴に照らして垂直的な段階性を以て設定したものである。ただし，その観点から筆者の論理の妥当性をより適切に吟味し検討しようとするならば，各学習者が視野をより水平的に広がりをもつことが欠かせない。そして，同表右端の「本質的な理解」欄は，他の欄を全て踏まえ，各学年での学習を通して本質的には何を理解させたいのかを，中学生でも理解できる程度の文言で表現したものである。この欄は，単元設計で学習目標や評価項目を設定する際の手がかりとなるであろう。

第1節　言語生活の拡張を志向するカリキュラム理論の整理

表3-2　教科書外に求めたい中学校教材　＊第3章より再掲

	教科書教材				教科書外に求めたい教材					
	説明の階層	主張の階層	理由づけの要素	主張（認識論的理解の水準）	例	他社等教材ならば	新聞ならば	広告ならば	範囲	観点	本質的な理解
1年	現象的	一般化	定説、史実	事実：正しいか正しくないか（真偽）	ちょっと立ち止まって／オオカミを見る目	同一素材を説明する他の文章	タウン紙、地方紙	ちらし的	生活的話題（学校、居住地域）か自然科学的話題	事実をどう見るか、事実は主張と緊密か	見方を変えると同じことでも事実の意味が変わることがある
2年	因果的・目的論的	レトリック的論証	反例、類似、伝統	意見：その人の考え（切り取り）	モアイは語る／鰹節一世界に誇る伝統食	同一テーマの他者の文章	機関紙、会報	DM的	社会的話題（地域、地方）、立場の存在	どのような正当化が行われているか、理由づけと根拠・主張との関係は適切か	立場を変えると見方が変わることがある
3年	発生的	筆者の理論	価値	判断：論証や証拠が規準（蓋然性）	誰かの代わりに／黄金の扇風機	同一著者の関連文章、立場の異なる者の論争	社説、論説、投書	文章的	社会的話題（地方、国、国際／普遍的問題）、多様な立場	主張は全体を踏まえているか（代表徴候例外）、バイアスに囚われていないか	批判的思考は情報の信頼性を高めるためにある

5　学習活動構造の基本設計
　　──個人の文脈と社会的文脈との相補的学習活動──

　学習活動を仕組む際，もしも文章外の社会的文脈に存在する情報を学習者にまず伝達し，次いで文章外の情報から眼前の文章を読み解かせるというアプローチを採るならば，もはや理科や社会科との区別がつかず，言語教科としての国語科の自律性が危うくなる。国語科の本質は未知なるものを言葉を通して認識するところにあり，国語科学習では「読んでわかる」こと以上に，「わからないから読む」ことも重視すべきである。ゆえに指導者は，眼前の文章を読む学習者自身の行為をまず先行させ，その行為が自ずと社会的文脈を求めるようなアプローチを採る必要がある。この点か

ら説明的文章学習活動は，基本的にはまず「個人の文脈」を重んじ，次いで個人の文脈と社会的文脈とを「相補的」に扱いつつ，「未知の空間」「これから読むもの」へ向かって開かれるよう設計されなくてはならない。

その「相補的」という観点で言えば，従来「これから読むもの」の学習，例えば選書や情報読みの学習あるいは調べ学習は，読解指導とは別個に読書指導として単元を分けて行われるか，同一単元でも教科書教材の読解指導が終わった後に行われる傾向にあった。しかし塚田泰彦（1999）の指摘を踏まえるならば，個人の文脈と社会的文脈とを相補的に扱う際には「自らのテクスト表現過程」を文章の読みに先行あるいは並行させることが重要であって，その観点から読解指導と読書指導は連関ないし往還させていくべきである。

そこで過去の実践状況を調査すると，単元の後半にD［情報］やE［表現］の要素を置き，教材のもつ社会的文脈へ学習者の言語生活を拡張していこうとする実践傾向の存在が見出せた。また，いわゆる並行読書のように自分のD［情報］の調べ読みの必要性を自覚させ，教科書教材の読みと調べ学習を並行させて単元を展開する実践傾向が存在することも確認できた。しかし，個人の文脈の表出を先行させる単元展開の事例で，著者自身の実践のほかに調査範囲内で存在したのは1例のみであった。学習者個人の文脈の表出を教材の読みに並行よりはむしろ先行させる展開を採る学習活動を，今後は学年が上がるにつれ一層重視する必要があろう。

6　社会的文脈を学習者に意識させ学習者のコンフリクトを引き出す〈仮想的状況〉

著者自身の二つの実践事例から判明したのは，文章の外の社会的文脈から文章を分からせるのでなく学習者各々の個人の文脈に立脚した学習活動をつくるには，「実の場」と同等に〈仮想的状況〉を設定すればそれでも学習活動に有効に作用する，ということである。このことは，状況論の立場から理論的にも説明できる。そして，塚田（1999）の指摘と実践状況の把握を踏まえれば，「自らのテクスト表現過程」を先行させる学習活動の

開発が学年に上がるにつれ求められることから，その方法として，中学校国語科における著者自身の実践例から学習者のコンフリクトを引き出し「自らのテクスト表現過程」を起こす次の2パターンの学習活動が考えられることを示した。

> 単元導入時に〈仮想的状況〉を示して学習者のコンフリクトを引き出す
>   パターン1　これまでの自分の読み方を問う導入（読む方法への意識喚起）
>   パターン2　これから自分が読む意義や価値を問う導入（読む内容への意識喚起）

7　複数教材の組み合わせに依らず社会的文脈を学習者に意識させるMECE手法

とはいえ6の事例は，社会的文脈の内容を縷々直接説明する代わりに，一つ以上の教材を教科書外から指導者が発掘し指導者から学習者に与えたに過ぎない，とも解釈できる。それでも，説明を聞くのでなく複数教材を学習者が自ら読んで考える点ではよい。

ではその他に，個人の文脈に立脚して眼前の文章を読み込み，それだけで社会的文脈を想起する学習のパターンはあり得るのだろうか。それはつまり，学習者が自分の分からない未知のものを読んで，分からないながらも分かるために質問や意見を述べることを可能にする学習である。

このような，個人の文脈に立脚して眼前の文章を読み込み，複数教材の組み合わせに頼らず，眼前の文章だけで社会的文脈を想起する学習パターンはあり得るのかを検討するため，著者が勤務していた中学校で独自に「情報科」を開発した際に取り組んだ実践を参照した。これは「情報科」での実践ではあったが，特に説明的文章学習活動に関して言えば，「書かれなかったこと」を意識することで，教材を読んで社会的文脈の存在を意識し，難波博孝（2008）の言う，読書を教材の外の「言論の場」へ広げようとする「スキルとマインド」が育つ可能性を示す実践でもあった。ただし，文章をより「論理的」に読むためには他にも踏むべき手続きがいくつ

第5章　言語生活の拡張を志向する説明的文章学習指導の国語科カリキュラム

もあり，トゥールミン・モデルを使いこなせない生徒が多くいるのだとしたら，これらの手続きをいつどの順序でどこまで学習活動に盛り込むのが可能かを見極めながらカリキュラムを構想していく必要がある。

第3項　説明的文章学習指導の中学校カリキュラム・モデル

1　カリキュラムの骨格

　本節ではここまで，前章までの骨子を述べた。これらをカリキュラムの骨格として一覧表にまとめると，およそ**表5-1**のようになる。

　表中で示したように，中学校における読みの射程はRange 4の段階を迎えて急速に拡大し社会的文脈へ接近していく。このとき，小学校では生活世界にある目に見えやすい事物相互の関係を表す文章表現を追い，言葉によって認識する学習が中心的だったものが，中学校では一転して，学問的世界に属する事物相互の目には見えにくい関係を言葉で表す文章の表現と内容を言葉によって認識する学習が中心を占めるようになる。そのため，中学校における理解の水準は螺旋的に，再びLevel 1からLevel 3へ向かいながらその質を高めていく。ここにまず，「馴化」の時期にある中学生の実態に対応した，小学校から中学校への大きな螺旋的階梯を見出すことができる。

　そして，表中の横方向の点線は，学年段階ごとの緩やかな移行を表現している。また，表中の斜め方向の点線が小学校低学年から高学年，あるいは中学校第1学年から第3学年にまで架かっているのは，それぞれ中学年，第2学年だけが移行段階にあるのではなく，どの学年段階でも年間複数回の単元を通して緩やかな移行が繰り返されていくさまを表現している。ここにもう一つ，エンゲストロームの「作業仮説」の発想にも対応し，試行錯誤と知識の再構成を保障する，学年段階ごとの小さな螺旋的階梯を見出すことができる。

　この表によれば，国語科における説明的文章学習が形成する自律的な統合的世界は，単に実証主義的な自然科学的論文に教材の典型性を求めてい

第1節　言語生活の拡張を志向するカリキュラム理論の整理

表5-1　国語科説明的文章学習指導の小学校・中学校・高等学校カリキュラムの骨格

学年段階	読みの射程（水平次元）Range	理解の水準（垂直次元）Level	教科書教材に見出す，読みの「作業仮説」としてのモデル	組み合わせて学習を拡張する教科書外教材の種類と内容（例）	（参考）使用が想定される教科書教材の一例（＊○は学年）	発達課題
小・低	1 身近なことや経験したことなど	1 現実主義者から次の段階へ（生活世界の側から）	文章への信頼のもとに事実を説明する語彙や文章構成の基本を学ぶ　問い→答え　要旨→詳述　抽象→具体例　概念→各論　等【演繹的】	他の事例を集めて同様の述べ方を真似たり違う述べ方を学んだりするのに役立つ図鑑，事典，記録，報告，読み物など	①くちばし（光村編集委員会），はたらくじどう車（教出編集委員会）②たんぽぽのちえ（うえむらとしお），ビーバーの大工事（中川志郎）	垂直的深化（社会的文脈からは距離を保つ）
小・中	2 自分にとって関心のあることなど	2 絶対主義者から次の段階へ（生活世界の側から）	【帰納的】問題→解明　事例→一般化　比喩の例話→主張　分析結果→結論　条件→帰結　等		③ありの行列（大滝哲也），くらしと絵文字（太田幸夫）④アップとルーズで伝える（中谷日出），くらしの中の和と洋（東書編集委員会）	
小・高	3 自分の考えたことなど	3 多重主義者から次の段階へ（生活世界の側から）	事実を発見する手続きの説明に触れながら自分の見方や考えをもつ	一つまたは複数の事例を集めて意見を述べるのに生かせる記録，報告，読み物，記事，解説など	⑤生き物は円柱形（本川達雄），和の文化を受けつぐ――和菓子をさぐる（中山圭子）⑥イースター島にはなぜ森林がないのか（鷲谷いづみ），平和のとりでを築く（大牟田実）	
中1	4 社会の中で自分が考えていくべきことなど	1 現実主義者から次の段階へ（学問的世界の側から）	確かな事実に基づき普遍的価値や既に承認済みの価値を説く文章で，学問的な見方による説明や論証を学ぶ　確定的→理→実証的　事実　由　判断【真か偽か】	生活か自然科学的話題について記録や統計も時には交えて説くタウン紙，地方紙，ちらし，読み物など	花の形に秘められたふしぎ（中村匡男），生物が消えていく（高槻成紀），食感のオノマトペ（早川文代），ちょっと立ち止まって（桑原茂夫）	水平的拡大・社会的文脈への接近
中2		2 絶対主義者から次の段階へ（学問的世界の側から）	＊理由づけへの着目＊【蓋然性】発見的→理→価値的　事実　由　主張	地域や地方の社会的話題を用いて比喩や例話も時には交え説得的に説く機関紙，会報，ダイレクトメール，読み物など	モアイは語る――地球の未来（安田喜憲），ホタルの里づくり（大場信義），哲学的思考のすすめ（野矢茂樹），逃げることは，本当にひきょうか（なだいなだ）	
中3		3 多重主義者から次の段階へ（学問的世界の側から）	裏づけ，前提・条件，文脈，議論の余地のある事実について筆者が見出した価値を訴える文章に触れながら自分の考えをもつ	多様な立場を取り得る地方，国内，国際問題に関する社会的話題を論じる評論，論説，社説，投書など	作られた「物語」を超えて（山極寿一），平和を築く（荒巻裕），サハラ砂漠の茶会（千住博），歴史は失われた過去か（内山節）	
高校	5 社会で解明や解決が待たれることなど	4 評価主義者へ（学問的世界の側から）	中3に同じ	中3同様の話題に関し，人文科学的な見方をより多く交えつつ論じる評論，論説，随想，論壇記事など	なぜ私たちは労働するのか（内田樹），水の東西（山崎正和），「である」ことと「する」こと（丸山真男），日本文化の雑種性（加藤周一）	文脈への接続

266

るのではなく，人文科学的知見をも踏まえつつ読み物として論理性と修辞性の双方を兼ね備えているものに教材の典型性を求めていることがよく分かる。

なお，説明的文章学習指導のカリキュラムの骨格をこのように構想することに対しては，説明的文章の教科書教材の多くが現状では科学論文を実証的に書く際の模範にはなり得ておらず不適切だ，と見る立場からの批判[1]も起こり得よう。しかしながら，例えば大学において卒業論文を書く際，異なる学問分野の学生を一堂に集めての一斉指導が困難であるのと同様，学問分野や研究内容によりそれぞれ固有の社会的文脈や論述方法があり，その研究手法も実証主義のみではなく各種あるのであって，そもそも学問分野や研究内容が何もないところで形式面のみ一斉学習を行うには自ずと限界がある。各大学では現在，初年次の共通基礎教育としてアカデミック・リーディングやアカデミック・ライティングが広く実践されているが，それとて，大学へ入学したという切実な文脈や状況が学習者にあり，学習される必然性があって初めて身につくのであるから，大学における初年次教育の普及が，これまで説明的文章学習が形成してきた国語科としての自律的世界の必要性をただちに否定する論拠にはなり得ないであろう。ただし，日常の言語生活において存在する説得的な説明的文章について，修辞的効果を取り外し，非形式論理学的観点から内容を吟味し自己の考えをもつ練習が国語科で充分になされるならば，日本の大学において，現在ほどの規模や内容の初年次教育は必要とされなくなる可能性がある。表5-1に示した小学校・中学校・高等学校の各段階と，大学における高等教育段階入口での初年次教育との関係性については，以上のように説明することができる。

2　中学校段階のカリキュラム・モデル（試案）

この骨格に沿って，小学校段階ほどには解明が進んでいない中学校段階のほうに焦点を当てて，学習内容を単元ごと具体的に記したのが表5-2「国語科説明的文章学習指導の中学校カリキュラム・モデル（試案）」で

第1節　言語生活の拡張を志向するカリキュラム理論の整理

表5-2　国語科説明的文章学習指導の中学校カリキュラム・モデル（試案）

学年段階	Range	Level	教科書教材	本質的な理解	学習活動の反復を通して養いたい観点	〈状況〉の設定範囲（例） 読みを通して構成したい非形式論理学的知識				発達課題
						基本姿勢 第1単元	着眼点1 第2単元	着眼点2 第3単元	よりメタ的 第4単元	
中1	4 社会の中で自分が考えていくべきことなど	1 現実主義者から次へ	真か偽か	見方を変えると事実の意味が変わることがある	事実をどう見るか，事実は主張と緊密か	個人の生活場面で起こりそうな問題か，学校生活上の問題を解決する状況				水平的拡大・社会的文脈への接近
						意見と理由は分けて捉えるようにする。その理由には根拠となる事実が要る。理由と根拠とは違う。	事例同士を比べるときには共通点と相違点のどちらにも着目するようにする。	事例が二つあるとき，時系列では前後に並んでも，前が原因で後が結果だとは言えないときも多い。	事例と事例との間に相関関係があったとしても，それは因果関係ではないかもしれない。	
中2		2 *絶対主義者から次の段階へ*	*理由づけへの着目*	立場を変えると見方が変わることがある	どのような正当化が行われているか，理由づけと根拠・主張との関係は適切か	学校生活上の問題か，身近な社会問題との関わりで自分にも意見を求められる状況				
						多様な見方を出すことは，新たな発見を呼ぶ。論理は他者に納得してもらう手続きだから，読者は他者として筆者の意見を点検する必要がある。	例えば「50%もある」も「50%しかない」も論理的には同じ50%だと考える習慣をもつ。そうすれば修辞の効果も把握しやすくなる。	例えば「大事な点は三つ」と書いてあれば「四つ目はないか」「二つ目と三つ目は別か」など も探る。主張に合わぬ事実は書かれないものである。	事例と喩え話は区別する。喩え話は分かりやすさには大切だが，危なさもあり，区別すれば自分の意見をもつポイントにもなる。	
中3		3 多重主義者から評価主義者段階へ	蓋然性	批判的思考は情報の信頼性を高めるためにある	主張は全体を踏まえているか（代表，徴候，例外），バイアスに囚われていないか	社会生活に存在する「言論の場」に何らかの参加をしようとする状況				
						筆者が発見した事実やその価値を説く文章では，事実を彩る副詞，副助詞，形容詞，形容動詞，接続詞に筆者の価値観が表れるので，それに対する自分の考えをもつとよい。	いくつかの仮説を絞り込むとき，何が決め手で，その際どのような言葉を用いるのが適切かを考えて読むとよい。	事例を踏まえて筆者が主張するとき，情報の信頼度に応じた文末の言い切り方や主張の仕方をしているかを考えて読むとよい。	筆者が発見した事実やその価値を裏打ちする筆者の信念はどのような言葉に滲み出ていて，それに対し自分はどのような信念を抱いてきたかを自省しながら読むとよい。	

268

第 5 章　言語生活の拡張を志向する説明的文章学習指導の国語科カリキュラム

ある。このモデルにおいては，中 1 では自然科学的な教科書教材を範にとって，市民リテラシーや科学リテラシーの基礎にもなる実証主義的なものの見方・考え方・論じ方の言語表現を学ぶことから始め，中 2 では表面的には直接体験や観察できない事物の関係性について，より説得的に振る舞う筆者のレトリカルな言葉を手がかりにして洞察を深め，中 3 では議論の裏づけ，前提・条件をも考慮に入れた吟味を通して，文章の背景にある筆者と自分との価値観の対話へ向かうという，全体として垂直次元的には認識の水準を深めつつ，水平次元的には社会的文脈へ迫っていく系統性を，具体的な単元の内容と配置によって例示している。

　これを「例示」であると断るのには，いくつか理由がある。まず前提として**第 1 章**で指摘した通り，カリキュラム設計を行うのは各指導者の役割である。本研究で示そうとするのは「教育のカリキュラム」であって，それは本来，実在する個々の学習者の「学習カリキュラム」にも関心を払ってこそ実効性あるカリキュラムになる。その設計には，各教室で国語科やその中の説明的文章学習の指導に充てられる年間授業時間数など所与の条件も関与する。その前提を踏まえれば，次いで**第 3 章**で指摘した通り，国語教科書教材の配置に見出せる論理の質やその順序は教科書会社ごとに各社各様であることを重視する必要がある。各指導者が各自の使用する教科書からどのような学年内の系統性を捉え，どのように単元を配置するかについては，**表 5-1** の骨格を踏まえるにしても指導者の方針次第でいろいろな案が成り立ち得るはずである。特に教材や学習活動に関しては，具体的なものの選定や設定は各指導者に委ねられるべきであり，カリキュラムそのものは，能力や発達課題に応じた学習内容の計画的配置を示すに留めるべきであろう。

　要するに，エンゲストロームの発想に従うならば，教科書教材のみならずこのカリキュラム・モデルもまた「作業仮説」として，各学校現場における応用場面の中で批判的に取り扱われ何度も再構成されるべきものであって，このモデルこそ唯一の正しい表象だと見なされ指導者がそれに縛られるようなことがあってはならないのである。

第1節　言語生活の拡張を志向するカリキュラム理論の整理

　さて，この試案では，説明的文章の単元を年間4回程度設ける場合を想定した。学校5日制のもと中学校で9教科を学習する前提であれば，領域「読むこと」のうち説明的文章学習指導に充てられる回数は，単元の大きさにもよるが，中学校国語科では数時間から10時間程度までの大きさの単元を年間3〜5回程度実施するケースが一般的なはずである。そこで，年間3単元や年間5単元の場合でも，各指導者が各学校現場の種々の条件や学習者の個々の実態に応じてモデルを可変的に圧縮や展開をしやすくするよう，ここでは標準モデルとして年間4単元を想定して例示することとした。

　本表のまず左端5列分と右端1列の各欄は，**表5-1**と**表3-2**「教科書外に求めたい中学校教材」から引いたものである。

　次に本表の「読みを通して構成したい非形式論理学的知識」欄は，**表2-3**「認識論的理解の水準」と**第3章**で示した教科書教材に内包される系統性を踏まえ，ここで新たに設定したものである。**序章**でも述べたように，本表においては教科書教材の配置でカリキュラムを示すのでなく，何の力をどのようにして育てるかをカリキュラムとして明示したいので，**表3-2**「認識論的理解の水準」を踏まえ，その水準の達成に必要な「非形式論理学的知識」を，基本姿勢から着眼点の具体例を経てメタ的なものへ向かう形で，各学年四つずつ具体的に記すようにした。これは前項末尾でも記した，**指導してもすぐにはトゥールミン・モデル自体を使いこなせない中学生が多いという実態**に対して，様々な手続きをいつどの順序でどこまで学習活動に具体的に盛り込むのかの配置案である。

　この欄は，中学校の場で学問的世界に軸足を移して再びLevel 1からLevel 3へ螺旋的に読みを深化し拡大させていく3年間の縦軸と，基礎的な知識からよりメタ的な知識へと向かう1年間の横軸で配列されている。そして，**第4章第2・3節**で先行文献と実践知から浮上した，事実・理由づけ・主張の確認をめぐる手続きをどの順序でどこまで学習活動に盛り込むのかという未解明の課題，特に，**表5-1**や本表「教科書教材」列では「*理由づけへの着目*」とのみ記すに留まっている中2段階での「理由

第5章　言語生活の拡張を志向する説明的文章学習指導の国語科カリキュラム

づけ」吟味の難しさに対しては，この配列を通して次の解決案を提示している。

　「理由づけ」吟味の難しさは恐らく，4枚カード問題（第4章第3節第2項参照）で生徒らが見せた戸惑いぶりよろしく，教材文の文脈から「理由づけ」のみを取り外して直接扱おうとすること自体に起因すると考えられる。そこで，第3章第3節で引いた間瀬（2017）の図3-1「説明的文章における説明の階層構造，説明・主張の階層と学年段階」を援用し，中2段階以降の「理由づけ」では特に，筆者が自らを正当化するための「レトリック的論証」，すなわち事実を並べて持論の正当性を主張する際の，筆者が事実を描くのに用いる説得的な言葉の修辞面に顕著に表れるであろうと考えた。これによれば，**中1では学問的な事例の見方の基本として小学校までの各教科で学習した知識を踏まえまず言葉を通して事実同士の関係性を観察し，中2では次いで，筆者が事実を読者に言葉でどう見せようとしているかの意図を言葉の使い方に着目して観察する**，という段階を設定することができる。そのような段階を踏めば，中2では事実と主張とをつなぐ言葉の修辞面に手がかりを求めて「理由づけ」を吟味することで，直接「理由づけ」自体を吟味するよりも学習者が扱いやすくなるはずである。これが，この「読みを通して構成したい非形式論理学的知識」欄の各単元の内容と配置によって示す，「理由づけ」吟味の困難さを排する解決策の試案である。

　そして本表の「〈状況〉の設定範囲（例）」欄では，状況論を念頭に置き，「実の場」またはそれに匹敵する効力をもつ〈仮想的状況〉の両者を総称して〈状況〉と記し，その〈状況〉の設定範囲を学年ごとに例示した。これは，各指導者が教材や学習活動を適宜選定や設定をする際の一助となるであろう。

　これを例示する理由は二つある。一つには，国語科説明的文章学習指導の分野で伝統的に議論されてきた形式面と内容面の指導の両立は，**第2章第1節**でも指摘したように，現代的理解としては論理形式と文脈との照合によって図られるべきだからである。ゆえに論理形式（本表では非形式的

271

第1節　言語生活の拡張を志向するカリキュラム理論の整理

論理学的知識）と文脈[2]）は本表でも併記されるべきである。

　二つには，各単元を通した垂直次元のLevelの深化は「読みを通して構成したい非形式論理学的知識」欄で表現できているのに対し，中学校で急拡大する水平次元のRangeが，最左欄では表示し切れていない（中1から中3まで同一のRange4に属する）ことを補う必要があるからである。エンゲストロームが「レンチ・キット」になぞらえたように，使用場面において必要な能力に順序が求められることはないが，水平的に言語運用の範囲を拡大していくには，その拡大を順序立てて計画的に行うことで，より広い社会的文脈を中学生に意識させる必要があろう。それゆえに，各学年で設定すべき〈状況〉の範囲の目安を仮に例示したのである。

　ただし，このカリキュラム・モデルを活用するに当たっては，次の点に留意する必要がある。それは単元づくりにおいて，まず学習者にコンフリクトを自覚させるところから始め，次に，「自らのテクスト表現過程」を文章の読みに先行あるいは並行させ個人の文脈と社会的文脈とを相補的に扱いつつ文章を読む学習活動を通し，学習者自身の発見の過程を経てこの知識が各学習者の中に「作業仮説」的に構成されるような単元展開を心がけなければならない，という点である。その発見の過程を経ることなく，ただ単に読む活動に先立ち一方的に「読みを通して構成したい非形式論理学的知識」を指導者から与えるような単元展開を採れば，この知識は定着せず，学習者の言語生活が拡張されることもなく，そもそも読む行為自体さえ成立しないのではないかと疑われる。そのような形での本表の使用は，このモデル試案では，想定していない。

　それでは，理論的に導出されるこのカリキュラム・モデル試案を踏まえれば，著者の説明的文章学習指導実践個体史には，どのような課題があると言えるのであろうか。また，その個体史に照らせば，このカリキュラム・モデル試案に問題点はないのであろうか。なかでも大きな課題として残っている中学校第2学年の「理由づけ」吟味の問題については特に，カリキュラム・モデル試案と学習指導実践個体史とを照合し検討を加えておくべきであろう。次節では，これらの検討を進めたい。

第5章　言語生活の拡張を志向する説明的文章学習指導の国語科カリキュラム

第2節　カリキュラムの観点から見た説明的文章学習指導実践個体史の検討

第1項　実践前半期における個体史[3]
――論理をたどらせる指導からトゥールミン・モデルの導入へ――

1　対象と記述方法

　本節では，カリキュラムの観点から中学校における学習指導実践個体史を検討する。まず本項と次項では時系列に個体史を綴り，その後に前節と対応させる形で実践したカリキュラムを提示するとともに，その課題を示す。

　かく言う著者は，中学校国語科の3年間で議論のできる生徒を育てることをめざし，これまで一貫した学習指導実践を重ねてきた。特に「読むこと」の説明的文章学習指導においては，主に教科書教材の文章の「論理を読む」だけに留まらず，その文章を「論理的に読む」ために必要な能力を，現在や将来の自分の言語生活に発揮できる形で育成することに実践の力点を置いてきた。

　著者自身の学習指導実践個体史における，現在に至るまでの文脈を記すに当たっては，著者が中学校教員として20年間に3校で勤務し，勤務校ごとに実践の環境や著者自身の問題意識に変化があったことから，以下の3期に分け年代順に記述していくこととする。本項ではこのうち前半期の第1～2期を対象とし，後半の第3期については次項に記す。

　　第1期　甲賀町立甲賀中学校　1994～1998年度（5年間）
　　　　　　2年→3年，1年→2年→3年
　　　　　　（いずれも当該学年の学級担任）
　　第2期　大津市立石山中学校　1999～2004年度（6年間）
　　　　　　2年→3年，1年→2年→3年，1年

273

第2節　カリキュラムの観点から見た説明的文章学習指導実践個体史の検討

表5－3　自己の実践における「読むこと [論理的に読む]」ことに関わる単元（時系列）

※濃い灰色帯は「読むこと」以外の単元、濃い灰色帯は国語科以外（特設「情報科」）の単元
※教科書教材の単元範囲な読解単元は除く

通番	年度	経験	学年	単元名	読む：教科書教材	読む：他社・旧版・他	書く学習活動	話す・聞く学習活動	ジャンル、略称等
1	1994	1年目	2年						
2	1995	2年目	3年	論理をとらえる					意見文
3	1996	3年目	1年	身の回りを考える	青木淳一：自然の小さな診断役、高月紘：本当に必要なものは	新聞投書、新聞記事、新聞広告（中村敦雄氏実践をもとに）	記事や広告をトゥルミン・モデルの3要素に分解してから自分の見方で意見を持ち文章を書く		論説・解説
4	1996	3年目	1年	意見に意見を重ねて				ディベートから話し合いへ、甲斐利恵子実践に意見を重ねて話し合い いウォーミングアップ」（安居總子・東京青田同『中学校の表現指導 聞き手話し手を育てる』東洋館1994）の一部改変	話
5	1997	4年目	2年						
6	1998	5年目	3年	(1995年「論理をとらえる」を再度)					
7	1999	6年目	2年	情報発信の時代～校外学習新聞を作ろう～	光村編集部：情報発信の時代	新聞記事（女子高生の口コミを商業利用で操作)、数出小4：言葉の落としあな	校外学習の新聞記事を書く		論説・解説、記事
8	2000	7年目	3年	(1995年「論理をとらえる」を再度)					
9	2001	8年目	1年	学習のしかたを学ぶ	安東みきえ：そこまでとっく道路標識、青汁の広告、おたら、工藤直子：野原はうしろ、桑原茂夫：ちょっと立ち止まって				非連続（広告）、解説記事
10	2001	8年目	1年	レポートの書き方			二次情報を過信せず、一次情報も大切にしながら、引用時には出典表示をすることを学ぶ		調査報告
11	2002	9年目	2年	環境を考える	大場信義：ホタルの里づくり	伊藤和明：地球環境の危機（三省中3→補充学習材）			論説・解説
12	2003	10年目	3年	二人の「そうか！」をGETせまい！意見に意見を重ねて			400字の意見文に他者+指導者がそれぞれ400字を書き継いで違う見方を並べる～再構成し清書く		
13	2003	10年目	3年	(1995年「論理をとらえる」を再度)					
14	2004	11年目	1年	事実をどうみる？	渡辺武信：玄関扉（教科書）	新聞記事5紙（2003びわ湖花火大会）	体験文を書こう（教科書）	討論ゲームをしよう（教科書）	

274

第5章　言語生活の拡張を志向する説明的文章学習指導の国語科カリキュラム

No	年	N年目	学年	単元名	教材	ジャンル
15	2005	12年目	2年	本から取材！話し合おう「世界と私」	貫戸朋子：マドゥーの地で、西正雅之：民族と文化、伝え合い　本多勝一：平和を築く	論説・解説
16	2005	12年目	2年	それはなぜ？～理由をチェックする	スーパーのDM、栄養補助食品の広告、記事（湖西道路関連）	非連続（広告）、解説、報道記事、DM
17	2006	13年目	3年	「論理的」に読む・考えよう・話し合う～こだわっていいかな？ここはない	中村桂子：生き物として生きる、川田順造（例文集）、自作シート、新聞記事	論説、解説、新聞投書、紹介記事
18	2006	13年目	3年	「要約」を考える	水越伸：メディア社会を生きる	論説・解説
19	2007	14年目	1年		池田謙一：マスメディアを通した現実世界	論説・解説
20	2007	14年目	2年	紙から事実を拾うには～説明文を読む～	安田喜憲：モアイは語る　鷲谷いづみ：イースター島はなぜ森林がないのか、wiki「モアイ」	論説
21	2008	15年目	2年	うなずいてもらうには～意見文を読む・書く～	大場信義：ホタルの里づくり　考えるきっかけ＝宮嶋康彦：「ホタル町おこし」の大きな間違い（日経ビジネスオンライン記事）、新聞投書	意見文
22	2008	15年目	3年	論理的に理解しよう	論理パズル、4枚カード問題	論理言語論理
23	2009	16年目	3年	文章を解釈するには	井上恭介：壁に残された伝言	論説・解説
24	2009	16年目	3年	鍛えれば強くなる！～反論で惜しこう主張する	完童若：平和を築く	主張文
25	2010	17年目	1年		反論を予想し意見文を書く、イメージマップで選材する	意見文
26	2011	18年目	2年	別の見方を試してみる～一つの悩みにいろいろ回答	意見が対立しそうな課題について話し合った後、悩み相談に回答文を書く＝中嶋らも『明るい悩み相談室』	論説・解説
27	2011	18年目	2年	論理文を読んで論理的に考えよう～モアイは何を語るのか～	安田喜憲：モアイは語る　鷲谷いづみ：イースター島はなぜ森林がないのか	論説・解説
28	2012	19年目	3年	相手に届く言葉で批評する文章を書こう～関心のある事柄を～	批評の書かれ方をつかみ、自分の関心のある事柄を異論も踏まえて捉え、批評する＝書評記事、新聞投書、番組評記事、社説、評論記事	批評文
29	2013	20年目	1年	その判断、それでいい？早川文代：食感のオノマトペー文章を読み味わう	左の出版、論評記事2種（英語学習早期化）	
30	2013	20年目	1年	納得できる？どこを論へる？	中村匡男：花の形に秘められたふしぎ（教出・中1）	

第２節　カリキュラムの観点から見た説明的文章学習指導実践個体史の検討

> 　　　　　（いずれも当該学年の学級担任）
> 第３期　滋賀大学教育学部附属中学校　2005〜2013年度（９年間）
> 　　　２年→３年，１年→２年→３年，１年→２年→３年，１年
> 　　　（うち学級担任４年間，学年主任２年間）

　これらの各期に実践した「論理的に読む」ことに関わる単元は，**表５−３**の通りである。読むことを含まない単元でも「論理的に読む」ことに関連するものについては記載してある（灰色帯）。なお，単に教科書教材のみをそのまま用いた読解指導のみの単元は除いたため，表には記載のない年度（通番１，５，19）もある。

　著者の場合，どの勤務校でも初年度は第２学年学級担任を務め，担当学年を常に持ち上がった。甲賀中では新規採用初年度から所属学年５学級中４学級の国語科授業を任され，また他２校では小規模校ゆえ自分の所属学年は常に３学級とも独りで任された。よって３校ともカリキュラム設計を自分の所属学年では自分の裁量で比較的自由に行えた。また，各校で所属学年の生徒を持ち上がったため，卒業時の姿を想定して日々の授業を構想する意識が自ずと身についていった。

　そして，初任の甲賀中学校は修士課程修了直後に着任した学校であり，かつ修士課程在籍中は綾羽高等学校での非常勤講師（１学級のみ週３時間）の勤務歴もあった。それゆえか，初任者研修の校内指導教員の先生は，著者の浅薄な知識を引き出し，自ら試行錯誤の中でその考えの過ちを修正するよう導いてくださった。さらに甲賀中には，新規採用教員として赴任した同僚が他にも複数いて，若手の多い職員集団内で互いに授業を積極的に開示し，教材を共有し，意見を交換し合う雰囲気が強くあった。

　加えて，学部生・修士課程当時の国語教育学ゼミナールの恩師，大田勝司教授は「６年を費やし国語教育学を地元で修めたからには，引き続き現場で研究と実践の両方を続け，地元の教育の向上に貢献しなさい」とおっしゃり，また実際に著者が大学院を修了した直後の４月から先生の退職間近の2009年末まで毎月ほぼ１回，研究の進展や実践の状況を報告する機会

を休日に設けてくださった。それに加え、その場を通して学会誌への投稿や発表についても幾度も勧めてくださった。この月例会（か細く弱く断続的であっても光を発し続ける意を込めて「ほたるの会」と称した）がなければ、自実践をこれほど意識的に行うことは、おそらくなかったであろう。

著者が学習指導実践に打ち込み、特に「論理的に読む」学習指導の系統性のあり方を早くも教員1年目当初から一貫して模索し続けてこられた背景に、3校での貴重な勤務環境と学恩に恵まれた特別な要因があったことは、考察の前に記されておくべきである。

2 第1期（1〜5年目）における実践開発の文脈

(1) 議論できる力を支える「論理」学習の必要性の自覚（1〜2年目）

著者は大学で大村はま実践に学び深く感銘を受け、民主社会の建設者を育てたいと意気込んで中学校に着任した。しかし初任から2年間は非力さのあまり、せっかくの恵まれた環境を生かすどころか、教師用指導書に沿って教科書教材を順に指導することにさえ汲々とするありさまであった。それでも、生徒の言語生活を観察し、議論が充分にできていないことに問題意識をもち、まず説明的文章の学習指導のあり方を『国語教育基本論文集成』第14・15巻（明治図書，1994）所収の諸論考から探り始めた。舟橋秀晃（1996）[4] 冒頭には当時、次のように記した（p.102）。

> 現在勤務している中学校は、滋賀県のはずれの、田野と製薬工場の広がるのどかな丘陵地帯に位置している。人口の変動がほとんどなく、古くから続く大家族の家が多くて、都市部と比べると、昔ながらのしつけの中で育った温和な生徒が多いという印象を受ける。そのためか、彼らは場に応じた話し方は何とかできるようである。ところが、国語の授業の中で自分の意見を発表しようとするときには、なかなか筋道の立った話ができない。それだけでなく、例えば学級会では、筋道の立っていない意見であっても、それが発言力のあるリーダー格の生徒の主張となると、議論がその方向へ大きく引っ張られて

しまう。また、リーダー格の生徒たちが主に活躍する生徒総会においても、彼らのやりとりする質疑応答は、筋道が立っておらず説得力を欠いていて、議論がしばしば行き詰まる。そのような生徒を目の当たりにしつつ、この生徒たちの成人後のことを考えると、彼らにはぜひ筋道を立てて話し書くことによって妥当な議論のできる力を身につけさせたい、と強く願う。

　そこで今回、筋道を立てて話し書く表現者育成の手始めに、文章が論理的に組み立てられている説明的文章を、筋道の立った文章の手本として読ませるような指導はできないものだろうかと考えた。

　舟橋（1996）では『国語教育基本論文集成』の議論を踏まえて、説明的文章教材を用いた理解指導を行う際、指導の中心に「論理」を置くときには形式的とらえ方に終わらせず、その形式の必然性や妥当性を文章の内容と関連づけて考えさせること、またその関連づけは伝達面の上だけでなく認識面の上でも行われるべきことを指摘した。さらに、現実の議論に対する形式論理学の有効性には限界があり、論理の真偽でなく蓋然性を判断する必要があって、そのためには文章の形式だけ追うのでなく修辞学的要素も視野に入れつつ文章の内容も検討しなければならないことも指摘した。

　なお、現時点から省みれば、生徒があまり議論できないという問題の解明には、他にも議論する意欲や生徒相互の人間関係、生徒を育む地域コミュニティのあり方なども視野に入れて検討する必要があったが、当時まだその認識はもてずにいた。

（2）内容・形式両面の学習指導としてのトゥールミン・モデルの導入と課題（2年目）

　持ち上がった3年生が卒業する間際の1月になって、非力ながらようやく、単なる教科書の消化に追われずに済む時間的余裕がわずかながら生じたが、まだ独自の教材や学習活動を練るまでには至らなかった。そこでまず、アメリカの非形式論理学の動向に沿ってトゥールミン・モデルを紹介しつつそれを高等学校で授業化した中村敦雄（1993）[5]のすぐれた実践に

第5章　言語生活の拡張を志向する説明的文章学習指導の国語科カリキュラム

依拠し，氏の用いた新聞広告・投書・記事計5教材をそのまま使用して5時間単元「論理をとらえる」（通番2）を行った。

　この単元で毎時一つずつ使用した5教材と学習内容の概要は，次の通りである。

　　第1時　「安全を守る二〇円」（新聞広告）
　　　・百円ライターが20円値上げすることを訴える文章を読んで，「主張」と「わけ」を書き出す。
　　　・「言わないウソ」を学ぶ。
　　第2時　「高齢者の乗車，混雑時避けよ」（新聞投書）
　　　・高齢者が優待パスをかかげ混雑時に乗り込んでくることを憂える文章を読んで，「事実」「主張」「わけ」を書き出す。
　　　・「事実」の描写に「色眼鏡」の言葉が混じっていることを学ぶ。
　　第3時　「すがすがしい鹿実の無盗塁」（新聞投書）
　　　・高校野球で，俊足を誇る鹿児島実業が足を負傷した相手チームのキャッチャーを前に，盗塁をしなかったことを褒める文章を読んで，「事実」「主張」「わけ」を書き出す。
　　　・事実は同じでも全く別の見方ができ，そうすれば違う意見が組み立てられることを学ぶ。
　　第4時　「バイト時給に格差おかしい」「バイトの時給格差当然だ」（新聞投書）
　　　・同じ事実でも，理由づけが変われば違う意見が生まれることを知る。
　　　・大学生の文章を読んで「理由づけ」を書き出し，高校生の立場から大学生に反論を試みる。
　　第5時　「『机を傷つけた』生徒から弁償金」（新聞記事）
　　　・当該記事には事実と記者の私見が区別しづらい形で書き込まれているため，事実を読み取るには記者の意見や事実を飾る修辞表現を省く必要があることに気づく。

・まず個人，次にグループで，文章から「事実」「理由づけ」「主張」を書き出し，交流して，各自の考えを各班で議論する。

この実践から，その後の実践開発への課題をいくつも得た。特に「論理的に読む」学習指導の系統性に関しては，次の3点の課題が挙げられる。
① **中学校3年間で育てる力と道筋**
中村実践は工業高校でのものであった。その教材は中学3年生が文章を読んで自分の意見をもち，他者と議論をするのにも有効に働いたが，これまで著者が教師用指導書をなぞって説明的文章学習で専ら指導に用いていた在来の三読法とは全く異なる読み方であり，その点で生徒には戸惑いもあった。

議論に参加するために有効な方法の一つがトゥールミン・モデルによる文章把握なのであれば，本単元のように中学3年生の最後にまとめて学ぶのでなく，普段の説明的文章学習指導の中に1年生のうちから加えていく必要がある。具体的には，まず筆者と読者の事実認識の差異と妥当性，次いで筆者と読者の理由づけの違いと妥当性について，読者自身が吟味する活動を授業に加えられないかを探りたい。

② **教材の分量と読む速さ**
高校や大学への進学，また将来の研究や知的生産活動への参加を考えれば，教科書教材程度の分量で段落ごとに精読する練習は不可欠であろうし，さらに，場合によっては1冊あるいは複数冊の図書全体までの長めの文章を用いて必要な情報を得る読み方も必要であろう。

しかし本単元を踏まえ，生徒が今や将来の日常生活で議論に積極的に参加していく姿を思い描くならば，義務教育最終の中学校段階では，まずは新聞の投書や記事程度の数百字の長さでよいから，短い文章を素早く読んで論旨を把握する読み方についても習熟しておく必要がある。そのような読み方を学ぶ機会を説明的文章学習の中に加えられないかを探りたい。

③ **教材の質**
課題①・②の学習のためには，教科書教材のようなすぐれた文章を用い

第5章　言語生活の拡張を志向する説明的文章学習指導の国語科カリキュラム

ることに加え，中村氏が用意したような，日常生活にあふれ，事実認識や理由づけの面でむしろ危うさを抱えている文章も有用なのではないか。

とはいえ，危うい文章ならばよいというものではなく，教材選定に当たっては生徒の発達段階とスキーマにも配慮する必要がある。今回の学習における当該中学校の生徒は，自転車通学のため混雑する電車やバスの乗車経験に乏しく，当然アルバイト経験がないので「時給」の意味が分からず，また当時はサッカーブームで野球に関心のない中学生も男女合わせて3割ほどいた。このため，教師の説明は理解できても自分自身の吟味には難渋する生徒が多くいたのである。今回の教材は，中村氏が眼前の高校生のスキーマに配慮して準備したものであって，教科書教材以外から教材を授業に持ち込むのであれば，授業者である著者自身が担当生徒の興味関心や言語生活を自らよく観察し，それにある程度添うものを自ら発掘していきたいところである。

(3) 単独の教科書教材を用いた読解指導の改善（3年目前半）

次に受け持った1年生では，教科書外の教材の導入による実践開発という前述の方向性とは別に，内容と形式を関連づけた読解指導の改善を単独の教科書教材を用いた学習でも図ろうと模索し始めた。その一つが単元「身の回りを考える」（通番3）である。

これは光村教科書第5単元に配された青木淳一「自然の小さな診断役」と高月紘「本当に必要なものは」の2教材をそのまま中心に据え，順に読んで相互を読み比べさせようとした単元であった。とはいえ前者はダニ，後者はごみ減量の話で内容上の関連が薄く，構成面の比較を授業の中心に据えたものの，舟橋秀晃（1997）[6]に詳述したように，著者の授業の稚拙さから，生徒は構成面の比較について相当苦しんだ。

著者の失敗は，現時点から振り返れば著者自身の「論理」観が確立できていなかったことに起因していた。というのは，舟橋秀晃（1997）の「教科書教材としての説明的文章では実際のところ，説得性の有無が『論理』が通っているか否かを決める，といっても過言ではない」(p.82) といった当時の記述に見られるように，著者は内容と形式の関連指導を志してい

ながら，実際には修辞（レトリック）の要素と論理（ロジック）の要素を混同していたからである。そのことは，二つの文章の論理を生徒に比較させようとしていながら，実際に板書やノートで指導していたのは段落ごとの要旨と段落相互の連関の把握であった点に表れている。

　説明的文章の分野には間瀬茂夫（2011）[7]の言う「ある種の混同をともなった『論理』のとらえ方の広がり」（p. 76）が以前からあり，松本修（2013）[8]の指摘によれば「伝統的に論理と構成を混同する誤りが放置されてきた」（p. 170）状態にあった。論理の構造は文章の構成とは本来別のものであり，それゆえに非形式論理学の考え方や，とりわけトゥールミン・モデルで議論を把握する方法が有効なのである。しかるに，この時点では著者もまたその混同の中から抜け出せずにいたことになる。

（4）音声言語による吟味の練習段階での，文字言語の役割（3年目後半〜5年目）

　「意見に意見を重ねて」（通番4）は「話すこと・聞くこと」の単元である。ここでは前年度の「論理をとらえる」（通番2）での指導経験から，卒業時を見据え1年生当初から指導を積み上げる必要性を感じ，ディベートから話し合いを育てる甲斐利恵子（1994）[9]のすぐれた実践を取り入れた。

　「話すこと・聞くこと」単元の甲斐実践をこのとき取り入れたのは，前年度に得た課題②・③に関わり，内容が高度で問題点の少ない「読むこと」教科書教材よりもむしろ生徒同士の発話のほうが，分量が短く論理も稚拙で問題点を見つけやすいと考えたからである。しかしいざ実践してみると，互いの発話の問題点を探し反論を考え論点を押さえて論じさせるには，甲斐実践自体がそうであるように手引きやワークシート，また板書も必要であった。つまり，1年生が日常的に成立している発話に改めて論理的吟味の眼を向けるには，すぐ消える音声言語だけでなく文字言語による補助が必要だったのである。このことから，音声言語での論理的な議論をめざすには，まず文字言語で丁寧に吟味の手続きを練習する経験を先行させるのが有効であろう，と考えるようになった。

第5章　言語生活の拡張を志向する説明的文章学習指導の国語科カリキュラム

　甲賀中学校ではその後，この学年を3年生まで持ち上がったが，「論理」観の確立へ向け理論面での検討と調査を進める一方，実践開発の面ではさしたる成果を残せずにいた。

3　第2期（6～11年目）における実践開発の文脈
（1）「論理」観の整理と，読者自身の思考を育成することへの着目（6年目）

　これまでの説明的文章教材学習指導では，文字を追って筆者の「論理」をたどらせることが重視されがちであったが，それだけでは読者が「論理的」に文章を読めるようになるわけでは決してない。そのためには，まず筆者の「論理」と読者の「論理」を授業者自身が区別しておく必要がある。

　舟橋秀晃（2000）[10]ではこの両者の違いに言及した先行研究を踏まえ，あるべき「論理」観を整理する枠組みを示した（**第1章第2節参照**）。その枠組み図は，筆者の「論理」は筆者の「認識の論理」と「表現の論理」から成り，文章から観察されるのは筆者の「表現の論理」と，文章に表れている範囲内での筆者の「認識の論理」であることを表している。一方，読者は文章を読んで「筆者の『表現の論理』把握」に努めると同時に「自身の『認識の論理』構築」を行い，筆者の「認識の論理」と自身のそれとを比較する存在であることも表している。

　この枠組みから説明的文章指導における「論理」を考察する際には，「論理」を今述べた四つの側面から捉えることが求められる。なお，四側面は相互に関連するため，まずは原則として四つとも同じ比重で捉えた上で，その時々のねらいにより指導の焦点がどれかの側面に当たることはあってよいが，ある側面のどれかに初めから捉え方が偏っていれば，指導も偏り，結果として「論理的」な読みの力が育たなくなる。

　この論考を執筆した1999年以降はこの論理観に立ち，読者の論理的思考を促す学習指導を自覚的に模索し始めた。ただし第2期における実践群は，第1期での実践群に，生徒の状況を見つつ新たな単元を徐々に加えて

283

いくことで経験的に成したものである。「論理的に読む」学習指導の最終ゴールとなる単元を「論理をとらえる」(通番2)に思い描いてはいたが,そこに至る中1からの学習指導の系統性,つまり課題①については,まだ解明へ向け試行錯誤の段階にあった。

(2) 非形式論理学の視点からの,「非形式的誤謬」を排除する学習の試み(6～8年目)

単元「情報発信の時代～校外学習新聞を作ろう」(通番7)は,石山中学校へ赴任した1年目に担当した2年生が,学年行事で3月に大阪自主研修に出掛けるに当たり,口々に「どうしたら新聞が作れるのか」「何を取材したらいいのか」「資料を丸写しして済まそう」と言っていたことに不安を覚えて,国語科の中で新聞作りと教科書教材を組み合わせて授業化したものである。

教材には,教科書教材「情報発信の時代」(光村・中2)と,女子高生の口コミを意図的に操作してマーケティングに活用する事例を紹介する朝日新聞2000年1月11日付夕刊記事「二〇〇〇年の自画像5」を用意した。記事の選定に当たっては課題③を踏まえ,携帯電話やメールに好奇心の強い中2生が関心をもって読めるものにした。

単元の趣旨について,舟橋秀晃(2001)[11]では次のように記した(p.54)。形式論理学では通常,言葉と言葉の関係が吟味されるが,言葉と事実との関係については吟味されない。著者はそこに非形式論理学の視点を持ち込み,引用のルールを,言葉と事実とのずれを減らすために守るべきものとして2年生に当時指導しようとしていたことが分かる。

> 本単元では,この工夫の一つとして,語句と事実とのずれを極力減らすような「情報の扱い方」を身に付けさせることをねらった。というのは,情報には陰に陽に,その発信者の立場や解釈が紛れ込んでいることが多く,受信者に伝わる情報が事実とずれる恐れが常にあるからだ。これをできるだけ防ぐため,具体的には,「受け売り」をしない,引用のルールを守る,誤解の少ない言葉を選ぶといった対策が言

第5章 言語生活の拡張を志向する説明的文章学習指導の国語科カリキュラム

語生活の場では日常的に求められる。以上のことは「一般意味論」が強調してきた点であり，国語教育でも重要視されてきている。

　この単元は，この学年を持ち上がり卒業させた後に入学してきた次の学年においては三省堂の教科書単元「レポートの書き方」（通番10）の中にその趣旨を反映させ，1年生のうちに指導するように変更した。というのは，1年生は発達段階上からも学習指導要領上からも，「読むこと」ではまず文章から意見と事実を分けて読み取ること，また「書くこと」では見取った事実を意見と区別しながら順序立てて書くことが求められる学年であることから，事実認識に関することは1年生のうちに指導しておくのがよいと考えたためである。

　二つの単元にはそれぞれ効果があり，生徒は引用の際には出典を表示するようになった。ただし，生徒が非形式的誤謬自体に敏感になったかと問われれば，これらの単元だけでそのような効果を生み出すことまではできなかったと言うほかはない。同様の学習を何回か重ねていく必要があった。

（3）学習の初歩としての，文章吟味の態度を培う学習の試み（8年目）

　日常生活で買い物をする際，私たちは通常，成分表示や仕様書を見て確かめる。それは，成分表示や仕様書自体を疑っているのではない。記載内容に嘘偽りはないだろうという前提で，記載内容を信頼し，その上で記載内容をもとに，自分に有益かどうか，不安な要素はないかを判断しているのである。また，私たちは様々なメディアから情報を摂取する際も同様に，相手の情報を一応は信頼しつつも，そう捉えてよいか，そう言っていいのかどうかを判断しながら情報を取り入れる。メディア・リテラシーとはそのような態度を言うのであろう。翻って説明的文章教材の学習指導では，ともすると「教材文のよさを味わい摂取する」ことに偏りがちだったのではないか。

　著者は当時この問題意識からまず1年生の入門期に，単元「レポートの書き方」（通番10）に先立って単元「学習のしかたを学ぶ」（通番9）を設

けた。これは舟橋秀晃（2000）でいう「読者の『論理』」をもつ大切さを，まず入門期の生徒に印象づけようとしたものである。

この単元の構想に関して，後に著した舟橋秀晃（2002）[12]では次のように記述している（pp.60-61）。

> 「批判」という言葉には，日本語では否定的なニュアンスが含まれる。しかし，ここで求めているのは文章の「批判」自体ではない。「まずは批判的な構えで文章を吟味する姿勢」とは，まずは一旦批判的な構えをもって文章を吟味する，そして納得すれば受容し，納得できなければ受容せず，疑念の残る場合は受容を保留し他の文章へ進んでから再考する，という姿勢である。
>
> そこで，単元編成に当たっては，「こうしないとだまされる」という教材で生徒の疑念をかき立てるのではなく，「このように見るとこんな別の発見ができる」という教材で生徒の知的好奇心を引き出し，その後に「これは本当に正しいか，わかりやすいか」という吟味に移るようにしたい。そうすることで，「論理的な読み」で重要なのは「批判」自体よりむしろ「まずは批判的な構えで文章を吟味する姿勢」であると生徒に印象づけたい。
>
> なお，入学したての生徒の不安を和らげるため，中学校の国語学習に慣れ親しむことを大切にしたい。教科書「国語1」（光村図書，平成九～一三年度使用版）第一単元「学習のしかたを学ぶ」は，「読む・書く・聞く・話す・調べるなど，国語の基本的な学習の仕方を身につけ，確認できるようになっています。国語学習全体への入門としてご指導いただけます」（小冊子『平成九年度版中学校国語 編集趣旨と特色』四頁）と説明されているので，この単元をもとにして，教材群を再構成した。

しかし実際に指導してみると，教科書教材と組み合わせて使用する広告（青汁）や新聞記事（朝日新聞2000年3月26日朝刊家庭面「男性も『座ってお

第5章　言語生活の拡張を志向する説明的文章学習指導の国語科カリキュラム

しっこ』する時代？」）の選定が，やはり難しいことが分かった。具体的には広告のレーダーチャートが「ケールを100とした場合」の比で示されているため数学的感覚や百分率の理解の面で未熟な多くの1年生がその問題点に気づけなかったこと，また記事の分量が多く，1年生にとって過重な負担であったことが挙げられる。また，単元を終えてから生徒の一人が教卓まで歩み寄ってきて「先生，ぼくのお母さんは青汁を売っているんです」とつぶやいたため，驚いて詫びたという出来事も起きた。

　言語生活にあるものを教材化して教室に持ち込むこと自体には，今ここで学ぶことと自分の今や将来との結びつきが学習者に実感され，学んだことが言語生活の向上に生かされやすくなる点で，大きな利点があると考えられる。しかし課題②・③の通り，分量，スキーマ，また批判的に扱う際は教材の内容と生徒の家庭環境との関係に至るまで，言語生活に実際にあるものを教室に持ち込むには考慮せねばならぬ点が多々あることを改めて認識させられた。

（4）教科書教材の比べ読みへの再挑戦と課題（9年目）
　前項で教科書外教材の選定の難しさに改めて直面したこともあって，教科書教材活用の道を改めて探るため，単元「環境を考える」（通番11）では「身の回りを考える」（通番3）以来となる教科書教材の比べ読みに再挑戦した。その教材には，三省堂中2教科書所収の大場信義「ホタルの里づくり」（説明〈解説〉）と伊藤和明「地球環境の危機」（論説）（三省堂『補充学習材集』所収，前回中3教科書に所収）を用いることにした。

　2教材を選んだのはテーマに共通性がありながら，構成の面で「ホタルの里づくり」が時間的順序で「わたし」の体験を通して書かれているのに対し「地球環境の危機」は論理的順序で整然と書かれていて，事実・主張・理由づけの三者の関係とその配置順による印象の違いや留意点を生徒に比べて考えさせることができるのではないかと思われたからである。

　具体的に言えば，前者の文章からは人里づくりの努力が環境問題改善へのプラスになることが読み取れるが，事例紹介が主で，根本的な解決策が示されているわけではない。一方，後者の文章からは地球環境の悪化が止

まらない仕組みが分かるが，現在の危機的状況の紹介が主で，自分たちに何ができるかは考えにくい。このように，これら2教材には論の進め方にそれぞれ長所と短所があり，好対照を成している。

　この2教材をできるだけ発問や指示に頼らず，比べながら同時に読ませることで生徒の気づきを誘う授業展開を心がけたものの，「地球環境の危機」は元来中3教材だったこともあり，2年生が内容を理解するには予想以上に難しすぎた。そのため，単元の途中で変更し「ホタルの里づくり」のほうを中心に据えて授業を展開したが，その結果として「地球環境の危機」の「論理」の検討ができなかった。この経験から，教科書教材を使って比べ読みを行う際には，生徒の負荷軽減のため，なるべく既読の教材や同学年以下向けの素材をもう一つの教材に選ぶべきだと意識するようになった。

　また，単元冒頭で「要旨をまとめよう」と指示した際，生徒から「要旨って何ですか」という質問が相次いだことも反省すべき出来事であった。これは，学習指導要領や教科書にある在来の要旨・要点などの用語と，独自に加えたトゥールミン・モデルによる「主張」「事実」「理由づけ」といった用語との関係を，著者が曖昧なまま生徒に示していたことの表れであった。この経験から，得た知識を授業や言語生活に発揮できるようにするために，両者の用語を関連づける指導の大切さを意識するようになった。

（5）「書くこと」領域の関連学習の試み（10年目）
　甲賀中で実践した「意見に意見を重ねて」（通番4）に相当する単元を，石山中では1年生時に展開できなかった。そこで当該学年が3年生になった際，通番4を「書くこと」単元に組み替えて実施したのが，単元「二人の『そうか！』をGETせよ!!　～意見に意見を重ねて～」（通番12）である。「書くこと」単元としたのは，文字言語で議論する経験を授業で味わうことにより音声言語での議論がより深まるであろうと考えたからである。

　この単元では大村はま氏の鉛筆対談の手法を導入し，最初に書いた200

字の意見文に別の2名が200字ずつ書き継ぎ（うち1名は著者が担当し，最初の意見文への反論文を書く），それを受け取った最初の執筆者が全部をまとめ，「反論の先取り」を盛り込みつつ原稿用紙3枚程度の意見文に仕立て直す，という学習活動を行った。

　この単元では，自分の書いた文章に他者から承認を得られたり，著者と文章で対決したりする仕掛けが生徒の興味を引き，どの生徒も800字以上の意見文を書くことができた。またその際，以前は未定着であった「事実」「意見」「理由づけ」などの学習用語がその後の指導で定着していたことも，意見文執筆を容易にした。具体的には，最初の200字に書き継ぐ次の生徒は賛成の立場を取るものが大半であったが，彼らには「賛成するなら最初の人が挙げていない事実を取り上げ，理由を添えて書きなさい」と指示すると概ね理解され，スムーズに書き継いでいた。また著者は先行する2名の取り上げた事実について，違う見方や違う理由づけを提示して，努めて異なる結論を示すようにした。これを読むと最初の書き手は「先生，屁理屈だよ」「くやしい，先生をやっつけてやる」など口々に漏らしながら再反論の意欲を高めていった。そこで「級友の事例も取り込み，先生の反論を『反論の先取り』に生かして，一つの意見文に仕立て直しなさい」と指示すると，生徒らはそれまでには見せなかった速さと集中力で原稿用紙に書き綴っていった。

（6）1年生段階での事実認識の学習の可能性と課題（11年目）

　単元「事実をどうみる？」（通番14）は，石山中で担当する最後の1年生に対して，説明的文章教材の主要ジャンル等配列の系統試案をもとに構想したものである。当時の1年生には，うわさを簡単に信じたり，あそびのじゃれ合いが生徒間暴力に直結するなど，短絡的な行動がいくつか見られた。また生徒間の注意にも誹謗中傷に近い言葉が混ざり，校区内の小学校が一つであることも重なって，人間関係が中学生になってもあまり広がらず固定的な傾向をもっていた。また一般的な傾向としても，発達段階上，思考の形式的な操作が充分にできるようになるのは小学校高学年前後からである。これらを踏まえ，中学校段階では妥当な思考ができるよう練

習を積むことが実態の改善への一つの方策になり得ると当時の著者は考えていた。ただし思考操作の練習とはいえ非形式論理学の見地から考えるならば、日常生活の実用レベルでは論理を形式論理学的に追うよりも、事実・主張・理由づけの三つに整理して文章の内容を大づかみするほうが実用的である。

　そこでこの時点までに得た実践経験から、中学校3年間で育てる力と道筋つまり課題①については、のちに舟橋秀晃（2005）[13]で記す**表5-4**の試案にまとめた。そしてその指導の道筋の一歩目として、本単元では「事実」を捉える練習をさせようとした。具体的には、本単元では新聞5紙の滋賀版で取り上げられた前年度（2003年夏）の「びわ湖大花火大会」記事を取り上げ、そこに渡辺武信「玄関扉」（三省堂1年）、教科書教材「討論ゲームをしよう」、同「体験文を書こう」を加え、「読むこと」から「話すこと・聞くこと」を経て「書くこと」へと順に展開する13時間の計画を組んだ。なお、花火の記事の比べ読みは、大村はま（1983）[14]の単元「表現くらべ」を踏まえたものであるが、修辞の巧みさに着目させ話し合いや語彙の学習へも展開させた大村実践に対し、本単元では単元導入部の1時間扱いに留め、共通する事実は何で、共通していない事実は何かに着目させることに学習内容を絞り込んで、他の教材の読みへと展開する形にした。

　当時立てた学習指導案から引用すると、単元の概要は次の通りであった。

　　第1時　単元の趣旨説明
　　　　　　5紙の花火記事を読む
　　　　　　記事を比べ気づいたことを、ワークシートに書きながら他の人と話し合う
　　　　　　気づいたことの発表
　　　　　　　・共通して書いてあること
　　　　　　　・ある紙だけに書いてあること
　　　　　　　・そのことは、どうしてその紙だけしか書いてないと思わ

第5章　言語生活の拡張を志向する説明的文章学習指導の国語科カリキュラム

　　　　　れるか
　　　　・事実以外には何が書いてあるか（記事は事実中心のはずだが，記者が顔を出すこともあり，事実だけが書いてあるのではないから注意）
第2時　「玄関扉」を読む
　　　漢字学習，難語句調べ
第3時　「玄関扉」と記事の違うところを比べて探す
　　　　・事実が中心になっているのは（記事）
　　　　・事実以外にも書いてあることが多いのは（説明文）
　　　　・では事実以外の何が書いてあるのか
　　　　　（筆者の問いかけと，それへの答え）
　　　　　（筆者の「考え」＝それはつまり「主張」や「理由づけ」）
第4時　実際に教材を「事実」と「考え」（「主張」「理由づけ」）に分けて整理してみる
　　　君は筆者と同じように考えるか，また別の見方はできないか
　　　　・違う事実から違う考え方（違う事実を読み手が持ち込んで／教師が持ち込むと）
　　　　・同じ事実でも違う考え方（書き手の提供する事実のみを踏まえても）
第5時　「討論ゲームをしよう」の説明
　　　　・テーマの選択，準備，ルールの理解
第6時　「討論ゲーム」
第7時　「討論ゲーム」を振り返る
　　　　・どういうときに説得力があったか
　　　　・説得力はあっても論理的であったのかどうか
　　　　　"定義を吟味する必要性"（例「マンガは"文化的"でない」）
　　　　　"Aの反対はBでなく非A"（例「酒は体に悪い」の反対は，「酒は体によい」でなく「酒はいつも体に悪いとは言い

切れない」である）
　　　　　　「体験文を書こう」の説明
　　　　　　　　・テーマの選択，準備
　　第8時　「体験文を書こう」
　　　　　　　　・体験の掘り起こし，言いたいことのメモ書き
　　　　　　　　　（新聞投書を配布，共感や反発を受けたものについて自分
　　　　　　　　　の考えを書かせる）
　　第9時　意見交換会
　　　　　　　　・同じテーマの者同士で議論し合う
　　　　　　　　・自説の変更や修正強化→どう変えたかを報告しあい交流
　　第10時　構成を考える
　　　　　　下書き1
　　第11時　下書き2
　　第12時　輪読会（付箋を貼りながら）
　　第13時　清書

　第1時に使用した花火記事5紙の教材は，各生徒が花火大会で味わった直接経験にも支えられ，生徒らの興味を充分引いた。また，読んだ情報を一連の学習で「事実」「主張」「理由づけ」の三つに分けて考える方法が生徒に一定程度理解されたため，論点のかみ合う討論ゲームや，主張と根拠事例が対応する体験文執筆の学習活動が円滑に行え，課題①についてはある程度解決できた。

　ただし課題②・③はなおも残った。具体的に言えば，1時間で同列に5紙を扱ったので分量が多く，読み切れない生徒が多くいて，分量と読む速さの面で問題が生じたのである。また第4時では，欧米の玄関扉は日本の外開きとは反対に内開きが多いとする論旨に対して，旅行やテレビ視聴の経験から欧米の窓やルーバーは外開きが多いからおかしいのではないかと指摘できる生徒が幾らかいるはずだと著者は予想したが，実際にはそのような生徒は皆無だった。「違う事実から違う考え方」，つまり教材文に書い

ていない事実を読み手が持ち込み異なる考え方ができないか探る読み方については，学習者が持ち合わせているスキーマに大きく左右されることを，本単元でも改めて痛感した。

4　前半期の総括

　中学校国語科における「論理的に読む」学習指導の系統性に関する前半期の成果としては，課題①に関して次の2点が挙げられる。その一つ目は，国語科に求められる内容・形式両面からの文章検討のためには非形式論理学的な論理観から読者独自の思考を促す策に注力する必要性を示せた点である。次いで二つ目は，学習指導要領，教科書教材，他領域と「読むこと」との関係，生徒の実態から，中学校段階では1年生のうちから学習内容で事実認識（筆者が事実をどのように捉え言葉に表現しているか，読者は事実をどのように捉えるべきか，そのとき筆者の言葉は適切か）を扱うのがよいと経験的に整理できた点である。

　ただし，読者独自の思考を求めようとしても，生徒はまだ中学生で，各教科書教材の内容面についての様々な情報を筆者ほど持ち合わせておらず，また，教材の文章構成あるいは論証や推論といった形式面でも筆者ほどの能力を持ち合わせているわけでもない。そこでこのような読者のスキーマに配慮し，日常生活における議論の場を想定した「論理的に読む」力を育てるには，すぐれた教科書教材だけでなく，それ以外の教材，なかでも身近さや読み切れる分量の面から新聞の記事や投書，広告を用いる策が有効である。ところが，それとて各生徒のスキーマを考慮する必要があり，教材の選定に当たっては，生徒が読める分量と速さ，生徒が危うさに気づけるレベルの質，生徒が経験や関心をもつ内容を，全て兼ね備える教材を発掘する必要があった。前半期ではその発掘の難しさから，教科書教材自体の活用策も探ったが，複数教材を組み合わせる場合，組み合わせる教材が本来の教科書教材より分量が多かったり内容が難しかったりすると，読み比べに支障が生じた。そこで後半期の記述と検討に際しては，前半期に直面したこれら課題②・③に関わる様々な未解決の問題に対しどの

表5-4　舟橋秀晃（2005）で示した教材の主要ジャンル等配列の系統試案（当時）

学年	取り上げる中心	扱う説明的文章教材の主要ジャンル		【関連指導】書くこと	
中1	事実・主張・理由づけを区別 事実と現実とがずれることを認識 事実と主張との結びつきの検討	時間の順	記録文 報告文	時間の順	記録文、報告文 新聞記事（論評等は除く）
		説明文		体験（意見）文	
中2	主張と理由づけの結びつきの検討	論説文		意見文	
中3	理由づけと事実との結びつきの検討	評論文		主張文	

ように取り組んでいったのかを分析する必要がある。

　また，前半期の実践開発の文脈には，中村実践を追って中3生に望む姿を想定し，その姿から逆算して中1段階で事実認識を扱うに至った実践開発の試行錯誤は記述できたものの，中2の学習で何をすべきかについては**表5-4**のほかには記述できていなかった。これは課題①にも依然として未解決の点があったことの表れである。さらに言えば，この表では中1と中3に「事実」の用語を記したが，中1と中3では同質・同レベルなのかどうか，当時は考察が及んでいなかった。

　後半期の記述に際しては，これらの点をどのように克服していき何を得たのかについて分析し整理するようにしたい。

第2項　実践後半期における個体史[15]
――トゥールミン・モデルの指導から社会的文脈の重視へ――

1　後半期当初の課題

　前項の第1・2期に引き続き，本項では実践後半期に当たる第3期での学習指導実践個体史を綴る。ただし，**第4章**で詳述したものが複数あるので，本項では重複を避け，実践そのものよりは，実践間のつながりや課題解決への筋道の記述に重きを置きたい。

　なお，第3期の勤務校，滋賀大学教育学部附属中学校においても，初年

第5章　言語生活の拡張を志向する説明的文章学習指導の国語科カリキュラム

度は第2学年学級担任を務め，その後は担当学年を常に持ち上がった。学年3学級と小規模であるため，担当学年は独りで担当できた。それゆえ，毎年8週（4週間×2班）以上にわたって自分の担当する大半の授業を多数の教育実習生に渡さざるを得ないという，実習校としての特殊事情を除いては，研究校として自由にカリキュラムを設計し様々な授業を試すことができた。そのことには保護者，生徒，同僚，上司の深い理解もあった。

　さて，前項2（2）で挙げた課題①〜③に沿い，前項4を踏まえて，第3期開始時点の課題を改めて示すと，次のようにまとめることができる。

① 中学校3年間で育てる力と道筋

　中1の学習内容として事実認識を取り上げるとよいことは中1生の実態と実践から経験的に把握されたが，中3生にも有効な中村氏の高校実践に至るまでの段階設定や系統性がまだ解明できていなかった。また中3で理由づけと事実との結びつきを検討するのが仮によいとして，そこで扱う事実は中1時に学習した事実認識とは質的にどのような違いがあるのかを解明できていなかった。

② 教材の分量と読む速さ

　著者の持ち込む教科書外教材は，分量がいずれも過大になりがちであった。新聞の投書や記事程度の数百字程度の，短い文章を素早く読んで論旨を把握する読み方を学習する機会を与えられていなかった。

③ 教材の質

　課題①・②の学習のためには，模範的な教科書教材だけでなく，日常生活にあふれ，事実認識や理由づけの面で危うさを抱えている文章も有用ではあるが，危うければよいというものでもなく，生徒の発達段階とスキーマにも配慮する必要がある。ところが著者の持ち込む教科書外教材には学習者に理解しづらく感じさせるものが多く含まれていた。自分の担当する生徒の興味関心や言語生活に添う教科書外教材を発掘できていなかった。

2 第3期前半（12〜16年目）における実践開発の文脈
（1）〈状況〉と「文脈」の意識化（12〜13年目）

　勤務3校目も中2生の担当から始まった。その年に校内研究会で公開したのが「本から取材！　話し合おう『世界と私』」（通番15），教育実習生に範示授業として観察させたのが「それはなぜ？　〜理由をチェック」（通番16）である。このうち前者は，国際理解に関する教科書教材に他社や旧版の教科書教材を組み合わせて読み，パネルディスカッションへ進む，「読むこと」と「話すこと・聞くこと」の複合領域単元として展開した。一方後者は，スーパーのダイレクトメール，栄養補助食品の広告，地域のニュースに関する同じ地方紙で別の日に載った角度の違う二つの記事という，教科書外教材による短時間展開の単元であった。いずれも複数教材による授業を試みたものであるが，前者のほうでは旧版や他社の中3教材を用いた点，また後者のほうではダイレクトメールと広告とニュースには，批判的に読む点以外に内容上の接点が一切なく，学習者にとっては理解の難しいものであり，課題②・③がそのまま当てはまった。

　ただし，前者では「みなさんはレポーターだ。筆者の西江雅之さんに『伝え合い』について取材しニュース番組にまとめるとしよう。引用する西江さんの言葉と，エンディングの自分のレポーターとしての言葉をそれぞれ20秒で収まるよう，ノートに2〜3行で書きまとめよう」という指示の仕方をしたことが，生徒には分かりやすく届いた。また，後者では，湖西道路の無料化を取り上げた同じ新聞の別の日の二つの記事が，片方は無料化による混雑緩和の効果，もう片方は車の流れの変化により商売が厳しくなる商店の話を取り上げているところが，生徒には議論しやすく作用した。前者の経験は，以降の単元づくりで生徒に〈言語活動の必要な状況を仮想的にでも明示する〉ことの意義に気づく最初の契機となった。また後者の経験は，教材を複数組み合わせる際には，形式操作だけでなく内容上でも共通点があり「文脈」が見出せるものを用意することの必要性に気づく最初の契機となった。

　ところが，その学年の生徒を持ち上がった3年生で，最初に受給した科

第5章　言語生活の拡張を志向する説明的文章学習指導の国語科カリキュラム

学研究費奨励研究として取り組んだ「『論理的』に読もう・考えよう・話し合おう　～これでいいかな？　ここはいいかな？～」（通番17，〈状況〉の設定がなかった対照的事例として第4章第2節第3項で詳述）では，せっかく得たそれらの気づきを重視しないまま課題②・③の解決を急ぐあまり，ごく短い例文のドリルを開発して生徒のスキルを効率的に養成しようとしたことが，かえって「例文が短すぎてその文脈が生徒には分からない」との批判を浴びる結果に終わった。要するにこの通番17は通番15・16とは対照的に，単元に言語活動の〈状況〉を設定できていなかったのである。

　その経験を踏まえ，3年生の卒業間際に取り組んだ単元「『要約』を考える」（通番18）では，〈状況〉の存在を意識して授業を行うようになった。ここで試みたのは，要約に関する先行研究も踏まえ，〈状況〉の違いによって，要求される要約にもいくつかのパターンがあるはずだという点を，ワープロソフトが自動的に産出する要約文と生徒各自の要約文を比べさせて生徒に気づかせようとしたことである。この実践を通して著者は，母語を扱う国語科は言葉の正誤以上に適否の吟味を学習者に迫る教科であり，学習者にその吟味を迫るにはコミュニケーションの相手や場や目的などの〈状況〉を学習者と指導者がまず共有し意識する必要があるという当然のことを，ようやく強く自覚するようになった。

（2）「コンフリクト」の意識化と「理由づけ」吟味の困難さの浮上（14～15年目）

　3校目着任3年目に当たる14年目，迎え入れた所属学年の1年生では新たな実践を行う機会を得られなかった一方，1クラスを担当していた2年生では「紙から事実を拾うには　～説明文を読む～」（通番20）を実践した。これは，1年生で身につける事実認識の学習の，2年生におけるさらなる展開を探ろうとして取り組んだものである。教材には安田喜憲「モアイは語る」（光村中2）に鷲谷いづみ「イースター島にはなぜ森林がないのか」（東書小6）とウィキペディアの「モアイ」の項の説明を組み合わせ，学習者には勤務校で取り組んでいた総合学習「BIWAKO TIME」を想起させて，「今回はモアイの調べ学習を行うことになった」という〈仮想

297

的状況〉（調べ学習を実際に行うわけではない点で「仮想的」である）を設定し，モアイ（を作る風習）が滅びた理由を調べる前提で三つの文章を読んで「紙」（現地へ赴かずに図書などの資料を通して間接的に情報を得る場合）から事実を拾う際の留意点を考え話し合う，という3時間の学習を組んだ。この単元は，〈仮想的状況〉を導入に自覚的に位置づけた自実践初の単元であり，その契機は前述の（1）にあった。

現時点から振り返ると，このときは事実認識の学習の2年生での展開を図ろうとしていたはずだが，学習の実際では，両文章が拾い上げ記述される事実自体にまず違いがあり，したがってモアイが滅びるに至る推論も両文章で全く違うものになっていることにまで学習者の吟味が及んでいた。つまり，事実と理由づけが各文章では一体として結びついていて，各文章では理由づけにそぐわない事実は取り上げられないのだということが，このとき学ばれていたのである。このような方向から学習者による各文章の「事実」（事例）の吟味を「理由づけ」にも押し広げていくことは，むしろ自然な学習の姿であり，カリキュラム設計にも生かせる方法であろう。ただし当時はそのことを，さほど自覚できていたわけではなかった。

それゆえ翌年の着任4年目，通算15年目に勤務校の教育研究発表協議会で第2時を公開した単元「うなずいてもらうには　〜意見文を読む〜」（通番21）では，前年度の単元とは全く違うアプローチから「理由づけ」の吟味自体を学習課題の中心に直接取り上げて臨んだ。しかし，4人班で「理由づけ」吟味のワークシートの使い方や意味が生徒らが飲み込むのに時間がかかり，意図する学習にはならなかった。

このとき，第1時では「文章の場合，私たちは普段どの点に説得力を感じているか」と問いかけ，ホタルについてのビジネス雑誌記事（「地方再生物語『ホタルで町おこし』の大きな間違い」）を配布し黙読させた上で，学習済みの教材（大場信義「ホタルの里づくり」）に書いていなかった事実を挙げるよう求めた。ところが，10分ほどの間に1万字近くの本文を読ませようとしたところに課題②の問題があった。

次いで第2時では4人組でワークシート（**資料5-1**）の【A】，【B】に

第5章　言語生活の拡張を志向する説明的文章学習指導の国語科カリキュラム

うなずいてもらうには　～説得力ある意見文～
「ホップ・ステップ・ジャンプで主張」
　　　　　　　　　　　ID（　　　　　）氏名（　　M　　　）

【例】
ジャンプ（主張）
　ホタルをきっかけにして、人里の自然（長い年月をかけて人の手が加えられてきた自然）を工夫してつくろう。

ステップ（理由）
　ホタルを人里に戻すことは、人里の自然を健やかに保つことにつながるから……

ホップ（事実）
　名古屋では、草を手で刈ったり街灯を調整したりして、ホタルを守っている。
　横須賀では、ドブ川を昔の風景画の様子に近づけ、きれいな川にしてホタルを取り戻した。

【A】
ジャンプ（主張）
　2年B組では毎週班替えを（するべきだ・するべきでない）。

ステップ（理由）
　より多くの人と友人になるほうがいいから……

ホップ（事実）

　たくさんの人と話しができる。

【B】
ジャンプ（主張）
　夏休みにたくさん遊んだ中学生は、2学期を充実して
　（過ごせない・過ごせる）はずだ。

ステップ（理由）
　夏休みの気分が抜けず、ダラダラしてしまう。　　　　　15日間遊んで、私は宿題を残すことになり、2学期中ひきずるから。

　勉強も勉強、遊ぶときは遊ぶで、メリハリをつけた生活をしていたら、終わっていることに集中できるから……　　　私の場合、夏休み最後の短期間で宿題を終わらすと、夏休み明けにダラダラしてしまうから。

ホップ（事実）
　夏休みに合計15日間遊んだ中学生がいる。

資料5-1　ワークシート記入例（通番21，第2時）

ついてそれぞれ多様な考えを出し合わせて,【A】では「同じ理由でも挙げてくる事実によって,主張が大きく変わることがある」こと,また【B】では「同じ事実でも挙げてくる理由によって,主張が大きく変わることがある」ことに気づかせようとした。指導者の意図としては,事例として挙げられた事実に納得して即主張を受け入れることは不適切で,挙げられた事実の適否や,それと理由や主張との関係の適切さも吟味した上で主張を受け入れるようにするべきであることを,グループワークによって気づかせたかった。しかし,この方法では生徒に「理由づけ」を吟味する状況も必然性も与えず,唐突に示す短い文章で作業を強いることが,多くの生徒を戸惑わせたのである。

このような失敗を重ねる中で,通番17やこの通番21のようにワークシートやドリルで短文を取り出しスキルの練習をするような発想は,生徒の理解を助けることにならず余計な負荷をかけるだけで,国語科学習指導の方策としては否定されるべきであると,著者は次第に強く自覚するようになった。また,学習には動機づけが重要であり,その動機は唐突に指導者が何かを提示して引き起こされるようなものではなく,彼らの言語生活の実態を拾い上げ,そこにあるコンフリクトを意識化させることによってこそ生まれるものであるということも,自覚するようになった。

そして,1年生で事実認識を取り上げた後の段階では,何をどのように授業すると2年生の学習が進展するのか,一層悩むようになった。恐らく「理由づけ」を扱う必要はあろうが,それを吟味する必要がある自然な〈状況〉と,それに至る各生徒自身の学習史上の「文脈」がないとうまくいかないであろうとは痛感した。通番20の成果を自覚しないままに,いったい何をどうすればよいのか,しばらく悩み続けることとなった。

(3)「情報科」での展開(15年目)

着任4年目,通算15年目のこの年には情報科単元「論理的に理解しよう」(通番22,社会的文脈を教材文のみから想起させる方法の例として**第4章第3節**で詳述)の開発にも挑んだ。この単元では,前項2(2)で触れた中村敦雄実践を土台として,そこにMECEや心理学の4枚カード問題など

第5章 言語生活の拡張を志向する説明的文章学習指導の国語科カリキュラム

を加えて従来の国語科にないアプローチから生徒とともに「論理」そのものを捉え考えることを試みた。なお，情報科では研究開発の都合上，本来の正教科では担当していない学年を指導することと校内で取り決めていたため，国語科では2年生を担当していたこの時期に，情報科のこの単元だけ3年生を担当した。

　この単元は学校特設教科（文部科学省研究開発学校指定に基づく，研究開発のための独自開設教科）として「情報科」を作った際の取り組みである。国語科ではないので，人間の思考特性を知り，その問題点を克服しながらより深く思考することをストレートに単元の目的に置いて授業するようにした。そして，教科としての国語科の文脈から離れた3年生は，ワークシートやドリルもある短文でのスキル的練習が混じっても「情報科は自分たちの思考特性を知る練習をする時間だ」と理解し，戸惑わずに課題に取り組めていた。しかし，中村実践で扱われた高校生のアルバイトや学習机破損の弁償負担，あるいは高校野球の敬遠策やラッシュ時の高齢者バス乗車に関する新聞投書の議論は，中3生に理解の難しい語彙を含むものでは決してなかったが，その適否の吟味となると半数近くの生徒が理解しづらそうにしていた。また生徒の3分の1はワークシートのトゥールミン・モデルの3要素のどこかの枠が空欄のままであった（同節**第3項**でも言及）。

　その中で，4枚カード問題を説明する心理学の文献を通して著者自身が人間の思考特性に宿る「文脈依存性」あるいは「領域固有性」の問題を知り，〈状況〉や「文脈」が人間の思考にどれほど重要であるかを著者自身が強く認識するようになった。

3　第3期後半（16～20年目）における実践開発の文脈
（1）〈仮想的状況〉設定手法の確立と他領域関連指導事例の蓄積（16～18年目）

　直接的には通番20の成功を契機とし，着任5年目，通算16年目に単元設計時から意識的に〈仮想的状況〉を設定した3年生単元が「文章を解釈するには」（通番23，これまでの自分の読み方を問う導入〔読む方法への意識喚

起〕例として**第4章第2節第2項**で詳述）であった。

　また16年目から18年目にかけてはトゥールミン・モデルを説明的文章の読みだけでなく「書くこと」の領域でも積極的に学習に活用することを試みた時期である。16年目の3年生単元「鍛えれば強くなる！　〜反論で磨こう主張文」（通番24）や18年目の2年生単元「別の見方を試してみると〜一つの悩みにいろいろ回答〜」（通番26）がそれに当たる。

　現時点から振り返ると，この通番24や通番26には，同じ問いに対する学習者間での考えの違いを多様に出しやすい要素（「社会認知的コンフリクト」が引き起こされやすい状態）があった。また，どの事実を取り上げどの理由づけを選べば相手が納得する文章になるかを生徒が考えられていた点では，通番20における「理由づけ」吟味の成功にも通じる要素もあった。そして，学級集団内で議論を交わしながらそれぞれの学習者が文章を書いていくこと，またそれが実際に新聞に載っていた投書間の議論あるいは質問者と回答者のやりとりにも重なっていくところに，学級集団内と文章間の二つの「社会的文脈」への広がりも備わっていた。

（２）複数教材の比較から1教材のみでの吟味へ（18〜20年目）

　滋賀大附属中着任7年目，通算18年目は通番20の修正再実践「論理を読んで論理的に考えよう　〜モアイは何を語るのか〜」（通番27，これから自分が読む意義や価値を問う導入〔読む内容への意識喚起〕例として**第4章第2節第1項**で詳述）に取り組んだ。このとき，学習者の言語生活上では比較対象となる文章や情報が入手できないこともままあろうから，眼前の文章を読んで吟味することをもっと精緻に行えないか，しかもそれを支援するのはワークシートやドリルではなく，文章そのものへの着目や学習集団での議論を助けにできないかという点を修正のねらいに置いた。生徒たちだけの力ではそれは難しかったが，数値に着目して数値間の矛盾や飛躍を追うことをヒントとして指導者から提示し，ノート作業を経て各グループにホワイトボードを渡すなどすると，「イースター島にはなぜ森林がないのか」との事例の比較や，あるいは「モアイは語る」内での森林減少開始と人口増加ピークとの不自然なタイムラグ（500年ほどある）の発見が可能と

第5章　言語生活の拡張を志向する説明的文章学習指導の国語科カリキュラム

なった。

　翌19年目には3年生を対象に単元「相手に届く言葉で批評する文章を書こう　〜関心のある事柄を〜」（通番28）で再び「書くこと」との複合領域単元の開発を試みた。批評を書くためにまず新聞の書評とテレビ番組表を読み，その文体や言い回しを参考にして自分の考えを書くというものであった。

　中学教員最後の20年目，再び1年生を担当した際の単元「その判断，それでいい？　〜文章を読んで吟味する」（通番29）では，前年度の3年生実践の1年生段階における展開のあり方を探ろうとした。そして行ったのが，まず英語教育早期化に賛成する側と反対する側の二つの新聞投書を生徒に読ませて「どうすれば意見が書けるか」という認知的コンフリクトを生徒に引き起こし，次いで早川文代「食感のオノマトペ」の教科書にある現行版と旧版との改訂箇所の比較から，筆者が文章に取り上げる事例を変更した意図を考えさせる活動を経て，英語教育早期化に関する意見文を書かせるという学習活動であった。この活動は，意見文では自分の言いたい主張にふさわしい事実を選び抜いて使うことが説得力を高めるのに大事だということを，書き手の側から考える学習になっていた。

　現時点から振り返ると，書き手に回って読むという意味では，この学習も「自らのテクスト表現過程を先行させる実践」に自ずとなっていた。

　このような形で課題②や③に関しては，教科書外教材としての新聞の投書や記事などを持ち込む際には，個別に単体で単元に持ち込むのでなく，教科書教材との形式か内容に関する共通点を有していて，なおかつ共通する話題についてテキスト間に議論を見出せるものを選ぶようにすれば学習が成立しやすいことが，経験的に把握されていった。

　一方，通番27で抱いて以来問題意識に上ってきた，比較対象となる文章や情報が入手できないときでも眼前の文章を精緻に読み吟味できるようになる実践の開発の必要性にも迫られた。その折りに当時，広島大学大学院教育学研究科博士課程の院生だった古賀洋一氏からの依頼を受け，共同で取り組んだのが1年生単元「納得できる？　どこを調べる？」（通番30）

であった。これは中村匡男「花の形に秘められたふしぎ」を「調べ学習で読む」という〈仮説的状況〉のもとで読む際，文体や言い回しや用語の一貫性に着目することで，納得できない箇所や他文献での追加調査が必要だと思われる箇所を見つけ指摘するという学習であった。

4　後半期の総括

　中学校国語科における「論理的に読む」学習指導の系統性に関し後半期で得られた実践知を，1で挙げた後半期の課題①〜③に沿って記すと，それぞれ以下のようにまとめることができる。

① 中学校3年間で育てる力と道筋

　中1では，筆者の事実認識を表す言葉を拾い上げれば，事実と思われる言葉の中から検討すべき点を見つける学習が可能になることが把握された。また中2では，主張に沿わず「理由づけ」の難しい事実を筆者が積極的には取り上げない点に着目すれば，学習者が文章の事例（事実）の吟味を「理由づけ」にも押し広げていくことが可能になることが把握された。ただし，中2における決して成功とは言えないような実践事例の積み上げによって，「理由づけ」の吟味には，読む方法や読む内容に関して学習者の「個人の文脈」に作用し学習者のコンフリクトを引き起こすような自然な〈状況〉の設定と，複数の教材のテクスト間における「社会的文脈」の存在が欠かせないことも，その反面，把握された。

　中3では，実践結果から言えば，学習課題として学習者が批評文や意見文の執筆を求められる機会が多く，その執筆のために，筆者の主張やそれを根拠づける事実認識に筆者の価値観を読み取ると共に，学習者自身の価値観を自覚し意見を構築する単元が多くあった。ここに，事実認識と価値観との中3の教科書教材における結びつきの強さと，その結びつきに対し学習者が吟味を加える必要性を見出せる。またここには，筆者の事実認識を吟味する中1段階と中3段階の差もよく表れている。

② 教材の分量と読む速さ

　教科書教材に対し著者の持ち込む教科書外教材が，他社等の下学年の教

第5章　言語生活の拡張を志向する説明的文章学習指導の国語科カリキュラム

科書教材であったり，記述内容が教科書教材と直接関わるものであったりすると，学習にうまく作用することが経験的に把握された。一方，単に同じ言語操作をすれば同じように読めるはずであるという以上の関わりが薄く，内容上は話題に若干の共通点が見られる程度（例えば通番9の道路標識やケールの広告，通番21のホタル復活に尽力する人を取り上げた記事）に留まる教科書外教材の投入は，長文ならば無論のこと，新聞の投書や記事程度の数百字程度の短文であっても，学習者には実際のところあまり作用しなかった。

③ 教材の質

　課題①・②の学習のためには，日常生活にあふれ，事実認識や理由づけの面でむしろ危うさを抱えている文章も有用である。だが，学習者の発達段階と彼らのもつスキーマにも配慮する必要があるとはいえ，学習者が主要語句の意味を単に理解できている程度のスキーマの形成状況では，例えば中村敦雄実践で使用された通番22の新聞投書が中学3年生に理解されづらかったことが示したように，実践上は支障があった。

　もちろん，説明的文章は「知らないから読む」ものであるから，学習指導における読む学習活動は「これから読むもの」に開かれているべきであり，既知の話題についてばかり読むこと，また読むために既知の情報を外から与えることは，いずれも慎重に避けるようにしたい。しかし，学習者が主要語句の意味を理解している程度では文章を吟味できないのであれば，いかなる質の既有知識が学習者には必要となるのか。その点が，当時の著者には不明のままであった。

第3項　カリキュラム理論と個体史との照合

　本項では，理論知としての前節と，学習指導実践個体史から著者の中に形成されてきた実践知としての本節とを照合し，前節のカリキュラム理論上残る課題を論じる。

第2節　カリキュラムの観点から見た説明的文章学習指導実践個体史の検討

1　個体史における「実施したカリキュラム」

　本節で綴ってきた著者の説明的文章学習指導実践個体史から比較的成功と言える単元と，成功とは言えないが理論面との照合時に参考にはなる失敗事例を**表 5-2** の形式に沿って挙げると，国際教育到達度評価協会（IEA）の3分類でいう「実施したカリキュラム」としては**表 5-5** が描出される。これは20年にわたる自実践の蓄積を，単元成立の時系列とは関係なく学年ごとに整理し直したものであり，その時々の研究課題と学習目標のもとで取り組んだ個々の実践の集合体である。それゆえ，実践結果として学習者に構成された非形式論理学的知識も複合的かつ様々であり，各学年内での単元配置のあるべき順序性を示すには至らない。そこで，この表の作成に当たっては**表 5-2** の形式を一部変更し，各単元を学年ごとに箇条書きで列挙するに留めている。

　なお**第1章**で言及したように，IEA の「実施したカリキュラム」は，その内実から，田中博之（2013）の言うように「カリキュラムの実施状況」や「カリキュラムの実践結果」と呼ぶのが，より本来的である。しかし著者は実践に先立って説明的文章学習指導の確固たるカリキュラムの計画を設計したわけではなく，不充分な**表 5-4** の教材配列の系統試案をもとにして，実践を通し試行錯誤を繰り返しながら経験的に得たものが本表である。そのため，本表には「実施したカリキュラム」という呼称がふさわしい。

2　カリキュラム理論から説明される「実施したカリキュラム」の問題点

　経験的に得た実践知としての「実施したカリキュラム」には，前項の末尾に記したように，説明的文章学習指導実践個体史において，なおいくつかの問題点が前項4の①〜③に示す形で残り，実践群を蓄積するだけでは全容の解明に至らなかった。この残された問題点に対しては，前節でまとめて示したカリキュラム理論を適用することで，次のような説明を加えることが可能になる。

第 5 章　言語生活の拡張を志向する説明的文章学習指導の国語科カリキュラム

表 5-5　国語科説明的文章学習指導実践個体史における「実施したカリキュラム」(学年ごと)

学年段階	Range	Level	教科書教材	本質的な理解	学習活動の反復を通して養いたい観点	設定した〈状況〉(例)　○…実践した単元 (通番)，使用した教科書教材，教科書外教材／▲…参照すべき失敗事例，失敗の要因	発達課題
中1	4　社会の中で自分が考えていくべきことなど	1　現実主義者から次の段階へ	*理由づけへの着目*	真か偽か　見方を変えると事実の意味が変わることがある	事実をどう見るか，事実は主張と緊密か	体験文を書く (14)，英語教育早期化に関する記事や投書を読み比べて意見文を書く (29)，調べ学習で1冊だけ読んで他文献での追加調査が要りそうな箇所を見つける (30)	水平的拡大・社会的文脈への接近
						○事実をどうみる？ (14)，渡辺武信「玄関扉」，新聞5紙の花火大会記事 ○その判断，それでいい？ ～文章を読んで吟味する (29)，早川文代「食感のオノマトペ」，同文章の旧版・英語教育に関する新聞記事・投書 ○納得できる？　どこを調べる？ (30)，中村匡男「花の形に秘められたふしぎ」，使用教材自体が投げ入れ (他社教材) ▲学習のしかたを学ぶ (9)，広告の図表の数量的解読や長文記事の読解が困難	
中2		2　絶対主義者から次の段階へ		立場を変えると見方が変わることがある	どのような正当化が行われているか，理由づけと根拠・主張との関係は適切か	モアイの調べ学習を複数文献の比較から行う (20)，同学習を1冊だけで行わねばならないときの留意点も併せて考える (27)	
						○紙から事実を拾うには (20)，安田喜憲「モアイは語る」，鷲谷いづみ「イースター島にはなぜ森林がないのか」(東書小6)・wikipedia「モアイ」 ○論理を読んで論理的に考えよう (27)＝(20) の修正再実践 ▲環境を考える (11)，比べて読む中3論説教材が中2には難しく読み切れない ▲それはなぜ？ ～理由をチェック (16)，教科書外教材3種の間で話題の共通性がなく，同じ地方紙の2記事のみ同一テーマ ▲うなずいてもらうには〜意見文を読む〜 (21)，教科書外教材の分量が過多で読み切れない・「理由づけ」吟味のワークシートの使い方や意味が分かりづらい・ホタルの話題は共通するが社会的文脈を構成しない	
中3		3　多重主義者から次の段階へ	蓋然性	批判的思考は情報の信頼性を高めるためにある	主張は全体を踏まえているか (代表，徴候，例外)，バイアスに囚われていないか	書店の店頭で「平和」に関する本の背表紙から内容を想像する (23)	
						○論理をとらえる (2)，教科書教材なし，新聞広告・投書・記事計5教材 ○文章を解釈するには (23)，荒巻裕「平和を築く」，井上恭介「壁に残された伝言」(三省中2) ▲「論理的」に読もう・考えよう・話し合おう (17)，状況の設定がなく短い例文のドリルでは短すぎてその文脈が分からないと批判を浴びる	

307

第2節　カリキュラムの観点から見た説明的文章学習指導実践個体史の検討

　まず①に関し，この**表5-5**の実践結果（○と▲）は，単元導入時に〈状況〉を設定するか，意見文や批評文などを書く課題を提示するかしていた単元ならば結果的には成立しやすいが，そうでないものは成立こそすれ成功とまでは言えない実践に留まったことを示している。これは理論的には，「自らのテクスト表現過程」を先行させ，これまでの自分の読み方かもしくはこれから自分が読む意義や価値が学習者に問われコンフリクトを引き起こす単元では，説明的文章の学習が成立しやすく，逆にこれらを欠くような単元では，学習が成立しづらかったことを意味すると解せる。

　なお，筆者が「言わなかったこと」が言われなくてよかったのかを，社会的文脈を学習者が知らないままMECE的手法で文章を吟味検討するという，情報科での実践（**第4章第3節**参照）も著者は開発していたが，**表5-5**で確かめると，他にそのような手法による単元は見出せない。国語科の説明的文章学習指導としては内容面と形式面の両立があってこそ学習が成立するのであって，教材文の背景にある社会的文脈も単元に位置づけるほうが中学校国語科の学習としては自然であり，MECEによって形式操作のみから社会的文脈を想像し質問や意見を生み出すという方法は，国語科学習の中ではあくまで補完的な位置づけに留まるものとなろう。

　次に②・③に関し，この**表5-5**の実践結果（○と▲）は，組み合わせる教科書外教材の選定ミスに失敗事例の原因が集中していたことを示している。説明的文章の教科書教材に備わる「模範性」は，読む能力育成の垂直次元での系統性を実質面で保障してきた。また教科書外教材には，読む能力を水平次元で拡張するのを助ける役割がある。これらを踏まえれば，理論的には，教科書外教材を選定する際，垂直次元面で教科書教材以上に深いLevelの素材を選ぶべきではなかったと言える。

　さらに①〜③全てに関し，教科書教材とそれに組み合わせる教科書教材は，話題あるいは形式的な操作の面で単に共通性があるといった程度の選び方では全く不充分であり，相互の間に社会的文脈が存在あるいは形成できるようなものを選定すべきであったとも言える。そのようなものを選定してこそ，学級内で論じられる小さな社会的文脈が社会に実在する議論と

しての大きな社会的文脈へ接続できるのであり，また，大きな社会的文脈の議論の源流（言わば「胚細胞」）を学級集団の中の小さな社会的文脈に見出すことが可能になる。さらには，個人の文脈と社会的文脈を「相補的」に扱うことが可能にもなるのである。

3 「実施したカリキュラム」に見出される実践上の課題

それでは，理論的には明らかになりながらも，「実施したカリキュラム」のみでは示し切れていない点は何であろうか。これを，実践上の課題として以下に記す。この課題の実践上での解決を以て，本研究で論じたカリキュラム理論が有効であると実証する必要がある。

課題Ⅰ（能力面）
・言葉の修辞面に手がかりを得た中2段階での「理由づけ」の吟味
　「理由づけ」の吟味は実践上の困難が多く，中2段階の成功事例は通番20とその修正再実践の通番27の，事実上1単元しか開発できていない。中2段階の学習者が自ら「理由づけ」を吟味するのに，言葉の修辞面に着目することは，果たして有効な手がかりとなるのであろうか。

課題Ⅱ（教材面）
・教科書教材と教科書外教材とで引き起こす「社会的文脈」への接近
　高校の教科書教材はリライトが少なく，ほぼ原典そのままが教科書に収められる。それに対し中学校教科書教材は教科書の編集委員会で「模範性」を追究し，学習者のスキーマへの配慮もあって，リライトされることが主流である。その意味で社会的文脈への完全な接続には至らないが，社会的文脈への接続をめざし接近することは可能であり必要でもあろう。ならば，そのような教材を実際にはどのようにして選定すればよいのであろうか。また，そのような教材は学習者の興味や関心を呼びコンフリクトを生み出せるのであろうか。

課題Ⅲ（学習活動面）
・「自らのテクスト表現過程」先行のもとでの「個人の文脈」・「社会的文

脈」の相補

　学級内で論じられる小さな社会的文脈は，社会に実在する議論としての大きな社会的文脈へ接続することが期待されるが，実際にそれは起こり得るのであろうか。また，大きな社会的文脈の議論の源流（言わば「胚細胞」）は，実際には学級集団の中の小さな社会的文脈に見出され得るのであろうか。また「自らのテクスト表現過程」を先行させ，個人の文脈と社会的文脈を「相補的」に扱うとは，実際の授業場面ではどのような形で実現されていくのであろうか。

　これら三つの課題の解決をめざして，次節では実験授業を実施し，検討を加えていくこととする。

第3節　課題解決のための実験授業とその検討

第1項　授業仮説の設定

　本節では個体史上課題の残っている中学校第2学年に焦点を当て，前節までに示したカリキュラム理論に基づく単元計画による実験授業とその検討を通し，小中学校9年間を見通した説明的文章学習指導カリキュラム設計の，一つのあるべき姿を具体化したい。

　理論知からも実践知からも把握されたように，特に能力面で中2生への「理由づけ」の学習指導には課題があった。またこれと関係して，教材面や学習活動面での課題も残っていた。この課題に対し前節では，言葉の修辞面に着目すれば「理由づけ」の吟味が容易になるのではないかという解決案を表5-2の中学校カリキュラム・モデル（試案）として仮に提示したが，学習指導実践個体史上それに該当する中2事例は1単元2実践のみであり，一般性をもつかどうか疑わしい。そこで，このモデル（試案）に基づく実験授業の実施と検討を通しモデル（試案）の有効性を確認するのが，本節の中心となる。

第5章　言語生活の拡張を志向する説明的文章学習指導の国語科カリキュラム

　実験授業の単元計画に先立ち，前項の**課題Ⅰ～Ⅲ**と対応して，次の授業仮説を設定する。

実験授業における授業仮説
・仮説Ⅰ（能力面）
　　言葉の修辞面に着目させれば，教材文の「理由づけ」の適否を中学校第2学年の学習者が吟味できるようになるであろう。
・仮説Ⅱ（教材面）
　　教科書外から加える教材として，水平次元的には使用する教科書教材との間で「社会的文脈」を構成するか構成する可能性をもつもの，なおかつ垂直次元的には「認識論的理解の水準」が教科書教材同等あるいは以下のLevelのものを選定すれば，学習者の認知的コンフリクトあるいは社会認知的コンフリクトが引き起こされるであろう。また，学習者の読む範囲が広がることで教材文が相対化され，教材文の特徴を学習者が気づきやすくなるであろう。
・仮説Ⅲ（学習活動面）
　　「実の場」か〈仮想的状況〉のもと，「自らのテクスト表現過程」を先行させ，読む方法や読む内容に関する「個人の文脈」を意識化させ表出させるところから単元を起こし，「社会的文脈」は「個人の文脈」と相補的に扱うようにすれば，学級集団の小さな社会的文脈の中に文章の背景にある大きな社会的文脈が見出され，学習者が「これから読むもの」にも積極的になるであろう。

第2項　実験授業の単元設計

1　条件 ——協力校と対象学級——

　実験授業の実施には，滋賀大学教育学部附属中学校の協力を得られた。その際の条件として，単元計画の立案は研究上の必要から著者の責任で行うが，その具体化には授業者も加わること，また，生徒を実験群と統制群には分けず，研究上最善と考えられる計画のもと著者でなく授業者自身が授業すること，の2点が協力校と著者との間で確認された。
　第2学年3学級のうち2学級の国語科は中堅の井上哲志教諭が担当していたので，井上教諭を授業者とし，井上教諭担当の2学級両方で実施する

ことを依頼した。

著者は2学級とも単元内の全時間の観察を許され，基本的に2学級とも同一の計画で授業を進めた。しかし協力校側の事情による予定の変更で，2学級中1学級の単元第3時（2017年11月9日実施分）の観察が不可能になった。したがって，以降の記述対象は全時間を欠かさず参観できた，もう1学級の側（以下，対象学級と呼ぶ）に限る。ただし，必要に応じては，第3時の観察を欠いた学級（以下，参考学級と呼ぶ）にも適宜言及する。

記述に際しては協力校の意向から生徒名を伏せる。なお，生徒に対しては著者から口頭で，実験授業の目的を「生徒や先生の力を試すのでなく，計画を試すのが今回の授業の目的であるから，つまらなければつまらなそうに授業を受けてよく，のびのびと授業を受けてほしい」旨，各学級第1時冒頭で直接説明した。またその際，収集したデータ（ノートやワークシートのスキャニング，授業中の動画・静止画・音声の撮影と録音）を匿名で使用することがある旨も，併せて著者から説明した。著者と授業者の主観ではあるが，単元導入時から生徒は緊張せず，概ね協力的な姿勢で授業に参加していた。

2　前提　──実施時期と主たる教科書教材──

実施したのは2017年11月6日から15日までである。遠距離通学生の帰宅時刻と日没時刻との関係から，当該校はこの時期の1単位時間を標準の50分でなく45分に設定していた。

単元の学習指導計画は50分授業で計6時間前後を想定していたが，実際は45分授業で対象学級は計7時間，参考学級は計6時間となった。著者側の要因により授業観察期間を延長できなかったため，先行する対象学級で計画より長い時間を要した部分（本節**第4項1**で後述）は，参考学級では著者と授業者との相談で一部を省き6時間に収めたが，期間後に授業者の判断で省いた部分を中心に1時間が追加された。よって両学級で進行に差は生じたが，基本的には同一の計画のもと7時間ずつ実施したことになる。このほか最終時終了後には授業者に依頼して，質問紙法（自由記述）

第5章　言語生活の拡張を志向する説明的文章学習指導の国語科カリキュラム

による事後調査も両学級で行った。

　使用する教科書教材には，授業者の井上教諭が奥山英登「動物園でできること」（三省堂2年，本文と図版を併せ10頁分）を選んだ。協力校で採択し普段から使用している三省堂国語教科書に内包されるカリキュラム性を重んじたいという授業者の方針があり，また授業者によれば，当初から当該教材を2学期に使用する計画でもあったためである。

　なお，表5-2のカリキュラム・モデル（試案）のうち，第2学年の2学期部分のみを実験的に授業化すると，本来なら生徒がそれまでのカリキュラムを未履修のため支障が生じるはずだが，本実験授業では生じなかった。というのは，協力校が採択している三省堂国語教科書の2016年度以降使用版では，教材本文のほかにコラム「読み方を学ぼう」や資料「考える広場」が計画的に配置され「三角ロジック」やロジックツリーなどの掲載があり，授業者にも生徒にも主張，理由づけ，根拠の3要素で筆者や発言者の意見を捉える必要性が理解され，カリキュラム・モデル（試案）の想定する中1段階での非形式論理学的知識が生徒に概ね構成されていたからである。

　また，授業者の井上教諭は協力校で取り組まれている思考ツールやICTを活用した学習開発にも意欲的であり，またその研究を通して，国語科における内容面だけでなく形式面の学習指導にも自覚的な姿勢を身につけていた。例えば，板書は彼も通常は縦書きで右から行うが，方法知に関すること，三省堂教科書で言えば「読み方を学ぼう」や「考える広場」と関わる発言や気づきについても生徒から積極的に引き出し，それに関する板書は縦線で区切った黒板左端の一角に横書きで「学習のポイント」と題して記すといった工夫を自ら考え出し，前年度の第1学年時から既に継続して実践を重ねていた。このような授業者と，その授業を継続的に受けた生徒らの協力を得られたことで，カリキュラム・モデル（試案）のうち第2学年の2学期部分のみを実験授業として行うことが円滑に実現した。

　ただし**仮説Ⅰ**（能力面）に関し，中2の三省堂国語教科書で「動物園でできること」の直後にはコラム「読み方を学ぼう⑤　例示」が配置され，

313

ここでは具体的な事例を挙げることの効果を学ぶことにはなっているものの，言葉の修辞面に着目して「理由づけ」を吟味することまでは記されていない。コラムや資料の内容や配置に限って言えば，中2では言葉の修辞面に着目して「理由づけ」を吟味し，中3での筆者の価値的な主張を捉える学習へと導くという，**表5-2**のカリキュラム・モデル（試案）で示す学問的世界に軸足を置いたLevel 2からLevel 3への垂直次元的系統性を，当該教科書に見出すことはできない。

3　主たる教科書教材に組み合わせる教科書外教材の選定

　上述の主たる教科書教材に対しては，表3-2「教科書外に求めたい中学校教材」と**仮説Ⅱ**（教材面）に基づき，動物園展示のあり方というテーマが共通している他社教科書の下位学年教材，若生謙二「変わる動物園」（学校図書・中1，本文と図版を併せ6頁分）を組み合わせることを著者から提案し，授業者の了解を得た。2教材は単に動物園の話題が同じなのではない。奥山氏が「動物園でできること」で旭山動物園の飼育員として「楽しみの場」と「学びの場」とを両立させる実践知を説くのに対し，若生氏は「変わる動物園」で環境学者として理論知から，動物だけでなく生息地の環境ごと再現して一体的に展示する「生態的展示」の可能性を論じる。その点では，両氏は直接議論しないが，同一テーマ上に対立軸があり，二つの文章間に動物園展示の事例を通して動物との関わり方を議論する社会的文脈の存在を見出すことができる。このような，対立軸のある二つの文章を比較しながら読むことで，個々に読むよりも両者の事例選択や言葉の修辞的な違いが際立って，生徒の認識がLevel 2の「絶対主義者から次（多重主義者）の段階へ」と垂直次元的に深まりやすくなると見通せる。

　また，**仮説Ⅲ**（学習活動面）にも基づき，各生徒の「個人の文脈」の表出を誘うため，単元導入前の宿題として，動物園についての話や図書，記事（ウェブ上で収集し印刷出力したものも可とする）を第1時に各自1～2点持ち寄ることを課し，この持ち寄られたものを補助的な教科書外教材と

して活用することを計画した。また併せて、生徒に持ち寄らせることで**仮説Ⅱ（教材面）**に関する実態、すなわち**表3-2**「教科書外に求めたい中学校教材」でいう Range 4 の水平次元面は中学校3年間で急速に広がるが、中2の現時点で対象各生徒が実際にはどれくらいの言語生活の範囲を有しているか、も把握されるであろう。

　なお、持ち寄る意義や目的を問う質問が生徒から出されるかもしれないとは予想されたが、「いろいろ集まるほうが授業に幅が出る」という授業者の積極的な判断で、敢えて事前には〈仮想的状況〉を生徒に予告しないこととした。

4　使用する2教材の構造

　中学2年用の「動物園でできること」は次の通り、旭山動物園の3事例を踏まえた23段落から成る文章である。これに対し中1用の「変わる動物園」は、理論知を示す抽象的概念の用語が比較的多いが、アメリカ、上野、天王寺の各動物園の3事例を踏まえ11段落で述べる簡明な文章で、前者と組み合わせれば生徒の Range を旭山動物園1点から世界の動物園へ水平次元的に広げ、旭山の価値を相対視させ、生徒の認識を Level 2 の「絶対主義者から次（多重主義者）の段階へ」と垂直次元的に深めることができる格好の教材となる。

（1）奥山英登「動物園でできること」（評論、「分析的に考える」、三省堂　2年）[16]

　この文章は、①〜⑥（丸付き数字は段落番号を示す）で動物園の四大役割が知られていないことを挙げ、⑦〜⑨で触れ合いや動物ショーといったレクリエーションの場は野生動物や自然環境を学ぶ場にはなじまないこと、⑩〜⑭で旭山動物園での楽しみと学びの両立事例1（オランウータンの展示と解説）、⑭〜⑱で事例2（ペンギンの散歩）、⑲〜㉑で事例3（エゾジカの展示）を説明し、㉒㉓で動物園で野生動物の魅力と解説に触れて感動体験をもつことが、学びを広げ、野生動物との共生を呼ぶことを主張する。

　この文章における理由づけは、飼育員である筆者が旭山動物園での実践

事例を複数示すことによって行われる。その際，動物園の国内外の趨勢やそれを示すデータが示されるわけではなく，専ら筆者の実体験と実践を証言することを通して，動物園が持つ価値を見出している。

（2）若生謙二「変わる動物園」（説明・評論，「生命——命の鎖」，学校図書１年）[17]

この文章には小見出しが付いている。①で動物園に変化が起きていることを指摘し，②〜④「動物の生息環境を知る」で生態的展示の考え方と特徴，⑤「動物の立場に立って」と⑥〜⑪「人間と動物の関係を考える生態展示」では⑥でアメリカ，⑦で上野動物園，天王寺動物園などにおける生態的展示の事例を種類別に紹介して，⑧〜⑪で新しい生態的展示の可能性を説く。

この文章での事実の表現は３種類ある。一つ目は「十数年前にアメリカで始められたこれらの動きは生態的展示と呼ばれ，我が国にも取り入れられるようになっています」（⑧）のような，用語や概念による知識の叙述，二つ目は「我が国でも（略）大阪・天王寺動物園のアフリカサバンナやアジアの熱帯林などで生態的展示の試みが見られる」（⑦）のような，用語や概念による個別事例の概括的叙述，三つ目は「アメリカ・シアトルにあるウッドランドパーク動物園のサバンナの展示では（略）岩場のライオンなどの風景を眺めることができるようになっています。」（⑥）のような個別具体的な事物の叙述である。この三つを組み合わせ，キーとなる用語や概念をまず冒頭で示し，その用語や概念を使って個別事例を効率的に紹介していく方法を採っている。

環境学者として動物園を長年研究する筆者は，その専門知を以てこれらの事例をつないで動物園の変化の世界的潮流を示すものであると理由づける。そして，「記憶に残る具体的な分かりやすい展示の場面や体験を介して，人間と自然のさまざまな側面に光を当てることができるからです。」（⑩），「創造的な生態的展示は，動物の生きる権利や自然の価値，そして人間と動物の関係を考えるきっかけを生み出してくれることになるでしょう。」（⑪）といった表現で，専門知を以てその潮流に価値を見出し，主張

している。

5 〈状況〉の設定

　本実験授業では仮説Ⅲ（学習活動面）に基づき，〈仮想的状況〉のもと「自らのテクスト表現過程」を先行ないし並行させることを意図し，**表5-2**のカリキュラム・モデル（試案）に基づく中2段階の「学校生活上の問題か，身近な社会問題との関わりで自分にも意見を求められる状況」として，次の〈仮想的状況〉を設定した。

> 　例えば，あなたが京都市の子ども議会議員になったとしましょう。
> 　大津市では以前，比叡山麓に市立放牧場をもっていましたが，2012（平成24）年度末に廃止しました。それなのに隣の京都市では，岡崎の京都市動物園を大改修しています。
> 　あなたは，次回の会合で何か意見を発言してくださいと言われました。まず何から調べますか。その際，これまでの小中学校での国語学習で生かせそうなことはありますか。またこういうとき，あなたの苦手なことや分からないことや困ることはないですか。

　ここで「市議会」にはせず「子ども議会」としたのは，中学校段階で急速に広がる Range 4 の範囲を，**表5-2**のカリキュラム・モデル（試案）の中2における設定例に沿って中2相応のリアリティを感じられる範囲に限ることで，生徒にかかる負荷を適正化するためであった。また「大津市」にせず隣接する「京都市」としたのも，〈仮想的状況〉としてのリアリティの問題からである。人口147万人余の京都市の隣にある人口34万人余の大津市が単独で放牧場や動物園を維持することは，小学校の社会科学習に加え協力校で総合学習「BIWAKO TIME」で地域の調査研究を続け，郷土の状況をよく知る彼ら生徒らにとっては，リアリティをいかにも欠いている。これに対し京都市動物園は，少なからぬ数の生徒が家族や校外学習で実際に何度か出掛けた経験をもつ園であり，「個人の文脈」の表出を誘発できる場所である。加えてこの園舎の近年の改修も旭山動物園と方針や方策で重なるところが多く，教科書教材の「社会的文脈」と相補的に

扱える可能性が高い。

　「大津市」でなく「京都市」に設定したのには，ほかに，学級集団の中で生まれる社会的文脈を文章間の社会的文脈に円滑につなぐ側面もある。もし大津市に設定すると学級の議論がこれまでの市政の是非に終始し，教材文の示す人間と動物とのこれからの関係のあり方の模索にまで議論が及ばない恐れが高い。また，協力校には滋賀県下一円から生徒が通学するがその過半は大津市民であるため，学級集団の中の議論において，大津市民か否かという，教材文の読みとは本質的に関係のない要素が学習に影響を及ぼさないようにする意図もあった。

　次に，「何から調べますか」と「国語学習で生かせそうなことはありますか」を質問に加えたのは，議論に生かす目的の教科学習を強調し，内容の学習に向かうのでなく調べ方や読む方法を意識させて，生徒の学習が国語科から外れないようにするためであった。

　そして，「苦手なことや分からないことや困ること」を尋ねることにしたのは，**仮説Ⅱ**（教材面）にも基づき，これまでの自分の読み方を問う導入（読む方法への意識喚起）あるいはこれから自分が読む意義や価値を問う導入（読む内容への意識喚起）について，生徒が文章に対して感じた認知的な，あるいは他者との違いに対して感じた社会認知的なコンフリクトを表出させ学級集団で共有するためであった。

6　学習活動の構想

　打ち合わせ時に授業者からは，経験上，対象学級と参考学級の生徒らが計6時間前後で二つの文章を比べながら同時並行で読み切れるのか，懸念があることを告げられた。

　そこで，まず「動物園でできること」のみを読み終え，次いで「変わる動物園」と比較するという単元展開を図ること，ただし文章の展開に沿って段落ごとに詳細に読み進めるのでなく，「筆者の主張」「筆者が選び取った事例やたとえ話」「主張と事例やたとえ話のつながりは充分か」の3点に読む内容を絞り込むことを提案し，概ね合意に至った。

その他，学習活動と授業仮説との関係については5に記した。

7　学習指導計画（計6時間前後）

　ここでは，打ち合わせの後に著者が授業者の要望を受けて例示した全時間分の略案を概ねそのまま示す。ただし，読みやすさのために修正を一部で加えている。

　授業者はこの略案と打ち合わせた内容をもとにして独自に学習指導過程を構想し，自身の考えで発問計画，板書計画，スライド（板書の補助として），ワークシート等を作成して，授業の実施に移した。

第1時
　0．授業の趣旨（2分以内），観察者あいさつ（30秒）
　1．自己の読み方に関する課題の把握（＊同心円マップで交流）
　　Q：例えば，あなたが京都市の子ども議会議員（または市の市民評議委員）になったとしましょう。
　　　大津市では以前，比叡山麓に市立放牧場をもっていましたが，平成24年度末に廃止しました。
　　　それなのに隣の京都市では，岡崎の京都市動物園を大改修しています。
　　　次回の会合で何か意見を発言してくださいと言われました。まず何から調べますか？
　　　その際，これまでの小中学校での国語学習で生かせそうなことはありますか。
　　　またこういうとき，あなたの苦手なことや分からないことや困ることはないですか。
　2．集めてきた資料の交流と題名読み
　　　資料を交流しグループでバズセッション（フリートーク）ののち，全体で状況を交流
　　　自分のもってきた資料の概要と，全体の交流で分かったこと（パンダの記事が多い，という程度で可）をノートにメモする
　　Q：もし大津市立図書館に，「**動物園でできること**」という本があることが分かったらどうする？
　　　（手に取るか，取らないならなぜか，本のどこを見るか，読むか読まないかどうやって決めるか）

第3節　課題解決のための実験授業とその検討

　　　＊予想＝筆者が何の専門家かはほとんど意識しないだろうが，総合学習「BIWAKO TIME」で調べる際には意識しているはず。
　3．目的をもった速読（＊ここで初めて教科書を開ける）
　　Q：調べる目的で早読みをしたい。大事なことはどこに書いてある？
　　　（うしろ，という人は教科書教材だけを念頭に置いている。もってきた資料はみな冒頭にあるはず）
　　Q：今回の目的は何？　次回の会合に間に合うように読みたい。「変わる動物園」なら何・どこを読む？
　　　（このあと，時間まで各自が黙読あるいはペア音読などしながら，線を引き，ノートに書き出す）
　　　（「次回の会合（授業）で発言するのですよ」と言っておく）
　4．感想の記入（5分）＊ノートに
　　①今日の授業で，自分の今までの読み方・調べ方・考え方で意識できたことは？　そして，その理由（または自分にとっての意義）は？（＊最低1文ずつでかまいません）
　　②そう思ったのは，誰の，どのような意見や話を聞いたときに？

第2時
　0．前回の感想から（3分程度）　今日の課題・方向付け（2分程度）
　1．議会開催（！？）＝教科書教材の要旨と論理構造の把握
　　　　議員としての発言を求める……大津市は廃止してよかったのか
　　　　　　　　　　　　　　　　　　京都市はなぜ再投資したか，今後運営で気をつける点は
　　　　　　　　　　　　　　　　　　他市の成功事例は　学ぶべき点は
　　　「動物園でできること」とは？　動物園の役割とは？　旭山ではどういう事例があるか？
　　　必要なら再読の上で，前時3のノートを生かして（主に一斉問答法か）
　　　随時，板書やノートに書き出して整理
　　　ページをあちらこちらめくって唸る音で教室が満ちる時間になれば，発問や手法は問わない
　　　　ポイント　①四大役割に気づけて発言できているか
　　　　　　　　②旭山動物園の成功事例が三つあることが捉えられるか
　　　　　　　　③旭山の特徴は生態展示であり，エンターテイメントと教育の両立だと捉えられているか。両立をば

第5章　言語生活の拡張を志向する説明的文章学習指導の国語科カリキュラム

　　　　　　らばらに誤って捉えていないか
　　　　　④税の使い方について発言があってもよい（ムダか得かから始まるだろうが，教育に必要な投資だとか，観光にエンターテイメントは重要だという話になれば必ず読みとつながってくるので，それを利用して本文を読み返させる）
　　　　　⑤筆者が旭山の飼育員だと意識できているか（←出なければ放置でよい）
　2．論理構造の整理
　　　　　　　　　　理由　　事例1
　　　　全体を，主張――理由――事例2　といったような，主張と事例
　　　　　　　　　　理由　　事例3
　　　　と理由の図にまとめさせる
　　　　まとめた図の見た目は自由でよい。階層構造が捉えられればよしとする
　　　　班単位のホワイトボードでもかまわない
　3．自己の読み方に関する課題の把握その2
　　　　実はもう1冊，動物園の本があることを教えてくれた人がいる。題は「**変わる動物園**」。
　　　　どうする？（本音を聞き出してください。「いや」なら食い下がり，なぜ嫌か聞きたい。おそらくそこに，彼らの生の読みの課題が現れ出るはず）
　　　　＊「**変わる動物園**」をここで初めて配布
　　　　　何か気づくことはないかと次回で尋ねると予告しておく（詳しくは言わなくてよい）
　4．感想の記入①・②（5分）　＊①・②は第1時に同じ，ノートに

第3時
　0．前回の感想から（3分程度）　今日の課題・方向付け（2分程度）
　1．目的をもった速読（＊前回最後に配布した「**変わる動物園**」を机上に出させる）
　　　　Q：調べる目的で早読みをしたい。大事なことはどこに書いてあるんだったっけ？
　　　　（うしろ，という人は教科書教材だけを念頭に置いている。もってきた資料はみな冒頭にあるはず）
　　　　Q：今回の目的は何？　次回の会合に間に合うように読みたい。

　　　　　「変わる動物園」なら何・どこを読む？
　　　　　（このあと，各自が黙読あるいはペア音読などしながら，線を引き，ノートに書き出す）
　　　　　（「次回の会合（授業）で発言するんやで」と言っておく）
　　２．情報の整理と比較　（＊イメージマップを使う。他の思考ツールで比較させてもよい）
　　　　「動物園でできること」と比べて「変わる動物園」で得られる……
　　　　　　・新情報（「変わる動物園」だけに書いてあること）
　　　　　　・逆に，「変わる動物園」には書かれてないこと
　　　　　　・両方に書いてあること
　　　　　　・両方ともに書かれてないこと
　　３．感想の記入①・②（5分）　＊①・②は第1時に同じ，ノートに

第4時
　　０．前回の感想から（3分程度）　今日の課題・方向付け（2分程度）
　　１．もってきていた資料のつくりと，読んだ2教材との文章の形式を比べる
　　　　　　・班または個人で検討
　　　　　　・大まかでよいので，気づきを交流→詳しくは次で確認
　　２．論理構造の把握と比較
　　　　　どの文章のほうがより好きか，好みを聞いて，なぜかと問い，数人を掘り下げて理由を皆で考える
　　　　　（俯瞰型データが好きなら後者，ドキュメント型ドラマが好きなら前者を挙げるはず）
　　　　　　・俯瞰型とドキュメント型での事例や理由づけ，展開の長所と課題に気づかせたい
　　　　　前時の教材をまとめた図にならって，本時の教材の論理構造を図にする（班 or 個人）
　　　　　図を見て，構造の共通点と相違点を挙げさせる
　　　　　次に文章を速読する際，どこを見るのか，何を意識するか，今回の学習から言える「読みの技」をまとめる

第5時
　　０．前回の感想から（3分程度）　今日の課題・方向付け（2分程度）
　　１．目的をもった速読（＊第1時で持参した**資料**を読み込ませる）
　　　　Ｑ：動物園について，京都市で存続させるにはどんなことに気をつ

けるとよいか
　　　　Q：動物園について，放牧場を廃止した大津市はこれから何ならできるか
　　　　Q：資料からどんな問題や課題を読み取るか。そこにあなたはどんな提言ならできるか
　　　　　……のために読み，ノートに書き抜かせる。
　　２．議会開催（！？）＝教科書教材の要旨と論理構造の把握
　　　　議員としての発言を求める……１．の三つのＱについて，各生徒が複数資料から自分で考えた回答を交流し合う
　　３．教科書教材２編か資料から，どれかを選んで意見を書くor述べる
　　　　（書いた文は批評＝評論になる）
　　４．まとめ（10分）＊ノートに
　　　　①これから，もし会議で意見を求められたり，学習で調べ物をしたりするときに，今回学んだことは何か。今まで自分になかったもの，これからの自分にとって必要なものを重視して，大切な順に三つまで挙げてください。
　　　　②このあと動物園についてさらに調べるとしたら，どういう内容のことを調べますか。またどういう資料を探すかについても教えてください。

（第６時は予備）※生徒の状況によっては計画通り進行しないことを予め折り込んでおく

8　学習指導後の調査

　７にも記しているように，当初は毎授業の終末で感想の記入をノートに求める予定であった。各生徒には最低１文ずつでよいから「①今日の授業で，自分の今までの読み方・調べ方・考え方で意識できたことは？　そして，その理由（または自分にとっての意義）は？」「②今日の授業で①そう思ったのは，誰の，どのような意見や話を聞いたときに？」の二つを毎回ノートに記させることで，①では非形式論理学的知識の構成の様相，②では学級集団内における社会的文脈の生成の様相を毎時間確認することを意図していた。ただし45分授業での実施となり，毎授業でこの時間を充分に

確保するのは困難であった。

　このほか，単元終了後には質問紙法（自由記述）による事後調査の実施を計画していた。これについては授業者に依頼し実施できた。質問紙には次の２題を掲載し，罫線を各９行以上ずつ引いて，生徒に記入を求めた。

　Q１は，筆者の「表現の論理」を把握して終わる読みではなく，読者自身の「認識の論理」が構築できているか，また特に筆者の「理由づけ」に反応できているかどうかを確認するための設問である。

　Q２は，教科書教材の読解を以て学習を終了するのでなく，学校学習が契機となって社会的文脈への興味や関心が湧き，普段の言語生活における読書へ向かう可能性を実験授業が誘発し得たかどうかを確認するための設問である。

事後調査
Q１　筆者の主張に納得できましたか。「動物園でできること」か「変わる動物園」のどちらかについて，もう一方の文章と比べながら，どの部分でどのように納得できたか（またはできないか）を書いてください。
Q２　このあともし何かを読むなら，何を読みますか。読みたい，または読むべきものについて，それがどんなものか（具体的な書名でも，内容やジャンル名でもよい）と，その理由を書いてください。なお，今回学んだ読みの方法か今回読んだ内容のどちらかに関わる場合は，そのことにも触れてください。

第３項　実施した実験授業の概要

１　単元名
　考えを広げ，深めよう──文章・資料・経験・世の中をつないで──

２　学習指導過程（対象学級，各時の板書を付す［画像処理により生徒名を消した］）

第5章　言語生活の拡張を志向する説明的文章学習指導の国語科カリキュラム

第1時（ねらい：学習課題と単元のゴールをつかむ）

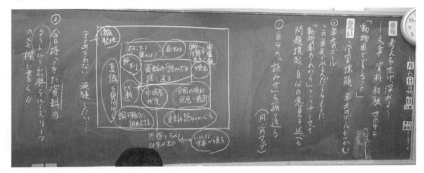

課題①　〈仮想的状況〉を踏まえ，自分の「読み方」を振り返る（同心円マップ）
　問い1　まず，何から調べますか？
　問い2　小・中学校での国語学習で生かせそうなことは何かありますか？
　問い3　こういうとき，苦手なことや分からないこと，困ることはありますか？
課題②　持ち寄った各自の資料のタイトルと出典をノートのメモ欄に記す

第2時（ねらい：目的に沿って本文から情報を取り出す）

課題③　持ち寄った各自の資料の内容を交流する
　問い1　どんな話題のものがありましたか？

第3節　課題解決のための実験授業とその検討

　問い2　どんな主張のものがありましたか？
　課題④　議会で意見を発表するために本文からノートに抜き書きをして
　　　交流する
　　※改修後に生まれる利点を本文から挙げる生徒が多数であった

第3時（ねらい：目的に沿って本文を読む）

　課題⑤　動物園について，議会で発言する想定で自分の意見を発表する
　　問い1　市が再投資し，園を大改修していることに反対するなら何と
　　　発言しますか？
　課題⑥　「動物園でできること」の本文から取り出した情報を交流する
　　問い2　「動物園でできること」とは何ですか？
　　問い3　動物園の役割とは何ですか？
　　問い4　旭山動物園での事例として何が挙がっていて，その共通点は
　　　何ですか？

第5章　言語生活の拡張を志向する説明的文章学習指導の国語科カリキュラム

第4時（ねらい：本文の論理的なつながりを読み取る）

　　課題⑦　本文の論理構造をロジックマップで可視化する（トゥールミン・モデル）
　　※時間切れで繰り越し

第5時（ねらい：目的に沿って文章から情報を取り出す）

　　課題⑦　※再び，第4時に時間切れとなった「理由づけ」の検討の続きを行う
　　課題⑧　議会で発言する想定で「変わる動物園」を読む
　　　問い1　ここにもう1冊，「変わる動物園」という本がありますが，どうしますか（読みますか）？
　　　問い2　「変わる動物園」を読んで議会に備えたい場合，どこを読みますか？

第3節　課題解決のための実験授業とその検討

第6時（ねらい：文章を比較し，その内容や形式に意見をもつ）

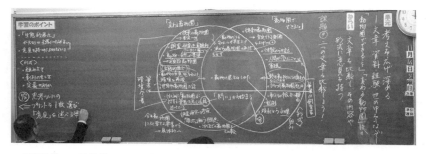

　課題⑨　「動物園でできること」と「変わる動物園」の内容と形式を比較する（ベン図）

第7時（ねらい：単元で学んだことをもとに「動物園は　どうあるべきか」について意見をもつ）

　課題⑩　「動物園でできること」と「変わる動物園」のどちらの文章がよいかを考える
　課題⑪　二つの文章を通して広がり深まった自分の考えを述べる。

3　調査

　第7時終了後，事後調査を実施した。その実施形態と設問内容は，前項8に記した通りである。

第5章　言語生活の拡張を志向する説明的文章学習指導の国語科カリキュラム

第4項　授業仮説の検証とカリキュラム・モデルとの照合

　本項では第1項で設定した実験授業における授業仮説Ⅰ～Ⅲについて順に検証を進め，最後に，**表5-2**の中学校カリキュラム・モデル（試案）と照合してその妥当性を検討する。

1　仮説Ⅰの検証

> ・仮説Ⅰ（能力面）
> 　言葉の修辞面に着目させれば，教材文の「理由づけ」の適否を中学校第2学年の　学習者が吟味できるようになるであろう。

　対象学級において「理由づけ」は，主に第4～6時の3時間にわたって学ばれた。

　実験授業を通してまず確認されたことは，カリキュラム・モデル（試案）作成時から問題視してきたように，中2にとって「理由づけ」を捉えることは，やはり困難さを伴う課題だということである。というのは，第3時終了時には宿題として「動物園でできること」のロジックマップ（トゥールミン・モデル）を記入することが課されたが，第4時終了時点でも「理由」欄が未記入の生徒が10名いたのである。その例が**資料5-2**である。

　第4時ではまず上方の「中心になる話題」「筆者の主張」の内容確認に25分，次に下方の事例三つの内容確認に10分を要した。その後，「理由づけ」について説明が加えられた後，作業時間が確保されたが，第4時はそのまま時間切れとなり，第5時に引き継がれた。

　第4時で「理由づけ」に加えられた説明と生徒の反応は，以下の通りである。要するに，事実の提示が暗黙的に「理由づけ」の役割を果たす場合もあることが，学級独自の用語「事実風の意見」とともに前単元で学ばれていたことと，その理解がこの時点では生徒に定着していないことが，こ

第3節　課題解決のための実験授業とその検討

資料5-2　ロジックマップ記入例（第4時）

こから分かるのである。

第4時（対象学級）　開始から38分頃（※は著者による補注）
T：では，それぞれ主張とこれらの事例を結ぶ「理由づけ」について読んでいきます。
S：(口々に) 載ってない……／難しい……
T：うん，まあ，難しいかと思うけど，ちょっと頑張って。まあ，あくまで「こうやってつながっているなあ」と自分が読み取ることですので……自分でよく考えて。「何か，事実なんと違うんかな，これ？」というふうに思えることでも，「いやでもこの二つ（※ロジックマップの上方と下方）をつなぐこれ（※ロジックマップの中間部）は意見やなあ」と……このまえ勉強したな（※井上恭介「壁に残された伝言」での学習を指す），「意見風の事実」？　違うわ，「事実風の意見」。
S：え？　誰が言ってるか，専門家の指摘のやつだ。
T：……ややこしくなるなあ，「事実風の意見」。
S：(口々に) え，意見風の事実！／あれ？／専門家の指摘を……／意見を言う……
T：ちょっと待て。事実なのか意見なのか，より客観的で説得力をもつの

第5章　言語生活の拡張を志向する説明的文章学習指導の国語科カリキュラム

>   はどっちよ？
> S：（口々に）事実。
> T：事実やな。それを，意見なんやけど事実風に書いたら説得力が高まるやん。
> S：あ，「何々って（※言った）」の「言った」が抜けているやつ。
> T：そうそう……。そんなことも思い出しながら。

　第5時で授業者は，展開部の前半を前時の復習に充てた。まず「動物園でできること」の3事例の共通点（各動物の魅力を示している）を生徒に確認し，次に「その魅力を言うのに3事例も要らないはずだ。同じ魅力でも3事例の相違点を挙げよう」という旨の指示を出し直したのである。そのあと生徒とのやり取りを経て授業者が記入した板書が，先に示した第5時板書における長方形の理由づけ欄3枠である。その後，展開部の後半では「もう1冊こんな資料がある」と告げて別刷の「変わる動物園」を初めて配布し，摘読に10分を割いた。

　この記入は結果的には，第4時板書で各事例の点線から下半分に既に記した各動物固有の魅力を，来園者に見せる立場から改めて語り直すのに似た作業となっていった。いっぽう，この授業を受けた生徒がめいめい完成させたロジックマップには，出席39名中，**資料5-2**に示したような空欄のままの2例のほかは，**資料5-3**下のように，自分の記入済の事例のうち理由づけにも当てはまる箇所に，授業展開に沿って後から下線や印を追記したタイプが29例あるのに対し，三つの理由づけ枠に三つとも記入のある**資料5-3**上のようなものは8例に留まった。

　このように第5時終了時点では，本単元における「理由づけ」学習の成立が危ぶまれた。しかし，その様相が一変したのが第6時である。この時間は第5時後半での「変わる動物園」通読を受けて，子ども議会で動物園改修について発言する〈状況〉のもと，「動物園でできること」と「変わる動物園」をベン図に書き込みながら比較する時間であった。

　その第6時における次の発話に注目したい。なお，小文字は個々の生徒を指す。

第3節　課題解決のための実験授業とその検討

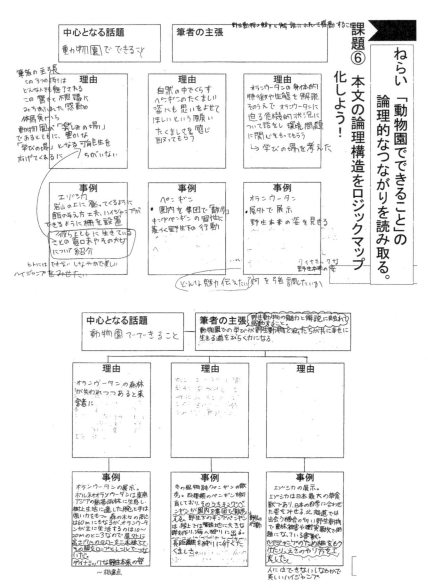

資料5-3　上・下　ロジックマップ記入例（第4時）

第5章　言語生活の拡張を志向する説明的文章学習指導の国語科カリキュラム

第6時（対象学級）　開始から18分頃
Su：相違点で（※今から相違点を挙げる，の意）……「変わる動物園」のほうはどちらかと言えば動物とか自然重視……。
T：動物や自然が重視されている……。
Su：それで，ええっと，その「動物園でできること」はどちらかと言えば人間重視で，人間に学ばせることが……人間がより楽しく学べることが重視されている。
T：人間が学ぶことを重視……おお，なるほどー。ううん……何でやろなあ？　何でやろ，みんな？　「変わる動物園」のほうは動物や自然のことを重視している，「動物園でできること」は人間が学ぶことを重視して文章を書いている。
Sn：（1名のみ挙手）
T：はい，nさん。
Sn：えっと，「動物園でできること」で書かれてる旭山動物園というか日本の動物園は，飼育員が，自ら見せているんですよ。見せる動物園，みたいな。飼育員，みたいな。そういう動物園で……。
T：ほほう，飼育員みたいな。そやなあ，「見せる動物園」で……。
Sn：で，「変わる動物園」の世界の動物園のほうは，自然の中に動物を入れて，それを自分たちで見つけるっていう，自分たちで知る動物園なんですよ。
T：ああ，なるほどなるほど。自分たちで発見する感じか。
Su：そうです。
T：なるほどなるほど，発見する，おお……。はい，ええと……今ですね，さっきたまたま話題にしていた「筆者は飼育員だよ」っていうことがね，ここに結びついたかな，人間が学ぶことを重視した……ええと，展示がね。今，nさんが言ってくれたように，筆者は飼育員だし，まあ，日本の動物園は飼育員がやっぱりどうやって見せるかみたいなことを考えているんやと。じゃあ，そのことに比して考えるんやったら，そういえば，聞いてなかったけど，「変わる動物園」の筆者は，何者？
Si：（つぶやく）生物学者。
T：生物学者。
Si：（つぶやく）ああ，なるほどー。
T：なるほどー。
Sk：（つぶやく）学者と現地で働いている人。
T：なるほどー，そんな違いがあるのか。
S：（つぶやく）環境学者……。／環境学者……。

第3節　課題解決のための実験授業とその検討

T：環境学者でしたね，はい。何ページに載っていましたか？
Sk：67（ページ）！
T：67（ページ）に載っていました。筆者は，環境学者でしたー。筆者は……。
Sk：（つぶやく）「造園学」って何ぞや。
Si：（つぶやく）見方が違う……。
T：ほう，見方が違う……どう違う？
Si：飼育員の人は自ら自分が体験してるから，それを体験して感じたことを書くことができるけど，環境学者の人は，実際にこの仕事とかは動物園では働いていないから，そこから客観的な見方ができている。

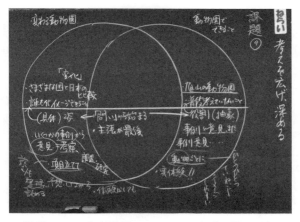

資料5－4　参考学級でのベン図の板書（第6時）

　授業者は板書に書き込みながら，生徒はワークシートのベン図に各自書き入れながら交わされていたこの発話を契機に，共通点と相違点の比較対象は，記述内容から，事例を取り上げる筆者の見方や立場，また筆者の述べたい主張との関係に移動していく。
　このあとしばらくして，「変わる動物園」では動物園が否定的に取り上げられていることが，文章の言い回しから問題になった。

第5章　言語生活の拡張を志向する説明的文章学習指導の国語科カリキュラム

> 第6時（対象学級）　開始から20分頃
> T：筆者は環境学者……（板書），よし。こんなところ（※前述の板書内容）はねえ，なかなかぱっとは思いつかないことかもしれませんが，こうやってみんなの意見をつないでいくと，発展できました。さあ，じゃあ，次は誰が手を挙げていたっけ。cやったっけ。はいはい，どうぞ。
> Sc：相違点で，「変わる動物園」は今までの動物園の動物の自然での魅力が分からず，逆に書いてある。
> T：逆に書いてある？　まあ，（具体的に筆者の記述内容を）言うてみて。
> Sc：その，今までの動物園は（※第1段落後半「簡単な説明板があるだけの折や堀の展示を見て回るだけでは，自然での様子が分からず，動物の姿の他はあまり印象に残っていない。ほとんどの人にとっての動物園の印象は，このようなものではないでしょうか。」を指して）動物の自然での様子が分からず，結果的にしか印象に残らないもの，としているんですけど，「動物園でできること」では，今までの動物園は「レクリエーションの場」として認知されている，って書いてあります。
> T：うん……。どう（※板書やワークシートに）書こうかなあ。それってどういうこと？
> Sc：前提じゃないんですけど，従来の動物園がどういう動物園だったかの扱い方が違う。
> T：なるほどね。従来の動物園の扱いが確かに違うなあ。

　一時はやはり注目すること自体さえ困難かと思われた「理由づけ」の吟味であったが，対象学級では第4時，第5時，第6時とアプローチを変えながら授業者が何度も「理由づけ」に着目させていった。そして，筆者の立場による見方の違いが言葉に表れていることに生徒が気づき始めたのが，この場面であった。ここにおいて，仮説Iはカリキュラム・モデル（試案）に則れば中2には多少困難でも実現が可能であると示されたことになる。

　なお，仮説Iの検証は以上の通りであるが，この部分の学習指導過程には課題が残った。ちなみに，もしこの過程にさらなる改善を加えるのであれば，Scが挙げた両文章の語句を先に具体的に提示し，その言葉の違いを生徒に検討させることから始める展開にすれば，以上の一連の発話とは

第3節　課題解決のための実験授業とその検討

逆のルートで，同じものを取り上げる筆者両氏の立場の違いによる眼差しの違いや正当化の違いが言葉の修辞面に表れ出ていることを，生徒は恐らくもっと早く気づいた可能性がある。

2　仮説Ⅱの検証

> ・仮説Ⅱ（教材面）
> 　教科書外から加える教材として，水平次元的には使用する教科書教材との間で「社会的文脈」を構成するか構成する可能性をもつもの，なおかつ垂直次元的には「認識論的理解の水準」が教科書教材同等あるいは以下の Level のものを選定すれば，学習者の認知的コンフリクトあるいは社会認知的コンフリクトが引き起こされるであろう。また，学習者の読む範囲が広がることで教材文が相対化され，教材文の特徴を学習者が気づきやすくなるであろう。

　まず，生徒の社会認知的コンフリクト（学習集団内において適用する読み方の種類が人により複数に分かれたり，読み方の適用方法や適用度が人により

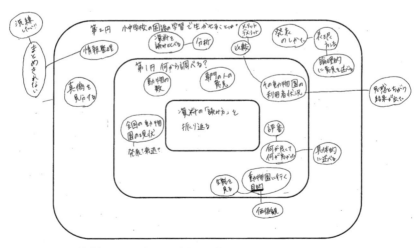

資料5-5　自己の資料の「読み方」を振り返る：
　　　　　同心円マップ記入例（第1時）

第5章　言語生活の拡張を志向する説明的文章学習指導の国語科カリキュラム

異なるときに引き起こされる葛藤）について述べる。学級集団の中で何らかの議論が湧き起これば，生徒間において自他の違いがその都度，幾分かは認識されるはずである。本実験授業の単元における小グループでの交流場面は，互いに持ち寄った資料の確認時に留まったものの，授業者の井上教諭は毎授業で発問時に，2分なり1分のペア交流を設けたり，1でも描出されたように一問多答を心がけたりしていて，自他の考えの違いが自覚されやすい授業運営が毎回成されていた。したがって，認知的コンフリクトさえ起きればそれに伴って社会認知的コンフリクトは起きやすい状態にあったと言える。

　次に，認知的コンフリクト（これまでの自己の読み方では読めなかった文章の登場によって引き起こされる葛藤）について述べる。果たして教科書外からの教材の追加によって認知的コンフリクトは引き起こされたのであろうか。

　仮説から言えば，実験授業の本単元で認知的コンフリクトが引き起こされたはずであるのは第1時で〈仮想的状況〉が示されたときと，第2時で互いに持ち寄った資料を交流したとき，また第5時で「変わる動物園」を配付されたときである。いずれにおいても幸い生徒は興味をもって活動に取り組み，生じた葛藤がかえって読む意欲を減退させるような事態は生じなかった。なお，第5時では「『動物園でできること』を読み終えたらもう1冊，『変わる動物園』があったとする。これを読むか？　読まないか？」を生徒に問いかけるよう著者は授業者に依頼した。授業者が問うと，対象学級では2名が笑顔で「面白そうな本が他にあるから読まない」「誰の本か分からないものを手にとって読むことはしない」と述べたが，残りの生徒は「京都市子ども議会で発言する〈仮想的状況〉下であればぜひ読みたい」もしくは「読まざるを得ない」と考えていた。この局面には，著者の実践経験からすれば少々長すぎるのではないかと思われた第1時での学習活動（課題①〈仮想的状況〉を踏まえ，自分の「読み方」を振り返る）が，結果的には認知的コンフリクトの自覚に充分に作用していたと推察される。

第3節　課題解決のための実験授業とその検討

　それでは，このような読む範囲の広がりによる水平次元面の拡大が，文章を読む垂直次元面の能力の深化に寄与したであろうか。これについては，本単元の主要部分を含む1での記述内容にもう一度目を向け，そこに検討を加えることとしたい。

　この記述内容から分かる通り，「動物園でできること」の摘読には第3時後半と第4時前半の併せて1単位時間を費やした。これに対し，「変わる動物園」の摘読は第4時後半部だけで済んだ。「変わる動物園」は中1教材であり段落数も「動物園でできること」の半分であるとは言え，「バイオーム」「生態的展示」「生態学」などの専門用語もあり，言い回しにも「つちかおう（つちかう）」「さまざまな側面に光を当てることができる」など，平易とは言えない文章であった。しかし，話題が動物園で共通しているということだけでなく「動物園でできること」が従来の動物園のあり方を踏まえて向上をめざすのに対し，「変わる動物園」は従来の動物園のあり方をまず冒頭の段階から否定的に描き出し，従来とは違う園の新たな展示方法を説く点で，同じ話題に対して取る立場の対立軸が明確である。このことが，ただ単に知識を与えたあるいはスキーマが形成できたという話ではなしに，生徒の理解を助け，主張を事実だと見なす絶対主義者から主張はそれを選んだ人にのみ責任がある意見だと見なす多重主義者へと垂直次元的に，生徒の認識を深めることを容易にしたと考えられる。

　ただし，中2のこの段階で本実験授業を終えた時点では，生徒らの多くは，主張を判断だと見なす中3段階として設定した「評価主義者」水準にまでは到達せず，「多重主義者」水準に留まっている。それは事後調査「Q1」への回答にも表れている。

　その回答には様々なものがあって類型化するのが難しいが，その中から垂直次元面での水準の違いが顕著に読み取れる4例を示す。

事後調査Q1への回答例
【「評価主義者」水準】
・「変わる動物園」の最後の2段落で，動物園は動物のことを学ぶだけで

第5章 言語生活の拡張を志向する説明的文章学習指導の国語科カリキュラム

> はなく，それと一緒に自然のことについても学べる。人間と自然との関係について考えるということに納得できました。実際，私も今まで動物園は動物を見るだけだと思っていたが，生態的展示という自然までも考えられるすごい展示だなと思えました。「動物園でできること」は，そのような，自然について考える展示のことについては述べていませんでした。(h)
> ・「動物園でできること」の筆者の主張に納得することができた。「動物園でできること」は，今の動物園の役割を書いていて，筆者の立場が飼育員ということなのでより確証が持てるからです。また，「変わる動物園」は「生態的展示」を勧めていますが，小さい動物園などでは行えないので，応用性がないと思うから。(s)
> 【「多重主義者」水準】
> ・「動物園でできること」の主張の動物の野生の本来の魅力を引き出し，動物や環境に興味を持ってもらうことに納得できた。「変わる動物園」では，客の動物を見る目を変えるために展示を変える，という風に書いていたけれど，私は「動物園でできること」の方が理解できたからです。(a)
> ・私は「変わる動物園」が納得出来ました。理由は事実や客観的に見ていて自分たちが共感できるところがあったから。(t)

　この4例のうち生徒hは，両文章の内容を比較しその差異に即して論証を評価できている。また生徒sは，京都市動物園大改修の是非を考える〈仮想的状況〉のもと皆で議論してきた学級集団の小さな社会的文脈に当てはめ，狭小な京都市動物園ではサファリのように生態を動植物丸ごと展示するのが難しいという議論が学級であったことを想起して，〈仮想的状況〉下での両文章の論証の適用度を比較し評価できている。このような「評価主義者」水準の生徒は少数であり，大多数は生徒aやtのように，具体的かあるいはそうでない，わかりやすいかあるいはそうでない，共感できるかあるいはそうでないと，どちらにも言えそうなことを論拠を充分示さずに論じている点で，まさに「多重主義者」水準にいる。しかしそれは，正しい事実は常に一つだと考える「絶対主義者」水準とは違う次の段階にいるのであって，カリキュラム・モデル（試案）で設定したLevel 2（絶対主義者から次の段階へ）の段階にいる。そして，そのLevelの垂直次

第3節　課題解決のための実験授業とその検討

元的深化は，組み合わせる教科書教材が中1教材でも，生徒の読む範囲が広がり教材文が対立軸のもとで相対化されたことから引き起こされたことが，この4例からでもよく分かる。

以上に見てきたように，話題が共通しているだけでなく同じテーマについてある事物に対する見方が対立軸を形成する教科書外教材を教科書教材と組み合わせることができるのであれば，そのうちの一つは教科書教材以下の Level のものであっても，垂直次元的な Level の深化には有効であることが示された。ここにおいて，仮説Ⅱは本実験授業においては有効であったと確認できた。

最後に，ここまで言及できていなかった，生徒が持ち寄った資料の幅についても，ここで検討を加えておきたい。生徒に持ち寄らせる教材を単元に加えたのは，仮説Ⅱ（教材面）との関係で言えば，表3-2「教科書外に求めたい中学校教材」と照合することで，水平次元面で Range 4 にいる対象各生徒の実態も，概ね把握できるからである。

対象学級の生徒には持ち寄った資料のタイトルとその出典をノートに記しておくよう授業者が指示したが，結果的には延べ20点が出典不明であった。残りの内訳は延べ数で次の通りであった。この内訳の分布は，参考学級においても似た状況であった。

　　　　教科書教材　　　　　　　　　　　　　　　9点
　　　　（うち　中1で使用した国語教科書の教材　　6点）
　　　　（うち　地理の教科書　　　　　　　　　　1点）
　　　　（うち　小学校で使用した国語教科書の教材　2点）
　　　　ポータルサイトが配信した記事　　　　　　9点
　　　　（*yahoo*, *goo*，ライブドア，*J*タウンネット）
　　　　新聞または新聞社サイトの記事　　　　　　8点
　　　　ウィキペディア　　　　　　　　　　　　　3点
　　　　書籍（うち文学*1*点，ノンフィクション*2*点）3点
　　　　出版社の科学雑誌サイトの記事　　　　　　1点

第5章　言語生活の拡張を志向する説明的文章学習指導の国語科カリキュラム

NPO法人サイトの記事	1点
上野動物園のサイトの記事	1点
テレビ局サイトの記事	1点
出典不明	20点
合計（延べ数）	56点

　この様子からは，協力校での総合学習「BIWAKO TIME」などが下支えにもなっていると見られるが，児童や生徒が作成したサイトや個人が発信するサイトは対象に選ばれていないこと，とはいえ図鑑や専門書など学者の監修のある出版物はほとんど利用されず，かつて読んだ個人の文脈から想起されるものか，パソコンで検索して手軽に取り出せるものが多数であることが分かる。

　また，全体にはニュースが多く，動物園やNPO法人などのサイトはほとんど参照されていない。生徒には「動物に関係する資料を集める」とは予告されていたが〈仮想的状況〉はそのとき告げられなかったため，生徒が収集の目的を自覚していれば，集まる資料もまた変わっていたはずであろう。

　しかしながら，急激に視野を広げる中学校3年間において，この辺りが中2段階の実態を映し出しているとは言える。

3　仮説Ⅲの検証

> ・**仮説Ⅲ**（学習活動面）
> 　「実の場」か〈仮想的状況〉のもと，「自らのテクスト表現過程」を先行させ，読む方法や読む内容に関する「個人の文脈」を意識化させ表出させるところから単元を起こし，「社会的文脈」は「個人の文脈」と相補的に扱うようにすれば，学級集団の小さな社会的文脈の中に文章の背景にある大きな社会的文脈が見出され，学習者が「これから読むもの」にも積極的になるであろう。

　「京都市子ども議会で意見を言う」という〈仮想的状況〉を踏まえ，実

第3節　課題解決のための実験授業とその検討

際に発言してみる活動が先行する過程の中で生徒が読む必然性を自覚していき，意欲をもって読むことに取り組んでいく様子を，ここまで1，2を通して既に記述してきた。

　また，授業者に導かれながら生徒が互いに学級集団の中の社会的文脈を作り，それが「動物園でできること」が示す飼育員の実践知と「変わる動物園」が示す環境学者の理論知との背景にある動物園の変革をめぐる大きな社会的文脈に接近していく過程を，特に1の発話記録を通して明らかにしてきた。

　詳述はしないが，相補的な場面はこのほかにも第3時前半で現れていた。授業者は，第2時で多くの生徒が「動物園でできること」を摘読して京都市動物園の大改修に概ね賛成していたことを挙げ，敢えて「反対するとしたら？」と問うて，見方を固定すると見えなくなっていく部分を意識化させようとリードした。これに対し生徒たちの挙手発言は，大津市放牧園の廃園が維持にかかるコスト負担の大きさが原因であったという，学級集団内で授業者から知らされた社会的文脈に，行政の無駄を省く必要性などこれまで生徒自身がニュースで見聞きしたであろうことなどに関わる個人の文脈を重ね合わせた。そうすることで，初めは専ら経済合理性の観点から大改修を否定しようとする発言（「大改修は無駄遣い」）のみであったが，しかし互いの気づきを聞き合ううちに，経済合理性の観点から否定するだけでなく，住民の安全面，動物に与えるストレスの面，観光と文化の都市である京都市における政策優先度の面からも観点を立てて検討する必要があることにまで指摘が及ぶようになった。このやり取りだけがひたすら続いていけば社会科の内容学習に陥るが，授業者はそうせず，ここまで話が膨らんだ頃合いを見計らって「動物園でできること」の摘読をさせる課題④に移った。そうすると，「動物園でできること」は動物園がレクリエーションだけでなく学びの場，社会教育面での価値も担っていることを説く本文の価値が，生徒にも察知されやすくなったのである。

　さて，ではこの単元を通して，生徒は「これから読むもの」に積極的になったであろうか。**仮説Ⅲ**が示す，残っているその問題を確認するため

第5章　言語生活の拡張を志向する説明的文章学習指導の国語科カリキュラム

に，事後調査「Q2」への回答に注目したい。事後調査では概ね次のような類型の回答が見られた。うち上半分の4類型は各1例であったのに対し，多くの回答は下半分の3類型に属していた。白紙回答あるいは部分的な白紙回答が皆無であったことから，回答に対し実験授業としての特殊な環境に生徒が何らかのプレッシャーを感じていた恐れはあるものの，概ね「これから読むもの」に対する積極的な態度が窺え，読解指導と読書指導との連関・往還の可能性をここに見出せる。なお，読書の観点からのみ言えば，上半分の4類型に属する回答でも何ら問題ない。

事後調査Q2への回答例
【無関係】
・私は，今回の授業とはまったく関係はないのですが，今後は織田作之助の「天衣無縫」を読みたいです。なぜなら，（※この）方の作品は読んだ事があるがこの本はいまだに読めていなかったからです。(m)
【学習内容への関心】
・動物の飼育に関わる本や，動物系の小説を読んで，動物について詳しく知りたい。(y)
【学習方法の習得】
・説明的文章を読んで，今回身に付いた，初読の感想を生かして自分の意見をまとめるということをしたい。(f)
【具体的な特定の書物】
・「動物園革命」という本が読んでみたいです。この本は，変わる動物園の作者紹介の下に載っていた本で，動物園を題材とした本なので，今回の学習とつなげることが出来るかなと考えたので，この本が読んでみたいです。(n)
【自らの視野の水平次元的拡大】
・生態的展示について：「改修」することによっての効果について知りたいから。(k)
・もし読むなら「変わる動物園」にでてきていた上野動物園，天王寺動物園の生態的展示の詳しい情報が載っている本を読みます。理由は旭山動物園の生態的展示しか詳しく知らないから他の動物園の生態的展示がどのようなのかが知りたいからです。(t)
【自らの認識の垂直次元的深化】
・動物園の大切さを説明した説明文を読む→意見をもっと説得力のある意

見にするため，動物園の改修が本当に必要かどうかを判断したいから。(i)
【自らの認識・視野両次元の深化・拡大】
・今の動物園には何が必要か，ということが知りたいので，もっと専門的な人の意見もみてみる必要がある。なので，そのような内容の論文が読みたい。今回は，二つの違う意見が出ていたので，正確なものを知りたい。(c)
・今回は二つの動物園について述べているものを読んだが，より多くの人の動物園のこれからを述べた文を読めば，より自分の意見が深まり広がるので読んでみたいです。(e)

ここにおいて，**仮説Ⅲ**は成り立つことが示された。

ただし，1に記述した第4〜6時の「理由づけ」に関する学習指導過程からは，仮に結果が思わしくなくとも，授業者がエンゲストロームの言うように教材を「作業仮説」として扱い，試行錯誤の過程を3度も保障したことで，学習がついには達成された。そのことから言えば**仮説Ⅲ**には，学校種，学年段階に加え，単元ごとの学習活動の中にも試行錯誤を保障する螺旋的過程を仕組むことが，その成立要件に加えられるべきである。

4　カリキュラム・モデルとの照合

ここまで，**本章第1節**のカリキュラム理論から把握される著者の学習指導実践個体史上の未解明課題について，特に課題の多かった中2段階での実験授業単元を中学校カリキュラム・モデル（試案）に基づく設計，実施と検証を進めてきた。その結果，設計時に立てた授業仮説は概ね実証され，本研究で整備したカリキュラム理論の有効性が確認できた。

ただし**仮説Ⅰ**に関しては，中2段階における「理由づけ」の学習はなお相当の困難さを伴うものであることが，なお残る課題として察知された。引き続き，カリキュラム・モデルをどのようにして実践に展開していくのか，授業事例のさらなる開発を通し，具体的な授業場面を取り上げ検討を重ねていく必要がある。

次に**仮説Ⅱ**に関しては，中学校段階3年間における急激な水平次元の視

第5章　言語生活の拡張を志向する説明的文章学習指導の国語科カリキュラム

野の広がりに対応して，機会を捉え生徒の実態を確認しながら，計画的に視野を拡大していくよう単元を設定し生徒を導いていく必要のあることが察知された。これについて，**表5-2**「国語科説明的文章学習指導の中学校カリキュラム・モデル（試案）」では，水平次元の段階表示が中学校3年間とも「Range 4」となることから，それを補うために「〈状況〉の設定範囲（例）」を各学年で構成したい非形式論理学的知識に併記したところである。しかしながら**表5-2**にはその点で分かりづらさも残るので，「〈状況〉の設定範囲（例）」に補助的な段階表示を追加することで，これがRangeの水平的拡大を示す補助的な目安であることを明示するのがよいと考えられる。

そして**仮説Ⅲ**に関しては，単元ごとの学習活動の中にも試行錯誤を保障する螺旋的過程を仕組むことが，その成立要件に加えられるべきであることが察知された。

これらのことを本章**第1節**に仮説的に示したカリキュラムと照合すると，**表5-1**「国語科説明的文章学習指導の小学校・中学校・高等学校カリキュラムの骨格」自体は大枠を示すものであり，そこに問題はなかったが，**表5-2**「国語科説明的文章学習指導の中学校カリキュラム・モデル（試案）」のほうには，上述の微修正を施すのがよいと考えられる。その際，表の欄内に記入できない要素は欄外に注記することとする。

その微修正を施したものを，**表5-2a**「国語科説明的文章学習指導の中学校カリキュラム・モデル」として最後に示す（次頁）。

第3節　課題解決のための実験授業とその検討

表5-2a　国語科説明的文章学習指導の中学校カリキュラム・モデル

＊このモデルは固定的なものではなく，各指導者が設計するための可変的な「作業仮説」である。
＊単元数と教材は，採択教科書に内包されたカリキュラム性と生徒の実態とを踏まえて設定する。
＊単元ごとの学習活動の中に，生徒の試行錯誤を保障する螺旋的過程を仕組むことが求められる。

学年段階	Range	Level	教科書教材	本質的な理解	学習活動の反復を通して養いたい観点	〈状況〉の設定範囲（例） 読みを通して構成したい非形式論理学的知識				発達課題
						基本姿勢 第1単元	着眼点1 第2単元	着眼点2 第3単元	よりメタ的 第4単元	
中1	4 社会の中で自分が考えていくべきことなど（その範囲の学年ごとの段階は〈状況〉で示す）	1 真か偽か 現実主義者から次へ	*理由づけべの言葉の修辞面からの着目* 蓋然性	見方を変えると事実の意味が変わることがある	事実をどう見るか，事実は主張と緊密か	個人の生活場面で起こりそうな問題か，学校生活上の問題を解決する状況　Range 4 －1				水平的拡大・社会的文脈への接近
						意見と理由は分けて捉えるようにする。その理由には根拠となる事実が要る。理由と根拠とは違う。	事例同士を比べるときには共通点と相違点のどちらにも着目するようにする。	事例が二つあるとき，時系列では前後に並んでも，前が原因で後が結果だとは言えないときも多い。	事例と事例との間に相関関係があったとしても，それは因果関係ではないかもしれない。	
中2		2 絶対主義者から次の段階へ		立場を変えると見方が変わることがある	どのような正当化が行われているか，理由づけと根拠・主張との関係は適切か	学校生活上の問題か，身近な社会問題との関わりで自分にも意見を求められる状況　Range 4 －2				
						多様な見方を出すことは，新たな発見を呼ぶ。論理は他者に納得してもらう手続きだから，読者は他者として筆者の意見を点検する必要がある。	例えば「50％もある」も「50％しかない」も論理的には同じ50％だと考える習慣をもつ。そうすれば修辞の効果も把握しやすくなる。	例えば「大事な点は三つ」と書いてあれば「四つ目はないか」「二つ目と三つ目は別か」なども探る。主張に合わぬ事実は書かれないものである。	事例と喩え話は区別する。喩え話は分かりやすさには大切だが，危なさもあり，区別すれば自分の意見をもつポイントにもなる。	
中3		3 多重主義者から評価主義者段階へ		批判的思考は情報の信頼性を高めるためにある	主張は全体を踏まえているか（代表，徴候，例外），バイアスに囚われていないか	社会生活に存在する「言論の場」に何らかの参加をしようとする状況　Range 4 －3				
						筆者が発見した事実やその価値を説く文章では，事実を彩る副詞，副助詞，形容詞，形容動詞，接続詞に筆者の価値観が表れるので，それに対する自分の考えをもつとよい。	いくつかの仮説を絞り込むとき，何が決め手で，その際どのような言葉を用いるのが適切かを考えて読むとよい。	事例を踏まえて筆者が主張する，情報の信頼度に応じた文末の言い切り方や主張の仕方をしているかを考えて読むとよい。	筆者が発見した事実やその価値を裏打ちする筆者の信念はどのような言葉に滲み出ていて，それに対し自分はどのような信念を抱いているかを自省しながら読むとよい。	

終章
研究の総括と展望

第1節　研究成果の総括

　本研究では，国語科説明的文章学習指導の小中学校カリキュラムはいかにあるべきかという問題に取り組んできた。

　まず**序章**では学習者の言語生活向上のため，学校学習の「カプセル」化と学習者の言語生活の内向化に抗う必要性から，彼らの言語生活の拡張を志向する説明的文章の読みの国語科カリキュラムを構想すべきであることを述べた。その上で構想上の課題として現状から，①読解指導からメディア・リテラシーへの接続に課題があること，②中学校段階での系統性になお不明確な部分があること，③説明的文章教材の論理の捉え方に関し，混乱が続いてきたこと，の3点を指摘した。

　以降，**第1章**から**第5章**までに論じたことから，次の研究成果が得られた。

（第1章）

　第1章では，国語科カリキュラム研究（②と対応），説明的文章学習指導における実践研究における論理観（③と対応），学習指導要領における教科書外教材の位置の変遷とそれをめぐる議論（①と対応）に関する検討を通して，説明的文章の読みの国語科カリキュラムの研究課題を再設定した。

　第1節では，国語教育におけるカリキュラム研究の主要な動向と，説明的文章学習指導におけるカリキュラム研究が占める位置とその課題を捉えた。小学校における国語科のカリキュラム研究やその基礎論の整備はある程度進んできているが，中学校における段階や系統性については，なお解明の余地がある。また，小学校・中学校いずれにしても，論理性とは本来，自分とは異なる他者の存在を認めて初めて互いの了解のために必要になるものである。それゆえに，社会的構成主義学習観のもとでの「垂直的アプローチ」（論理的認識や論理的思考力の系統的深化）と「水平的アプローチ」（教室内にいる他者や筆者あるいは他の書物や市井の人々などとの対話によ

る水平的相互作用の系統的拡大）の統合された姿を，異なる他者の存在を本質的に必要とする論理性がその教材性の中核である説明的文章学習指導においてこそ，カリキュラムとして提示する必要がある。

　第2節では，説明的文章学習指導の分野に固有の問題として，現在もなお論理観の混乱が見られることについて，先行研究を概観した。その上で，筆者・読者それぞれの論理に着目して論理観を整理する基本的な枠組みを提示することで，課題解決への方向性を探り，説明的文章学習指導においては，筆者の論理と読者の論理，また認識の論理と表現の論理とを区分することで，論理を4側面から捉え，かつ各側面の意味や位置づけを明確にする必要があることを明らかにした。授業の場面では大人の筆者の文章を子どもの読者が読む図式となるが，確かに知識の面ではかなわずとも，学習者が読者として自分自身の「認識の論理」を働かせて言葉と言葉や言葉と事実との関係を検討することは可能であり，また日常生活の場ではそのような読みこそ必要である。それゆえに，読者にこの検討の練習をさせつつ読者自身の「認識の論理」構築の力を育成する方法の開発が望まれる。

　第3節では，小中学校国語科「読むこと」領域における教科書外教材の位置について，カリキュラムを規定する教育課程としての学習指導要領上の変遷を示した。また，読むことの領域において教科書教材と教科書外から持ち込む教材の両方を使用することに関して，起こった議論と課題を捉えた。教科書外教材を教室に持ち込む際に問題となる主要な論点は「各教員の力量が及ぶか」「多読か精読のどちらを重視するか」「文章以外が教材になり得るか」「誤りや問題をどの程度取り除き，系統性にどの程度配慮するか」の計4点あり，教科書外教材を今後求めていく際に大きな課題になると思われるのは，四つめの「系統性にどの程度配慮するか」である。これまでは，多岐にわたる種別や類型を限られた時間数の授業で網羅的に扱うと，系統的カリキュラムで学習者の発達を保障することが難しいため，典型性のある教科書教材に対してその典型性をむしろ一層求めて系統性を整えようとする動きに収斂してきていた。そこで，教科書教材の典型

第1節　研究成果の総括

性と教科書外に求める練習素材の幅広さを組み合わせてどのようなカリキュラムを構想するのかが課題である。

　以上，各節に記したカリキュラム設計上の諸課題は，カリキュラムを構成する中心的要素である能力，教材構成，学習活動構造が絡み合って生じている。このため，これら諸課題を能力面（Ⅰ），教材面（Ⅱ），学習活動面（Ⅲ）に分け，それぞれが何であるか（a）とそれらをどのように扱うか（b）の二つの観点から，次のように再設定して解明を進めることとした。

Ⅰ：**能力面　育成すべき能力とその発達の系統**（第2章）
　a　説明的文章の読みの能力とはどのようなものであるか。（第1～3節）
　b　読みの能力の垂直次元の系統性と水平次元の系統性はどのように設定し得るか。（第4節）
Ⅱ：**教材面　使用すべき教材とその構成**（第3章）
　a　説明的文章の読みの教材とはどのようなものであるか。（第1～3節）
　b　教科書教材と教科書外に求める教材はどのように取り扱うとよいか。（第4節）
Ⅲ：**学習活動面　仕組むべき学習活動とその構造**（第4章）
　a　教科書教材と教科書外教材を組み合わせる学習活動にはどのようなものがあるか。（第1節）
　b　学習活動において個人の文脈と社会的文脈はどのように取り扱うとよいか。（第2～4節）

（第2章）

　第2章では能力論を展開した。説明的文章の読みに必要な能力の発達の道筋を，主にエンゲストロームの拡張的学習理論に求め，系統性を垂直次元と水平次元の2方向で捉える示唆を得た。そして，垂直次元では「個人

の認識論」の知見を援用し，水平次元では「間テクスト性」をめぐる議論を参照して系統の各段階を設定した。

第1節では，議論がそもそも社会的文脈に依存して行われるのに対し，トゥールミン・モデルにはそのモデルの中に「文脈」が位置づけられていないところに限界があることを指摘した。社会的な文脈を取り上げることには，説明的文章学習指導を再び内容主義に傾けかねないという批判も起こり得る。しかし主題性効果，文脈依存性あるいは領域固有性を認めるのであれば，形式面と内容面の指導の両立は，現代的理解としては論理形式と文脈との照合によって図られるべきである。そして社会的文脈を筆者と読者の論理の背景に位置づけ，説明的文章の読みを〈**説明的文章の意味と意義・価値を理解し自己の考えをもつ能動的な読書行為**〉だと規定すると，例えば「裏づけ」の広がりによっても言語生活を拡張させるべきであることを説明でき，読みの能力は垂直的発達だけでなく，学習者の言語生活を拡張させていく観点から水平的にも捉えられるようになることを示した。

第2節では，発達を水平的にも説明できるカリキュラム理論として，社会的構成主義に立つ学者の中でも成人教育学者の一人であるエンゲストロームによる拡張的学習理論を取り上げ概説した。氏の言う「拡張的学習」は実現が非常に困難なものであり，そのまま子どもの通常の学校学習におけるカリキュラム改善に適用するには壮大に過ぎる。しかし学校学習と「拡張的学習」とを架橋するものとして氏が唱えた「探究的学習」には，「テーマ単位」（単元に相当する概念）の冒頭から学習者に全体的な理解を求めること，学習を引き起こすコンフリクトには認知的なものと社会認知的なものもありその双方を動機づけに生かすこと，また内容と形式については「誤解に満ちた不毛な対立」から「形式が過度に強調されてきた」が重要なのは「知識の内容と質」であり，「単なる形式的な能力とも，分配された固定的な事実や型どおりのパフォーマンスとも，著しく異なるタイプの知識」としての「理論的知識」を個々の各学習者の「経験的知識」と結びつけるよう求めることなど，大村はまの単元学習などの先行

第1節　研究成果の総括

実践にも見出せそうな要素が多々あり，国語科への適用が充分可能であることを示した。

第3節では，第1〜2節の理論と説明的文章学習との対応を検討した。社会的文脈に関しては，国語科では「知らないから読む」「読んで文章から知らないことが分かる」力を育てることがまず重要であり，学習者が「社会的文脈」の詳細を知らない前提でも学習者自身の文脈としての読書個体史を資源とし，分からないながらも「社会的文脈」を意識し予想することで問題意識をもちながら読み自己の考えを育てていく，という方向で読みのカリキュラムを構想する必要があることを述べた。次に垂直的次元と水平的次元に関しては，エンゲストロームの拡張的学習理論には「レンチ・キット」という比喩で序列があることと，その使用の必然性に順序性がないことが表現されてはいたが，言語を学習する際の水平的つまり空間的・社会的次元と垂直的つまり時間的・歴史的次元について，それぞれの序列やレベルを何に見出すべきかについては，特には論じられていなかった。そこで，同氏の「探究的学習」の理論を参照したものの，垂直軸（時間的・歴史的次元）・水平軸（空間的・社会的次元）いずれもその段階までは示されていなかった。このことから，読みの能力を垂直的発達の面からだけでなく，学習者の言語生活を拡張させていく観点から水平的にも捉えるためには，エンゲストロームの着想に依拠しつつも，発達の系統性を捉える説明理論を別途導入してその不足を補う必要があることを明らかにした。

第4節では，そこでまず「個人の認識論」を援用して，読みの能力の「垂直次元」での深まりの系統性を示し，読みの能力の垂直次元を深める螺旋的カリキュラムのあり方を述べた。次に「間テクスト性」に関する議論を参照しながら，読みの能力の「水平次元」での広がりの系統性を示し，その読みの能力の水平次元を広げる螺旋的カリキュラムのあり方を示した。

垂直次元については，Kuhn（1999）の「批判的思考の発達モデル」に依拠すれば，説明的文章の小学校教科書教材を低学年では「現実主義者」

から「絶対主義者」へ，中学年では「絶対主義者」から「多重主義者」へ，高学年では「多重主義者」から「評価主義者」のレベルへ学習者を引き上げるような学習が現実に行われ，中学校は「評価主義者」育成の段階にあると説明できる。これにより，普段の授業で小学校でも中学校でもトゥールミン・モデルに沿って主張・根拠・理由づけを追うにしても，レベルが学年ごとに高まっていく様相を中学校まで含めてうまく捉えられる。ただし，中学校は「馴化」の時期であり，著者の実践経験からも特に第1学年の個人差は大きいので，中学校の「垂直次元」では螺旋的に，再び現実主義者レベルから学習を開始して第3学年では評価主義者に到達するようなシークエンスをもつカリキュラムを設計するのが望ましいことを指摘した。

　水平次元については，これまでの「間テクスト性」の議論を踏まえれば，学校学習を筆者の「言論の場」へとなるべく接続していくこと，学習者の言語生活を身近で小さな学校，家庭や地域社会での営みからその外の大きな社会での営みへとなるべく接続していくことの意味で二重に「社会的文脈への接続」を図ることが重要である。そこで，「社会的文脈への接続の観点から捉えられる説明的文章の読みの射程」を，説明的文章学習指導の現状と間瀬茂夫（2017）を踏まえて設定した。その射程の広がりは，Range 1（小学校低学年から）の身近なことや経験したことなど（直接経験，具体的操作），Range 2（小学校中学年から）の自分にとって関心のあることなど，Range 3（小学校高学年から）の自分の考えたことなど（間接経験，形式的操作），Range 4（中学校から）の社会の中で自分が考えていくべきことなど，Range 5（高校から）の社会で解明や解決が待たれることなど，という形で示される。これにより，説明的文章は国語科としての生活世界と学問的世界との統合的世界を有するが，小学校では生活世界，中学校では学問的世界にその軸足があり，そこに改めて生活に根ざし社会へ視野を広げていく中学校での説明的文章学習の螺旋的段階性が捉えられることを明らかにした。

　これらを踏まえれば，従来「これから読むもの」の学習，例えば選書や

第1節　研究成果の総括

情報読みの学習あるいは調べ学習は，読解指導とは別個に読書指導として単元を分けて行われるか，同一単元でも教科書教材の読解指導が終わったあとに行われる傾向にあったが，読解指導と読書指導を単に接続するだけでなく，さらに双方の指導を連関させたり往還させたりするような読みの学習のカリキュラム構想を追究すべきであることも分かった。

（第3章）

第3章では教材構成論を展開した。その概要としては，小中学校国語教科書の説明的文章教材が内包している系統性を分析することを通し，第2章で設定した垂直次元と水平次元の系統性と対応する要素が既存の教科書教材にも存在することを確認した。その上で，特に中学校段階において学習による言語生活の拡張を図るのに，主教材としての教科書教材以外にどのような教材を追加し得るのかを探った。

第1節では，教材分析に関する先行研究を概観した。教材に求められる「典型性」とは，これまでは〈すぐれたモデル〉としての「模範性」を指したが，教材の典型性は本来，エンゲストロームの言う「作業仮説」としてこそ取り扱われるべきであり，ソーシャルメディアの抱える昨今の言語生活内向化の問題をも踏まえれば，決してすぐれていなくても〈当該学年の発達傾向に応じ，他の教材へも一般化できる課題が埋め込まれた，学習者に適度な負荷のかかるモデル素材〉のほうがむしろ好ましい場合もあるはずで，そうであるならば「典型性」の概念を拡張し，「模範性」から広げて「普遍性」や「標準性」のあるものにも教材性を積極的に見出し，かつて排除された説明書きも今後は積極的に教科書教材や補助教材に位置づけるべきであることを指摘した。

第2節では，国語教科書教材に備わる系統性を論じる先行研究を確認した。教材性の分析研究は，文学作品と比較すれば個々の教材史研究としての蓄積を欠いてはいるが，学習論と一体のものとしては展開されてきていて，非形式論理学的知識を踏まえて小学校国語教科書教材が内包する系統性を検討した研究を参照すると，学習者の論理的思考の発達に沿って，扱う「事実」（データ）の抽象度を次第に高めつつも，典型性をもつ国語科

教材としての「統合的世界」を自律的に保ち，社会的文脈からは距離を取っているという系統性が教材に備わっていることが判明した。

　第3節では，続いて中学校国語教科書教材が内包する系統性について，話題主義的な光村図書と技能主義的な東京書籍を対象に据え，学年ごとに第1学年では事実，第2学年では理由づけ，第3学年では主張に特に着目して，質とその変化の様相を観察し，両社の教材の実態には第2章で明かした系統性と矛盾するところがなかったことが分析できた。ただし各学年内での教材の配列順序の傾向は各社各様であり，各社の配置傾向の特徴を踏まえた上で各指導者が学習者の実態に応じ，それを活用したり組み替えたりして適切にカリキュラム設計を行う必要があることも判明した。

　第4節では，第2～3節の結果を第2章の仮説と照合した。全体的には，教科書教材は確定的な事実から議論の余地のある事実へ向かい，そして見出される価値へと向かって配列されていることが明確になった。また，社会的文脈への接続については，小学校低学年教材ではそもそも問題にもならないが，2社の中3教材を見る限り，学習者を社会的文脈へ積極的に誘い入れる配慮が観察された。ならば，国語教科書の主教材を専ら使用するのではなく，主教材を生かしながら，そこに国語教科書所収の補助教材を組み合わせたり，あるいは国語教科書外の教材を加えたりして，「カプセル」化に抗い学校学習を学習者の日常の言語生活へと拡張していくカリキュラムを構想するのが効果的であると考えられた。

　そこで，現行小中学校国語教科書所収の補助教材やそれに類するものを概観し，小学校段階では，光村図書の場合中学年以降毎学年の第1主教材の冒頭に補助教材として見開き2ページのみの短い練習教材が添えられ，また東京書籍の場合既に説明書きが積極的に主教材級の位置づけで収められ，両社とも学習者に適度な負荷のかかるモデル素材が既に教科書に掲載されていたのに対し，中学校段階では社会的文脈への接続を大いに図りたいのに小学校と比べて補助教材が国語教科書にあまり用意されていなかったことを明らかにした。それゆえ，積極的に国語教科書外の言語素材を教材化し，主教材と組み合わせて使用する必要が生じると考えられた。

第 1 節　研究成果の総括

(第 4 章)

　第 4 章では学習活動構造論を展開した。その概要としては，国語教科書の外へ説明的文章の読みを拡張する学習活動はどのような構造をもち得るかを検討した。

　第 1 節では，第 3 章で導き出した有効な策としての「教科書教材に他の教材を組み合わせて読む学習活動に取り組んだ小中学校の実践」について，これまでの実践を収集し観察して，学習活動の類型を見出した。すると，能力面における**内容と形式の学習活動の両立を垂直次元と水平次元の2 方向からのアプローチで図る学習活動**については，該当例が実際に多く見出された。一方，教材面における**モデルとしての典型性をもつ教科書教材とリアルな言語生活の現実への拡張性をもつ教科書外の教材との組み合わせによる学習活動**については，該当例は多いものの，学年段階の違いにより単元展開に差異があり，小学校低・中学年では教科書教材の読解から入る単元が多いが，高学年以降では教科書以外の読みから単元に入るものも見られた。なお，社会的文脈と個人の文脈とを相補的に扱う学習活動に関しては，単元の後半にＤ［情報］やＥ［表現］を置き，教材のもつ社会的文脈へ学習者の言語生活を拡張していこうとする傾向が見出せた。また，いわゆる並行読書のように自分のＤ［情報］の調べ読みの必要性を自覚させ，教科書教材の読みと調べ学習を並行させて単元を展開する傾向も見出せた。しかし，学習者の読書個体史や学習集団の学習履歴が単元の前半に話されるなどの形で個人の文脈の表出を先行させる単元展開の事例については，対象範囲内で著者自身の実践のほかに存在したのは 1 例のみであった。このことから，学習者個人の文脈の表出を教材の読みに並行よりはむしろ先行させる展開を採る学習活動を，今後は学年が上がるにつれ一層重視していく必要があると考えられた。

　第 2 節では，著者自身の二つの実践事例を取り上げて検討し，文章の外の社会的文脈から文章を分からせるのでなく，学習者各々の個人の文脈に立脚した学習活動をつくるには，「実の場」でなくとも〈仮想的状況〉を設定すればそれが学習活動には有効に作用することを，状況論を踏まえて

明らかにした。

　第3節では第2節のほかに，個人の文脈に立脚して眼前の文章を読み込み，それだけで社会的文脈を想起するような別の学習のパターンはあり得るのかを検討するため，著者が勤務していた中学校で独自に「情報科」を開発した際に取り組んだ実践を参照した。これは「情報科」での実践ではあったが，特に説明的文章学習活動に関して言えば，「書かれなかったこと」を意識することで，教材を読んで社会的文脈の存在を意識し，難波博孝（2008）で言うところの，読書を教材の外の「言論の場」へ広げようとする「スキルとマインド」が育つ可能性を示す実践でもあった。ただし，文章をより「論理的」に読むためには必要な手続きをいくつも踏まねばならず，トゥールミン・モデルを使いこなせない生徒が多くいるのだとしたら，これらの手続きをいつどの順序でどこまで学習活動に盛り込むのが可能かを見極めながらカリキュラムを構想していく必要性のあることが分かった。

　第4節では最後に，本章を通して論じた学習活動のあり方を，垂直・水平2方向での系統性を踏まえて概括した。教科書教材に他の教材を組み合わせて読む小学校高学年以降の学習活動には，学習上の必要性を明らかにして獲得したい形式を自覚させるか，情報を集め精査する必要性を自覚させるかしてから，教科書外の教材や教科書教材の読みに入り，得た情報を吟味したり表現したりするものが実際に多く観察された。ただしこのとき，Kuhn（1999）の「認識的理解の水準」で言えば，すぐれた文章の典型として整備された教科書教材の知識は，学習者には「不確かなもの」とは思われず「確かなもの」としてのみ認識されることになる。そうなるとこの学習活動の形態であっては，学習者の認識を，「主張は論理や証拠を規準として評価され比較される余地を持つ判断である」という水準までに留めてしまう恐れがある。この現状に対して，〈仮想的状況〉の設定による単元導入例や，市井の文章や教科書教材の文章が一つしかなく比べる対照がない場合の四分割法や樹形図などの使用による単元展開例により，学習者の生活世界の外にある「見えないもの」を取り上げた文章で〈書かれ

第1節　研究成果の総括

なかったこと〉までも授業の中で文章を通して認識し吟味できることを，本章では示し得たことになる。

(第5章)

第5章では，前章までの各章を総合し，言語生活の拡張を志向する説明的文章の読みの中学校国語科カリキュラムを設計し，その有効性を実証した。

第1節では，第4章までに展開した能力論，教材構成論，学習活動構造論を整理し，それらを統合する形で，読みの拡張を志向する説明的文章学習指導のカリキュラム理論とそれに基づく中学校カリキュラム・モデル（試案）を設定した。まず能力の発達の系統性を水平次元と垂直次元から説明し，それが螺旋的に生活世界から学問的世界へ移行する中に中学校の「評価主義者」段階があることを改めて述べた。そして，教科書教材の学年配列に依拠しながら，教科書外に組み合わせる教材の種別や内容の配列と，個人の文脈を先行させながら〈仮想的状況〉を設定し読書指導と連関ないし往還する単元の学習構造の案を，まとめて提示した。

第2節では，カリキュラムの観点から中学校における著者の学習指導実践個体史を検討した。まず時系列に個体史を綴り，次いで第1節と対応させる形で実践したカリキュラムを提示するとともに，その課題を示した。

第3節では，第1節のカリキュラム理論から把握される著者の学習指導実践個体史上の未解明課題について，特に課題の多かった中2段階での実験授業単元を中学校カリキュラム・モデル（試案）に基づいて設計し実施して，検証を進めてきた。その課題とは，中学校第2学年における「理由づけ」の学習指導上の問題であった。これを克服するために本研究によって理論的に導かれる，教科書外教材の組み合わせ方と〈仮想的状況〉の設定の仕方を改善した実験授業を実施し，授業仮説を検証することで，理論と実践により提案した中学校カリキュラム試案の有効性を実証した。その結果，設計時に立てた授業仮説は総じて実証され，本研究で整備したカリキュラム理論の有効性が確認できた。

第2節　今後の展望

　本研究では諸課題を能力面，教材面，学習活動面に整理し再設定してから論を進めてきた。そこで本研究で得られた研究成果を踏まえ，序章で挙げた説明的文章の読みのカリキュラムの3点の課題に立ち返って，現状への提言を行いたい。

1　読解指導からメディア・リテラシーへの接続に課題があること（①）について

(1) 小学校高学年から中学校段階でこそ読解指導と読書指導との連関をめざす

　小学校低学年では教科書教材にも並行読書的単元展開が図られ，学級文庫や学校図書館の読書と教科書教材の読解が組み合わされた学習活動が一般化している。それは社会科や理科の知識の獲得としてでなく，多読により語彙や文型を獲得する学習として効果を上げている。

　しかしながら小学校高学年から中学校にかけては，単一教材の精読が単元展開の中心を占め，読書指導については筆者や文章内容に関して単元終末に案内される程度に留まりがちである。高校生の不読率が一向に改善しないのは，詳細な読解指導が，次に読む本を手に取ろうとする意欲を育てる指導になり得ていないことを意味しているのではないか。これは，学習理論を社会的構成主義に置くのであれば看過できぬ重大な問題である。

　なお，小中学校で不読率の改善傾向が見られる反面，高校生で依然として高い背景には，小中学校では学級文庫や「朝の読書」運動が広がったが，それらは読む機会や読む時間を実質的に確保する策としては有効でも，次に読む本を手に取ろうとする意欲を育てるには及ばず，高校で朝の読書時間がなくなると自分からは読まなくなり，本質的な改善につながっていない，という事態が進行しているのではないかと懸念される。

　学習者にとって，説明的文章の内容が仮に関心をもてない内容だったと

しても，読んでいるうちに関心を抱いたり，さらに別の資料を調べたくなったりするような学習をつくるためには，読解指導と読書指導を別個に単元化するだけでなく，両者を同一単元内で連関や往還させる策も，高学年以降でこそ積極的に試みる必要がある。

（2）教科書教材を「典型」としてでなく「仮説」として扱う

これまでも調べ学習や情報読みは展開されてきたが，教科書教材には郷土理解，環境保全，福祉増進，人権擁護，国際理解，平和維持などを内容とした，学習者が読む前から「よきもの」（形式面では文章の手本，内容面では誰もが考えるべき価値のあるもの）としての前提があることは教科書の特性上避けられず，そのことが教材文に対し指導者や学習者を無批判の姿勢に追い込みがちであった。

社会的構成主義学習観は，対話，社会的相互作用，社会参加を重視するものである。この学習観に立てば，眼前の文章が自分と社会にとって「よきもの」かどうか，よいのだとしたらどこがどうよくてどこに課題があるのかが論じられる人を育てなければならない。そうであってこそ民主制社会における市民の議論による社会建設も文化創造も成り立つ。

ならば，教科書教材が「よきもの」かどうか，その判断を学習者に一旦預ける形で学習を展開できないだろうか。そのためにはエンゲストロームの言う「作業仮説」という考え方を教科書教材に当てはめ，教材を「典型」としてでなく「仮説」として扱うのである。

実際，現行の教科書においても中学校の教材は学年が進むにつれ形式も内容も複雑さが増し，序論—本論—結論という展開や頭括法・双括法・尾括法という型に必ずしも当てはまらないものも多い。また市井の文章はもっと多様であり，特にインターネットを経由するものには断片的で偏狭な主張が非常に多く混じる。こういった文章にも対応できる文章の出合い方を説明的文章の学習のどこかに位置づけておきたい。その際，指導者はこれまでの学習を矛盾なく適応させようとして，教材をよりシンプルに加工しようとするのではなく，これまでに身につけた自分の読み方ではどこに難点を感じるか，どの部分で適用や判断が難しいかを学習者にたくさん

発言させることを，学習の契機にしていくようにしたい。そのようにして，螺旋的なカリキュラムの中で「仮説」としての教材観とその読み方が何度も各学習者の中で更新され直すことで，読解指導が言語生活における読書の実際から遊離せず，読解によって学んだことが普段の状況に円滑に生かせるようになるはずである。なおこのときこの読書指導は，メディアの情報に対しクリティカルに接するという意味において，メディア・リテラシー学習の一部分をも包摂する。

（3）試行錯誤と再挑戦の過程を単元内に保障する

　そうなると，学校学習の置かれた現状として，インクルージョンの思潮や教員層の世代交代を背景として，各地方の教育委員会が設置する研修機関を中心に目下，授業のいわゆる「ユニバーサル・デザイン」化や「スタンダード」化が進められていることに対しては，エンゲストロームの「作業仮説」の立場から一つの懸念も生じる。それは，年間授業時間数の限られる中学校で特に顕著な，指導者が学習者に毎授業冒頭で全ての授業過程を提示しその通りに展開する単線的授業展開が一般化していることへの問題提起である。もし教材を「仮説」として扱うのがよく，学習者にその判断を一旦預けるのがよいことであるならば，単線的授業展開では試行錯誤と再挑戦の過程が保障されないことが非常な問題になる。というのは，判断を預けるということは試行錯誤と再挑戦の過程，すなわち彼らの認知的コンフリクトあるいは社会認知的コンフリクトの発露を待って学習が立ち上がり，学習の中で立ち止まり振り返り再挑戦して彼らの中の「仮説」を彼らが更新していくのを待つという意味での螺旋的な単元展開が必要不可欠であることを意味しているからである。学習者が見通しをもつということは学習を自己調整するということであって，目的や方法や内容を意識し選択することであるのが本来的であり，その点でいわゆるユニバーサル・デザイン化やスタンダード化は，「学習のカリキュラム」を見取ることなく「教育のカリキュラム」を指導者が独り編成して学習者に押しつけることに現況では留まってしまっている。

（4）「実の場」か〈仮想的状況〉を単元に用意する

　前述の中で「（よきものかどうかの）判断を学習者に一旦預ける」という言い方をしたのは，事実的知識は暗唱や暗記によっても学習させられるのに対し，判断力の育成は，複雑な状況の中で判断させ目的に照らして振り返らせることでしか学習させられないからである。大村はま単元学習の「実の場」概念は今日における状況論や認知的徒弟制の視点を見出せる，判断力をも育成し得るすぐれた考え方であるが，その大がかりで総合領域的な単元のあり方が，授業数が現在1週あたり3～4単位時間である中学校での，教科書教材を中心とした日常的な授業での実践を阻んでいる面がある。しかしながら，本研究における実践事例では，授業者が設定した〈仮想的状況〉の状況下で，学習者が自らの読みに対する認知的あるいは社会認知的コンフリクトを表出していた。抽象的な論理を扱う中学校段階の説明的文章の読みでは一層，具体的や状況を備えることが，4枚カード問題よろしく学習者の思考を支援することになるのである。その状況が〈仮想的〉なものであっても有効であるならば，日常的な授業で，例えば普通教室の中で「もしここが本屋さんで，君がこうだとしたらどうする？あるいは今まではどうしてきた？」と問いかけるだけで，一定の効果があると言える。

（5）「個人の文脈」を先行させ二つの「社会的文脈」へつなぐ単元展開を心がける

　説明的文章学習指導の研究は，内容主義と形式主義との統合をめざしてこれまで進んできた。その経緯に学び，社会的構成主義に立つ学習が社会的文脈を重視するあまり内容主義の轍を踏まぬようにするには，その文章をなぜ今私が読むのか，これまでに私が読んだ文章とどのような関係がありどの点が違うのかを，各学習者の「個人の文脈」に問いかけることを先行させることである。それはすなわち，学習者の読書個体史を問い，彼らの感じる認知的コンフリクトや集団内での社会認知的コンフリクトを表出させて，学習が立ち上がるのを指導者が待つことである。

　その点では，一部の教科書で見られたように，同じ話題で異なる筆者の

文章，あるいは同じ話題で同じ筆者でも読み物としての説明的文章とそれ以外の形態の文章（例えば説明書き，インタビュー記事など）が連続して複数掲載されることで，当該の話題に関する筆者間の議論の是非や，筆者の相手意識あるいは形態に沿った内容選択の是非を学習者が自ら考えやすくするような工夫が，中学校教科書でさらに広く行われることがあってもよい。また，教科書に期待するだけでなく，指導者には他社の教科書教材で似た話題のものを活用するという選択肢もある。さらには，学習者に議論あるいは社会への主体的参加を問うのであれば，全ての教材を指導者が用意するのでなく，取り上げる説明的文章と話題が重なる図書，記事，資料の収集を学習者に積極的に求めることも有効である。持ち寄られる教材は学習者の言語生活に実際に存在するものであるだけに，教科書教材での学習を自分の言語生活に適用する意識を，自ずと学習者にもたせることにつながる。

2　説明的文章教材の論理の捉え方に関し混乱が続いてきたこと（③）について

（1）読者の「表現の論理」把握と「認識の論理」構築を重視する

　文章の筋道は論証構造が展開されたものであって，論証構造そのものではない。またその論証構造は筆者の認識そのものではなく，筆者が読者やメディア（掲載される場所，掲載の目的や意図）を意識して読者用に組み上げ直した論証構造である。それを区別することは，文学作品の読みに際して読者が作者と語り手を区別することと似て，説明的文章の読書行為をより円滑にし，読者自身が文章を評価し，また対象を捉えることを促進する。

　その上で，社会的構成主義学習理論に拠って立つのであれば，知識とは自らが社会的相互作用の中で構成していくものであるので，「学習のカリキュラム」観のもと，各学習者がどのように「表現の論理」を把握しているのかや，対象に対しどのような「認識の論理」を構築していっているかを重視する必要があり，指導者には授業で文章展開を解説するのでなく，

第2節　今後の展望

授業で学習者の把握や構築のありようを捉えそれに対して適切な指導を行う必要がある。筆者のすぐれた論理に触れることにはそれなりの意義があろうが、触れたからといって学習者にその論理が単純に転移するわけではないことに留意すべきである。

そして、「社会的文脈」には2種類あることにも留意する必要がある。その一つは筆者の執筆動機にも作用しているはずの、筆者の文章とそれまでのテクストとの間に存在していた議論の文脈（間テクスト性）、もう一つは学級集団内でその文章を受容し共有する際の議論の文脈（社会的相互作用）である。そして、筆者の周辺にあった間テクスト性の紹介から授業に入るのでなく、個人の文脈を問うことから単元を始め、学級内に議論を起こしてその中に間テクスト性との類似点を見つけ価値づけるようにすれば、指導者が分からせるのでなく学習者自身が読むことによって、学習者がその文章の意義や価値を理解するとともに自分の考えも形成していけるようになるのである。

（2）論理的に読むことによって学習者に修辞の効果を検討させるようにする

1の問題とも関わるが、学習者は、不読率から指摘すれば、言語生活において望ましい読書を行っていると言うには程遠い現状にある。また序章で言及したように、ソーシャルメディアの実情などから学習者の言語生活が内向化傾向にあるとも言える。これに対し、今日まで教科書教材の典型性を信頼し、「よきもの」として教科書教材に出会うことを繰り返してきた説明的文章学習は、クリティカルにも読もうとするメディア・リテラシーの観点からは彼らの言語生活に有効に作用してこなかったと考えられる。そこで本研究では、まず一旦、非形式論理学的知識を用いて文章の内容を論証構造として捉え、筆者の積極的な工夫としての修辞（レトリック）を取り外して読むことを学習の中心に据えてきた。これは修辞を無視することを意味するものではなく、一旦取り外すことで修辞の効果を読者が感受しやすくなる効果を期待してのことである。それにより学習者は、文章の内容（話題）にも形式（ジャンル、論証構造、修辞）にも、自らの考

えをもちやすくなるはずである。ただし本研究では，修辞の学習のあり方までは解明できておらず，今後はその解明も併せて必要になる。

（3）非形式論理学的知識を「情報の扱い方」として重視する

　序章でも触れたように，2017年3月に示された次期学習指導要領では小中学校国語の〔知識及び技能〕に「情報の扱い方に関する事項」の指導事項が新設され，各領域を横断して「原因と結果」「意見と根拠」「具体と抽象」などの相互関係への理解を図ることが明記された。これを以て学習指導要領上の課題については一定の改善が図られたと見ることもできる。しかし依然として，読むことにおける論理の示し方は2008年版同様であることから，説明的文章の分野で「情報の扱い方」の指導事項が指導者に充分に意識されない限り，同様の問題が今後も継続していく恐れが充分ある。これらの指導事項における「情報」は，トゥールミン・モデルなどの非形式論理学的知識と概ね重ねて捉えることができる。国語科における「情報」は，技術・家庭科等における「情報」としてではなく，今日まで「情報読み」からトゥールミン・モデルの導入へと進んできた系譜の上に位置づけ，非形式論理学的知識を指すものとして捉え直すことで，メディア・リテラシーや読書，また書くことや話すこと・聞くこととも充分な関連づけが図れるようになる。

3　中学校段階での系統性になお不明確な部分があること（②）について

（1）当該学年の段階とその年間に扱う各教科書教材の特性を意識する

　本研究では小中学校における各学年の系統性を垂直次元と水平次元の2方向から解明した。しかもそれは，新たに打ち立てたものではなく，社会的構成主義学習理論に依拠しながら，関連する諸氏の見方を組み合わせ，これまでの実践史や教科書教材に内包された系統性とも照合して整理し見出したものである。

　国語教育は螺旋型教科であるとはよく言われるが，同じことをただ繰り返すのでなく，学習を繰り返しながら学習者の認識を深め広げているので

ある。しかしその小学校と中学校での違い，また中学校内での段階性はあまり意識されず，中学校では指導者による単線的で一面的な授業展開が一般化していることは2でも触れた。そのような状況下にあって，特に中学校における説明的文章学習を，「作業仮説」としての教材モデルや学習した知識を言語生活へ適用しようとする学習者の姿の中に求め，その段階を描出できたことは，国語科の教科性をより明確にすることにつながる。またこのことは，今後の小中連携や高大接続の議論，あるいは高等教育における初年次教育のあり方の議論にも有用である。

（2）第1学年においては「事実の見方」を重点的に扱う

　小学校でも学習済みであるはずの事実と意見の読み分けで中学生が戸惑うのは，説明的文章教材の中に学問的世界での事実の見方が小学校以上に入ってきていて，事実観や事実の扱いを，小学校時代に獲得した生活世界的な質のものから学問的世界におけるものへと変えることが読者に要求されているのに，そのことが中学校第1学年で自覚的に指導されていないからである。既存の教科書教材によってもその指導改善は可能である。

（3）第2学年においては「理由づけ」を重点的に扱う

　中学校第2学年の生徒であっても，主張とその根拠となる事例（事実）には着目するが，両者を結ぶ理由づけにはあまり着目しない傾向がある。そこを意識させるには，既存の教科書教材の活用のほか，他社の教科書教材や学習者各自の言語生活から似た話題を持ち寄り，「実の場」あるいは〈仮想的状況〉を設定して，複数教材の間の対立軸上にある同じ対象を彩る筆者の言葉の修辞面に着目することで，筆者が行う正当化という観点から本来困難な理由づけの検討が容易に可能になる。

（4）第3学年においては「主張とその意義や価値」を重点的に扱う

　筆者の主張に対し学習者に賛否を問うには，その根拠や理由づけの正しさあるいは妥当性だけに着目するだけでは決まらない。なぜなら，筆者は世界の中から事例を見出し，価値づけて主張に結びつけるのであり，その際，筆者の価値観がその主張の正当性を裏打ちするからである。したがって，中学校第3学年では前提や条件を確認し，筆者と読者（学習者）の価

値観の共通点と相違点を意識して文章を読むことで，学習者自身の考えをもちやすくなる。その意味では，高等学校での学習の前段階として，教材の文章からその背景にある社会的文脈（テクスト間にある議論）を予想したり，学級で議論する中から教材の背景にある社会的文脈と似た要素を見出してその議論を価値づけたりする学習が望まれる。

あとがき ——謝辞——

　まず一番に，主査として3年間にわたり丁寧にご指導くださった広島大学大学院教育学研究科の間瀬茂夫先生に深謝申し上げたい。著者の研究における，特に理論面や研究の手続き面に関する弱点や課題を鋭くご指摘くださり，様々な例示やヒントを通して励まし続けてくださった。間瀬先生のお導きがなければ，3年で修了することも，そもそも博士課程に進むことすら，到底実現しなかった。20年間勤務した中学校現場から去ってまだ間もない時期に，絶好のタイミングで，これまでのどちらかといえば実践面から帰納的に進めてきた研究を再構築する機会を，間瀬先生から与えていただいたことは，稀なる幸運であった。

　次に，副査の難波博孝先生と山元隆春先生にも深謝申し上げたい。小学校段階と中学・高校段階における教科書の説明的文章教材の差異，カリキュラムの解明へと著者の関心をここまで導いてくださったのは，学会を通じての難波先生の直接，間接の数々のご教示である。難波先生は説明的文章と社会的文脈との関係を考えることの大切さを，「言論の場」というフレームの提案によって示してくださった。また先生は著者が若輩の折，実践の場に身を置く者は目の前の学習者個々の反応に研究上の関心をもっと向けるほうがよいのではないかとご指導くださったこともある。著者が学校現場で早くから実践とその記録に励むことができたのは，そのとき以来の叱咤激励の数々があってのことである。その意味で学位論文は，難波先生から賜った宿題への，長年にわたる解答集でもある。これが成ったとき，難波先生は間瀬先生とともに，論理や説明的文章の研究に同時期に取り組んだ4人の修了生相互の研究交流会を企画して，我々の背中を押してくださった。また山元先生は，正月休みに無理を申してお願いした集中講義で，重要なヒントをご教示くださった。特に「熱烈な学び」という視点や「本を読んで理解するとは，わからないことがますます増えることであ

り，それこそが読む行為をさらに誘発するのである」という読者反応理論的な読書観を説いてくださることで，それらが説明的文章学習指導の改善にこそ必要な観点なのではないかと著者に気づかせてくださった。さらに山元先生は間瀬先生とともに，論文の出版と科研費応募を強く勧めてくださりもした。

　3名の先生方のご指導なくして，本書が生まれ公刊に至ることは，決してなかった。そのことを深い感謝の念を込めて，ここに明記しておきたい。

　そのうえで，滋賀大学教育学部の元教授　大田勝司先生には，特に記して御礼申し上げたい。第5章にも記した通り，学部・修士時代から大田先生のご退職直前まで，継続的かつ高頻度のご指導を一貫して賜れた著者ほど，学運に恵まれた者はない。個人の時間も，蔵書も，惜しみなく与え続けてくださった大田先生こそ，研究者として，また実践家や職業人としての著者を育ててくださった大恩師である。奥様にも，お世話になり通しであった。

　これに加え，国語科の教師教育に関する具体的な助言を通して，日本語への見方を日頃よりご教示くださる京都教育大学の植山俊宏先生，学校現場に身を置きながら理論面でも研究を進めることの厳しさや辛さを深く理解し，何度も励ましてくださった兵庫教育大学の吉川芳則先生をはじめ，多くの先生方が労苦の末に拓かれた先駆的研究と，これまでに賜った学恩との無数の交差の上に，かろうじて本書が成ったことをも，ここに忘れず記しておきたい。

　本書に至る長い道程の中で，多くの生徒，保護者，学生，上司，同僚，研究同人には，その時々に負担をかけてきた。研究は遅々として進まなかったが，それでもその意義を理解し，負担を受け容れてくださった皆様に，心より深謝申し上げたい。加えて，実験授業の場を与えてくださった滋賀大学教育学部附属中学校の2017年度校長　久保加織先生，複雑な授業計画を理解し，かつ生徒に寄り添う温かい授業をしてくださった井上哲志

先生，積極的に取り組んでくれた当時の第2学年生徒諸君にも，記して御礼申し上げたい。

なお，本書の公刊にあたっては，独立行政法人日本学術振興会から科学研究費助成事業（科学研究費補助金）研究成果公開促進費（学術図書）の交付を受けることができた。また，株式会社溪水社の木村逸司社長と宇津宮沙紀様には，本書の編集に多大な労をお執りいただいた。装丁では同社の土手佳枝様のお世話になった。

こうして振り返ると，当然ながら，著者が独りで生み出したものなど何もないことを痛感する。本書とて，越境と交流によって矛盾や困難を集団的に乗り越える，その過程での一産物に過ぎない。苦境の際に励ましてくれた旧友，これまでにご縁を賜った同人，友人，知人をはじめ全ての皆様に，重ねて心より御礼申し上げる。

最後に，身内話をお許し願いたい。家族には無理を強い続けてきた。研究を続ける上での厳しい生活を様々な形で支え続けてくれた4人の両親，研究の過程でいかにも辛そうにもだえ苦しむ私を叱責し，何のために誰のために自発的意志で研究を続けているのかを常に思い起こさせてくれた妻，変わり者の父をそれでも慕い，あちらこちらへと連れ出してくれた子らには，ただただ感謝するのみである。

加えて，あと一言。著者は学部生の時分に，もし単位を取り増すのであれば国語学や文学の専門科目を多く学ぶほうがよいか，あるいは違う校種や教科の単位を多く学んで教員免許を複数取得するほうがよいか，という相談を，なぜか父に持ちかけたことがある。父は教育学の世界とは無縁の一会社員であり，回答を特に期待しているわけではなかった。ところが父はその際，次の話をしてくれた。「今は一つのことに詳しい専門家，スペシャリストが重宝される時代だが，やがて細分化が進めば，いずれは何でも一通りはできるゼネラリストが求められる時代が訪れるだろう。」「より深い穴を掘ろうと思えば，穴の入口はどうしても広がっていくものである。深く掘りたいのなら，広く掘るほうがよい。」

博士課程に進んでこれまでの一連の研究を再構築する必要に迫られ，その理論的支柱を方々探し求めた末にようやく，学習を垂直次元面と水平次元面から「拡張」という概念で説明するエンゲストロームの拡張的学習理論に出合えたまさにそのとき，もう30年近くも前になる父の言葉が急に思い起こされた。長い時間を費やしてしまったが，結局ここで父のアイディアへ還っていくのかと，しみじみと感慨に浸った瞬間であった。

2019（令和元）年9月

舟　橋　秀　晃

〈注〉

【序章】

1) 山住勝広（2008）「革新的学習と教育システム開発の協働主体形成」関西大学人間活動理論研究センター『CHAT Technical Reports No. 7. 2007年度　研究報告』, 25-41.
2) Engeström, Y. (1987). *Learning by expanding.* Helsinki: Orienta-Konsultit Oy.（Y. エンゲストローム（1999）山住勝広・松下佳代・百合草禎二・保坂裕子・庄井良信・手取義宏訳『拡張による学習——活動理論からのアプローチ』新曜社）
3) Engeström, Y. (1994). *Training for change : new approach to instruction and learning in working life.* Geneva, Switzerland: International Labour Office.（Y. エンゲストローム,（2010）松下佳代・三輪建二監訳『変革を生む研修のデザイン——仕事を教える人への活動理論』鳳書房）
4) 間瀬茂夫（2013）「Ⅳ 4 ③理解方略指導研究」全国大学国語教育学会編『国語科教育学研究の成果と課題Ⅱ』学芸図書, 233-240.
5) 国立教育政策研究所編（2002）『生きるための知識と技能——OECD 生徒の学習到達度調査（PISA）2000年調査国際結果報告書』ぎょうせい
6) 大村はま（1996）『新編 教えるということ』ちくま学芸文庫
7) 井上裕一（1998）『国語科授業改革双書　説明的文章で何を教えるか』明治図書
8) 渋谷孝（1980）『説明的文章の教材研究論』明治図書
9) Toulmin, S. E. (1958). *The uses of argument.* Cambridge: Cambridge University Press.（スティーブン・トゥールミン（2011）戸田山和久・福澤一吉訳『議論の技法 トゥールミンモデルの原点』東京図書）
10) 井上尚美（1977）『言語論理教育への道——国語科における思考——』文化開発社
11) 渡部洋一郎（2016）「Toulmin Model：構成要素をめぐる問題と連接のレイアウト」日本読書学会『読書科学』第58巻第1号, 1-16.
12) 中央教育審議会教育課程部会国語ワーキンググループ資料3「国語ワーキンググループにおける取りまとめ（案）」（2016年5月31日）
13) 間瀬茂夫（2011）「説明的文章の論証理解における推論——共同的な過程における仮説的推論を中心に——」全国大学国語教育学会『国語科教育』第70集, 76-83.
14) 松本修（2013）「Ⅳ 2 ①読むことの教材論研究」全国大学国語教育学会『国語科教育学研究の成果と展望Ⅱ』学芸図書, 169-176.
15) 幸坂健太郎（2012）「国語科教育に関する雑誌掲載論考における『論理』・『論理的思考』概念の調査——2000年以降の論考を対象として——」全国大学国語教育学会『国語科教育』第72集, 41-48.
16) 舟橋秀晃（2000）「『論理的』に読む説明的文章指導のあり方——『国語教育基本論文作成』所収論考ならびに雑誌掲載論考にみる『論理』観の整理から——」全国大学国語教育学会『国語科教育』第47集, 33-40.

17) いくつかあるが，比較的早いものとしては次のものがある。前者は総合的な学習の時間，後者は社会科における例である。保坂裕子（2001）「総合学習カリキュラム創造におけるモデルの協働構築プロセス――ある公立小学校における教師の語りを通して」『京都大学大学院教育学研究科紀要』第47号，248-260．／山住勝広（1998）『教科学習の社会文化的構成――発達的教育研究のヴィゴツキー的アプローチ』勁草書房

【第1章】
1) 本節は，学位論文が成ったのち本書公刊までの間に，国語科に求められるカリキュラム開発の方向性を検討する目的で本節相当部分に加筆し発表した，次の論考を踏まえている。舟橋秀晃（2019a）「『学習のカリキュラム』論が提起する国語科『教育のカリキュラム』開発の課題――カリキュラム研究の思潮を踏まえて――」『大和大学研究紀要』第5巻教育学部編，37-44．
2) 柴田義松（2000）『教育課程――カリキュラム入門』有斐閣
3) 田中耕治（2011）「序章 今なぜ『教育課程』なのか」田中耕治・水原克敏・三石初雄・西岡加名恵『新しい時代の教育課程』第3版 有斐閣，1-16．
4) 松下佳代（2000）「第1部第二章 『学習のカリキュラム』と『教育のカリキュラム』」グループ・ディダクティカ編『学びのためのカリキュラム論』勁草書房，43-62．
5) 田中博之（2013）『カリキュラム編成論――子どもの総合学力を育てる学校づくり――』放送大学教育振興会
6) 文部科学省（2008）「第2章第1節 教育課程の意義」『小学校学習指導要領解説 総則編』PDF版，10-11．
7) ピアジェの発達段階論の発達心理学に占める位置や現在から見た課題は次に詳しい。中垣啓（2011）「ピアジェ発達段階論の意義と射程」『発達心理学研究』第22巻第4号 日本発達心理学会，369-380．
8) 例えば次を参照されたい。藤村宣之（2005）「9歳の壁：小学校中学年の発達と教育」子安増生編『やわらかアカデミズム・〈わかる〉シリーズ よくわかる認知発達とその支援』ミネルヴァ書房，134-135．
9) 安彦忠彦（2006）『改訂版 教育課程編成論――学校は何を学ぶところか』放送大学教育振興会
10) 中学校選択教科が縮小に至る経緯やそれまでの中教審の議論は次に詳しい。池田雅則（2012）「現行の教育課程に込められた政策意図――08年改訂『中学校学習指導要領』における選択教科の取り扱いに着目して――」『兵庫県立大学看護学部・地域ケア開発研究所紀要』第19巻 兵庫県立大学看護学部・地域ケア開発研究所，17-30．
11) ただし大学受験が目的化する進学校では，現状として制度が機能を発揮しているとは必ずしも言い難い。
12) 安彦忠彦（1999）「第七章 カリキュラムの評価的研究」安彦忠彦編『新版 カリキュラム研究入門』勁草書房，181-207．
13) 日本国語教育学会（1992）『ことばの学び手を育てる国語単元学習の新展開』全7巻 東洋館出版社

〈注〉

14) 日本国語教育学会（2010）『豊かな言語生活が拓く国語単元学習の創造』全7巻 東洋館出版社
15) 田近洵一（2013）「国語科目標論に関する研究の成果と展望」全国大学国語教育学会『国語科教育学研究の成果と展望 Ⅱ』学芸図書，15－22.
16) 科学的『読み』の授業研究会（2010）『国語授業の改革10 国語科教科内容の系統性はなぜ100年間解明できなかったのか──新学習指導要領の検証と提案』学文社
17) 筑波大学附属小学校国語教育研究部（2016）『筑波発 読みの系統指導で読む力を育てる 初等教育学の構築を目指して』東洋館出版社
18) 全国大学国語教育学会編著（2016）『国語科カリキュラムの再検討』学芸図書
19) 山元隆春（2016）「第1章第1節 読み・書きの将来と国語科教育の課題」全国大学国語教育学会編著『国語科カリキュラムの再検討』学芸図書，5－8.
20) 河野順子（2016）「第2章第1節『学びの履歴としてのカリキュラム』と『計画としてのカリキュラム』統合の必要性」全国大学国語教育学会編著『国語科カリキュラムの再検討』学芸図書，27－32.
21) 山元悦子（2016）「第2章第3節 話すこと・聞くことの特性に鑑みたカリキュラム作りの試み──出来事の瞬間を捉え導く編み上げ型カリキュラム──」全国大学国語教育学会編著『国語科カリキュラムの再検討』学芸図書，41－46.
22) 若木常佳（2011）『話す・聞く能力育成に関する国語科学習指導の研究』風間書房
23) 位藤紀美子監修（2014）『言語コミュニケーション能力を育てる──発達調査をふまえた国語教育実践の開発』世界思想社
24) 井上雅彦（2008）『伝え合いを重視した高等学校国語科カリキュラムの実践的研究』溪水社
25) 八田幸恵（2015）『教室における読みのカリキュラム設計』日本標準
26) 河野順子（2006）『〈対話〉による説明的文章の学習指導──メタ認知の内面化の理論提案を中心に』風間書房
27) 吉川芳則（2013）『説明的文章の学習活動の構成と展開』溪水社
28) 青山之典（2015）『論理的認識力を高めるための説明的文章の読みに関する小学校国語科スパイラルカリキュラムの開発』https://ir.lib.hiroshima-u.ac.jp/files/public/3/38648/20151222094250394370/k6620_3.pdf（2019年7月11日確認）
29) 間瀬茂夫（2017）『説明的文章の読みの学力形成論』溪水社
30) 春木憂（2017）『小学校国語科における説明的文章の授業開発とその評価──論理的に読み，考え，伝え合う学習指導過程を通して』溪水社
31) 本節は，本書の一部を成すものとして次の論考を加筆修正したものである。舟橋秀晃（2000）「『論理的』に読む説明的文章指導のあり方──『国語教育基本論文集成』所収論考ならびに雑誌掲載論考にみる『論理』観の整理から──」全国大学国語教育学会『国語科教育』第47集，33－40.
32) 間瀬茂夫（1997）「国語科教師による説明的文章の論理のとらえ方──インタビュー調査を通して──」『鳴門教育大学研究紀要（教育科学編）』12巻，29－39.
33) 井上尚美（1980）「シンポジウム 国語科における論理的思考力の育成 提案Ⅱ」全国大学国語教育学会『国語科教育』第27集，9－15.
34) 中村敦雄（1993）『日常言語の論理とレトリック』教育出版センター

35）寺井正憲（1998）「説明的文章教材の学習における自己世界の想像」『月刊国語教育研究』317号　日本国語教育学会，56-61．
36）飛田多喜雄・野地潤家監修（1994a）『国語教育基本論文集成　第14巻　国語科理解教育論（4）説明文教材指導論Ⅰ』明治図書
37）飛田多喜雄・野地潤家監修（1994b）『国語教育基本論文集成　第15巻　国語科理解教育論（5）説明文教材指導論Ⅱ』明治図書
38）以下，両巻によって確認した論考には「集成（14）」・「集成（15）」と記し，当該巻での頁数を記す。
39）次の各誌に掲載された論考を対象とした。その検索には森田信義監修（1997）『国語教育関係雑誌論文等総目録 Ver. 9703』フロッピーディスク（渓水社）を使用し，不足分は各号を調べた。1999年12月末日までに刊行された全号を範囲としたが，括弧書きのように一部未確認のものもある。未確認の論考は対象数に加えていない。『国語科教育』全国大学国語教育学会／『月刊国語教育研究』日本国語教育学会／『教育科学国語教育』明治図書／『実践国語研究』明治図書（3号・4号を除く）／『月刊国語教育』東京法令出版／『国語の教育』国土社（3号を除く）／『国語の授業』一光社／『国語の手帖』明治図書／『文芸教育』明治図書（74号　1997年6月まで）／『教育国語』教育科学研究会国語部会（2・26号　1997年7月まで）。
40）難波博孝（1998）「説明文指導研究の現状と課題」『国語教育の理論と実践　両輪』26号　両輪の会，6-15．
41）汐見稔幸（1989）「存在の論理，思考の論理と言語の論理を照応させる能力を」『教育科学国語教育』414号　明治図書，13-16．
42）小田迪夫（1994）「連載　論理的表現の基礎訓練学習　論理と論理的表現」『教育科学国語教育』490号　明治図書，115-119．
43）井上一郎（1989）「読者の論理」『教育科学国語教育』414号　明治図書，21-24．
44）小田迪夫（1984）「論理形成の読みと論理吟味の読み」日本国語教育学会『月刊国語教育研究』146号，7-11．
45）多数あるが，例えば次のものが挙げられる。森慎（1999）「提案　論理的思考力をつける説明的文章の読み」『国語の授業』152号　一光社，4-7．／岩田道雄（1999）「論理的な思考力を国語科でどう育てるか」『月刊国語教育』226号　日本国語教育学会，24-27．
46）杉田知之（1989）「論理を鍛える説明文の批判読み」『教育科学国語教育』405号　明治図書，74-77．
47）鶴田清司（1990）「非論理的な文章で論理的思考力を育てる」『教育科学国語教育』422号　明治図書，14-16．
48）植山俊宏（1990）「論理的認識力育成を軸とした説明的文章の読み」『教育科学国語教育』434号　明治図書，35-39．
49）米田猛（1990）「筆者の論理と読者の論理」『教育科学国語教育』434号　明治図書，79-82．
50）森田信義（1996）「『論理体験』としての読みの実現」『教育科学国語教育』519号　明治図書，14-18．
51）阿部昇（1999）「『構造』『論理』『吟味』」『月刊国語教育』223号　東京法令出版，

86-91.
52) 宇佐美寛（1992）「論理的表現の能力」『月刊国語教育』459号　東京法令出版，89-93.
53) 高木まさき（1997）「論理の力を育む『他者』という視点」『月刊国語教育研究』303号　日本国語教育学会，4-9.
54) 例えば次のものが挙げられる。永野賢（1987）「国語科における論理的思考力」『教育科学国語教育』385号　明治図書，17-20.／大熊徹（1987）「論理的思考力育成と文章論」『教育科学国語教育』385号　明治図書，31-36.
55) 小田迪夫（1979）「シンポジウム　国語科における論理的思考力の育成　提案Ⅲ」全国大学国語教育学会『国語科教育』第27集，15-20.
56) 寺井正憲（1997）「説明的文章の基本的な指導過程」『中学校国語科教育実践講座』第6巻　ニチブン，221-229.
57) 河合正直（1984）「論理展開の個性を読む」日本国語教育学会『月刊国語教育研究』146号，22-26.
58) 相澤秀夫（1986）「文章の個性と論理を読みとる」『教育科学国語教育』368号　明治図書，78-83.
59) 永野賢（1960）「論理的思考力を高める段落指導」『教育科学国語教育』17号　明治図書，1-6.
60) 森田信義（1998）『説明的文章教育の目標と内容——何を，なぜ教えるのか——』渓水社，14-18.
61) 例えば次の文献は，一般意味論や，それと国語教育との関連を論じている。井上尚美・福沢周亮（1996）『授業改革理論双書　国語教育・カウンセリングと一般意味論』明治図書
62) 中村敦雄（1993）は，アメリカの大学教育で「論理学の入門の課程では，伝統的に形式論理学が教えられてきた」ことを学生が「現実の議論と遊離」して「役に立たない」と批判し，これに応えて非形式論理学がはじまり，1970年代以降は各種のテキストが発行され，その数が「その後も増えてきている」と紹介した（pp. 68-69）。なお，これに近い日本での試みは，例えば野矢茂樹（1997）『論理トレーニング』（産業図書）に見出せる。
63) 可知悦子（1999）「読み手の体験を通して論理的思考力を」『国語の授業』152号　一光社，14-19.
64) 大西忠治（1971）「『論理読み』を主体として」『国語の教育』42号　国土社，82-87.
65) 長畑龍介（1985）「事実と論理を追求するおもしろさを」『教育科学国語教育』353号　明治図書，63-68.
66) 大河内義雄（1996）「論理的に考える技術を教える教材の充実を」『教育科学国語教育』519号　明治図書，19-23.
67) 大西忠治（1981）『説明的文章の読み方指導』明治図書
68) 岡本明人（1996）「ディベートで教えられる『論理的思考』」『教育科学国語教育』527号　明治図書，13-16.
69) 西郷竹彦（1978）「説明文指導のめざすもの」『文芸教育』24号　明治図書，集成

(15) 210-240.
70) 小田迪夫（1978）「必要条件として生かすべき提案」『文芸教育』24号　明治図書，集成 (15) 240-250.
71) 植山俊宏（1998）「説明文実践の質的検討――納得自覚の観点に基づいて――」全国大学国語教育学会研究発表資料。この資料には，「『小動物の退治』能力とその解明結果との関係は，注意深く読むと必要条件と望ましい条件とが混同している。（略）簡単に結論づけるならば，この論理の欠陥は，この説明文の主題に関する説明の骨格をなしており，致命的である。印象的な現象について説明を重ねて，本質的な論理的証明をずらしてしまった」(p.8) とある。
72) 例えば，次の2論考がそれに該当する。倉田真行（1985）「この説明文教材でどんな認識を育てるか　小学校六年　またとない天敵　金光不二夫」『文芸教育』47号　明治図書，89-91。また，関下俊郎（1985）「この説明文教材でどんな認識を育てるか　小学校六年　またとない天敵　金光不二夫」『文芸教育』47号　明治図書，92-94。
73) 高橋泰（1972）「文章の論理的な組み立てに注意し中心の部分と付加的な部分とを読み分ける」『教育科学国語教育』165号　明治図書，66-71.
74) 貴島淳太郎（1972）「文章の論理的な組み立てを的確に読みとる」『教育科学国語教育』165号　明治図書，72-77.
75) 思考過程に沿って書かれた文章は，論理関係の順でなく思考過程の順（時間の順）に叙述が進む。これに関し寺井正憲（1987）は「フシダカバチの秘密」を例に，自然科学分野の説明的文章では筆者の思考過程に沿って叙述が進む傾向があることを指摘する。また，植山俊宏（1987）の言う「課題解明型」文章と「話題説明型」文章のうち前者も，論理関係より思考過程の順に叙述が進む。寺井正憲（1987）「自然科学的な説明的文章における文章構成モデル」筑波大学人文科教育学会『人文科教育研究』14号，集成 (15) 500-525.／植山俊宏（1987）「説明的文章の読みの過程」広島大学教科教育学会『教科教育学会紀要』4号，集成 (15) 525-548.
76) 次の論考がこれを指摘している。吉原順平（1990）「実験の論理と説明の論理」『国語の授業』98号　一光社，67-70.
77) 幸坂健太郎（2012）「国語科教育に関する雑誌掲載論考における『論理』・『論理的思考』概念の調査――2000年以降の論考を対象として――」全国大学国語教育学会『国語科教育』第72集，41-48.
78) 舟橋秀晃（2000）「『論理的』に読む説明的文章指導のあり方――『国語教育基本論文作成』所収論考ならびに雑誌掲載論考にみる『論理』観の整理から」全国大学国語教育学会『国語科教育』第47集，33-40.
79) 井上尚美（1998）『21世紀型授業づくり126　思考力育成への方略――メタ認知・自己学習・言語論理――』明治図書
80) 中村敦雄（1993）『日常言語の論理とレトリック』教育出版センター
81) 竹長吉正編（1996a）『国語科授業改革双書　説明文の基本読み・対話読み〈1〉理論編』明治図書／竹長吉正編（1996b）『同〈2〉小学校編』同／竹長吉正編（1996c）『同〈3〉中学校編』同
82) 河野順子（1996）『対話による説明的文章セット教材の学習指導』明治図書

〈注〉

83）平林一栄（1976）「算数科教育よりみた説明文指導」『国語科教育学研究』3集　明治図書，集成（15）169－183．
84）本節は，本書の一部を成すものとして次の論考を加筆修正したものである．舟橋秀晃（2015）「国語科『読むこと』教材のあり方――小中学校学習指導要領にみる教科書教材ならびに教科書外教材の位置づけの変遷を踏まえて――」『大和大学研究紀要』第1巻，161－171．
85）塚田泰彦（2009）「第3章　4　教材・学習材の研究と開発」全国大学国語教育学会編『国語科教育実践・研究必携』学芸図書，74－82．
86）森田真吾（2014）「多様な言語材を活かした国語科指導の可能性について（1）――国語教科書と多様な言語材との関係――」千葉大学教育学部『千葉大学教育学部研究紀要』第62巻，239－247．
87）吉川芳則（2013）『説明的文章の学習活動の構成と展開』渓水社
88）難波博孝（2014）「こわれたメディアとしての説明的文章教材――言論の場からみる，その問題と克服の方向――」全国大学国語教育学会『国語科教育研究　第126回名古屋大会研究発表要旨集』，229－229．
89）飛田多喜雄・野地潤家監修（1994c）『国語教育基本論文集成　第7巻　国語科教育内容論　教材・教科書論』明治図書。以下，同巻によって確認した論考には「集成（7）」と記し，当該巻での頁数を記す。
90）安藤修平（1987）「戦後中学校国語教材の史的展開〈その1〉」　全国大学国語教育学会『国語科教育』第34集，集成（7）69－82．
91）浜本純逸（1979）「国語教育の教材」倉沢栄吉ほか編著『教育学講座8　国語教育の理論と構造』学習研究社，集成（7）217－232．
92）田近洵一（1982）「国語科の教材論」井上尚美ほか編著『国語科の教育研究』教育出版，集成（7）232－241．
93）大村はま（1983b）「講演　ひとりひとりを育てる国語の授業」大村はま『大村はま国語教室　第11巻』筑摩書房，集成（7）250－263．
94）平井昌夫（1951）「これからの国語教科書のありかた」『実践国語』第2巻第10号穂波出版社，集成（7）311－320．
95）仲田湛和（1975）「教科書の取り扱いと自主教材選択の問題――国語の場合」『授業研究情報7』明治図書，集成（7）242－250．
96）古田拡（1955）「教科書の位置」古田拡『国語教材研究』法政大学出版局，集成（7）337－344．
97）倉澤栄吉（1948）「『国語教材』をどうみたらよいか」倉澤栄吉『国語学習指導の方法』世界社，集成（7）86－91．
98）平井昌夫（1951），注94と同一。
99）増淵恒吉（1970）「国語科の資料」大学国語教育研究会編『国語科教育学入門　小学校編』有精堂，集成（7）115－125．
100）大村はま（1983），注93と同一。
101）輿水実（1965）「国語教材の近代化」『教育科学国語教育』No.85　明治図書，集成（7）12－20．
102）石森延男（1971）「国語教科書私見」『国語の教育』No.37（正）・No.39（続）国土

社，集成（7）357-375．
103）井関義久（1976）「国語学習材試論——精選のめやす——」『季刊国語教育誌』第18号　全日本国語教育学会，集成（7）264-276．
104）輿水実（1950）「進歩した国語教科書の要件」輿水実『国語科概論』有朋堂，集成（7）302-310．
105）さがわ・みちお（1957）「国語教育の体系をうちたてるために」教育科学研究会『教育』No.82，集成（7）132-145．
106）国分一太郎（1963）「みたび『教材化』について」『教育科学国語教育』No.52　明治図書，集成（7）92-102．
107）大槻和夫（1975）「小国＝わかる授業と教材精選の視点」『授業研究情報』7　明治図書，集成（7）179-191．
108）大久保忠利（1953）「国語の教科書をえらぶ心構え」『実践国語』第14巻第153号　穂波出版社，集成（7）329-336．
109）小川末吉（1971）「新国語科教科書の人間像について」『教育科学国語教育』No.147　明治図書，集成（7）393-408．
110）丹藤博文（2010）「言語論的転回としての文学の読み」愛知教育大学『愛知教育大学研究報告　人文・社会科学編』第59輯，1-5．

【第2章】

1）他にもあるが，各氏一つずつ挙げる。渋谷孝（1980）『説明的文章の教材研究論』明治図書／森田信義（1984）『認識主体を育てる説明的文章の指導』溪水社／小田迪夫（1986）『説明文教材の授業改革論』明治図書
2）松本修（2013）「Ⅳ2①読むことの教材論研究」全国大学国語教育学会『国語科教育学研究の成果と展望Ⅱ』学芸図書，169-176．
3）井上尚美（1976）「トゥルミンの『論証モデル』について」東京学芸大学『東京学芸大学紀要』第2部門人文科学27，151-160．
4）同様の指摘は多くあるが，例えば次のものが詳しい。松井孝雄（1995）「第9章　推理」森敏昭・井上毅・松井孝雄『グラフィック　認知心理学』サイエンス社，190-208．
5）氏川雅典（2007）「トゥールミンの議論モデルの変容——批判から寛容へ——」『ソシオロゴス』No.31，1-19．
6）鶴田清司（2014）「Ⅰ国語科を中心とした言語活動の充実〜論理的な思考力・表現力を育てるために〜」鶴田清司・河野順子編著『論理的思考力・表現力を育てる言語活動のデザイン 中学校編』明治図書，13-63．
7）牧野由佳里（2008）『「議論」のデザイン　メッセージとメディアをつなぐカリキュラム』ひつじ書房
8）Pritchard, A., & Woollard, J.(2010). *Psychology for the classroom: constructivism and social learning. Psychology for the classroom series.* London: Routledge．（A. プリチャード・J. ウーラード（2017）田中俊也訳『アクティブラーニングのための心理学　教室実践を支える構成主義と社会的学習理論』北大路書房）

〈注〉

9) 塚田泰彦（2016）「国語科教育におけるテクストと考えることの関係の再定位」日本読書学会『読書科学』第58巻第3号，157–169.
10) 塚田泰彦（1999）「学習者のテクスト表現過程を支える21世紀のパラダイム」全国大学国語教育学会『国語科教育』第46集，8–9.
11) 西郷竹彦（1996）『西郷竹彦　文芸・教育全集第4巻　教育的認識論』恒文社
12) 井上尚美・大内善一・中村敦雄・山室和也編（2012）『論理的思考を鍛える国語科授業方略　中学校編』溪水社
13) 難波博孝・三原市立木原小学校（2006）『楽しく論理力が育つ国語科授業づくり』明治図書
14) 春木憂（2017）『小学校国語科における説明的文章の授業開発とその評価──論理的に読み，考え，伝え合う学習指導過程を通して』溪水社
15) 山住勝広（2004）『活動理論と教育実践の創造　拡張的学習へ』関西大学出版部
16) Engeström, Y. (1987). *Learning by expanding*. Helsinki: Orienta-Konsultit Oy.（Y. エンゲストローム（1999）山住勝広・松下佳代・百合草禎二・保坂裕子・庄井良信・手取義宏訳『拡張による学習──活動理論からのアプローチ』新曜社）
17) Engeström, Y. (1987)（Y. エンゲストローム，1999），pp. 163–182から特徴的な文言を抜粋して構成した。
18) エンゲストロームは，自らを「第三世代」と位置づけている。第一世代はヴィゴツキーの研究に基づき，第二世代はレオンチェフの研究に基づき，いずれも歴史や発達という「垂直次元」に焦点を合わせていたことに対し，第三世代は「水平次元」を基礎とする「文化的多様性」の次元を強調するところに自らの論の特徴を見出している。
19) Engeström, Y. (1994). *Training for change: new approach to instruction and learning in working life*. Geneva, Switzerland: International Labour Office.（Y. エンゲストローム（2010）松下佳代・三輪建二監訳『変革を生む研修のデザイン──仕事を教える人への活動理論』鳳書房）
20) 松下佳代（2010）「解説」，Y. エンゲストローム（2010）松下佳代・三輪建二監訳『変革を生む研修のデザイン──仕事を教える人への活動理論』鳳書房，187–202.
21) Y. エンゲストローム（2010a）「日本語版への序　インターネットとグローバル化の時代における本書の意味」，Y. エンゲストローム（2010）松下佳代・三輪建二監訳『変革を生む研修のデザイン──仕事を教える人への活動理論』鳳書房，ⅰ–ⅲ.
22) 柴田義松（2006）『寺子屋新書　ヴィゴツキー入門』子どもの未来社
23) 例えば，長谷川祥子（2012）『中学校新国語科　系統的指導で論理的思考力＆表現力を鍛える授業アイデア24』明治図書．
24) 西郷竹彦・文芸教育研究協議会（2005）『文芸研・新国語教育事典』明治図書
25) 若木常佳（2011）『話す・聞く能力育成に関する国語科学習指導の研究』風間書房。なお，氏の言う「馴化」の指す意味内容は，心理学概念としての，ある刺激が繰り返し提示されることでその刺激に対する反応が徐々に薄れていく現象というよりは，生物学概念としての，異なった環境に体質的に順応していく可逆的変化のほうに近い。
26) 佐伯胖（1994）「思考の状況依存性について：領域固有性から文化的実践へ」一般

社団法人電子情報通信学会『電子情報通信学会技術研究報告．TL，思考と言語』94 (378)，1-8.
27) 野村亮太・丸野俊一（2012）「個人の認識論から批判的思考を問い直す」日本認知科学会『認知科学19（1）』，9-21.
28) Kuhn, D. (1999). *A developmental model of critical thinking.* Educational Researcher, 28, 16-26.
29) 難波博孝（2008）『母語教育という思想――国語科解体／再構築に向けて――』世界思想社
30) 間瀬茂夫（2001）「間テクスト性に注目した説明的文章の読みの学習指導論の構想」島根大学教育学部国文学会『国語教育論叢』，15-27.
31) 青山之典（2014）「間テクスト性に着目して，表現主体の背景を想定することの意義――説明的文章の読みの指導に焦点をあてて――」『比治山大学紀要』21号，131-142
32) 香西秀信（1995）『オピニオン叢書20　反論の技術――その意義と訓練方法――』明治図書
33) 岩本一（2001）「間テクスト性――その展開と関連性について――」『dialogos』1号（東洋大学文学部紀要　第54集　英語コミュニケーション学科篇），39-57.
34) 学習指導要領にも様々な課題は常に存在する。しかしながらここでは，学校現場における学習者の実態と指導者や教科書教材の実情を踏まえて何度も改訂を重ねた，我が国教育の現時点での全体的な水準が概ね把握できるものとして学習指導要領を扱っている。
35) 間瀬茂夫（2017）『説明的文章の読みの学力形成論』渓水社

【第3章】

1) 間瀬茂夫（2009）は実際に様々見られる論理観を「論理学的観点」「修辞学的観点」「言語学的観点」「認識論的観点」に整理した。本研究ではこの1・4番目を論理の問題として捉える。それは，説得の作用はレトリックによるものでロジック自体の問題ではなく，また文章の展開は論証の構造を文字列に線条展開して表現する際の問題で，厳密には論証自体の問題ではないからである。なおトゥールミン・モデルのような非形式論理学的知識に依拠すれば，1番目と4番目を併せて扱い，形式論理学だけでは扱い切れない日常の議論の吟味の問題とその問題を生む人間の認識傾向の問題に対応できると考えられる。間瀬茂夫（2009）「説明的文章の読みにおける『論理』の再検討」『広島大学大学院教育学研究科紀要 第二部』第58号，103-111.
2) 長﨑秀昭（2011）「説明的文章教材の文末表現『のです』に関する研究」『弘前大学教育学部紀要』105号，9-17.
3) 渋谷孝（1980）『説明的文章の教材研究論』明治図書
4) 例えば次の論考では，理科の立場から小中学校国語教科書の科学的説明文の内容を調査し，国語の授業では「小学校の場合は，国語も理科も同じ教師が授業を行うことが多いと思われるので，できれば，科学的内容をもう少し扱って欲しいものである」と結論づけている。森本弘一・大井邦裕・岡本歩未（2007）「小学校，中学校国語教

〈注〉

科書と理科学習の関連について」『奈良教育大学紀要』第56巻第1号（人文・社会），135‐139.
5）小田迪夫（1986）『説明文教材の授業改革論』明治図書
6）模範的ではない教材を使用する必要性は1970年代に言語論理教育の立場から井上尚美氏らが主張し，言語教材として国語教科書に掲載されたこともある。しかし近年はその教材の説明的文章教材としての必要性も指摘されている。例えば次の実践報告がある。光野公司郎（2002）「国語科教育におけるメディア・リテラシー教育――説明的文章指導（中学校第二学年）においての批判的思考力育成の実践を中心に――」全国大学国語教育学会『国語科教育』第52集，56‐63.
7）認知心理学あるいは教師教育の観点からも，説明的文章教材に対して例えば次のような提案が現れている。三宮真智子「説明に対するメタ認知能力を高めるための『不完全な説明』教材導入の試み」『鳴門教育大学情報教育ジャーナル』No.6，25‐28.
8）渋谷孝（1984）『説明的文章の教材本質論』明治図書
9）森田信義編著（1988）『説明的文章の研究と実践――達成水準の検討――』明治図書
10）幾田伸司（2013）「教科書教材史研究」全国大学国語教育学会『国語科教育学研究の成果と展望Ⅱ』学芸図書，177‐184.
11）松本修（2013）「Ⅳ 2 ①読むことの教材論研究」全国大学国語教育学会『国語科教育学研究の成果と展望Ⅱ』学芸図書，169‐176.
12）岸学（2004）『説明文理解の心理学』北大路書房
13）甲田直美（2009）『文章を理解するとは――認知の仕組みから読解教育への応用まで』スリーエーネットワーク
14）犬塚美輪・椿本弥生（2014）『論理的読み書きの理論と実践――知識基盤社会を生きる力の育成に向けて――』北大路書房
15）間瀬茂夫（2017）『説明的文章の読みの学力形成論』渓水社
16）古賀洋一（2015）「中学校説明的文章教材の方略的読みの系統性――中学校二年生教材を中心に――」広島大学大学院教育学研究科国語文化教育学講座『論叢国語教育学』11号，13‐29.
17）寺井正憲（1986）「説明的文章教材論――文章構成に着目した説明的文章の典型と系統化――」『人文科教育研究』第13号　人文科教育学会，75‐90.
18）注1を参照されたい。
19）光野公司郎（2004）『国際化・情報化社会に対応する国語科教育――論証能力の育成指導を中心として――』渓水社／光野公司郎（2009）『「活用・探究型授業」を支える論証能力』明治図書
20）岩永正史（2007）「小学校説明文教材系統案作成の試み（1）」『山梨大学教育人間科学部紀要』第9巻，114‐121.／岩永正史（2009）「小学校説明文教材系統案作成の試み（2）」『山梨大学教育人間科学部紀要』第11巻，91‐98.／岩永正史・皆川恵子（2013）「小学校説明文教材系統案作成の試み（3）」『山梨大学教育人間科学部紀要』第15巻，113‐119.
21）井上尚美（1989）『教育新書　言語論理教育入門――国語科における思考――』明治図書

22) 光野（2004）は帰納を「具体的な事例・事実から一般的な判断を導く一般化を指すもの」(p. 28) と定義している。
23) 野村・丸野訳の表では「多角主義者」と記されているが，多重主義者と訳すのがより適切であることは第2章で指摘した。
24) 香西秀信（1995）『オピニオン叢書20　反論の技術――その意義と訓練方法――』明治図書
25) 学術論文よりも随想に近い評論文は，光野氏の分類では日常意見型に近いと考えられるが，学校図書の教材や高校の教材には哲学的考察が多く含まれ，むしろ人文科学の領域に踏み込んでいる点では科学論文型の範疇であるとも考えられるため，うまく整理できない。
26) 本項は，本書の一部を成すものとして次の論考の一部を加筆修正したものである。舟橋秀晃（2016a）「中学校国語教科書における説明的文章教材のカリキュラム性――平成28年度版第1学年にみる『事実と意見』の表現から――」『大和大学研究紀要』第2巻，239-248.
27) 本項は，本書の一部を成すものとして次の論考の一部を加筆修正したものである。舟橋秀晃（2017）「中学校第2学年国語教科書における説明的文章教材のカリキュラム性――平成28年度版にみる『理由づけ』の特徴から――」『大和大学研究紀要』第3巻教育学部編，21-31.
28) 米盛裕二（2007）『アブダクション――仮説と発見の論理』勁草書房

【第4章】

1) 幾田伸司（2009）「メディア・リテラシー教材としての伝記の可能性」日本国語教育学会『月刊国語教育研究』通巻442号，52-59.
2) 難波博孝（2008）『母語教育という思想――国語科解体／再構築に向けて――』世界思想社
3) 塚田泰彦（1999）「学習者のテクスト表現過程を支える21世紀のパラダイム」全国大学国語教育学会『国語科教育』第46集，8-9.
4) 小野寺泰子（2015）「43 複数教材」髙木まさき・寺井正憲・中村敦雄・山元隆春編著『国語科重要用語事典』明治図書，54.
5) 森田信義（1998）『説明的文章教育の目標と内容――何を，なぜ教えるのか――』溪水社
6) 河野順子（1996）『対話による説明的文章セット教材の学習指導』明治図書
7) 吉川芳則（2013）『説明的文章の学習活動の構成と展開』溪水社
8) 松田雄輔・坂東智子（2017）「説明的文章の単元計画についての研究――単元計画指標モデルの作成を通して――」『山口大学教育学部研究論叢（第1部）』山口大学教育学部 第66巻第1号，69-80.
9) 奥泉香（2015）「メディア・リテラシー教育の実践が国語科にもたらした地平」浜本純逸監修 奥泉香編『ことばの授業づくりハンドブック　メディア・リテラシーの教育　理論と実践の歩み』溪水社，5-18.
10) 舟橋秀晃（2005）「指導の系統を意識した教材配列を」日本国語教育学会『月刊国

語教育研究』通巻404号，16－21．
11）河野順子（2006）『〈対話〉による説明的文章の学習指導』風間書房
12）岩井伸江（2000）「伝え合う力を高める国語科授業」『実践国語研究』No.213　明治図書，102－106．
13）村田久美子（2015）「目的に応じて要約ができる児童の育成をめざして」『実践国語研究』No.328　明治図書，34－36．
14）宮城瞳（2013）「知りたい！　聞きたい！　伝えたい！　言葉の果てまで行ってみよう！」『実践国語研究』No.319　明治図書，36－38．
15）清水香織（2002）「往還・進化する学習過程」日本国語教育学会『月刊国語教育研究』通巻366号，24－25．
16）片山順也（2010）「比べ読みで評価できる読み手を育てる」日本国語教育学会『月刊国語教育研究』通巻459号，58－65．
17）八戸理恵（2008）「情報・資料を活用し再構成する力を付けるための工夫」『実践国語研究』No.290　明治図書，121－125．
18）安冨江理（2006）「比べ読みで説明する力を育てる」『実践国語研究』No.274　明治図書，21－24．
19）黒尾敏（2007）「『もう一つの教材』をぶつけてみる」『実践国語研究』No.284　明治図書，77－80．
20）加藤咲子（2008）「『入力―思考―出力』を意識する」『実践国語研究』No.290　明治図書，55－58．
21）黒尾敏（2004）「サブテキストを加工してメインテキストに挿入する」『実践国語研究』No.258　明治図書，76－77．
22）青山由紀（2008）「メディアと言葉が行き来する単元の構想」日本国語教育学会『月刊国語教育研究』通巻437号，10－15．
23）岩本初美（2004）「筆者に寄りそって読み取り自分の考えを持つための手立て」『実践国語研究』No.258　明治図書，93－96．
24）牧岡優美子（2008）「自分の考えを形成するために読む」『実践国語研究』No.291　明治図書，42－45．
25）平櫛和男（2003）「説明力を育てる単元学習」『実践国語研究』No.248　明治図書，58－61．
26）杉本直美（2004）「『『めぐる輪』の中で生きる』の授業実践」『実践国語研究』No.258　明治図書，57－61．
27）舟橋秀晃（2002）「『批判的な構えで文章を吟味する』姿勢の育成――『論理的』に読む学習の初歩として（中一）――」日本国語教育学会『月刊国語教育研究』通巻360号，60－65．
28）大塚みどり（2004）「主体的に文章を読み，ものの見方・考え方を深めさせる」『実践国語研究』No.258　明治図書，78－79．
29）杉田あゆみ（2008）「言語活動を通して『読む力』を育てる」『実践国語研究』No.291　明治図書，62－65．
30）舟橋秀晃（2009a）「説明的文章を読み，意見文を書いて読み合う授業の実践」日本国語教育学会『月刊国語教育研究』通巻446号，16－21．

31）舟橋秀晃（2012b）「"持つべき問い"を育てる発問をこそ」『実践国語研究』No.315　明治図書，57－59．
32）次の論考では舟橋秀晃（2012b）で記述した実践と同一の事例について別の目的で考察を加えているため，文献としては数えたが事例としては数えなかった。舟橋秀晃（2013）「言語活動を通して『論理的』かを判断する基準や観点の指導を」日本国語教育学会『月刊国語教育研究』通巻496号，16－21．
33）望月理子（2013）「指導と評価の一体化をめざして」日本国語教育学会『月刊国語教育研究』通巻499号，8－9．
34）舟橋秀晃（2009b）「是々非々の構えで主張と根拠の点検を」『実践国語研究』No.296　明治図書，59－61．
35）坂本まゆみ（2007）「単元『異』文化との出会い・違いを豊かさに」日本国語教育学会『月刊国語教育研究』通巻419号，52－57．
36）野田守彦（2002）「自らの思いや考えを豊かに表現するための情報活用能力の育成」日本国語教育学会『月刊国語教育研究』通巻364号，16－21．
37）渡辺敦（2004）「情報の発信と受信」『実践国語研究』No.250　明治図書，95－98．
38）本節では，前節の舟橋秀晃（2012b；2013）と舟橋秀晃（2009b）に記載の各実践例について稿を改めて詳述した次の論考の一部を，本書の一部を成すものとして再構成のうえ加筆修正して使用している。ただし第3項については別に記す。舟橋秀晃（2012a）「『理由づけ』に着目して『論理的』に読む説明的文章の授業──『学び合い高め合う国語学習』を目指して──」『滋賀大学教育学部附属中学校研究紀要』第54集，14－19．／舟橋秀晃・北村拓也（2010）「〈伝達〉から〈探究〉へ学習を変える工夫〜領域別ポイントと授業事例〜──学び合い高め合う国語学習の創造（3）──」『同』第52集，20－27．
39）岩永正史（2000）「説明文教材の論理構造と読み手の理解──彼らはどのように『論理的に』考えるのか──」井上尚美編集代表『言語論理教育の探究』東京書籍，212－227．
40）単元「紙から事実を拾うには〜説明文を読む〜」（中2），舟橋秀晃（2007b）「『読むこと』の授業づくり 中学校『分かりやすさ』を吟味する読みをこそ──『分かりやすさ』が『正しさ』をゆがめていないか」『日本語学』第26巻第14号　明治図書，46－58．pp.55－57．
41）中学校国語科教科書の教材数の変化については次の論考で詳述した。舟橋秀晃（2005．12）「指導の系統を意識した教材配列を──『話題』にとどまらせることなく──」日本国語教育学会『月刊国語教育研究』通巻404号，16－21．
42）竹長吉正編（1996a；1996b；1996c）『国語科授業改革双書　説明文の基本読み・対話読み』3冊組（第1章の注81に同じ），明治図書
43）河野順子（1996）『対話による説明的文章セット教材の学習指導』明治図書
44）大内善一（2011）「『国語単元学習』の生命線としての『実の場』」日本国語教育学会『月刊国語教育研究』通巻476号，36－37．
45）口頭発表　舟橋秀晃「『論理的』に読む力を伸ばすための説明的文章教材の開発──練習教材『これでいいかな？　ここはいいかな？』ワークシートの試作と改訂案」滋賀大国文会平成18年度研究発表会（2006年12月3日，滋賀大学教育学部）

〈注〉

46) 本目では，平成18年度科学研究費補助金奨励研究（課題番号18902006）「『論理的』に読む力を伸ばすための説明的文章教材の開発」の成果報告として記した次の論考の一部を，本書の一部を成すものとして加筆修正して使用している。舟橋秀晃（2007a）「学び合い高め合う国語学習の展開――『論理的』に読む力を伸ばすための説明的文章教材の開発――」『滋賀大学教育学部附属中学校研究紀要』第49集，12‐16.

47) なお，12の類型の絞り込みやその文例の創作にあたっては次の文献を参照した。Zechmeister, E. B., & Johnson, J. E. (1992). *Critical thinking: A functional approach*. Pacific Grove, CA: Books-Cole. （E. B. ゼックミスタ，J. E. ジョンソン（1996）宮元博章ほか訳『クリティカル　シンキング《入門篇》　あなたの思考をガイドする40の原則』北大路書房）／Browne, M. N., & Keeley, S. M. (2001). *Asking the Right Questions: A guide to critical thinking*. (6th ed.) Englewood Cliffs, NJ: Prentice-Hall. （M. N. ブラウン・S. M. キーリー（2004）森平慶司訳『質問力を鍛えるクリティカル・シンキング練習帳』PHP研究所）／小野田博一（2002）『論理思考力を鍛える本　問題演習』日本実業出版社

48) Pritchard, A., & Woollard, J.(2010). *Psychology for the classroom: constructivism and social learning. Psychology for the classroom series*. London: Routledge.（A. プリチャード・J. ウーラード（2017）田中俊也訳『アクティブラーニングのための心理学　教室実践を支える構成主義と社会的学習理論』北大路書房）

49) 大島純（2004）「11 新しい学習理論と教室への応用」波多野誼余夫・大浦容子・大島純編著『学習科学』放送大学出版会，133‐142.

50) 甲斐伊織（2010）「アプロプリエーションの立場からみた国語科教師の役割」『早稲田大学大学院教育学研究科紀要別冊』18巻1号，21‐31.

51) 藤原顕（2008）「アプロプリエーションとしての国語科教科内容の学習」全国大学国語教育学会『国語科教育』第64集，9‐10.

52) 藤原顕（2013）「Ⅷ 6 ②社会文化的アプローチの展開」全国大学国語教育学会編『国語科教育学研究の成果と展望Ⅱ』学芸図書，529‐536.

53) 本節は，本書の一部を成すものとして次の論考を加筆修正したものである。舟橋秀晃（2009c）「『論理的』に理解し表現する力を伸ばす指導のあり方――本校『情報科』での実践を踏まえて考える，国語科で必要な指導法と教材――」全国大学国語教育学会『国語科教育』第66集，51‐58.

54) 西部直樹（1994）「教室ディベート文献の批判」，『授業づくりネットワーク』通巻77号　学事出版，19‐24.（この稿ではペンネーム西部直希を使用）

55) 幾田伸司（2007）「反論するということ」日本国語教育学会『月刊国語教育研究』通巻421号，36‐37.

56) 森田信義（1989）『筆者の工夫を評価する説明的文章の指導』明治図書

57) 森田信義（1991）『説明的文章教材の実践研究文献目録　第二集』溪水社

58) 舟橋秀晃（2002）「『批判的な構えで文章を吟味する』姿勢の育成――『論理的』に読む学習の初歩として（中一）――」日本国語教育学会『月刊国語教育研究』通巻360号，60‐65.

59) 渡辺健介（2007）『世界一やさしい問題解決の授業――自分で考え，行動する力が身につく』ダイヤモンド社

60）中村敦雄（1993）『日常言語の論理とレトリック』教育出版センター
61）第5時のワークシート作成にあたっては次の文献の特に「第4章　その考え方は正しいのだろうか？」（pp. 105-144）を参照した。菊池聡（1998）『ブルーバックス　超常現象をなぜ信じるのか　思い込みを生む「体験」のあやうさ』講談社
62）第6時のワークシート作成にあたっては渡辺健介（2007）を参照した。
63）第7時のワークシートに掲載したのは中村敦雄（1993）の実践で使用された新聞広告「安全を守る二〇円」（pp. 166-167），投書「高齢者の乗車混雑時避けよ」（pp. 169）・「すがすがしい鹿実の無盗塁」（pp. 170-171）である。
64）第8時のワークシート表面に掲載したのは中村敦雄（1993）の実践で使用された「『机を傷つけた』生徒から弁償金」（pp. 180-182）である。
65）宇佐美寛（1993）『オピニオン叢書「議論の力」をどう鍛えるか』明治図書
66）香西秀信（1995）『オピニオン叢書20　反論の技術　その意義と訓練方法』明治図書
67）冨山哲也（2007）「反証事例を考えて読む・書く――体験を踏まえた意見文を題材にして――」，日本国語教育学会『月刊国語教育研究』通巻422号，4-9.
68）岩永正史（2000）「説明文教材の論理構造と読み手の理解――彼らはどのように『論理的に』考えるのか――」，井上尚美編集代表『言語論理教育の探究』東京書籍，212-227.
69）光野公司郎（2005）「論理的な文章における効果的な構成指導の方向性――論証の構造を基本とした新しい文章構成の在り方――」全国大学国語教育学会『国語科教育』第57集，60-67.

【第5章】
1）例えば，長谷川祥子（2012）『中学校新国語科　系統的指導で論理的思考力＆表現力を鍛える授業アイデア24』明治図書。
2）教材の選択は本来的には指導者の役割であって，本表では教材の配列によってカリキュラムを示す方法は採用していない。それゆえ，広義の「文脈」のもつ意味のうち教材文の社会的文脈には言及できず，この「文脈」は，ここでは知識が必要となる現実的な状況のみを指すことになる。
3）本項は，本書の一部を成すものとして次の論考を加筆修正したものである。舟橋秀晃（2016b）「自己の実践開発の文脈から探る『論理的に読む』学習指導の系統性――その1・中学教員前半期に得た実践的知識と課題――」広島大学国語文化教育学講座『論叢 国語教育学』第12号，23-35.
4）舟橋秀晃（1996）「『論理』を読む説明的文章指導のあり方――『国語教育基本論文集成』を手がかりに――」滋賀大国文会『滋賀大国文』第34号，102-112.
5）中村敦雄（1993）『日常言語の論理とレトリック』教育出版センター
6）舟橋秀晃（1997）「『論理』を読む説明的文章指導のあり方――実践『身の回りを考える』（光村・中一）を通して――」滋賀大国文会『滋賀大国文』第35号，81-93）
7）間瀬茂夫（2011）「説明的文章の論証理解における推論――共同的な過程における仮説的推論を中心に――」，全国大学国語教育学会『国語科教育』第70集，76-83.

〈注〉

8）松本修（2013）「Ⅳ2①読むことの教材論研究」全国大学国語教育学会『国語科教育学研究の成果と展望　Ⅱ』学芸図書，169－176．
9）甲斐利恵子（1994）「ディベートまでの指導とディベートの指導　単元 意見に意見を重ねて～話し合いウォーミングアップ～　一年生」安居總子・東京都中学校青年国語研究会『聞き手話し手を育てる中学校の表現指導』東洋館出版社，128－149．
10）舟橋秀晃（2000）「『論理的』に読む説明的文章指導のあり方──『国語教育基本論文作成』所収論考ならびに雑誌掲載論考にみる「論理」観の整理から──」全国大学国語教育学会『国語科教育』第47集，33－40．
11）舟橋秀晃（2001）「情報の扱い方を身につける」『「生きる力」を育む国語学習』明治図書　№12（国語教育別冊№608），54－56．
12）舟橋秀晃（2002）「『批判的な構えで文章を吟味する』姿勢の育成──『論理的』に読む学習の初歩として（中一）」日本国語教育学会『月刊国語教育研究』通巻360号，60－65．
13）舟橋秀晃（2005）「指導の系統を意識した教材配列を──『話題』にとどまらせることなく──」日本国語教育学会『月刊国語教育研究』通巻404号，16－21．
14）大村はま（1983a）「単元 表現くらべ（昭和五十四年十月　石川台中学校一年）」，大村はま『大村はま国語教室　第9巻　ことばの指導の実際』筑摩書房，375－417．
15）本項は，学位論文が成ったのち本書公刊までの間に，自己の実践開発の文脈を記す目的で加筆し，次の論考として発表した。舟橋秀晃（2019b）「自己の実践開発の文脈から探る『論理的に読む』学習指導の系統性──その2・中学教員後半期に得た実践的知識と課題──」広島大学教育学部国語研究会『国語教育研究』第60号，115－126．
16）次の一部を使用している。舟橋秀晃（2017）「中学校第2学年国語教科書における説明的文章教材のカリキュラム性──平成28年度版にみる『理由づけ』の特徴から──」『大和大学研究紀要』第3巻教育学部編，21－31．
17）次の一部を加筆の上使用している。舟橋秀晃（2016a）「中学校国語教科書における説明的文章教材のカリキュラム性──平成28年度版第1学年にみる『事実と意見』の表現から──」『大和大学研究紀要』第2巻，239－248．

参考文献

【英文】

Kuhn, D. (1999). *A developmental model of critical thinking.* Educational Researcher, 28, 16–26.

【翻訳】

Browne, M. N., & Keeley, S. M. (2001). *Asking the Right Questions: A guide to critical thinking.* (6th ed.) Englewood Cliffs, NJ: Prentice-Hall.（M. N. ブラウン・S. M. キーリー（2004）森平慶司訳『質問力を鍛えるクリティカル・シンキング練習帳』PHP研究所）

Engeström, Y. (1987). *Learning by expanding.* Helsinki: Orienta-Konsultit Oy.（Y. エンゲストローム（1999）山住勝広・松下佳代・百合草禎二・保坂裕子・庄井良信・手取義宏訳『拡張による学習——活動理論からのアプローチ』新曜社）

Engeström, Y. (1994). *Training for change: new approach to instruction and learning in working life.* Geneva, Switzerland: International Labour Office.（Y. エンゲストローム（2010）松下佳代・三輪建二監訳『変革を生む研修のデザイン——仕事を教える人への活動理論』鳳書房）

Pritchard, A., & Woollard, J.(2010). *Psychology for the classroom: constructivism and social learning. Psychology for the classroom series.* London: Routledge.（A. プリチャード・J. ウーラード（2017）田中俊也訳『アクティブラーニングのための心理学 教室実践を支える構成主義と社会的学習理論』北大路書房）

Toulmin, S. E. (1958). *The uses of argument.* Cambridge: Cambridge University Press.（スティーブン・トゥールミン（2011）戸田山和久・福澤一吉訳『議論の技法 トゥールミンモデルの原点』東京図書）

Zechmeister, E. B., & Johnson, J. E. (1992). *Critical thinking: A functional approach.* Pacific Grove, CA: Books-Cole.（E. B. ゼックミスタ・J. E. ジョンソン（1996）宮元博章・道田泰司・谷口高士・菊池聡訳『クリティカル シンキング《入門篇》 あなたの思考をガイドする40の原則』北大路書房）

【和文】

Y. エンゲストローム（2010a）「日本語版への序 インターネットとグローバル化の時代における本書の意味」（Y. エンゲストローム，松下佳代・三輪建二監訳『変革を生む研修のデザイン——仕事を教える人への活動理論』鳳書房, i – iii.)
　　　　　　　　　　　　　　　　　　　　　　　　＊邦訳書のための書き下ろし

相澤秀夫（1986）「文章の個性と論理を読みとる」『教育科学国語教育』368号　明治図書, 78–83.

青山之典（2014）「間テクスト性に着目して，表現主体の背景を想定することの意義——説明的文章の読みの指導に焦点をあてて——」『比治山大学紀要』21号，131－142
青山之典（2015）『論理的認識力を高めるための説明的文章の読みに関する小学校国語科スパイラルカリキュラムの開発』https://ir.lib.hiroshima-u.ac.jp/files/public/3/38648/20151222094250394370/k6620_3.pdf（2019年7月11日確認）
青山由紀（2008）「メディアと言葉が行き来する単元の構想」『月刊国語教育研究』437号　日本国語教育学会，10－15.
安彦忠彦（1999）「第七章　カリキュラムの評価的研究」安彦忠彦編『新版　カリキュラム研究入門』勁草書房，181－207.
安彦忠彦（2006）『改訂版　教育課程編成論——学校は何を学ぶところか』放送大学教育振興会
阿部昇（1999）「『構造』『論理』『吟味』」『月刊国語教育』223号　東京法令出版，86－91.
安藤修平（1987）「戦後中学校国語教材の史的展開〈その1〉」全国大学国語教育学会『国語科教育』第34集，『国語教育基本論文集成』第7巻　明治図書，69－82.
幾田伸司（2007）「反論するということ」『月刊国語教育研究』421号　日本国語教育学会，36－37.
幾田伸司（2009）「メディア・リテラシー教材としての伝記の可能性」日本国語教育学会『月刊国語教育研究』442号，52－59.
幾田伸司（2013）「教科書教材史研究」全国大学国語教育学会『国語科教育学研究の成果と展望Ⅱ』学芸図書，177－184.
池田雅則（2012）「現行の教育課程に込められた政策意図——08年改訂『中学校学習指導要領』における選択教科の取り扱いに着目して——」『兵庫県立大学看護学部・地域ケア開発研究所紀要』第19巻　兵庫県立大学看護学部・地域ケア開発研究所，17－30.
石森延男（1971）「国語教科書私見」『国語の教育』No.37（正）・No.39（続）　国土社，『国語教育基本論文集成』第7巻　明治図書，357－375.
井関義久（1976）「国語学習材試論——精選のめやす——」『季刊国語教育誌』第18号　全日本国語教育学会，『国語教育基本論文集成』第7巻　明治図書，264－276.
位藤紀美子監修（2014）『言語コミュニケーション能力を育てる——発達調査をふまえた国語教育実践の開発』世界思想社
犬塚美輪・椿本弥生（2014）『論理的読み書きの理論と実践——知識基盤社会を生きる力の育成に向けて——』北大路書房
井上一郎（1989）「読者の論理」『教育科学国語教育』414号　明治図書，21－24.
井上尚美（1976）「トゥルミンの『論証モデル』について」東京学芸大学『東京学芸大学紀要』第2部門人文科学　27，151－160.
井上尚美（1977）『言語論理教育への道——国語科における思考——』文化開発社
井上尚美（1980）「シンポジウム　国語科における論理的思考力の育成　提案Ⅱ」全国大学国語教育学会『国語科教育』第27集，9－15.
井上尚美（1989）『教育新書　言語論理教育入門——国語科における思考——』明治図書

井上尚美・福沢周亮（1996）『授業改革理論双書　国語教育・カウンセリングと一般意味論』明治図書

井上尚美（1998）『21世紀型授業づくり126　思考力育成への方略――メタ認知・自己学習・言語論理――』明治図書

井上尚美・大内善一・中村敦雄・山室和也編（2012）『論理的思考を鍛える国語科授業方略　中学校編』溪水社

井上雅彦（2008）『伝え合いを重視した高等学校国語科カリキュラムの実践的研究』溪水社

井上裕一（1998）『国語科授業改革双書　説明的文章で何を教えるか』明治図書

岩井伸江（2000）「伝え合う力を高める国語科授業」『実践国語研究』No.213　明治図書，102－106.

岩田道雄（1999）「論理的な思考力を国語科でどう育てるか」『月刊国語教育』226号　日本国語教育学会，24－27.

岩永正史（2000）「説明文教材の論理構造と読み手の理解――彼らはどのように『論理的に』考えるのか――」井上尚美編集代表『言語論理教育の探究』東京書籍，212－227.

岩永正史（2007）「小学校説明文教材系統案作成の試み（1）」『山梨大学教育人間科学部紀要』第9巻，114－121.

岩永正史（2009）「小学校説明文教材系統案作成の試み（2）」『山梨大学教育人間科学部紀要』第11巻，91－98.

岩永正史・皆川恵子（2013）「小学校説明文教材系統案作成の試み（3）」『山梨大学教育人間科学部紀要』第15巻，113－119.

岩本一（2001）「間テクスト性――その展開と関連性について――」『dialogos』1号（東洋大学文学部紀要　第54集　英語コミュニケーション学科篇），39－57.

岩本初美（2004）「筆者に寄りそって読み取り自分の考えを持つための手立て」『実践国語研究』No.258　明治図書，93－96.

植山俊宏（1987）「説明的文章の読みの過程」広島大学教科教育学会『教科教育学会紀要』4号，『国語教育基本論文集成』第15巻　明治図書，525－548.

植山俊宏（1990）「論理的認識力育成を軸とした説明的文章の読み」『教育科学国語教育』434号　明治図書，35－39.

植山俊宏（1998）「説明文実践の質的検討――納得自覚の観点に基づいて――」全国大学国語教育学会研究発表資料

宇佐美寛（1992）「論理的表現の能力」『月刊国語教育』459号　東京法令出版，89－93.

宇佐美寛（1993）『オピニオン叢書　「議論の力」をどう鍛えるか』明治図書

氏川雅典（2007）「トゥールミンの議論モデルの変容――批判から寛容へ――」『ソシオロゴス』No.31，1－19.

大内善一（2011）「『国語単元学習』の生命線としての『実の場』」『月刊国語教育研究』476号　日本国語教育学会，36－37.

大久保忠利（1953）「国語の教科書をえらぶ心構え」『実践国語』第14巻第153号　穂波出版社，『国語教育基本論文集成』第7巻　明治図書，329－336.

大熊徹（1987）「論理的思考力育成と文章論」『教育科学国語教育』385号　明治図書，

31-36.
大河内義雄（1996）「論理的に考える技術を教える教材の充実を」『教育科学国語教育』519号　明治図書，19-23.
大島純（2004）「11　新しい学習理論と教室への応用」波多野誼余夫，大浦容子，大島純編著『学習科学』放送大学出版会，133-142.
大塚みどり（2004）「主体的に文章を読み，ものの見方・考え方を深めさせる」『実践国語研究』No.258　明治図書，78-79.
大槻和夫（1975）「小国＝わかる授業と教材精選の視点」『授業研究情報』7　明治図書，『国語教育基本論文集成』第7巻　明治図書，179-191.
大西忠治（1971）「『論理読み』を主体として」『国語の教育』42号　国土社，82-87.
大西忠治（1981）『説明的文章の読み方指導』明治図書
大村はま（1983a）「単元　表現くらべ（昭和五十四年十月　石川台中学校一年）」，大村はま『大村はま国語教室　第9巻　ことばの指導の実際』筑摩書房，375-417.
大村はま（1983b）「講演　ひとりひとりを育てる国語の授業」大村はま『大村はま国語教室　第11巻』筑摩書房，『国語教育基本論文集成』第7巻　明治図書，250-263.
大村はま（1996）『新編　教えるということ』ちくま学芸文庫
岡本明人（1996）「ディベートで教えられる『論理的思考』」『教育科学国語教育』527号　明治図書，13-16.
小川末吉（1971）「新国語科教科書の人間像について」『教育科学国語教育』No.147　明治図書，『国語教育基本論文集成』第7巻　明治図書，393-408.
奥泉香（2015）「メディア・リテラシー教育の実践が国語科にもたらした地平」浜本純逸監修　奥泉香編『ことばの授業づくりハンドブック　メディア・リテラシーの教育理論と実践の歩み』渓水社，5-18.
小田迪夫（1978）「必要条件として生かすべき提案」『文芸教育』24号　明治図書，集成（15）240-250.
小田迪夫（1979）「シンポジウム　国語科における論理的思考力の育成　提案Ⅲ」全国大学国語教育学会『国語科教育』第27集，15-20.
小田迪夫（1984）「論理形成の読みと論理吟味の読み」日本国語教育学会『月刊国語教育研究』146号，7-11.
小田迪夫（1986）『説明文教材の授業改革論』明治図書
小田迪夫（1994）「連載　論理的表現の基礎訓練学習　論理と論理的表現」『教育科学国語教育』490号　明治図書，115-119.
小野田博一（2002）『論理思考力を鍛える本　問題演習』日本実業出版社
小野寺泰子（2015）「43　複数教材」高木まさき・寺井正憲・中村敦雄・山元隆春編著『国語科重要用語事典』明治図書，54.
甲斐伊織（2010）「アプロプリエーションの立場からみた国語科教師の役割」『早稲田大学大学院教育学研究科紀要別冊』18巻1号，21-31.
甲斐利恵子（1994）「ディベートまでの指導とディベートの指導　単元　意見に意見を重ねて～話し合いウォーミングアップ～　一年生」安居總子，東京都中学校青年国語研究会『聞き手話し手を育てる　中学校の表現指導』東洋館出版社，128-149
科学的『読み』の授業研究会（2010）『国語授業の改革10　国語科教科内容の系統性は

なぜ100年間解明できなかったのか——新学習指導要領の検証と提案』学文社

片山順也（2010）「比べ読みで評価できる読み手を育てる」『月刊国語教育研究』日本国語教育学会459号，58-65．

可知悦子（1999）「読み手の体験を通して論理的思考力を」『国語の授業』152号　一光社，14-19．

加藤咲子（2008）「『入力―思考―出力』を意識する」『実践国語研究』No.290　明治図書，55-58．

河合正直（1984）「論理展開の個性を読む」日本国語教育学会『月刊国語教育研究』146号，22-26．

河野順子（1996）『対話による説明的文章セット教材の学習指導』明治図書

河野順子（2006）『〈対話〉による説明的文章の学習指導——メタ認知の内面化の理論提案を中心に』風間書房

河野順子（2016）「第2章第1節　『学びの履歴としてのカリキュラム』と『計画としてのカリキュラム』統合の必要性」，全国大学国語教育学会編著『国語科カリキュラムの再検討』学芸図書，27-32．

菊池聡（1998）『ブルーバックス　超常現象をなぜ信じるのか　思い込みを生む「体験」のあやうさ』講談社

岸学（2004）『説明文理解の心理学』北大路書房

吉川芳則（2013）『説明的文章の学習活動の構成と展開』溪水社

倉澤栄吉（1948）「『国語教材』をどう見たらよいか」倉澤栄吉『国語学習指導の方法』世界社，『国語教育基本論文集成』第7巻　明治図書，86-91．

倉田真行（1985）「この説明文教材でどんな認識を育てるか　小学校六年　またとない天敵　金光不二夫」『文芸教育』47号　明治図書，89-91．

黒尾敏（2004）「サブテキストを加工してメインテキストに挿入する」『実践国語研究』No.258　明治図書，76-77．

黒尾敏（2007）「『もう一つの教材』をぶつけてみる」『実践国語研究』No.284　明治図書，77-80．

幸坂健太郎（2012）「国語科教育に関する雑誌掲載論考における『論理』・『論理的思考』概念の調査——2000年以降の論考を対象として——」全国大学国語教育学会『国語科教育』第72集，41-48．

香西秀信（1995）『オピニオン叢書20　反論の技術——その意義と訓練方法——』明治図書

甲田直美（2009）『文章を理解するとは——認知の仕組みから読解教育への応用まで』スリーエーネットワーク

光野公司郎（2002）「国語科教育におけるメディア・リテラシー教育——説明的文章指導（中学校第二学年）においての批判的思考力育成の実践を中心に——」全国大学国語教育学会『国語科教育』第52集，56-63．

光野公司郎（2004）『国際化・情報化社会に対応する国語科教育——論証能力の育成指導を中心として——』溪水社

光野公司郎（2005）「論理的な文章における効果的な構成指導の方向性——論証の構造を基本とした新しい文章構成の在り方——」全国大学国語教育学会『国語科教育』

第57集，60-67.
光野公司郎（2009）『「活用・探究型授業」を支える論証能力』明治図書
古賀洋一（2015）「中学校説明的文章教材の方略的読みの系統性——中学校二年生教材を中心に——」『論叢国語教育学』11号　広島大学大学院教育学研究科国語文化教育学講座，13-29.
国分一太郎（1963）「みたび『教材化』について」『教育科学国語教育』No.52　明治図書，『国語教育基本論文集成』第7巻　明治図書，92-102.
国立教育政策研究所編（2002）『生きるための知識と技能——OECD生徒の学習到達度調査（PISA）2000年調査国際結果報告書』ぎょうせい
輿水実（1950）「進歩した国語教科書の要件」輿水実『国語科概論』有朋堂，『国語教育基本論文集成』第7巻　明治図書，302-310.
輿水実（1965）「国語教材の近代化」『教育科学国語教育』No.85　明治図書，『国語教育基本論文集成』第7巻　明治図書，12-20.
米田猛（1990）「筆者の論理と読者の論理」『教育科学国語教育』434号　明治図書，79-82.
西郷竹彦（1978）「説明文指導のめざすもの」『文芸教育』24号　明治図書，集成（15）210-240.
西郷竹彦（1996）『西郷竹彦文芸・教育全集第4巻　教育的認識論』恒文社
西郷竹彦・文芸教育研究協議会（2005）『文芸研・新国語教育事典』明治図書
佐伯胖（1994）「思考の状況依存性について：領域固有性から文化的実践へ」一般社団法人電子情報通信学会『電子情報通信学会技術研究報告．TL，思考と言語』94（378），1-8.
坂本まゆみ（2007）「単元『異』文化との出会い・違いを豊かさに」『月刊国語教育研究』419号　日本国語教育学会，52-57.
さがわ・みちお（1957）「国語教育の体系をうちたてるために」教育科学研究会『教育』No.82，『国語教育基本論文集成』第7巻　明治図書，132-145.
三宮真智子「説明に対するメタ認知能力を高めるための『不完全な説明』教材導入の試み」『鳴門教育大学情報教育ジャーナル』No.6，25-28.
汐見稔幸（1989）「存在の論理，思考の論理と言語の論理を照応させる能力を」『教育科学国語教育』414号　明治図書，13-16.
柴田義松（2000）『教育課程——カリキュラム入門』有斐閣
柴田義松（2006）『寺子屋新書　ヴィゴツキー入門』子どもの未来社
渋谷孝（1980）『説明的文章の教材研究論』明治図書
渋谷孝（1984）『説明的文章の教材本質論』明治図書
清水香織（2002）「往還・進化する学習過程」『月刊国語教育研究』366号　日本国語教育学会，24-25.
杉田あゆみ（2008）「言語活動を通して『読む力』を育てる」『実践国語研究』No.291　明治図書，62-65.
杉田知之（1989）「論理を鍛える説明文の批判読み」『教育科学国語教育』405号　明治図書，74-77.
杉本直美（2004）「『『めぐる輪』の中で生きる』の授業実践」『実践国語研究』No.258

明治図書，57-61．
関下俊郎（1985）「この説明文教材でどんな認識を育てるか　小学校六年　またとない天敵　金光不二夫」『文芸教育』47号　明治図書，92-94．
全国大学国語教育学会編著（2016）『国語科カリキュラムの再検討』学芸図書
髙木まさき（1997）「論理の力を育む『他者』という視点」『月刊国語教育研究』303号　日本国語教育学会，4-9．
貴島淳太郎（1972）「文章の論理的な組み立てを的確に読みとる」『教育科学国語教育』165号　明治図書，72-77．
高橋泰（1972）「文章の論理的な組み立てに注意し中心の部分と付加的な部分とを読み分ける」『教育科学国語教育』165号　明治図書，66-71．
竹長吉正編（1996a）『国語科授業改革双書　説明文の基本読み・対話読み〈1〉理論編』明治図書
竹長吉正編（1996b）『国語科授業改革双書　説明文の基本読み・対話読み〈2〉小学校編』明治図書
竹長吉正編（1996c）『国語科授業改革双書　説明文の基本読み・対話読み〈3〉中学校編』明治図書
田近洵一（1982）「国語科の教材論」井上尚美ほか編著『国語科の教育研究』教育出版，『国語教育基本論文集成』第7巻　明治図書，232-241．
田近洵一（2013）「Ⅰ1国語科目標論に関する研究の成果と展望」，全国大学国語教育学会『国語科教育学研究の成果と展望　Ⅱ』学芸図書，15-22．
田中耕治（2011）「序章　今なぜ『教育課程』なのか」田中耕治・水原克敏・三石初雄・西岡加名恵『新しい時代の教育課程』第3版　有斐閣，1-16．
田中博之（2013）『カリキュラム編成論──子どもの総合学力を育てる学校づくり──』放送大学教育振興会
丹藤博文（2010）「言語論的転回としての文学の読み」，愛知教育大学『愛知教育大学研究報告　人文・社会科学編』第59輯，1-5．
中央教育審議会教育課程部会国語ワーキンググループ資料3「国語ワーキンググループにおける取りまとめ（案）」（2016年5月31日）
塚田泰彦（1999）「学習者のテクスト表現過程を支える21世紀のパラダイム」全国大学国語教育学会『国語科教育』第46集，8-9．
塚田泰彦（2009）「第3章4　教材・学習材の研究と開発」全国大学国語教育学会編『国語科教育実践・研究必携』学芸図書，74-82．
塚田泰彦（2016）「国語科教育におけるテクストと考えることの関係の再定位」日本読書学会『読書科学』第58巻第3号，157-169．
筑波大学附属小学校国語教育研究部（2016）『筑波発　読みの系統指導で読む力を育てる　初等教育学の構築を目指して』東洋館出版社
鶴田清司（1990）「非論理的な文章で論理的思考力を育てる」『教育科学国語教育』422号　明治図書，14-16．
鶴田清司（2014）「Ⅰ国語科を中心とした言語活動の充実～論理的な思考力・表現力を育てるために～」鶴田清司・河野順子編著『論理的思考力・表現力を育てる言語活動のデザイン　中学校編』明治図書，13-63．

寺井正憲（1986）「説明的文章教材論——文章構成に着目した説明的文章の典型と系統化——」『人文科教育研究』第13号　人文科教育学会，75-90．

寺井正憲（1987）「自然科学的な説明的文章における文章構成モデル」筑波大学人文科教育学会『人文科教育研究』14号，『国語教育基本論文集成』第15巻　明治図書，500-525．

寺井正憲（1997）「説明的文章の基本的な指導過程」『中学校国語科教育実践講座』第6巻　ニチブン，221-229．

寺井正憲（1998）「説明的文章教材の学習における自己世界の想像」『月刊国語教育研究』317号　日本国語教育学会，56-61．

冨山哲也（2007）「反証事例を考えて読む・書く——体験を踏まえた意見文を題材にして——」，『月刊国語教育研究』422号　日本国語教育学会，4-9．

中垣啓（2011）「ピアジェ発達段階論の意義と射程」『発達心理学研究』第22巻第4号　日本発達心理学会，369-380．

仲田湛和（1975）「教科書の取り扱いと自主教材選択の問題——国語の場合」『授業研究情報　7』明治図書，『国語教育基本論文集成』第7巻　明治図書，242-250．

中村敦雄（1993）『日常言語の論理とレトリック』教育出版センター

長﨑秀昭（2011）「説明的文章教材の文末表現『のです』に関する研究」『弘前大学教育学部紀要』105号，9-17．

永野賢（1960）「論理的思考力を高める段落指導」『教育科学国語教育』17号　明治図書，1-6．

永野賢（1987）「国語科における論理的思考力」『教育科学国語教育』385号　明治図書，17-20．

長畑龍介（1985）「事実と論理を追求するおもしろさを」『教育科学国語教育』353号　明治図書，63-68．

難波博孝（1998）「説明文指導研究の現状と課題」『国語教育の理論と実践　両輪』26号　両輪の会，6-15．

難波博孝・三原市立木原小学校（2006）『楽しく論理力が育つ国語科授業づくり』明治図書

難波博孝（2008）『母語教育という思想——国語科解体／再構築に向けて——』世界思想社

難波博孝（2014）「こわれたメディアとしての説明的文章教材——言論の場からみる，その問題と克服の方向——」全国大学国語教育学会『国語科教育研究　第126回名古屋大会研究発表要旨集』，229-229．

西部直樹（1994）「教室ディベート文献の批判」，『授業づくりネットワーク』通巻77号　学事出版，19-24．

日本国語教育学会（1992）『ことばの学び手を育てる国語単元学習の新展開』全7巻　東洋館出版社

日本国語教育学会（2010）『豊かな言語生活が拓く国語単元学習の創造』全7巻　東洋館出版社

野田守彦（2002）「自らの思いや考えを豊かに表現するための情報活用能力の育成」『月刊国語教育研究』364号　日本国語教育学会，16-21．

参考文献

野村亮太・丸野俊一（2012）「個人の認識論から批判的思考を問い直す」日本認知科学会『認知科学19（1）』，9－21．

野矢茂樹（1997）『論理トレーニング』産業図書

長谷川祥子（2012）『中学校新国語科 系統的指導で論理的思考力＆表現力を鍛える授業アイデア24』明治図書

八戸理恵（2008）「情報・資料を活用し再構成する力を付けるための工夫」『実践国語研究』No.290 明治図書，121－125．

八田幸恵（2015）『教室における読みのカリキュラム設計』日本標準

春木憂（2017）『小学校国語科における説明的文章の授業開発とその評価――論理的に読み，考え，伝え合う学習指導過程を通して』溪水社

浜本純逸（1979）「国語教育の教材」倉沢栄吉ほか編著『教育学講座8 国語教育の理論と構造』学習研究社，『国語教育基本論文集成』第7巻 明治図書，217－232．

飛田多喜雄・野地潤家監修（1994a）『国語教育基本論文集成 第14巻 国語科理解教育論（4）説明文教材指導論Ⅰ』明治図書

飛田多喜雄・野地潤家監修（1994b）『国語教育基本論文集成 第15巻 国語科理解教育論（5）説明文教材指導論Ⅱ』明治図書

飛田多喜雄・野地潤家監修（1994c）『国語教育基本論文集成 第7巻 国語科教育内容論 教材・教科書論』明治図書

平井昌夫（1951）「これからの国語教科書のありかた」『実践国語』第2巻第10号 穂波出版社，『国語教育基本論文集成』第7巻 明治図書，311－320．

平櫛和男（2003）「説明力を育てる単元学習」『実践国語研究』No.248 明治図書，58－61．

平林一栄（1976）「算数科教育よりみた説明文指導」『国語科教育学研究』3集 明治図書，『国語教育基本論文集成』第15巻 明治図書，169－183．

藤村宣之（2005）「9歳の壁：小学校中学年の発達と教育」子安増生編『やわらかアカデミズム・〈わかる〉シリーズ よくわかる認知発達とその支援』ミネルヴァ書房，134－135

藤原顕（2008）「アプロプリエーションとしての国語科教科内容の学習」全国大学国語教育学会『国語科教育』第64集，9－10．

藤原顕（2013）「Ⅷ 6 ②社会文化的アプローチの展開」全国大学国語教育学会編『国語科教育学研究の成果と展望Ⅱ』学芸図書，529－536．

舟橋秀晃（1996）「『論理』を読む説明的文章指導のあり方――『国語教育基本論文集成』を手がかりに――」滋賀大国文会『滋賀大国文』第34号，102－112．

舟橋秀晃（1997）「『論理』を読む説明的文章指導のあり方――実践『身の回りを考える』（光村・中一）を通して――」滋賀大国文会『滋賀大国文』第35号，81－93．

舟橋秀晃（2000）「『論理的』に読む説明的文章指導のあり方――『国語教育基本論文作成』所収論考ならびに雑誌掲載論考にみる『論理』観の整理から――」全国大学国語教育学会『国語科教育』第47集，33－40．

舟橋秀晃（2001）「情報の扱い方を身につける（他教科・総合学習に駆使される言語の基礎技術を鍛える授業開発 中学校）」『「生きる力」を育む国語学習』明治図書 No.12（国語教育別冊No.608），54－56．

舟橋秀晃（2002）「『批判的な構えで文章を吟味する』姿勢の育成——『論理的』に読む学習の初歩として（中一）——」日本国語教育学会『月刊国語教育研究』通巻360号，60－65．

舟橋秀晃（2005）「指導の系統を意識した教材配列を——『話題』にとどまらせることなく——」日本国語教育学会『月刊国語教育研究』通巻404号，16－21．

舟橋秀晃（2007a）「学び合い高め合う国語学習の展開——『論理的』に読む力を伸ばすための説明的文章教材の開発——」『滋賀大学教育学部附属中学校研究紀要』第49集，12－16．

舟橋秀晃（2007b）「『読むこと』の授業づくり　中学校『分かりやすさ』を吟味する読みをこそ——『分かりやすさ』が『正しさ』をゆがめていないか——（特集『読むこと』の授業を考え直す）」『日本語学』明治書院　26巻14号，46－58．

舟橋秀晃（2009a）「説明的文章を読み、意見文を書いて読み合う授業の実践——読み書き関連指導の課題を踏まえて——」日本国語教育学会『月刊国語教育研究』通巻446号，16－21．

舟橋秀晃（2009b）「是々非々の構えで主張と根拠の点検を（特集　移行期・新国語科の重点指導　説明的な文章の解釈力をつける指導の開発　中学校第3学年）」『実践国語研究』明治図書　通巻296号，59－61．

舟橋秀晃（2009c）「『論理的』に理解し表現する力を伸ばす指導のあり方——本校『情報科』での実践を踏まえて考える、国語科で必要な指導法と教材——」全国大学国語教育学会『国語科教育』第66集，51－58．

舟橋秀晃・北村拓也（2010）「〈伝達〉から〈探究〉へ学習を変える工夫～領域別ポイントと授業事例～：学び合い高め合う国語学習の創造（3）」『滋賀大学教育学部附属中学校研究紀要』第52集，20－27．

舟橋秀晃（2012a）「『理由づけ』に着目して『論理的』に読む説明的文章の授業——『学び合い高め合う国語学習』を目指して——」『滋賀大学教育学部附属中学校研究紀要』第54集，14－19．

舟橋秀晃（2012b）「"持つべき問い"を育てる発問をこそ（特集　おや？なぜだろう？子どもの問いを引き出す授業づくり　中学校・実践授業の展開　2学年）」『実践国語研究』明治図書　通巻315号，57－59．

舟橋秀晃（2013）「言語活動を通して『論理的』かを判断する基準や観点の指導を——日常言語の論理性を底上げするために——」日本国語教育学会『月刊国語教育研究』通巻496号，16－21．

舟橋秀晃（2015）「国語科『読むこと』教材のあり方——小中学校学習指導要領にみる教科書教材ならびに教科書外教材の位置づけの変遷を踏まえて——」『大和大学研究紀要』第1巻，161－171．

舟橋秀晃（2016a）「中学校国語教科書における説明的文章教材のカリキュラム性——平成28年度版第1学年にみる『事実と意見』の表現から——」『大和大学研究紀要』第2巻，239－248．

舟橋秀晃（2016b）「自己の実践開発の文脈から探る『論理的に読む』学習指導の系統性——その1・中学教員前半期に得た実践的知識と課題——」広島大学国語文化教育学講座『論叢　国語教育学』第12号，23－35．

舟橋秀晃（2017）「中学校第2学年国語教科書における説明的文章教材のカリキュラム性——平成28年度版にみる「理由づけ」の特徴から——」『大和大学研究紀要』第3巻教育学部編，21-31．

舟橋秀晃（2019a）「『学習のカリキュラム』論が提起する国語科『教育のカリキュラム』開発の課題——カリキュラム研究の思潮を踏まえて——」『大和大学研究紀要』第5巻教育学部編，37-44．

舟橋秀晃（2019b）「自己の実践開発の文脈から探る『論理的に読む』学習指導の系統性——その2・中学教員後半期に得た実践的知識と課題——」広島大学教育学部国語教育会『国語教育研究』第60号，115-126．

古田拡（1955）「教科書の位置」古田拡『国語教材研究』法政大学出版局，『国語教育基本論文集成』第7巻　明治図書，337-344．

保坂裕子（2001）「総合学習カリキュラム創造におけるモデルの協働構築プロセス——ある公立小学校における教師の語りを通して」『京都大学大学院教育学研究科紀要』第47号，248-260．

牧岡優美子（2008）「自分の考えを形成するために読む」『実践国語研究』№291　明治図書，42-45．

牧野由佳里（2008）『「議論」のデザイン　メッセージとメディアをつなぐカリキュラム』ひつじ書房

増淵恒吉（1970）「国語科の資料」大学国語教育研究会編『国語科教育学入門　小学校編』有精堂，『国語教育基本論文集成』第7巻　明治図書，115-125．

間瀬茂夫（1997）「国語科教師による説明的文章の論理のとらえ方——インタビュー調査を通して——」『鳴門教育大学研究紀要（教育科学編）』12巻，29-39．

間瀬茂夫（2001）「間テクスト性に注目した説明的文章の読みの学習指導論の構想」島根大学教育学部国文学会『国語教育論叢』，15-27．

間瀬茂夫（2009）「説明的文章の読みにおける『論理』の再検討」『広島大学大学院教育学研究科紀要　第二部』第58号，103-111．

間瀬茂夫（2011）「説明的文章の論証理解における推論——共同的な過程における仮説的推論を中心に——」全国大学国語教育学会『国語科教育』第70集，76-83．

間瀬茂夫（2013）「Ⅳ 4 ③理解方略指導研究」全国大学国語教育学会編『国語科教育学研究の成果と課題Ⅱ』学芸図書，233-240．

間瀬茂夫（2017）『説明的文章の読みの学力形成論』渓水社

松井孝雄（1995）「第9章　推理」森敏昭・井上毅・松井孝雄『グラフィック　認知心理学』サイエンス社，190-208．

松下佳代（2000）「第1部第二章『学習のカリキュラム』と『教育のカリキュラム』」グループ・ディダクティカ編『学びのためのカリキュラム論』勁草書房，43-62．

松下佳代（2010）「解説」エンゲストローム・Y．松下佳代・三輪建二監訳（2010）『変革を生む研修のデザイン——仕事を教える人への活動理論』鳳書房，187-202．
　　　　　　　　　　　　　　　　　　　　　　　　＊邦訳書のための書き下ろし

松田雄輔・坂東智子（2017）「説明的文章の単元計画についての研究——単元計画指標モデルの作成を通して——」『山口大学教育学部研究論叢（第1部）』山口大学教育学部　第66巻第1号，69-80．

松本修（2013）「Ⅳ2①読むことの教材論研究」全国大学国語教育学会『国語科教育学研究の成果と展望　Ⅱ』学芸図書，169－176．

宮城瞳（2013）「知りたい！　聞きたい！　伝えたい！　言葉の果てまで行ってみよう！」『実践国語研究』№319　明治図書，36－38．

村田久美子（2015）「目的に応じて要約ができる児童の育成をめざして」『実践国語研究』№328　明治図書，34－36．

望月理子（2013）「指導と評価の一体化をめざして」『月刊国語教育研究』499号　日本国語教育学会，8－9．

森田真吾（2014）「多様な言語材を活かした国語科指導の可能性について（1）――国語教科書と多様な言語材との関係――」千葉大学教育学部『千葉大学教育学部研究紀要』第62巻，239－247．

森田信義（1984）『認識主体を育てる説明的文章の指導』渓水社

森田信義編著（1988）『説明的文章の研究と実践――達成水準の検討――』明治図書

森田信義（1989）『筆者の工夫を評価する説明的文章の指導』明治図書

森田信義（1991）『説明的文章教材の実践研究文献目録　第二集』渓水社

森田信義（1996）「「論理体験」としての読みの実現」『教育科学国語教育』519号　明治図書，14－18．

森田信義監修（1997）『国語教育関係雑誌論文等総目録 Ver.9703』フロッピーディスク　渓水社．

森田信義（1998）『説明的文章教育の目標と内容――何を，なぜ教えるのか――』渓水社

森慎（1999）「提案　論理的思考力をつける説明的文章の読み」『国語の授業』152号　一光社，4－7．

森本弘一・大井邦裕・岡本歩未（2007）「小学校，中学校国語教科書と理科学習の関連について」『奈良教育大学紀要』第56巻第1号（人文・社会），135－139．

文部科学省（2008）「第2章第1節　教育課程の意義」『小学校学習指導要領解説　総則編』PDF版，10－11．

安冨江理（2006）「比べ読みで説明する力を育てる」『実践国語研究』№274　明治図書，21－24．

山住勝広（1998）『教科学習の社会文化的構成――発達的教育研究のヴィゴツキー的アプローチ』勁草書房

山住勝広（2004）『活動理論と教育実践の創造　拡張的学習へ』関西大学出版部

山住勝広（2008）「革新的学習と教育システム開発の協働主体形成」関西大学人間活動理論研究センター　『CHAT Technical Reports No.7．2007年度　研究報告』，25－41．

山元悦子（2016）「第2章第3節　話すこと・聞くことの特性に鑑みたカリキュラム作りの試み――出来事の瞬間を捉え導く編み上げ型カリキュラム――」全国大学国語教育学会編著『国語科カリキュラムの再検討』学芸図書，41－46．

山元隆春（2016）「第1章第1節　読み・書きの将来と国語科教育の課題」全国大学国語教育学会編著『国語科カリキュラムの再検討』学芸図書，5－8．

吉原順平（1990）「実験の論理と説明の論理」『国語の授業』98号　一光社，67－70．

米盛裕二（2007）『アブダクション――仮説と発見の論理』勁草書房

若木常佳（2011）『話す・聞く能力育成に関する国語科学習指導の研究』風間書房
渡辺敦（2004）「情報の発信と受信」『実践国語研究』No.250　明治図書，95-98.
渡辺健介（2007）『世界一やさしい問題解決の授業――自分で考え，行動する力が身につく』ダイヤモンド社
渡部洋一郎（2016）「Toulmin Model：構成要素をめぐる問題と連接のレイアウト」日本読書学会『読書科学』第58巻第1号，1-16.

索　引

凡例
1. 主要事項（団体・機関を含む）名と人名を見出しとした．文献名は別に掲げた（「参考文献」）．
2. 外国人名は，姓のみの仮名表記で記した．
3. 邦人名は，姓名（フルネーム）で現れる箇所を挙げた．
4. 主要事項名のページ数のうち，該当箇所には，概ね次の表示を付した．なお，人名には付していないが「エンゲストローム」のみ例外として付した．
    - **太字（ボールド）**……見出しに含まれる語句，強調箇所に含まれる語句，主要な概念・用語の解説，作成した図表名，作成した図表内の主要語句
    - *斜字（イタリック体）*……引用文中での主要な概念・用語の解説，引用した図表名，引用した図表内の主要語句

あ

相澤秀夫　37
青山由紀　187
青山之典　26, 111
秋田喜三郎　vi, 12
安彦忠彦　17, 20, 79, 140
アプロプリエーション　225
阿部昇　36
あるべき論理観　31, 34, 42, 77, **255**
安藤修平　58

い

幾田伸司　130, 174, 229
移行　v, 2, 17, 18, 28, 67, *92*, 100, 104, 120, 140, 144-146, 153, 160, **167**, 191, *224*, 265, 358
石森延男　60
井関義久　60
一般意味論　38, 43, 285
一般化　66, *119*, **129**, *135*, 136, 139, 158-161, 164, 170, 196, 260, 262, 266, 354, 359, 361, 366

位藤紀美子　25
犬塚美輪　132
井上一郎　32, 38
井上尚美　6, 30, 43, 70, 79, 132, 133, 136, 198
井上哲志　311, 370
井上雅彦　25
井上裕一　4
いまだここにないものを学ぶ　ii, iii
岩井伸江　184
岩永正史　133, 198, 244, 246
岩本一　112
岩本初美　187
言われなかったこと　230, **242**, 245

う

ウーラード　73, 74, 76, 223, 225
ヴィゴツキー　24, 84, 86, 96, 97
植山俊宏　36, 41, 370
宇佐美寛　36, 243
氏川雅典　71
裏づけ　*5*, *71*, *72*, 83, 126, 188, 189,

405

244, 266, 269, 351

え
越境　iii, *83*, *84*, 87, 108, *115*, 121, 371
得る情報の拡張　**176**
演繹　79, 118, *133*, *136–138*, 266
エンゲストローム　i–iii, v, vi, 2–4, 8, 9, 11, 66, 67, 83–97, 99–101, 104–**106**, 115, 120, 127, 167, 168, 222, 250, 259, 265, 269, 272, 344, 350–352, 354, 360, 361, 372

お
OECD　3, 4, 22, 28, 62, 174
大内善一　79, 213
大久保忠利　61
大河内義雄　40
大島純　224
大田勝司　276, 370
大塚みどり　188
大槻和夫　61
大西忠治　40
大村はま　iii, 4, 21, 58, 60, 96, 98, 102, 176, 179, 213, 225, 277, 288, 290, 351, 362
岡本明人　40
小川末吉　61
奥泉香　179
小田迪夫　vi, 12, 32, 35, 37, 41, 70, 126
小野寺泰子　176

か
甲斐伊織　225
蓋然性　*30*, 136, 155, 160, 165, **170**, 262, 266, 268, 278, 307, **346**
甲斐利恵子　274, 282
科学的『読み』の授業研究会　21, 22
書かれなかったこと　9, **228**, 245, 250, 264, 357
書き下ろし　ii, 127, 168, 174, 175, 259

学習活動　2, 9, 10, 20–23, 26, 27, *49*, 64–67, 114, 174–180, 188, 194–196, 199, 213, 219, 223, 228, 245–247, 249–251, 254, 258, 259, 262–265, 268–272, 274, 278, 289, 292, 303, 305, 307, 309–311, 314, 317–319, 337, 341, 344–346, 350, 356–359
　——の構造　2
　——の類型　9, 174, 177, 182, 196, 197, 226, 356
学習指導要領　4, 6, 7, 21, 22, 25, 26, 44–48, 50–58, 61, 62, 64, 79, 82, 107, **116**, 117, 124, 145, 146, 179, 182, 193, 200, 213, 242, 246, 248, 285, 288, 293, 348, 349, 365
学習過程（学習プロセス）　2, 26, 30, 85, *113*, **182**, 187–190
拡張的学習　i–iii, v, vi, 2–4, 8, 9, 11, 83–**91**, 96, 99, 100, 102, 104, 106, 115, 117, 350–352, 372
確定的（事実）　130, 144, 154, 156, 167, *260*, **266**, 355
学年段階　61, 80, 142, 170, 171, 177, 182, **191**, 194, 261, 265, 266, **268**, 271, 307, 344, 346, 356
学問的世界　*118–120*, 140, 143, 146, 167, 168, 248, 254, **256–259**, 265, 266, 270, 314, 353, 358, 366
〈仮想的状況〉　9, **213**, **214**, 221–223, **226**, 228, 246, 250, 251, **263**, **264**, 271, 297, 298, **301**, 311, 315, 317, 325, 337, 339, 341, 356–358, 362, 366
片山順也　185
可知悦子　39
価値観　*18*, 79, 140, *143*, 160, *162*, 166, 192, 260, 269, 304, 346, 366
価値的（な）主張　**171**, 266, 314
学校学習　ii, *2*, 4, 5, 7, 8, 14, 45, 63, 86, *89–91*, 100, 101, 103, 104, **113**,

120, 127, 128, 130, 168, 177, 223, 226, **257-259**, 324, 348, 351, 353, 355, 361
学校教育の活動における第一の矛盾　3
学校文化　2, 4, 100
加藤咲子　186
カプセル化　*ii*, 101, 103, 104, **124**, 127
カリキュラム
　意図した――　*15*
　学習の――　ii, *14*, 16, 18, 19, 23, 27, 354, 361, 363
　――設計　i, 7, 10, 26, 29, **67**, 145, 146, 171, 177, 179, 196, 259, 269, 276, 298, 310, 350, 355
　――（の）3層4段階論　*17*, 18, 79
　――の骨格　ii, **265-267**, 345
　――・モデル　vi, 8, 10, 26, 66, 254, 265, 267-269, 272, 310, 313, 314, 317, 329, 335, 339, 344, 345, 346, 358
　――理論　10, 66, 83, 121, 168, 254, 305, 306, 309, 310, 344, 351, 358
　教育の――　*14*, 16, 18, 19, 23, 27, 269, 361
　実施した――　*15*, 306, 307, 309
　達成した――　*15*
河合正直　37
河野順子　24, 26, 43, 176, 181, 208
間接経験　120, 140, 157, 257, 258, 353
間テクスト性　8, 9, 106, 111-113, 121, 143, 351-353, 364

き
菊池聡　243
貴島淳太郎　41
岸学　132
基礎的学力課程　17, 19
北村俊　232
吉川芳則　26, 45, 79, 176, 370
帰納　79, 118, *136-139*, 171, **266**, 369
教員の力量　58, 179, 349
教材

教科書外――　9, **44-46**, 49, 58, 62-66, 124, **168**, 171, 177, 249, 258, **259**, 266, 287, 295, 296, 303-305, 307-309, 314, 340, 348-350, 358
教科書外に求めたい――　170, 261, 262
　――概念　**44**, 63
　――開発　*45*, 243, 245
　主――　9, **167-171**, 176, 177, 259-261, 354, 355
　複数――　30, 43, 176, 177, 179, 181, 183, 193, 194, 214, 227, 264, 293, 296, 302, 366
　文章以外の――　60, 349
　補助――　**168-170**, 177, 259, **261**, 354, 355
　練習――　169, 261, 355
距離　67, 82, 107, **133**, **141**, **166**, 256, 266, 312, 355
議論できる力　277

く
クーン（Kuhn）　8, 108-110, 256, 257, 357
具体的操作　16, 79, 120, 140, 257, 258, 353
組み合わせて読む　9, 66, 67, **174**, 177, 194, 247, 249, 356, 357
倉澤栄吉　3, 59
クリステヴァ　112
クリティカル・シンキング　231
クリティカル・リーディング　vi, 12
黒尾敏　186

け
形式（的）操作　16, 19, 79, 120, 140, 222, **243**, 250, 257, 258, 296, 353
系統指導　11, 23, *41*, *79*, *81*, *106*
（構造の）堅固さ　5
言語生活の拡張　i, ii, v, 8-10, 63, 83, 90, 96, 169, 171, **175**, 177, 180, **254**,

348, 354, 358
言語素材 170, 176, 182, 192, 261, 355
　——の区別 191
現実主義者 *109-111*, 139, 145, 146, 167, *256*, 257, **266**, 268, **307**, 346, 352, 353
原典の尊重 ii
言論の場 45, *111*, **113**, 119, **120**, 143, 174, 175, 245, 251, **257**, 258, 264, 268, **346**, 353, 357, 369

こ

香西秀信 111, 143, 159, 243
幸坂健太郎 6, 42
構成と論理の区別 **192**
甲田直美 132
高等学校 i, iv, 17, 25, 26, 48, **50**, 81, 100, 114, 232, 245, 246, 266, 267, 276, 278, 345, 367
行動主義 iii, iv, 11, 98, 248, 255
光野公司郎 133, 244
交流 ii, *iii*, 57, 60, *88*, 209, 220, 239, 241, 280, 292, 319, 322, 323, 325, 326, 337, 369, 371
古賀洋一 133, 303
国分一太郎 61
国立教育政策研究所 46
興水実 21, 60
個人の認識論 8, 9, **106**, *108*, 350, 352
個人の文脈（脈絡） 9, 66, 67, *74*, 75, **120**, 132, 140, 166, **175**-178, 180, 188, **195**-197, 215, 226-228, 246-251, 257, 259, 262-264, 272, 304, **309**-311, 314, 317, 341, 342, 350, 356-358, 362, 364
言葉の修辞面 271, **309**-311, 314, 329, 336, 346, 366
米田猛 36
これから読むもの *113*, *114*, 121, 227, 228, 263, 305, 311, 341-343, 353
コンフリクト 95, *101*, *104*, *222*, 223, 226, **263**, **264**, **272**, **297**, 300, 302-304, 308, 309, 311, 318, 336, 337, 351, 361, 362

さ

最近接（発達）領域 iii, 24, *83*, *84*, *102*, *104*, *105*, *115*
西郷竹彦 vi, 12, 40, 41, 79, 81, 106, 230
再挑戦 287, **361**
佐伯胖 96, 97, 107
坂本まゆみ 190
さがわ・みちお 60
作業仮説 *92*, *103*, *104*, 127, **259**, 265, **266**, 269, 272, 344, **346**, 354, 360, 361, 366
三角ロジック 6, *126*, 187, 313

し

汐見稔幸 32
時空間 *115*, **116**, **120**, 140, **257**, 258
仕組み 11, 57, 116, 118, 135, 146, 148, 150, 154, 157, 158, **160**, **161**, 171, 251, 288
志向 i, ii, 4, 8-10, 63, 90, 96, 144, 178, 179, 225, **226**, 254, 348, 358
試行錯誤 265, 276, 284, 294, 306, **344**-346, **361**
事実認識 280, 281, 285, **289**, **293**-295, 297, 298, 300, 304, 305
事実の質 139, 145
事実の種類 **153**
事実の見方 **366**
市井（の文章） ii, 7, 27, 128, 129, 144, 250, 348, 357, 360
実験授業 ii, 8, 66, **310**-313, 317, 324, **329**, **337**, 338, 340, 343, **344**, 358, 370
実証的判断 26, *81*, 82, **266**, 267
実践開発 21, 213, 277, 280, 281, **283**, 294, 296, 301
実践後半期 294

実践前半期　273
実の場　4, *22*, 179, 213-215, 221-223, 225, 226, 246, 251, 263, **271**, 311, 341, 356, **362**, 366
実用的読み物　4
柴田義松　14, 96
事物　11, 57, 118, 144, 265, 269, 316, 340
渋谷孝　i, 4, 31, 70, 124, 125, 130
自分の読み方　**197**, 226, 264, 301, 308, 318, 360
清水香織　184
社会科　i, 4, 11, 19, 38, **43**, 44, 99, 117, 125, 126, 140, 262, 317, 342, 359
社会性の広がり　**120**, 143, **257**
社会（的）構成主義　iii, v, vi, 2, 4, 8, 10-12, 14, *24*, 27, 28, 62, 64, 71, 73-76, 78, 83, *96*, **98**, 99, 106, 117, 174, 178, 214, 215, 223, 228, 248, 254, 255, 348, 351, 359, 360, 362, 363, 365
社会的相互作用　11, 77, 360, 363, **364**
社会的文脈　vi, 9, 11, 12, 66, **67**, 70, 72-79, 82, 97, **100**, 107, 108, 111, **113**, **114**, 117, 119, **120**, 127, 131, **133**, 140, 141, 144, 146, **161**-**163**, 166, 169, 170, **174**-**178**, 180, 189, 195, **197**, 215, 221, 225, 227, **228**, 245-247, 249-251, 255, 256, **261**-**269**, 272, **294**, 300, 302, 304, 307-311, 314, 317, 318, 323, 324, 336, 339, 341, 342, 346, 350-352, 355-357, **362**, 364, 367, 369
　　──への接続　8, **113**, **120**, 132, 140, 143, 167, 169, 171, 174, **257**, 258, 260, 309, 353, 355
社会に参加　*3*, 4, 5, 8, 15, 22, 78, 98, 174, 254, 255, 360
社会文化的脈絡　74, *75*, 175
射程　5, 11, *24*, 86, 102, 119, 120, 121, 132, 140, 143, 167, 196, **257**, 258,

265, **266**, 353
修辞　111, **124**, *126-129*, 259, 267, 268, 271, 278, 279, 282, 290, **309**, 310, 311, 314, 329, 336, 346, 364, 365, 366
授業仮説　310, **311**, 319, **329**, 344, 358
主張とその意義や価値　366
主張の質　144-146, **161**, 163, 260
馴化　67, *85*, 107, 111, 119, 145, **257**, 265, 353
小学校高学年　17, 18, 26, 106, 110, 118, 120, 131, 134, 136, 139-141, 144, 145, 169, 183, 185-187, 189, 192-195, 247, 249, 251, 257, 258, 265, 289, 353, 356, 357, 359, 360
小学校中学年　16, 106, 110, 118, 120, 136, 139, 145, 169, 185-187, 189, 191, 192, 194, 247, 257, 258, 261, 265, 353, 355, 356
小学校低学年　iv, 17, 18, 37, 38, 58, 101, 106, 110, 114, 117, 118, 120, 130, 131, 136, 139, 140, 141, 144, 167, 185, 226, 247, 248, 257, 258, 260, 265, 352, 353, 355, 359
小学校低・中学年　191, 194, 356
〈状況〉の設定範囲　268, 271, 345, 346
状況論　71, 107, 213-215, 223-225, 263, 271, 356, 362
情報科　228, 232, 240, 242, 245, 264, 274, **300**, 301, 308, 357
情報の扱い方　7, *246*, 284, **365**
情報読み　4, 48, 114, 126, 127, 263, 354, 360, 365
（大学の）初年次教育　267, 366
（説明的文章学習としての）自律性　*i*, 4, 67, *124*, 129, 140, 259, 262
真か偽か　29, 136, 160, **266**, 268, 307, **346**
真正性　*2*, 98, 174, 179, *225*
深層レベル　*2*, 100

信念 iv, 268, 346
新発達段階論 *17*

す

推敲 ii, 242
垂直次元 9, 65-67, 83, 97, **105**, **106**, 108, 111, 115, 129, 130, 132, 139, 144, 145, 167, 168, 170, 171, 177, **178**, **194**, 247, 254, **256**, **257**, **259**, 260, 261, **266**, 269, 272, 308, 311, 314, 315, 336, 338-340, 343, 348, 350-354, **356**, 358, 365, 372
水平次元 9, 65-67, 83, 97, **105**, **106**, 111, 115, 119, 121, 130, 132, 140, 144, **160**, 167, 168, **170**, 171, 177, **178**, **194**, 247, 254, **256**-259, **266**, 269, 272, 308, 311, 315, 336, 338, 340, 343-345, 350-354, **356**, 358, 365
スキーマ vi, 11, 25, 107, 174, 177, 178, 281, 287, 293, 295, 305, 309, 338
杉田あゆみ 188
杉田知之 36
杉本直美 188
スキル 3, 174, 214, *245*, *264*, 297, 300, 301, *357*

せ

生活世界 118-120, 140, *142*, 146, 167, 168, 247, 248, 250, 254, **256**-259, 265, **266**, 353, 357, 358, 366
生活能力課程 *17*, *19*
成人教育学 iii, v, 2, 84, 100, 225, 351
正統的周辺参加 107
精読 59, 60, 179, 280, 349, 359
接近 131, 140, **161**, **163**, 166, 169, 189, 251, 256, 261, 265, 266, 268, 307, **309**, 342, 346
絶対主義者 *109*, 110, 145, 256, 257, **266**, 268, 307, 314, 315, 338, 339, 346, 353

説明書き 124-**129**, 168, 169, 259-261, 354, 355, 363
説明・主張の階層 *142*, 271
説明的文章の三分類 136, *137*, 144
説明の階層構造 *142*, 271
説明文 ii, iv, 6, 30, 32, 60, 134, 135, 137, 138, 150-152, 157-159, 163, 193, 199, 256, 275, 291, 294, 297, 343
説明文教材の学習要素 *135*
先行オーガナイザー *94*
先行実践 25, 96, 102, **179**, **180**, **182**, 351

そ

双括（型，法）6, 360
相補的 67, *75*, 88, 175-177, 180, 195, **197**, 250, **262**, 263, 272, 309-311, 317, 341, 342, 356

た

第三次学習 *2*, 100
高木まさき 36
多角主義者→多重主義者
竹長吉正 43, 208
多重主義者（多角主義者）*109*, *110*, 139, 145, 167, 249, 256, 257, **266**, 268, 307, 314, 315, 338, 339, 346, 353
田近洵一 22, 58
多読 59, 60, 179, 349, 359
田中耕治 14, 20
田中博之 15, 16, 306
探究的学習 vi, 11, 84, *90*-*96*, 100-102, 104, 105, 351, 352
―――の本格的なモデル *92*, *93*, 104
単元学習 v, 4, 10, 11, 21-23, 58, **94**, 96, 98, 101, 102, 104, 176, 177, 179, 213, 214, 223, 351, 362
単元構想表 199
単元編成 146, **191**, **194**, 286
段差 144, 171
丹藤博文 62

ち

知識空間の階層　118-120, 140, 143, 167, **257**
中央教育審議会（中教審）　*6*, 44
抽象的思考　243-245
直接経験　120, 140, 153, 157, 257, 258, 292, 353

つ

塚田泰彦　45, 73, 74, 175, 197, 263
椿本弥生　132
鶴田清司　36, 72

て

寺井正憲　30, 37, 133
典型　44, **62**, 63, 65, 67, 81, 95, 103, *107*, **124**, 126-130, 141, 168, 169, 174, 178, **194**, 208, 247, 249, **259**, **260**, 265, 267, 349, **354**, **356**, 357, **360**, 364

と

トゥールミン　5, 70-72, 162
トゥールミン・モデル　5, 43, **70**, **72**, 111, 126, 132, 136, 138, 161, 162, 189, 243-245, 265, 270, **273**, 278, 280, 282, 288, **294**, 301, 302, 327, 329, 351, 353, 357, 365
——基本6要素　*5*
——主要3要素　*6*
——の限定　*5*, 244
頭括（型，法）　6, 360
統合的世界　*118-120*, 140, 141, 168, 257-259, 265, 353, 355
読者の論理　6, 33-39, 42, 76, 77, 255, 283, 349, 351
読書行為　5, 7, 9, *73*, 77, 78, 82, 98, 117, 121, 254, 351, 363
読書個体史　75, 99, 108, 120, 175, 195, 213, 227, 246-248, 257, 352, 356, 362

読書指導　vi, 4, 11, 47, 62, 114, 144, 163, **174**, 176, 179, 196, 259, 263, 343, 354, **358-361**
読解指導　ii, vi, 11, 64, **67**, 70, 98, 114, 144, **174**, 179, 196, 263, 276, 281, 343, 348, 354, **359-361**
読解力（読解リテラシー）　*3*, *4*, 22, 28, 50, *72*, 174
独創性　38, 82
冨山哲也　243

な

内向化　5, 63, 129, 259, 348, 354, 364
内包　9, 30, 66, 112, 132, 141, 176, **260**, 270, 313, 346, 354, 355, 365
長﨑秀昭　124
仲田湛和　58
永野賢　37
長畑龍介　40
中村敦雄　30, 43, 79, 233, 241, 243, 274, 278, 300, 305
難波博孝　32, 45, 79, 80, 111, 174, 264, 357, 369

に

西尾実　3
西部直樹　229
日常言語　*30*, 43, 72, *136*, 137, *245*
日常生活　5, 30, 39, 42, 51, 60, 61, 64, 82, 116, 117, 144, 148, 230, 231, 234, 244, 280, 281, 285, 290, 293, 295, 305, 349
日常への適用　**168**
人間の活動の構造　*87*
認識の方法　*81*, 106
認識の論理　**32-42**, 64, 67, 70, **76-79**, 81, 82, 107, 110, 117, 229, **254-256**, 283, 324, 349, 363
認識論的理解の水準　*109*, 110, 132, 139, 143, 163, 167, **170**, 247, 249, 256, 257, 261, **262**, 266, 270, 311, 336

の
能動的な読書行為 9, 77, 78, 82, 117, 121, 254, 255, 351
野地潤家 31, 46
野田守彦 190
野村亮太 8, 108
野矢茂樹 159, 266
ノンフィクション 4, 340

は
胚細胞 v, *93*, *94*, 101, *250*, 309, 310
八戸理恵 185
発見的事実 146, 155
八田幸恵 25
発展的学力課程 *17*, *18*
浜本純逸 58
春木憂 26, 79, 80
反証 *5*, *135*, *136*, 139, 244
坂東智子 176
バンデューラ 223

ひ
尾括（型，法） 6, 185, 360
非形式的誤謬 284, 285
非形式論理学 5, 38, **124**, **126**, 129, 130, 132, 133, 136, 178, 189, 193, 267, **268**, 270, 271, 272, 278, 282, **284**, 290, 293, 306, 313, 323, 345, 346, 354, 364, 365
PISA *3*, 4, 22, 23, 28, 31, 62, 174
飛田多喜雄 31, 46
筆者想定法 vi, 12, 113
筆者の論理 30, 33–40, 42, 76, 77, 171, 186, 187, 189, 194, 199, 255, 261, 349
批判的思考 *108*–*110*, 139, 163, 170, *174*, *256*, 262, 268, 307, 346
　　　　——の発達モデル *108*, *110*, 352
比喩 v, 88, 93, 100, 101, 110, 152, 185, 250, 266, 352
評価主義者 *109*–*111*, 143, 145, 146, 163, 167, 249, *256*, 257, 266, 268, 338, 339, 346, 353, 358
表現の論理 32–42, 67, 76–79, 81, 82, 107, 110, 117, 229, **254**–**256**, 283, 324, 349, **363**
評論 ii, iv, 53, 55, 57, 114, 138, *141*, 142, 147, 156, 159, 161, 162, 164, 165, 188, 192, 199, **266**, 294, 315, 316, 323
平井昌夫 58, 59
平櫛和男 187
平林一栄 43
ピラミッドモデル *94*, 103, 250

ふ
藤原顕 225
プリチャード→ウーラード
古田拡 59
文化創造 4, 5, 8, 15, 360
文芸教育研究協議会 21, 40, 106, 176
文脈依存性→領域固有性

ほ
法学的アナロジー *5*, *162*
方向づけのベース *92*–*95*, *102*–*104*, 250
本質的な理解 170, 171, 261, 262, 268, 307, 346
ほんものの学習 *225*

ま
牧岡優美子 187
牧野由香里 72
増淵恒吉 59
間瀬茂夫 3, 6, 26, 29, 111, 118, 132, 133, 141, 258, 260, 282, 353, 369
松下佳代 14, 90, 91
松田雄輔 176
松本修 6, 70, 131, 193, 282
学ぶ内容の拡張 **176**
丸野俊一 8, 108

み

MECE *233*, 234, 243, **264**, 300, 308
自らのテクスト表現過程 *75*, 175, 176, **195**-**197**, **208**, **226**, 227, 263, **264**, 272, 303, **308**-**311**, 317, 341
皆川恵子 133
宮城瞳 184

む

村田久美子 184

め

メディア（・）リテラシー ii, vi, 12, 22, 23, 64, 67, 110, **128**, 174, 179, 187, 191, 195, 285, 348, 359, 361, 364, 365

も

望月理子 188
モデル素材 **129**, 169, **260**, **261**, **354**, 355
森田真吾 45
森田信義 vi, 12, 36, 38, 70, 130, 176, 230, 242
問題意識 23, 65, 81, **98**-**100**, 108, 184, 214, 217, 221, 273, 277, 285, 303, 352

や

安谷元伸 232
山住勝広 ii, 2, 83, 115
山室和也 79
山元悦子 24, 25, 27
山元隆春 23, 27, 369

よ

米盛裕二 162
読み書きが可能になる文種の系統 136, *137*
読みの能力 7, 9, 65, 67, **76**-**78**, 83, 98, 99, 106, 110, 111, 113, 119, 167,
178, **254**-**256**, 350-352
読む意義や価値 78, **208**, **226**, 248, 250, **264**, 302, 308, 318
読む内容 **226**, **264**, 302, 304, **311**, 318, 341
読む範囲の拡張 **176**, 186
読む方法 **226**, 228, **264**, 301, 304, **311**, 318, **341**

り

リアル 175, **178**, 194, *214*, 223, **226**, 246, **356**
リアリティ *76*, *214*, **223**, 225, **226**, 317
理科 i, 4, 19, 38, 43, 44, 99, 118, 125, 126, 140, 148, 262, 359
理解方略 *3*, 102, **174**
理由づけ *5*, *6*, *70*-*72*, 111, 114, *136*-*138*, 144, 145, **154**-**162**, 167, 170, 188, 198-201, 203, 208, 218, 239, 241, **243**-**245**, 260, 262, 266, 268, **270**-**272**, **279**-**281**, **287**-**292**, **294**, 295, 297, 298, 300, 302, 304, 305, 307, **309**-**311**, **313**-**316**, 322, 324, 327, **329**-**331**, 335, 344, **346**, 353, 355, 358, **366**
理由づけの質 144, **154**
領域固有性 71, 107, 108, 215, 222, 223, 250, 301, **351**
リライト ii, 103, 127, 168, 174, 175, 186, 259, 309

れ

レトリック vi, 12, *30*, 43, *126*, 132, 142, 144, 146, 170, 262, 271, 282, 364
Levelレベル 265, **266**, **268**, 270, 272, **306**-**308**, 311, 314, 315, 336, **339**, **340**, 346
連関 vi, 11, 114, 124, 144, **174**, 263, 282, 343, 354, **358**-**360**
Rangeレンジ 119, 120, 140, 257, 258, 265, **266**, **268**, 272, 307, 315, 317,

340, 345, **346**, 353
レンチ・キット　66, 67, 88, 100, 115, 120, 167, 272, 352

ろ

ロジックマップ　**327**, 329-332
論証　5-7, **29**, **30**, 70, *72*, 82, 107, 108, *109*, 126, 129, 131-134, *136-139*, *142*, *144*, 158, 161, 162, 169, **170**, 183, 186-188, 222, 229, 244, *249*, *256*, **262**, 266, 271, 293, 339, 363, 364
論説　ii, 41, 53, 55, 57, 114, 138, 155, 157, 162-164, 170, 192, **262**, **266**, 274, 275, 287, **294**, 307
論法　vi, 12, 30, 52
論理観の混乱　*6*, 28, 29, 64, 349
論理観を整理する枠組み　*33*, **34**, 75-78
論理的思考　*6*, *27*, *30*, *32*, *42*, **67**, *80*, 133-**136**, 140, 141, 233, 243, 244, 283, 348, 354

論理的に読む　8, **30**, 32, 34, 214, 220, 273, 274, 276, 277, 280, 284, 293, 304, 364
論理と構成を混同する誤り　*6*, *70*, **193**, *282*
論理の展開　6, 7
論理の捉え方　ii, *30*, 64, 348, **363**
論理力　*80*
論理を読む　30, 32, **39-41**, 273

わ

若木常佳　25, 107, 145
わからないから読む　i, **262**
わからないもの同士の集団　iii
渡邉久暢　26
渡辺敦　191
渡辺健介　233
渡部洋一郎　6

著者

舟橋　秀晃（ふなはし・ひであき）

1969年静岡県生まれ，滋賀県守山市出身。滋賀大学教育学部中学校教員養成課程国語専攻卒業。1994年滋賀大学大学院教育学研究科教科教育専攻国語教育専修（修士課程）を修了後，滋賀県甲賀郡甲賀町立甲賀中学校教諭，滋賀県大津市立石山中学校教諭，滋賀大学教育学部附属中学校教諭を経て，2014年大和大学教育学部教育学科准教授，2018年同教授（現在に至る）。また，2015年広島大学大学院教育学研究科文化教育開発専攻国語文化教育学分野入学，2018年同修了。博士（教育学）。

主な著作

・「論理的」に読む説明的文章指導のあり方——『国語教育基本論文作成』所収論考ならびに雑誌掲載論考にみる「論理」観の整理から——，全国大学国語教育学会『国語科教育』第47集，pp. 33-40，2000年
・「論理的」に理解し表現する力を伸ばす指導のあり方——本校「情報科」での実践を踏まえて考える，国語科で必要な指導法と教材——，全国大学国語教育学会『国語科教育』第66集，pp. 51-58，2009年
・読みの教育の諸相：中等・説明文，日本読書学会『読書教育の未来』ひつじ書房，pp. 213-221，2019年

研究者情報

https://researchmap.jp/hideaki2784/

言語生活の拡張を志向する説明的文章学習指導
——「わからないから読む」行為を支えるカリキュラム設計——

2019（令和元）年9月30日　発行

著　者　舟橋　秀晃
発行所　株式会社　溪水社
　　　　広島市中区小町1-4（〒730-0041）
　　　　電　話　(082) 246-7909
　　　　ＦＡＸ　(082) 246-7876
　　　　E-mail: info@keisui.co.jp

ISBN978-4-86327-487-7 C3081

日本学術振興会 平成31年度（2019年度）科学研究費補助金研究成果公開促進費（学術図書）助成出版（採択課題番号19HP5203）